21世纪普通高等院校系列教材

四川省"十二五"普通高等教育本科规划教材《旅游学》实训教材

旅游管理专业学生必读

（第二版）

主　编　冯明义　苏艳玲

西南财经大学出版社

中国·成都

图书在版编目(CIP)数据

旅游管理专业学生必读/冯明义,苏艳玲主编. —2 版.—成都:西南财经大学出版社,2021.12

ISBN 978-7-5504-4903-9

Ⅰ.①旅…　Ⅱ.①冯…②苏…　Ⅲ.①旅游经济—经济管理—高等学校—教材　Ⅳ.①F590

中国版本图书馆 CIP 数据核字(2021)第 098621 号

旅游管理专业学生必读(第二版)

LÜYOU GUANLI ZHUANYE XUESHENG BIDU

主编　冯明义　苏艳玲

策划编辑:王琳

责任编辑:向小英

责任校对:周晓琬

封面设计:张姗姗

责任印制:朱曼丽

出版发行	西南财经大学出版社(四川省成都市光华村街 55 号)
网　　址	http://cbs.swufe.edu.cn
电子邮件	bookcj@swufe.edu.cn
邮政编码	610074
电　　话	028-87353785
照　　排	四川胜翔数码印务设计有限公司
印　　刷	郫县犀浦印刷厂
成品尺寸	185mm×260mm
印　　张	22.25
字　　数	512 千字
版　　次	2021 年 12 月第 2 版
印　　次	2021 年 12 月第 1 次印刷
印　　数	1— 2000 册
书　　号	ISBN 978-7-5504-4903-9
定　　价	49.80 元

前 言

作者在多年的旅游管理教学实践中发现，高等学校旅游管理专业学生在学习过程中，有时倍感茫然，在众多的旅游书籍、信息中不知作何选择；几年的专业学习后，对旅游业界的了解仍然知之甚少；一些学生虽对国内旅游学界有些了解，但对于国外旅游教育、国内旅游管理硕士、博士研究生教育却缺乏了解。更多学生对于旅游业界缺乏深刻认识，更谈不上对旅游业的热爱，这也是旅游管理专业毕业生就业率不高和就业后离职率高的一个重要原因！在旅游管理教学过程中，对于学生而言，授之以鱼，不如授之以渔。为了让旅游管理专业学生更加深入地认识旅游管理专业、更加全面地了解旅游业界和学界，帮助学生尽快适应大学生活、作好职业生涯规划，早日成材，本人在多年资料积累的基础上，参考了国内外大量文献资料，于 2008 年编写完成了《旅游管理专业学生必读》。书籍出版后，许多院校师生广泛使用，颇受欢迎，经过十余年的历程，旅游行业变化很快，教材部分内容显得陈旧和过时，受出版社和读者请求，我们结合自教材出版后旅游行业的变化，对本书做了全面修订。书中数据尽可能更新至 2019 年底（部分数据和资料更新至 2020 年），以反映旅游业的最新变化。冯明义负责第二章、第三章、第四章、第五章的编写和修订；苏艳玲负责第一章、第六章、第七章的编写和修订。

修订后的教材共七章：

第一章　旅游管理院校、专业介绍。包括旅游管理专业介绍、国内外著名旅游院校、国内旅游管理专业硕士招生院校、旅游管理专业学生就业去向。

第二章　旅游管理专业学习辅导。包括著名旅游网站、旅游（管理）专业期刊、旅游专业出版机构、中国著名旅行社、国内外著名酒店管理集团。

第三章　旅游政策法规。包括《中华人民共和国旅游法》《风景名胜区条例》《旅行社条例实施细则》《导游条例管理人员》《中华人民共和国出境入境管理法》《大陆居民赴台湾地区旅游管理办法》《旅游安全管理办法》《中华人民共和国游艇安全管理规定》《国家级旅游度假区管理办法》《文化和旅游规划管理办法》《旅游统计管理办法》《旅游投诉处理办法》《旅游行政处罚办法》《在线旅游经营服务管理暂行规定》。

第四章　旅游业国家标准。包括《内河旅游船星级的划分与评定》《导游服务质量》《旅游业基础术语》《游乐园（场）服务质量》《标志用公共信息符号第 1 部分：通用符号》《标志用公共信息符号第 2 部分：旅游设施与服务符号》《旅游区（点）质量等级的划分与评定》《旅游规划通则》《旅游厕所质量等级的划分与评定》《旅游资源分类、调查与评价》《绿色饭店国家标准》。

第五章 旅游行业标准。包括《旅游汽车服务质量》《星级饭店客房客用品质量与配备要求》《旅行社出境旅游服务质量标准》《旅行社国内旅游服务质量要求》《研学旅行服务规范》。

第六章 国内著名旅游目的地和旅游资源。包括中国的世界遗产、中国的世界地质公园和国家地质公园、国家 AAAAA 级景区、中国历史文化名城、中国国家级自然保护区、中国国家级森林公园、中国优秀旅游城市、国家级风景名胜区、中国旅游胜地四十佳、国家水利风景区、全国工农业旅游示范点。

第七章 旅游管理专业学生职业资格考试与认证。包括导游从业人员资格考试、研学旅行指导师考试、旅游酒店管理师考试、旅游咨询师考试、餐饮业职业经理人资格考试等。

业界一位专家阅读本书后的评价是：这是一本指导旅游管理专业学生学习的书；这是一本助力旅游管理专业学生成才的书；这是一本旅游管理专业学生不可不读的书。多年来，本人一直致力于为高校旅游管理专业学生编写一本学习参考书；如果本书能对旅游管理专业学生的学习和就业以及职业发展有所帮助，我心甚慰。

在本书编写过程中，我们参考了大量相关资料和网站信息，在此，深表谢意。

冯明义

2020 年 10 月于西华师范大学

目 录

第一章　旅游管理院校、专业介绍

第一节　旅游管理专业介绍

2017 年国家公布了《旅游管理类教学质量国家标准》（以下简称《标准》）。该《标准》明确了旅游管理类本科专业的专业性质、专业地位、支撑学科、培养目标、授予学位、培养要求和课程体系。

一、专业性质

旅游管理类本科专业是与旅游业及相关产业具有共同的产业基础和相近研究领域的综合性应用型专业。旅游管理类本科专业具有三大特点：综合性，旅游管理知识体系具有涉及社会科学、自然科学、新兴交叉学科的综合性；实践性，旅游管理知识内容源自产业实践并服务于产业运营需要；创新性，旅游管理知识系统具有面向产业可持续发展和立足全球视野的开放性与创新性。

二、专业地位

旅游管理类本科专业教育在传承旅游管理相关知识体系、培养旅游行业专门人才、促进旅游业可持续发展、增进人类跨文化交往等方面具有重要作用。

三、支撑学科

旅游管理类本科专业的支撑学科主要有工商管理、应用经济学。此外，还涉及其他社会科学和自然科学学科。

四、旅游管理相关专业

旅游管理（120901K）、酒店管理（120902）、会展经济与管理（120903）、旅游管理与服务教育（120904T）。

五、培养目标

旅游管理类本科专业培养掌握现代旅游管理基础理论、专门知识和专业技能，具有国际视野、管理能力、服务意识、创新精神，能够从事与旅游业相关的经营、管理、策划、规划、咨询、培训、教育等工作的应用型专业人才。

六、授予学位

对完成培养方案规定的课程与学分的学生，考核合格，准予毕业。符合学位授予相关规定的，授予管理学学士学位。

七、培养要求

1. 素质要求

具有优良的道德品质，具备正确的世界观、人生观和价值观；拥有良好的专业素养、团队协作精神、时代意识和国际视野；具备职业认同感、职业责任感和职业素养；身心健康，达到教育部规定的《国家学生体质健康标准》测试要求。

2. 知识要求

掌握哲学、法学、社会学、科学技术、语言文学、艺术、职业发展与教育培训等方面的通识性知识；系统掌握数理类、经管类、信息技术类等方面的基础理论知识与方法；熟练掌握管理学、经济学、市场营销、财务管理、旅游学概论、旅游接待业、旅游目的地管理、旅游消费者行为等旅游管理类专业理论知识与方法，鼓励掌握本学科的理论前沿及发展动态；了解旅游管理相关的法律法规和国际惯例。

3. 专业能力要求

具备获取和更新旅游管理相关知识的自我学习能力；具有将所学专业知识应用于实践的基本技能；具有旅游服务意识和管理能力；具备信息处理操作和应用的一般技能；熟练掌握1门外语并具备一定的听、说、读、写能力；具备专业文体的写作能力、较强的语言表达能力和沟通交流能力。

4. 创新创业要求

掌握创新创业活动所需要的基本知识，具备创新创业所需要的探索精神、创新意识和实践能力，了解行业环境、创业机会和创业风险，鼓励学生体验创业准备的各个环节，具备基本的创新创业素质。

八、课程体系

旅游管理类本科专业课程体系包括通识课程、基础课程、专业课程三大模块。通识课程模块包括公共必修课程、素质教育课程；基础课程模块包括数理类、经管类、信息技术类课程、教育类课程；专业课程模块包括必修课程、选修课程、实践课程。

1. 通识课程

公共必修课程，包括马克思主义基本原理概论、毛泽东思想和中国特色社会主义理论体系概论、中国近现代史纲要、思想道德修养与法律基础、形势与政策、计算机基础、大学语文、外语、体育等，由各高校根据国家和学校规定开设。

素质教育课程，包括人文社会科学类、自然科学类、艺术素养类、创新创业类等课程，由各高校根据自身优势和特点设计与开设。

2. 基础课程

基础课程包括数理类、经管类、信息技术类、教育类课程，各高校可按专业培养所要求的基础知识体系设立。

数理类基础课程：涵盖高等数学、线性代数、概率论等知识领域。

经管类基础课程：涵盖管理学、经济学、市场营销、财务管理、统计学、会计学、投资管理等知识领域。

信息技术类基础课程：涵盖管理信息系统、电子商务等知识领域。

教育类课程：涵盖教育心理学、教育学等知识领域。

3 专业课程

必修课程：旅游学概论、旅游接待业、旅游目的地管理、旅游消费者行为 4 门核心课程。具体各专业核心课程由"4+X"构成。如旅游管理专业核心课程"4+3"（4+旅游经济学、旅游规划与开发、旅游法规）；酒店管理专业核心课程"4+3"（4+酒店管理概论、酒店运营管理、酒店客户管理）；会展经济与管理专业核心课程"4+3"［4+会展概论、会展营销（会展概论与会展营销）、会展策划与管理］；旅游管理与服务教育专业核心课程"4+3"（4+教育学、心理学、教学方法论）。

选修课程：各高校可根据行业特点、专业优势、学科重点、地方特色或实践需要开设，在专业课程中增加创新创业内容（如旅游创意策划、旅游电子商务等），设置适合学生特点的创新创业课程（如旅游项目策划、旅游形象推广等）。

实践课程：包括专业实习、毕业实习、毕业论文（设计）三个环节（特设专业还包括教育、教学实习）。专业实习指专业认知实习，形式如专业考察、社会调查、自主科研、模拟实训、学年论文等。毕业实习指专业应用实习，形式如岗位见习、实地调查、案例分析、策划设计等。毕业论文（设计）指专业学习总结，可采取科研论文、毕业设计、调研报告等形式。

第二节　国内外著名旅游院校

一、国内著名旅游院校

国内旅游院校（系）见表 1-1。

表 1-1　国内旅游院校（系）

省、自治区、直辖市	序号	院校（系）	网址
北京市	1	北京第二外国语学院旅游科学学院	http://sts.bisu.edu.cn/
	2	北京财贸职业学院旅游与艺术学院	http://ly.bjczy.edu.cn/
	3	北京联合大学旅游学院	http://www.tc.buu.edu.cn/
	4	北京大学城市与环境学院旅游研究与规划中心	http://www.ues.pku.edu.cn/

表1-1（续）

省、自治区、直辖市	序号	院校（系）	网址
北京市	5	中华女子学院管理学院	http://www.cwu.edu.cn/
	6	北京电子科技职业学院经管学院	http://www.bpi.edu.cn/
	7	北京交通大学经管学院旅游管理系	http://sem.bjtu.edu.cn/
	8	首都师范大学资源环境与旅游学院旅游系	http://cret.cnu.edu.cn/
	9	北京工业大学经济管理系	http://www2nd.bjut.edu.cn/
天津市	1	南开大学旅游与服务学院	http://tas.nankai.edu.cn/
	2	天津财经大学商学院旅游系	http://lvyouxi.tjufe.edu.cn/
	3	天津商业大学管理学院	http://glxy.tjcu.edu.cn/
	4	天津师范大学历史文化学院	http://lswh.tjnu.edu.cn/
	5	中国旅游管理干部学院	http://www.51iyw.com/
河北省	1	河北经贸大学旅游学院	http://ly.heuet.edu.cn/
	2	燕山大学经济管理学院旅游系	http://fem.ysu.edu.cn/
	3	张家口学院旅游与环境学院	http://lxx.zjku.edu.cn/
	4	石家庄学院经济管理系	http://jgxy.sjzc.edu.cn/
	5	河北旅游职业学院	http://www.hbtvc.com/
	6	廊坊师范学院经济与管理学院	http://www.lfsfxy.org.cn/
	7	河北旅游职业学校	http://www.hbtvc.com/
	8	邯郸学院经济管理学院	http://sem.hdc.edu.cn/
山西省	1	山西旅游职业学院	http://www.sxtvi.com.cn/
	2	太原旅游职业学院	http://www.tylyzyxy.com/
	3	山西财经大学文化旅游学院	http://whly.sxufe.edu.cn/
	4	山西大学商务学院管理学院	http://www.schsxy.com/
	5	太原师范学院管理系	http://glx.tynu.edu.cn/
内蒙古自治区	1	内蒙古师范大学旅游学院	http://tour.imnu.edu.cn/
	2	内蒙古财经大学旅游学院	http://www.imufe.edu.cn/
	3	内蒙古农业大学职业技术学院旅游管理系	http://zy.imau.edu.cn/
	4	内蒙古民族大学管理学院	http://web.imun.edu.cn/
	5	内蒙古大学历史与旅游文化学院	http://lsly.imu.edu.cn/

表1-1（续）

省、自治区、直辖市	序号	院校（系）	网址
辽宁省	1	沈阳大学商学院	http://gsglxy.syu.edu.cn/
	2	东北财经大学旅游与酒店管理学院	http://sthm.dufe.edu.cn/
	3	渤海大学管理学院	http://www.bhu.edu.cn/
	4	沈阳师范大学旅游管理学院	http://ly.synu.edu.cn/
	5	辽宁大学商学院	http://coba.lnu.edu.cn/
	6	辽宁师范大学历史文化旅游学院	http://lishi.lnnu.edu.cn/
	7	大连民族大学经济管理学院	http://jg.dlnu.edu.cn/
	8	鞍山师范学院管理学院	http://sxy.asnc.edu.cn/
吉林省	1	延边大学经管学院	http://www.ijingguan.net/
	2	东北师范大学历史文化学院旅游系	http://sohac.nenu.edu.cn/
	3	北华大学经管学院	http://econ.beihua.edu.cn/
	4	长春大学旅游学院	http://www.cctourcollege.com/
	5	吉林农业大学经济管理学院	http://jjgl.jlau.edu.cn/
黑龙江省	1	黑龙江大学历史文化旅游学院	http://lswh.hlju.edu.cn/
	2	东北林业大学经济管理学院	http://cem.nefu.edu.cn/
	3	哈尔滨师范大学	http://www.hrbnu.edu.cn/
上海市	1	华东师范大学旅游系	http://www.ecnu.edu.cn/
	2	复旦大学旅游学系	http://tourism.fudan.edu.cn/
	3	上海交通大学	http://www.sjtu.edu.cn/
	4	同济大学	http://www.tongji.edu.cn/
	5	上海理工大学管理学院	http://bs.usst.edu.cn/
	6	上海师范大学旅游学院	http://sit.shnu.edu.cn/
	7	华东理工大学	http://www.ecust.edu.cn/
	8	上海财经大学	http://www.shufe.edu.cn/
	9	上海旅游高等专科学校	http://www.sitsh.edu.cn/

表1-1（续）

省、自治区、直辖市	序号	院校（系）	网址
江苏省	1	扬州大学旅游烹饪学院	http://lyxy.yzu.edu.cn/
	2	苏州大学社会学院旅游系	http://shxy.suda.edu.cn/
	3	东南大学人文学院旅游学系	http://rwxy.seu.edu.cn/
	4	南京师范大学地理科学学院旅游管理系	http://dky.njnu.edu.cn/
	5	南京财经大学工商管理学院旅游管理系	http://gsglxy.nufe.edu.cn/
	6	南京旅游职业学院	http://www.nith.edu.cn/
	7	南京大学地理与海洋科学学院国土资源与旅游学系	http://sgos.nju.edu.cn/
	8	南京农业大学人文与社会发展学院旅游管理系	http://xrw.njau.edu.cn/
	9	江苏师范大学历史文化与旅游学院	http://lwl.jsnu.edu.cn/
浙江省	1	浙江旅游职业学院	http://www.tourzj.edu.cn/
	2	浙江大学管理学院旅游与酒店管理学系	http://www.som.zju.edu.cn/
	3	浙江工商大学旅游与城乡规划学院	http://lvyou.zjgsu.edu.cn/
	4	浙江师范大学经济与管理学院	http://sxy.zjnu.edu.cn/
	5	杭州师范大学人文学院旅游管理系	http://rwxy.hznu.edu.cn/
安徽省	1	黄山学院旅游学院	http://tour.hsu.edu.cn/
	2	安徽师范大学地理与旅游学院	http://geography.ahnu.edu.cn/
	3	安徽农业大学经济管理学院旅游管理系	http://jgxy.ahau.edu.cn/
	4	蚌埠工商学院（原安徽财经大学商学院）	http://acsxy.aufe.edu.cn/
	5	安徽大学商学院	http://sba.ahu.edu.cn/
福建省	1	厦门大学管理学院旅游与酒店管理系	http://www.xmu.edu.cn/
	2	福建师范大学旅游学院	http://sotm.fjnu.edu.cn/
	3	华侨大学旅游学院	http://lyxy.hqu.edu.cn/
	4	福建农林大学旅游学院	http://glxy.fafu.edu.cn/
江西省	1	南昌大学经管学院旅游管理系	http://sem.ncu.edu.cn/
	2	九江学院旅游与地理学院	http://lyxy.jju.edu.cn/

表1-1（续）

省、自治区、直辖市	序号	院校（系）	网址
山东省	1	山东师范大学商学院	http://www.ibs.sdnu.edu.cn/
	2	山东大学管理学院旅游管理系	http://www.glxy.sdu.edu.cn/
	3	山东省旅游职业学院	www.sdts.net.cn/
	4	青岛大学旅游与地理科学学院	http://tourism.qdu.edu.cn/
	5	中国海洋大学管理学院旅游系	http://ibs.ouc.edu.cn/
河南省	1	河南财经政法大学旅游与会展学院	http://lyhz.huel.edu.cn/
	2	郑州大学旅游管理学院	http://www5.zzu.edu.cn/
	3	河南大学历史文化学院	http://lsxy.henu.edu.cn/
	4	河南师范大学旅游学院	http://www.htu.edu.cn/
	5	河南理工大学经济管理学院	http://www.hpu.edu.cn/
湖北省	1	湖北大学商学院	http://bs.hubu.edu.cn/
	2	中南民族大学管理学院旅游管理系	http://www.scuec.edu.cn/
	3	华中师范大学城市与环境科学学院旅游系	http://ccnucity.ccnu.edu.cn/
	4	武汉大学经济与管理学院市场营销与旅游系	http://ems.whu.edu.cn/
	5	中国地质大学经济管理学院旅游管理系	http://jgxy.cug.edu.cn/
	6	江汉大学商学院旅游系	http://business.jhun.edu.cn/
	7	中南财经政法大学工商学院旅游系	http://gsxy.zuel.edu.cn/
湖南省	1	湖南大学旅游可持续发展研究所	http://www.hnu.edu.cn/
	2	中南林业科技大学旅游学院	http://lyxy.csuft.edu.cn/
	3	长沙学院旅游管理系	www.ccsu.cn/
	4	湖南第一师范旅游系	http://www.hnfnu.edu.cn/
	5	湖南师范大学旅游学院	http://lyxy.hunnu.edu.cn/
	6	湖南工商大学旅游管理学院	http://www.hutb.edu.cn/
	7	吉首大学旅游与管理工程学院	http://lyxy.jsu.edu.cn/
广东省	1	中山大学旅游学院	http://stm.sysu.edu.cn/
	2	暨南大学管理学院	http://ms.jnu.edu.cn/
	3	华南师范大学旅游管理学院	http://stm.scnu.edu.cn/
	4	广州大学旅游学院	http://ly.gzhu.edu.cn/
	5	华南理工大学旅游与酒店管理学院	http://www2.scut.edu.cn/

表1-1（续）

省、自治区、直辖市	序号	院校（系）	网址
广西壮族自治区	1	广西大学商学院旅游系	http://bs.gxu.edu.cn/
	2	桂林理工大学旅游学院	http://lyxy.glut.edu.cn/
	4	广西民族大学管理学院	http://glxy.gxun.edu.cn/
	5	南宁师范大学旅游与文化学院	lyxy.nnnu.edu.cn/
海南省	1	海南大学旅游学院	http://hd.hainanu.edu.cn/
	2	海南师范大学旅游学院	http://lyxy.hainnu.edu.cn/
重庆市	1	重庆工商大学旅游与国土资源学院	http://ts2014.ctbu.edu.cn/
	2	重庆文理学院旅游学院	http://tourism.cqwu.net/
	3	重庆师范大学地理与旅游学院	http://dlly.cqnu.edu.cn/
	4	西南大学经济管理学院	http://cem.swu.edu.cn/
	5	重庆大学	http://www.cqu.edu.cn/
	6	重庆交通大学人文学院	http://rwxy.cqjtu.edu.cn/
	7	重庆邮电大学	http://www.cqupt.edu.cn/
四川省	1	西南交通大学	http://www.swjtu.edu.cn/
	2	乐山师范学院旅游学院	http://luyxy.lsnu.edu.cn/
	3	西南民族大学旅游与历史文化学院	http://lylsxy.swun.edu.cn/
	4	四川大学旅游学院	http://historytourism.scu.edu.cn/
	5	成都银杏酒店管理学院	http://www.yxhmc.edu.cn/
	6	西南财经大学工商管理学院	http://gs.swufe.edu.cn/
	7	成都理工大学旅游与城乡规划学院	http://www.turp.cdut.edu.cn/
	8	四川师范大学历史文化与旅游学院	http://hist.sicnu.edu.cn/
	9	成都大学旅游与文化产业学院	lvyou.cdu.edu.cn/
	10	西华师范大学管理学院	http://mng.cwnu.edu.cn/
	11	南充科技职业学院经济与服务管理学院	http://www.nstc.edu.cn/
	12	四川工程职业技术学院旅游管理系	http://ly.scetc.edu.cn/
	13	四川旅游学院	http://www.sctu.edu.cn/
贵州省	1	贵州财经大学工商学院	http://gsxy.gufe.edu.cn/
	2	贵州大学旅游与文化产业学院	http://tci.gzu.edu.cn/

表1-1（续）

省、自治区、直辖市	序号	院校（系）	网址
云南省	1	云南财经大学旅游与酒店管理学院	www.ynufe.edu.cn/
	2	昆明大学旅游学院	http：//lyxy.kmu.edu.cn/
	3	西南林业大学地理与生态旅游学院	http：//geo.swfu.edu.cn/
	4	云南师范大学旅游与地理科学学院	http：//tgsf.ynnu.edu.cn/
	5	云南大学工商管理与旅游管理学院	http：//www.bts.ynu.edu.cn/
陕西省	1	西北大学经济管理学院旅游管理系	http：//ems.nwu.edu.cn/
	2	西安科技大学管理学院	http：//glxy.xust.edu.cn/
	3	西安石油大学经济管理学院	http：//jjglxy.xsyu.edu.cn/
	4	陕西师范大学地理科学与旅游学院	http：//geog.snnu.edu.cn/
	5	西安外国语大学旅游学院	http：//lyxy.xisu.edu.cn/
	6	西安财经大学商学院	www.xaufe.edu.cn
甘肃省	1	兰州大学管理学院	http：//ms.lzu.edu.cn/
	2	西北师范大学旅游学院	http：//lyxy.nwnu.edu.cn/
	3	兰州财经大学	http：//www.lzufe.edu.cn/
	4	甘肃政法大学	www.gsli.edu.cn/
	5	兰州理工大学经济管理学院	http：//jingguan.lut.cn/
青海省	1	青海大学财经学院	http：//cjxy.qhu.edu.cn/
	2	青海名族大学旅游学院	http：//lyxy.qhmu.edu.cn/
新疆维吾尔自治区	1	新疆大学旅游学院	http：//lvxy.xju.edu.cn/
	2	新疆师范大学地理科学与旅游学院	http：//dllyxy.xjnu.edu.cn/
	3	石河子大学政法学院旅游系	http：//zfxy.shzu.edu.cn/
	4	新疆财经大学旅游学院	www.xjufe.edu.cn/

（数据截至2020年9月，不完全统计，排名不分先后）

二、国外著名旅游院校

（一）世界大学旅游管理专业排名

QS世界大学排名是由英国教育组织Quacquarelli Symonds（QS）所发表的年度世界大学排名。QS世界大学排名是参与机构最多，世界影响范围最广的排名之一，2019年QS世界大学排名（旅游管理专业）如表1-2。

表1-2 2019年QS世界大学专业排名 | 旅游管理（前50位）

排名	大学名
1	Ecole hôtelière de Lausanne
2	University of Nevada-Las Vegas
3	Les Roches Global Hospitality Education
4	Glion Institute of Higher Education
5	The Hong Kang Polytechnic University
6	Hotel School The Hague
7	Swiss Hotel Management School
8	University of Surrey
9	Oxford Brookes University
10	Bournemouth University
11	Cornell University
12	International Management Institute Switzerland
13	Les Roches Marbella
14	Taylor´s University
15	Hotel Institute Montreux
16	César Ritz Colleges Switzerland
17	IHTTI School of Hotel Management
18	Blue Mountains International Hotel Management School
19	University College of Hospitality Management Sant Pol de Mar, Barcelona
20	Griffith University
21	Culinary Arts Academy Switzerland
22	Texas A&M University
23	The Pennsylvania State University
24	Virginia Polytechnic Institute and State University
25	HTMi-Hotel and Tourism Management Institute Switzerland
25	University of Florida
27	The University of Queensland
28	Sun Yat-sen University
28	University of Central Florida
30	Purdue University
31	Nanyang Technological University, Singapore

表1-2（续）

排名	大学名
32	University of Waterloo
33	Institute for Tourism Studies
34	Sejong University
35	SAIT Polytechnic-School of Hospitality and Tourism
36	New York University
37	Kyung Hee University
38	The Chinese University of Hong Kong
39	The Universtiy of Hong Kong
40	Sheffield Hallam University
41	University of Macau
42	Vatel, Hotel and Tourism Business School
42	Michigan State University
42	University of South Florida
45	The Emirates Academy of Hospitality Management
46	Clemson University
46	Monasth University
46	Universitat Ramon Llull
49	Washington State University
50	Business and Hotel Management School
50	Florida International University
50	Hanyang University

（二）世界著名旅游院校

1. 瑞士洛桑酒店管理学院

Ecole hôtelière de Lausanne（简称EHL）

酒店管理专业是瑞士高等教育的拳头产品。瑞士的酒店管理专业教育已有100多年的历史，瑞士的酒店管理学校素有"高级酒店管理人才和职业经理人摇篮"的美誉，瑞士拥有多所世界顶尖的酒店管理学院，国际知名酒店的管理者、国内五星级酒店的总经理大多"产自"瑞士。瑞士的酒店管理专业教育采用欧洲教育体系，学生一半时间上课一半时间带薪实习，实践性、操作性强。近几年，酒店管理业已成为全球成长迅速且充满活力的专业之一。而瑞士酒店管理学校由于历史悠久、专业性强备受国际酒店业的广泛认可，瑞士也成为酒店管理专业学生留学的首选国度。其酒店管理教育与瑞士手表和军刀一样，是瑞士的金字招牌。

EHL 创办于 1893 年，是瑞士唯一一所被联邦政府认可为瑞士大学级别的高等教育私立酒店管理学院，其文凭被中国政府及瑞士联邦政府所承认。据调查，全球有 25 家顶尖酒店的经理人是该校的毕业生，因而该校被誉为"饭店经理的摇篮"。同时，该学院的入学条件较高，母语为非英、法语的学生的托福成绩必须在 550 分以上，而且还必须通过该校委托的正规语言中心进行的面试。

学生在入学时要进行面试，且有两位熟悉其本人的教师进行推荐，职业经历是面试的重要内容。该校每年约有半数学生在世界各地酒店实习。新生入学后，必须经过 18 周的酒店基本锻炼，每周一个课题，如餐饮备料、运输、初加工、餐具洗涤、客房整理、食堂服务、大堂清洁等。

2. 瑞士格里昂高等教育管理大学

Glion Instituts of Higer Education（简称 GLION）

GLION 创办于 1962 年，其前身为格里昂酒店管理大学，是世界著名的酒店及旅游管理学院之一。该校文凭不但被瑞士当局认可，更受到欧美酒店业所推崇，而且其学分也获得美国院校的认可。

该校提供各种不同的学位课程，如：证书课程、文凭课程、副学士学位课程、学士学位课程、研究生课程及工商管理硕士学位课程等。与一般大学不同，格里昂大学采取小班授课，以确保每一位学生都能获得充分、有效及高质量的教育。

GLION 每年招收来自世界 60 多个国家的 400 多名学生。学生毕业以后，可以到其他国家的任何一所院校和大学继续进行深造，修读硕士或博士学位，也能够考取其他的专业资格，如执业会计师。

该校热门专业包括：1 年半制酒店及餐饮管理证书课程、2 年制酒店管理准学士学位课程、3 年半制酒店及旅游管理学士学位课程、1 年制酒店管理研究生课程、1 年制酒店组织及培训管理硕士课程、工商管理硕士课程 MBA 等。

3. 瑞士理诺士酒店管理大学

Hotel Management School LES ROCHES（简称 Les Roches）

Les Roches 成立于 1954 年，学校位于瑞士瓦莱州的布鲁士，海拔 1 287 米，春秋两季温和湿润，夏季气候宜人多变，它平静和安宁的氛围为学生们提供了专心学习的环境。Les Roches 是瑞士较早使用英语授课的酒店管理学院，在校学生 1 000 余人。学院基本学制 4 年，颁发本科学士学位；另设有 1 年制研究生证书和工商管理 MBA 课程。学院主要教授国际酒店操作管理、人事管理、财务管理、市场营销以及经济分析理论和投资预测等 60 余门课程。理诺士以其优良的教学质量享誉世界，许多世界著名酒店及财团，如希尔顿、四季、假日酒店和迪斯尼乐园等，每年两次前往该校开招聘会。其教学和生活条件也是同类学校中的佼佼者，学校宿舍均为星级酒店水平，两人一个标准间，生活设施齐备。此外，学费还包括校服、笔记本电脑、衣服专人洗烫、每间宿舍专人清洁的费用等。

4. 瑞士恺撒里兹酒店管理学院

Cesar Ritz Colleges Switzerland（简称 Cesar Ritz）

Cesar Ritz 成立于 1982 年，校区分布于瑞士、美国和澳大利亚。Cesar Ritz 是被瑞士政府认可的一所国际知名的酒店管理学院，是结合了欧洲传统的实践式酒店课程和美国式高等商业管理的教育先锋。Cesar Ritz 采用现代的酒店管理教学哲理教授学生，课程除了传统的瑞士教学模式外，还引进美式管理知识，加深学生对管理的认识。这个完美组合使学生具备正确的技术与态度，使其在酒店及旅游业，乃至其他服务业的经理人职位中获得更杰出的表现。Cesar Ritz 作为瑞士酒店管理学院协会的成员，校长 Martin Kisseleff 兼任了该协会的主席。如今，更被联合国属下的世界旅游组织所认可。"恺撒里兹"这个名字，已经成为酒店业中追求完美、注重品质、崇尚专业、精通技术的代名词。学院的目标是：确保每位恺撒里兹的学生在其提供的丰富资源下得到最好的学习体验。Cesar Ritz 在瑞士共有两个校区：一是位于日内瓦湖东南边的布夫雷的恺撒里兹酒店管理学校（IHCR），二是位于布里格市中心的恺撒里兹大学中心（UCCR）。除了在瑞士外，学院亦于美国的康涅狄格州（Connecticut）及澳洲的悉尼（Sydney）设有伙伴学校。

5. 瑞士国际酒店管理学院

International Hotel Management Institute Switzerland & International Tourism Management Institute Switzerland（简称 IMI/ITIS）

IMI/ITIS 是瑞士著名酒店及旅游管理学院之一，两个校舍分别位于瑞士德语区 Lucerne 附近的 Weggis 及 Kastanienbaum；距离瑞士最大城市苏黎世只需一小时；环境宁静优美，交通方便，是读书理想的地方。学院设有供示范及实习的厨房，宽敞而设备齐全的教室，餐厅，自助洗衣服务，健身室及咖啡厅等，图书馆收藏有最新的图书、杂志及电脑光盘等资料。学校的教学宗旨是：要让每一个学生能在最好的环境及设施下，学习一切最新的国际性酒店及旅游管理知识和技能，以便适应未来择业的需求。

国际酒店管理学院（IMI）课程简介：

第一年：饮食管理证书（Certificate in Food & Beverage Management）；

第二年：酒店运作管理文凭（Diploma in Hotel Operational Management）；

第二年半：酒店及旅游业管理高级文凭（Higher Diploma in Hotel & Tourism Management）；

第三年：国际酒店及旅游管理学士学位（Bachelor of Arts Degree in International Hotel & Tourism Management），由 IMI 及 Manchester Metropolitan University, UK 联合颁发。

持有三年大专学历并拥有管理阶层工作经验的人士，可以用一年时间完成酒店及旅游业管理研究生文凭（Postgraduate Diploma in Hotel & Tourism Management）。

国际旅游管理学院（ITIS）课程简介：

第一年：国际旅游业运作证书（Certificate in International Tourism Operations）；

第二年：国际旅游业管理文凭（Diploma in International Tourism Management）；

第二年半：国际旅游业管理学士学位（B. A. Degree in International Tourism Management）由英国 University of North London 颁发。

院校特设有一年国际旅游业管理研究生文凭（Postgraduate Diploma in International Tourism Management），供持有三年大专学历及拥有专业经验者申请入读。

认可资格及国际联系：

IMI/ITIS 所颁发的学位及文凭均被 The Department of Education of the Swiss State of Nidwalden 认可。IMI 学位及文凭均被 Swiss Hotel Association 等认可。

IMI 是一所国际酒店管理学院，管理阶层及职员均是多个国际组织的会员，包括：Association of English Speaking Schools of Switzerland（SHE）及 European Foundation for the Accreditation of Hotel School Programmes（EFAH）等。

6. 瑞士松伯格国际酒店旅游管理学院

HTMI Hotel and Tourism Management in Switzerland（简称 HTMI）

HTMI 坐落于瑞士卢塞恩州著名的滑雪胜地松伯格，学生在两座瑞士传统的酒店中接受学习与培训，每年有来自世界不同国家的学生在这里学习著名的瑞士酒店管理。学院提供该专业专科、学士学位、硕士学位及 MBA 学位的课程，为学生进入这一世界最令人兴奋的休闲娱乐行业并成为职业经理人提供充分的准备。学院拥有先进的教学设施、多功能教室、现代化的电教设备及教学使用的厨房、独立的游泳池、咖啡厅、桑拿、西餐厅、酒吧。在冬天，学生还可参与户外的滑雪登山运动。

学校所有的教师均在本行业中有资深教学经验，学校以全英文小班教学，有着以学生为中心的校园文化，重视学生的个人能力及综合素质的培养和发展。学生的食宿均在学校星级酒店内，使学生耳濡目染酒店的实际运作过程，封闭式的严格训练，理论与实践并重的教学使学生能学以致用。在海外多年的学习、生活及实践工作，使学生能领略到不同的文化，开阔视野，变得更加独立与自信。学生在学成毕业后受到行业的广泛欢迎。校舍前身是酒店，学生在酒店中生活、学习及培训。每年有来自世界不同国家和地区的学生慕名来到这里学习。学校提供一星期七天的膳食及住宿，学生在模拟酒店的环境下上课及住宿膳食，理论与实习并重。学生来自世界各地 30 个以上不同的国家，除了提供绝佳的国际化学习环境外，学生必须修读德语以强化外语能力，对日后事业的发展有相当的帮助。提供三年制瑞士酒店及会展项目管理学士学位课程、一年制酒店工商管理硕士学位课程（主修酒店管理）、一年制瑞士国际酒店及旅游管理研究所文凭课程等。

7. 瑞士酒店管理学院

Swiss Hotel Management School（简称 SHMS）

SHMS 是全瑞士英文教学设施及规模最完善的酒店管理学院。学院分别位于蒙特尔 Caux-Montreux 和 Leysin（近日内瓦湖），两地均为景色优美的旅游区或度假胜地。位于 Caux-Montreux 的校舍，前身更是一间有百年历史的五星级酒店 Caux-Palace，学院周围环境优美，风景秀丽，犹如人间仙境，可鸟瞰整个日内瓦湖及蒙特尔市，设施与规模均属世界一流，可提供学生在实务上更专业与完整的训练，也是酒店管理课程的最佳授课地点。

SHMS 在 Leysin 修建的大学校舍位于瑞士著名的滑雪胜地，设备新颖完善。Leysin 校舍的两座大楼中间可乘坐学院私人火车互通。SHMS 亦为瑞士酒店学院协会（Swiss Hotel Schools Association）的会员，学生来自世界各地，除了提供绝佳的国际化学习环境外，学生必须选读法语或德语以强化外语能力，对日后事业的发展有相当的助益。

8. 瑞士蒙特勒酒店管理学院

Hotel Institute Montreux（简称 HIM）

HIM 创校于 1985 年，是瑞士其中一所最早创立及以英语为授课语言的酒店管理学校。HIM 由两个位于蒙特勒（Montreux）市中心的校舍组合而成，学院能够提供高质素的课程、多方面的康乐及学术设施。自创校以来，数千名毕业生已在酒店及旅游行业内得到重要职位，其中不少更是其校友联网的会员，在多达 80 个国家工作及服务。HIM 是瑞士酒店学院协会（Swiss Hotel Schools Association）的会员学校，也是美国新英伦学院协会的其中一分子，教学质量有一定保障。HIM 是百分百瑞士人开办的酒店管理学院，以确保学生所学到的都是当地传统的酒店管理知识。与此同时，HIM 和美国 Northwood University 有紧密的合作关系，HIM 毕业生除了能够掌握瑞士的酒店运作及管理技能外，还具备美国酒店管理相关行业的知识。

9. 瑞士那沙泰尔酒店管理学院

School of Hotel Management Neuchatel Switzerland（简称 IHTTI）

IHTTI 创立于 1984 年，为瑞士早期创立的酒店管理学院之一。学院位于纽沙特（Neuchatel）法语市区内，走路五分钟就可到火车站及那沙泰尔（Neuchatel）湖畔，距离日内瓦机场约 2 小时车程。纽沙特市（Neuchatel）亦有瑞士大学城之称，是个充满朝气与活力的城市，在这里学生很方便到各大学图书馆阅读相关的英语和法语书籍与杂志。学院前身为"Eurotel"酒店，拥有优良的师资和齐全的教学设备。IHTTI 亦为瑞士酒店学院协会（Swiss Hotel Schools Association）的会员学院，学生来自世界各地 30 个以上不同的国家，除了提供绝佳的国际化学习环境外，学生必须选读法语或德语以强化外语能力，这对学生日后事业的发展有相当的助益。

10. 爱尔兰香侬酒店管理学院

Shannon College of Hotel Management（简称 SCHM）

有"翡翠岛国"美誉的爱尔兰，是与瑞士、荷兰齐名的欧洲旅游大国。旅游业已成为该国的经济支柱产业，由于有雄厚的产业基础，爱尔兰的旅游专业教育教研实力不俗。沃特福德理工学院、阿斯隆理工学院、都柏林理工学院、戈尔威—梅亚理工学院等诸多爱尔兰高等院校都提供酒店管理专业的本科课程。爱尔兰的酒店管理专业沿袭欧洲的教学模式，全部采用英语教学，而且提供一年至两年的带薪实习。

SCHM 坐落于爱尔兰第三大城市列墨瑞克的香侬镇，学院建成于 1951 年，经过几十年来的发展，它已成为欧洲同行业中酒店管理学院的佼佼者。从这里毕业的许多学生现在已经进入世界范围内高端酒店的管理层。世界唯一的 7 星级酒店的执行总裁即是该校的毕业生。学生毕业后获国际酒店管理专业商科学士学位。学位课程为期四年，包括近两年的工作实习，该课程向学生提供综合的专业知识与商务教育。通过在酒店行业几年的学习实践，学生将被安排进爱尔兰的酒店内接受培训，并继续通过远程教育的方式进行学习。学生在实习期间可以领到薪酬，该学院培训的学生最后职业定位是一流酒店公司的培训经理。学院还提供三年期后的文凭教育课程，学院的学位课程由爱尔兰国立大学进行确认，并被国际酒店和饭店联合会（IHRA），以及英国酒店服务和国际管理协会（HCIMA）认可。

11. 澳大利亚昆士兰大学

The University of Queensland 旅游与休闲管理学院

澳大利亚旅游资源丰富,旅游业十分发达,旅游专业教育水平也处于世界领先地位。澳大利亚不少知名高校,如维多利亚大学、菲斯大学、墨尔本皇家理工学院等都开设有旅游、酒店管理相关专业,而且一般都提供 TAFE(Technical and Further Education 的简称)、本科和硕士等各种学历层次的专业课程。澳大利亚的酒店管理专业教育在课程设置上注重理论与实践相结合,3 年制本科学习中通常都设有 1 年左右的不带薪实习期。此外,澳大利亚政府允许酒店管理等专业的国际学生毕业后在澳工作 18 个月。与瑞士相比,澳大利亚酒店管理专业门槛相对较低,读本科需要高中毕业学历及 6 分的雅思成绩;读硕士需要有学士学位和相应的语言要求,无须相关专业教育背景或工作经验。

昆士兰大学旅游与休闲管理学院位于澳大利亚风景旅游胜地布里斯班的昆士兰大学,是澳大利亚重点大学之一。昆士兰大学的教研实力全球闻名,大学旗下的旅游与休闲管理学院提供的旅游和酒店管理课程是该校的名牌课程之一,教学内容包括旅游酒店及休闲研究、全球旅游商业准则、旅游及运动系统、旅游可持续发展研究、旅游风险管理等,均由具有多年教学经验的资深教师授课,强调理论与实践的有机结合。

12. 澳大利亚南十字星大学

Southern Cross University 旅游及酒店管理学院

南十字星大学是培养旅游酒店管理专业人才的摇篮。该校的旅游及酒店管理学院在澳大利亚旅游教育领域中处于领军地位。南十字星大学拥有澳洲最大的旅游书籍图书馆。教学人员同时担任旅游专业期刊的编辑和撰稿人员,并编写了大量旅游教学课本,作为大学教材广泛用于澳洲国内教学并被其他国家大学所采用。南十字星大学是第一个将实习课程与书本内容相结合的澳洲大学,课堂授课与实地考察以及实习课程紧密结合,确保了学生通过学习能够学以致用,毕业生就业率高达 90％以上。南十字星大学课程设置灵活,实践性强,体现在以下几个方面:把丰富的实地考察课程穿插在各个学期的授课过程中;在第二学年提供到英国、美国、加拿大、日本及荷兰的国际交换课程;在第三学年提供一个学期的带薪实习课程,有 80%的实习学生留在实习地工作,从而确保了学生通过学习能够学以致用。因此,该校毕业生第一年就业率高达 90%以上。

13. 新加坡东亚商学院

East Asia School of Business(简称 EASB)

新加坡享有"花园城市"的美誉,是国际会议及国际展览中心,旅游业十分发达,世界知名酒店集团均在新加坡设有分店。酒店管理专业是新加坡高等教育领域的一大特色,专业文凭与证书获得世界高级酒店的广泛认可。新加坡院校采用英、汉双语制教育,同时为学生提供诸多的实践机会。

EASB 是一所国际认可的商学院,特色就是酒店与旅游管理专业,是新加坡两所著名的酒店管理院校之一。该学院学生学习两年可获高级大专文凭,达到一定要求者还可赴英国带薪实习 6 个月,成绩优秀者有机会在英国完成学位课程,获得威尔士大学的学士学位。此外，该校通过了新加坡政府的私立教育素质质量认证，其开设的课程同时经英国高等教育质量保证署的 CATS 认证，其学分被英联邦国家的高校认可。

14. 西班牙巴塞罗那自治大学

Universitat Autònoma de Barcelona（简称 UAB）

西班牙是世界旅游大国之一，联合国旅游总部就设在其首都马德里。因为具有丰富的旅游资源，所以西班牙的酒店、餐饮业发达，并因此带动旅游教育的发展。目前西班牙的各类高校均设有旅游、酒店管理等相关专业课程，大多以本科为主，少数几所高校开设有专业硕士课程。中国学生去西班牙攻读酒店管理专业，不仅能接受世界一流的专业教育，成为国际化酒店管理人才，同时还能学习西班牙语，成为目前国内稀缺的小语种人才，双重"身份"令其就业竞争力大大增加。

UAB 是一所公立大学，位于西班牙工商第一大城，亦是西班牙经济火车头加泰罗尼亚大区首府巴塞罗那。巴塞罗那自治大学创立于 1968 年，是一所年轻现代化的大学，共有 30 个学院，53 个系，9 个图书馆，现设有 78 个本科课程，88 个博士生项目与 183 个官方硕士和 334 个校际硕士课程。巴塞罗那自治大学属于综合性大学，在众多学科中，以经济企管类最为著名，排名全国第一。巴塞罗那自治大学被公认为欧洲最优秀的大学之一。该校的学科和研究领域十分广泛，其中旅游、酒店类专业硕士课程在西班牙享有很高的声誉。由于学校本身拥有多家星级酒店，学生可直接参与带薪实习。

15. 法国瓦岱勒国际酒店管理学院

Institute Vatel International Hotel Management School（简称 VATEL）

法国自然环境优越，历史文化深厚，拥有凯旋门、凡尔赛宫、巴黎圣母院、埃菲尔铁塔、卢浮宫等名胜，是全球闻名的度假胜地。因此，法国的旅游、酒店业处于世界领先水平，相关的专业教育也实力雄厚。法国拥有酒店及旅游管理专业国际协会认证体系，包括欧洲酒店和旅游管理学位颁发协会、国际酒店学校校长协会、世界旅游酒店教育培训协会、国际酒店和餐厅协会等。法国的酒店管理专业与瑞士的相比，学费更为合理，生活费相对较低，实习、工作机会更多。

VATEL 拥有 20 多年酒店管理教育经验，在法国拥有 4 个校区，曾在欧洲 10 大酒店管理教育学院中排名第二（仅次于瑞士洛桑酒店管理学院）。VATEL 长期以来坚持将理论和实践相结合，在学院所属并对外营业的酒店和餐厅中，为学生提供宝贵的获取实践经验的机会，学院在多国设有分校，如在加拿大，俄罗斯，泰国，马来西亚，阿根廷，墨西哥，突尼斯，智利等。学院和国内国际的主要酒店集团之间的密切联系为瓦岱勒学生提供了在知名酒店完成带薪实习的机会。

16. 康奈尔大学（Cornell University）

康奈尔大学位于美国东海岸，属于常春藤八大盟校之一。康奈尔大学（Cornell U-niversity）的酒店管理专业，在全美排名顶尖。其一年的学费约为 3.9 万~4.2 万美元，托福成绩要求 600 分以上，另需提供 GMAT（Graduate Management Admission Test 的缩写，中文名称为经企管理研究生入学考试）成绩。康乃尔大学的治学非常严谨，学生学习压力大。他们在校园内开设了一家对外开放的酒店供学生学习和实习。通常毕业于康奈尔大学的学生，都可以留在美国工作，进入著名的酒店集团工作，例如君悦酒店。

17. 内华达大学拉斯维加斯分校

University of Nevada, Las Vegas

内华达大学拉斯维加斯分校（University of Nevada, Las Vegas）位于美国中西部的内华达州著名的赌城拉斯维加斯。内华达大学拉斯维加斯分校是一所州公立大学，始建于 1951 年，占地 335 英亩（约 1.36 平方千米），拥有 200 座大型报告厅及各项设施。学校共有来自全美及 77 个国家的学生超过 2.2 万人，并为他们提供超过 160 个学士、硕士和博士专业。其酒店管理专业在美国大学中排前 5 名，就业前景最为看好，学生有机会在拉斯维加斯城市内的酒店实习。该校每年费用相对较为便宜，还有机会获得奖学金。

18. 强生威尔斯大学

Johnson & Wales University

强生威尔斯大学（Johnson & Wales University）位于美国经济最发达的东北部地区罗得岛州首府普罗文迪市，毗邻波士顿和纽约，创校于 1914 年，初期为一所商业学校，而后，以杰出的教学、优良的师资和完善的设施等闻名全球。学校亦是全美少数几个高等教育学府中，替学生未来的职业生涯做准备，并以此为重心的学府之一。共设有 47 项学位，包含商业课程（MBA）、烹饪艺术、餐饮管理、酒店与全球旅游及教育等，为学生提供良好的就业机会；所有的系招收学士、硕士，拥有独特且灵活的课程设计，学生可灵活运用，各校区均可就读，以就业为导向的教育方式，让学生毕业后的就业率非常之高。TOEFL 未达成绩者或无 TOEFL 成绩，可条件式入学，修完语言课程 ELS，通过学校考试，即可入学。美国劳动部为强生威尔斯大学出资 100 万美金供酒店业和旅游业培养新生力量。强生威尔斯大学许多学生都进入君悦酒店工作，同时万豪酒店在全球有超过 900 名强生威尔斯校友。

19. 美国饭店协会教育学院

American Hotel and Lodging Educational Institute（简称 AHLEI）

美国饭店业协会创建于 1910 年，该协会是一家专门从事提供从教育、运营管理、技术、市场、资讯服务到帮助政府处理酒店领域事务的全球性的行业协会，是一家为从事酒店及旅游业人员提供专业领域提升与发展的国际专业机构，并且是美国第一家被授予能够为本国从业人员提供包括酒店及旅游业资格考试的机构，是全球酒店行业的代表和象征。

AHLEI 成立于 1953 年，是美国饭店协会的职业教育、职业培训和职业资格认证的权威非营利性教育机构，也是首家提供高质量的酒店业教育、培训及满足全球范围内酒店学校和酒店业职业资格认证的机构。全球饭店均使用 EI 培训体系，其中包括全球饭店业特许经营 10 强的圣达特饭店公司、马里奥特国际公司、雅高集团、喜达屋国际饭店集团，以及著名的饭店品牌里兹-卡尔顿、凯悦、四季、洲际、喜来登、华美达、香格里拉等。EI 针对酒店具体问题，提供多种培训方案，在行业内一直保持领先地位。培训内容包括对客服务、前厅、客房、餐饮，市场营销、人力资源、管理概论、财务管理、俱乐部管理、工程与维护等。培训产品有培训书籍、职业认证辅导书、职业学历教育用书、学员用书、培训师指导用书、录像带、定制课程、在线教育等。60 多年来，针对酒店业的特别需求，AHLEI 一直引领培训潮流，并将在培训与教育方面继续保持领先地位，它所提供的培训与教育业务也得到了世界范围内的行业带头人及专家的支持。

第三节　国内旅游管理专业硕士招生院校

目前，我国共有 131 所高校招收旅游管理专业学术型硕士研究生，硕士生研究方向包括：旅游企业管理、旅游市场营销、旅游电子商务、旅游经济与管理、旅游规划与开发、旅游资源与文化、旅游可持续发展与旅游目的地管理、会展与旅游营销研究、旅游生态与环境管理、旅游战略与旅游文化、产业政策与区域品牌、旅游市场与消费行为、生态旅游、旅游娱乐经济、城市与乡村旅游管理、旅游景区规划与景区管理、旅游景观研究、旅游信息管理、餐饮管理与中式快餐管理、区域旅游规划、开发与管理、民俗文化与旅游研究、旅游地理信息资源管理、星级酒店管理、会展管理、都市旅游、会展经济与节事旅游、旅游可持续发展、俱乐部管理等。全国招收旅游管理专业（学术型）硕士点分布情况见表 1-3。

表 1-3　全国旅游管理专业（学术型）硕士点分布情况（2020）

序号	省、自治区、直辖市	数量	院校名称
1	北京市	8	北京石油化工学院、首都师范大学、北京第二外国语学院、中央财经大学、北京交通大学、北京工商大学、北京林业大学、中国社会科学院大学
2	天津市	4	南开大学、天津商业大学、天津财经大学、天津大学
3	河北省	1	河北经贸大学
4	山西省	2	山西财经大学、山西大学
5	内蒙古自治区	3	内蒙古工业大学、内蒙古大学、内蒙古财经大学
6	辽宁省	7	沈阳大学、东北财经大学、渤海大学、沈阳师范大学、辽宁大学、辽宁石油化工大学、辽宁师范大学
7	吉林省	4	延边大学、东北师范大学、北华大学、长春大学
8	黑龙江省	3	哈尔滨商业大学、黑龙江大学、东北林业大学
9	上海市	11	上海社会科学院、上海海事大学、复旦大学、上海交通大学、上海理工大学、华东师范大学、上海师范大学、华东理工大学、上海财经大学、上海对外经贸大学、上海工程技术大学
10	江苏省	7	扬州大学、苏州大学、东南大学、南京工业大学、南京财经大学、南京农业大学、南京师范大学

表1-3(续)

序号	省、自治区、直辖市	数量	院校名称
11	浙江省	5	宁波大学、浙江工商大学、浙江大学、浙江工业大学、杭州电子科技大学
12	安徽省	2	安徽大学、安徽财经大学
13	福建省	3	福建农林大学、华侨大学、厦门大学
14	江西省	3	江西财经大学、江西师范大学、江西科技师范大学
15	山东省	5	山东财经大学、山东大学、中国海洋大学、山东师范大学、山东工商学院
16	河南省	4	河南财经政法大学、郑州大学、河南大学、河南师范大学
17	湖北省	8	武汉轻工大学、武汉大学、武汉科技大学、中国地质大学(武汉)、中南民族大学、中南财经政法大学、湖北大学、华中师范大学
18	湖南省	6	湖南工业大学、中南大学、吉首大学、湘潭大学、湖南师范大学、湖南工商大学
19	广东省	6	广东工业大学、广东财经大学、中山大学、暨南大学、华南理工大学、广州大学
20	广西壮族自治区	4	桂林理工大学、南宁师范大学、广西师范大学、广西大学
21	海南省	1	海南大学
22	重庆市	5	重庆理工大学、重庆工商大学、重庆师范大学、重庆交通大学、西南大学
23	四川省	7	成都大学、西南民族大学、四川大学、成都理工大学、四川师范大学、西南财经大学、西南交通大学
24	贵州省	2	贵州财经大学、贵州大学
25	云南省	6	云南民族大学、云南财经大学、昆明理工大学、西南林业大学、云南师范大学、云南大学
26	陕西省	6	西北大学、西安科技大学、西安石油大学、陕西师范大学、西安外国语大学、西安财经大学
27	甘肃省	4	兰州大学、西北师范大学、兰州财经大学、甘肃政法大学
28	青海省	2	青海民族大学、青海大学
29	新疆维吾尔自治区	2	新疆师范大学、新疆大学
30	全国	131	

(数据来源:中国研究生招生信息网)

　　另外,全国有42所高校招收旅游管理专业(专业学位)硕士研究生,招生院校硕士点分布情况见表1-4。

表 1-4　全国旅游管理专业（专业学位）硕士点分布情况（2020）

序号	省、自治区、直辖市	数量	院校名称
1	北京市	2	北京第二外国语学院 、北京联合大学
2	天津市	2	天津商业大学 、天津财经大学
3	山西省	3	山西财经大学 、山西大学 、太原师范学院
4	内蒙古自治区	2	内蒙古大学 、内蒙古财经大学
5	辽宁省	1	沈阳航空航天大学
6	吉林省	1	吉林外国语大学
7	黑龙江省	2	哈尔滨商业大学 、牡丹江师范学院
8	上海市	1	上海体育学院
9	江苏省	1	江苏师范大学
10	浙江省	4	宁波大学 、浙江工商大学 、浙江农林大学 、浙江海洋大学
11	安徽省	2	安徽财经大学 、安徽师范大学
12	福建省	1	华侨大学
13	江西省	1	江西科技师范大学
14	山东省	2	曲阜师范大学 、中国海洋大学
15	河南省	2	信阳师范学院 、河南师范大学
16	湖南省	3	中南林业科技大学 、湘潭大学 、湖南理工学院
17	广东省	2	广东财经大学 、中山大学
18	广西壮族自治区	2	广西民族大学 、广西大学
19	海南省	1	海南热带海洋学院
20	重庆市	1	重庆三峡学院
21	贵州省	1	贵州师范大学
22	云南省	1	云南师范大学
23	陕西省	2	西安外国语大学 、宝鸡文理学院
24	新疆维吾尔自治区	2	新疆财经大学 、新疆大学
25	全国	42	

（数据来源：中国研究生招生信息网）

在全国有旅游管理专业的高校中，招收旅游管理博士研究生的高校共23所，全国高校旅游管理专业（学术型）博士点分布情况见表1-5。

表1-5　全国旅游管理专业（学术型）博士点分布情况（2020）

序号	省、自治区、直辖市	数量	院校名称
1	北京市	2	北京交通大学、中国社会科学院大学
2	天津市	1	南开大学
3	山西省	1	山西财经大学
4	辽宁省	2	东北财经大学、大连理工大学
5	上海市	2	复旦大学、上海财经大学
6	浙江省	2	浙江工商大学、浙江大学
7	福建省	3	福州大学、华侨大学、厦门大学
8	山东省	1	中国海洋大学
9	湖北省	1	中南财经政法大学
10	广东省	2	暨南大学、华南理工大学
11	重庆市	1	重庆大学
12	四川省	2	四川大学、西南财经大学
13	云南省	1	云南大学
14	陕西省	2	西北大学、陕西师范大学
15	全国	23	

（数据来源：中国研究生招生信息网）

第四节　旅游管理专业学生就业去向

　　旅游管理专业是随着我国旅游经济的发展、旅游产业的发育而建立的一个新型学科。旅游管理已与工商管理并列，是管理学下的一级学科。该专业培养适应新形势旅游企事业单位需要的一线服务与管理类专门人才，具有旅游管理专业知识，较好的思想道德品质和综合素质，具备较强的综合职业能力和发展基础，能在各级旅游行政管理部门、旅游企事业单位从事旅游管理工作的高级专门人才。根据世界旅游组织（WTO）统计，目前旅游业已经成为世界最大的产业，并且每年还在以两位数的速度增长。2019年末，纳入统计范围的全国各类文化和旅游单位35.05万个，从业人员516.14万人。其中，各级文化和旅游部门所属单位66 775个，减少60个；从业人员69.49万人，增加2.43万人。2019年国内旅游市场和出境旅游市场稳步增长，入境旅游市场基础更加牢固。全年国内旅游人数60.06亿人次，比上年同期增长8.4%；入境旅游人数14 531万人次，比上年同期增长2.9%；出境旅游人数15 463万人次，比上年同期增长3.3%；全年实现旅游总收入6.63万亿元，同比增长11.1%。年末全国共有A级旅游景区12 402个，全年接待总人数64.75亿人次，比上年增长7.5%，实现旅游收入 5 065.72 亿元，增长 7.6%。

一、人才需求

1. 高级行政管理人才与企业管理人才。主要包括熟悉国际惯例的高层行政领导人才、企业高级经营管理人才和旅游高端人才，尤其是具有国际水平，对国际旅游市场比较敏感的高级旅游经营管理人才。与高级企业管理人才相比，旅游企业的中层管理人才在供给数量上能够满足市场需求，但素质需进一步提升。

2. 专业技术人才，包括新业态旅游业专业人才，如旅游信息管理人才、旅游电子商务人才、大型会展活动管理服务人才、旅游研究人才等。目前，旅游研究人才缺乏，旅游人才整体水平有待提高，尤其缺乏旅游研究特别是旅游新兴学科、旅游新业态研究方面的带头人。

3. 服务技能型人才。主要需求的是服务于旅游第一线的技能型人才，如饭店一线服务人员、西点厨师、中菜厨师等。

二、发展前景与地域模式

旅游产业是欣欣向荣的产业，因此旅游管理专业也是朝阳专业，随着旅游管理体系的逐渐完善，把理论与实践更好地结合起来后，旅游管理专业的前景非常光明。业内专家认为，我国旅游就业前景广阔，旅游就业存在十大增长点，即新型住宿接待业、特色餐饮业、旅游景区景点开发、旅游商品生产与销售、旅游农业、旅游工业、旅游新兴服务业、旅游文化娱乐业、旅游交通运输业、旅游劳务输出十个方面，这些领域就业增长快、潜力大、带动性强，而且能充分利用市场机制加快发展，就业成本低，老百姓受益面宽。

近年发布的《中国旅游业就业目标体系与战略措施研究》，分析了我国旅游业的地域特征，提出我国旅游就业可以概括为六种不同的地域模式。

1. 以大型景区为龙头，形成了丰富的就业体系和就业方式，包括住宿接待、餐饮、娱乐、旅游购物、劳务服务等。

2. 在旅游城市、交通枢纽和集散基地，以住宿接待为中心，形成了综合性的旅游服务体系与酒店集中区等高密度就业区域。

3. 以满足城市居民休闲度假为主，环城度假带已成为旅游就业的重要增长点，为城市居民休闲服务建立了相应的就业体系，包括旅游度假区、主题公园、农家乐、产业旅游等。

4. 沿着重要的旅游交通干线及航空港、火车站、汽车站等形成的旅游就业重要的增长轴线。

5. 旅游小城镇及乡村旅游就业体系。近年来，我国出现了古镇旅游、乡村旅游，这种旅游模式所产生的就业体系，与一般的旅游景区点相比，具有更高的参与性。

6. 依托产业旅游带动的就业模式。随着旅游业的不断发展，出现了许多新的旅游热点，如工业旅游、农业旅游、体育旅游、节庆旅游、教育旅游等。产业旅游就业模式的特点是，旅游业依托其他产业，从业者往往是兼职从事旅游。

三、就业方向

旅游管理专业毕业生可从事旅游行政管理部门、旅行社、旅游景区、旅游咨询公司、旅游电子商务企业、旅游规划策划机构、主题公园的旅游经济管理和企业管理工作，或旅游与休闲行业的自主创业。具体如下：

1. 旅游行政管理部门

旅游行政管理部门就业要通过考取公务员的方式，具体流程包括网上报名、现场报名、笔试面试、体检考察、名单公示等环节。就业单位包括各省市地县旅游局及其附属企事业单位，各单位具体职位根据需要而定，可参看当年公务员招生简章。

2. 旅行社

旅行社各职能部门分为：业务部、计调部、接待部、导游部、外联部、财务部等。

业务部：负责旅行社产品的营销策划，招徕组团，地接等旅行社业务以及会议、中小型展览的组织营销业务，主要有经理、助理、文秘、组团、地接等职位。

计调部：具体操作旅行社业务，包括设计旅游线路及报价等。

接待部：接待来咨询的客人及来访的其他人员。

导游部：安排导游带团，导游人员需有导游证。

外联部：旅行社在外地的代言人，经常到其他城市宣传该旅行社等。

财务部：负责旅行社所有资金运作，工作人员需有一定的财会知识。

3. 旅游咨询公司

主要业务包括：出境旅游咨询、国内旅游咨询、旅游中介、商务考察咨询、移民及留学咨询、代订全国各地酒店、代订旅游（商务）用车、会议会展、旅游顾问、导游培训服务等。

4. 旅游电子商务企业

旅游电子商务企业主要业务范围包括提供旅游信息，预订酒店、机票、旅行线路及商旅实用信息查询检索等。

5. 旅游规划策划机构

毕业生可从事旅游规划与策划，旅游规划策划机构主要包括旅游业发展规划、旅游景区规划、旅游策划等业务。

6. 旅游营销策划企业

新兴的旅游营销策划企业，是从原旅行社的业务部的营销策划工作延展扩大成为独立的旅游市场的营销策划企业，是旅游产业发展过程中企业重新分工产生的旅游新行业。业务包括旅游景区、大型旅游演出、大型旅游活动、旅游线路以及旅游目的地的市场营销策划。其也从事会展的组织营销业务。作为新兴的旅游营销策划企业，业务量巨大而企业人员精干；要求员工有较高学历、了解旅游企业发展现状、了解旅游消费趋向，有较高的交际与即时应对市场变化的能力，有良好的团队精神与诚信品格。

7. 旅游景区

毕业生可从事旅游景区的经营和管理。旅游景区已经形成我国旅游业的半壁江山，这些景区遍布全国各地，任何一类旅游景区都是一条就业出路。如此众多的旅游景区为旅游与休闲管理专业就业创造了良好机会。

8. 主题公园

毕业生可从事主题公园的经营和管理。主题公园分为乐园型、民俗型、历史型、浓缩景观型、科技型等类型。乐园型的有欢乐谷、海洋世界、冰雪大世界等；民俗型的有民俗文化村、民族文化村等；历史型诸如杭州的宋城、无锡的唐城、三国城；广西的乐满地、世外桃源、愚自乐园等；浓缩景观型诸如深圳的世界之窗、锦绣中华等；科技型诸如恐龙馆、航宇科普中心等。

9. 旅游、休闲俱乐部

毕业生可从事诸如高尔夫俱乐部、健身俱乐部、攀岩俱乐部、沙滩浴场、沙漠滑沙俱乐部等行业的经营和管理。

10. 高星级酒店、度假村

旅游度假村是集娱乐、住宿、餐饮、歌舞厅、会议厅、大型停车场于一体的旅游场所，环境优美，设施齐全，是度假休闲旅游的好去处，越来越受到游客的青睐。

11. 从事旅游类大中专院校教学工作

旅游业的快速发展，对旅游基层人才需求越来越多，各地旅游类职业学校发展较快，从事旅游中职教育也是旅游管理类本科毕业生就业不错的选择。

12. 旅游与休闲行业的自主创业

与旅游相关的各式各样有个性的旅游纪念品商店，经济型特色化的旅游小饭店，有文化品味的酒吧与茶馆，风味餐饮、小吃业、陶艺陶吧、蜡染吧，教授种植花草、制作盆景的园艺吧、插花的花吧、摄影的摄吧等。

13. 走向乡村，参与开发乡村旅游与休闲产业

乡村振兴战略促进了乡村旅游与休闲产业的高速发展，其在大城市周边发展更为快速。但是广大乡村的旅游人才极度缺乏，乡村旅游与休闲产业对旅游本科毕业学生来说是施展才华的广阔天地。参与乡村旅游开发，经营乡村旅游饭店，进行乡村旅游营销策划，组织乡村旅游商品生产经营，或从事乡村旅游中职教育、旅游技能培训工作等，根据"因地制宜原则"选择方向。可以是创业，如：筹办乡村旅游营销策划企业，筹集资金与当地农民联合经营乡村旅游与休闲企业，租赁乡村旅游资源形式开办中小型的乡村旅游企业；也可以是就业，任职于乡村旅游与休闲企业等。

第二章 旅游管理专业学习辅导

为方便学生查阅旅游行业信息，了解政府和旅游行政管理机关有关旅游相关政策法规和旅游人才招聘信息，设计合理的职业生涯，为就业铺平道路，我们列举了国内著名旅游网站、旅游（管理）专业期刊、旅游出版机构——中国旅游出版社、国内著名旅行社、国内外著名酒店管理集团。

第一节 著名旅游网站

一、国内旅游网站

1. 中国文化和旅游部 www.cnta.gov.cn
2. 中国旅游网 www.51yala.com
3. 中国旅游人才网 www.tourjob.net
4. 四川旅游网 www.517sc.com
5. 四川旅游信息网 www.scta.gov.cn
6. 旅游运营网 www.lwcj.com
7. 中华旅游报价网 www.chian-traveiier.com
8. 中国饭店协会 www.chinahotel.org.cn
9. 中国酒店管理协会 www.chma.org.cn
10. 中国酒店管理网 www.hotel120.com
11. 中国烹饪协会 www.ccas.com.cn
12. 中国食神网 www.eatsun.com
13. 旅行社协会网 www.cats.org.cn
14. 中国旅行社总社 www.ctsho.com
15. 中国国际旅行社总社 www.cits.cn
16. 中国青年旅行社总社 www.cytsonline.com
17. 中国旅游协会 www.chinata.com.cn
18. 中国旅游诚信网 www.trust.cnta.gov.cn
19. 携程旅行网 www.ctrip.com
20. 世界旅游网 www.tianyatravel.com
21. 中国酒店人才网 www.triphr.com

22. 中国旅游景区协会 www.cntaa.org/index.htm

23. 中国饭店经理人 www.chmln.com

24. 中国旅游专家论坛 http://experts.winbird.com/

25. 中国国家地理网 http://www.dili360.com/

26. 行游天下 http://www.chinahotel168.com/

27. 世界游网 http://www.lvyou168.cn/

28. 艺龙旅行网 http://trip.elong.com/

29. 新旅游 http://www.newta.com.cn/

30. 玩家旅游 http://www.gootrip.com/

31. 中国旅游咨询师网 http://www.lyzxs.com.cn/

32. 旅游咨询人才网 http://www.lyzxrc.com/

33. 中国旅游酒店实习生毕业生网 http://www.hoteltrainee.com/

34. 中国酒店招聘网 http://www.hoteljob.cn

二、中国各省（含直辖市、自治区、港澳台）旅游管理组织网址

中国各省（含直辖市、自治区、港澳台）旅游管理组织网址见表 2-1。

表 2-1 中国各省（含直辖市、自治区、港澳台）旅游管理组织网址

名称	网址
北京市文化和旅游局	http://whlyj.beijing.gov.cn/
天津市文化和旅游局	http://whly.tj.gov.cn/
河北省文化和旅游厅	http://www.hebeitour.gov.cn/
山西省文化和旅游厅	http://wlt.shanxi.gov.cn/
内蒙古自治区文化和旅游厅	http://wlt.nmg.gov.cn/
辽宁省文化和旅游厅	http://whly.ln.gov.cn/
吉林省文化和旅游厅	http://whhlyt.jl.gov.cn/
黑龙江省文化和旅游厅	http://wlt.hlj.gov.cn/
上海市文化和旅游局	http://whlyj.sh.gov.cn/
江苏省文化和旅游厅	http://wlt.jiangsu.gov.cn/
浙江省文化和旅游厅	http://ct.zj.gov.cn/
安徽省文化和旅游厅	http://ct.ah.gov.cn/
福建省文化和旅游厅	http://wlt.fujian.gov.cn/
江西省文化和旅游厅	http://dct.jiangxi.gov.cn/
山东省文化和旅游厅	http://whhly.shandong.gov.cn/
河南省文化和旅游厅	http://hct.henan.gov.cn/
湖北省文化和旅游厅	http://wlt.hubei.gov.cn/

表(续)

名称	网址
湖南省文化和旅游厅	http://whhlyt.hunan.gov.cn/
广东省文化和旅游厅	http://whly.gd.gov.cn/
广西壮族自治区文化和旅游厅	http://wlt.gxzf.gov.cn/
海南省旅游和文化广电体育厅	http://lwt.hainan.gov.cn/
重庆市文化和旅游发展委员会	http://whlyw.cq.gov.cn/
四川省文化和旅游厅	http://wlt.sc.gov.cn/
贵州省文化和旅游厅	http://whhly.guizhou.gov.cn/
云南省文化和旅游厅	http://dct.yn.gov.cn/
西藏自治区旅游发展厅	http://lyfzt.xizang.gov.cn/
陕西省文化和旅游厅	http://whhlyt.shaanxi.gov.cn/
甘肃省文化和旅游厅	http://wlt.gansu.gov.cn/
宁夏回族自治区文化和旅游厅	http://whhlyt.nx.gov.cn/
青海省文化和旅游厅	http://whlyt.qinghai.gov.cn/
新疆维吾尔自治区文化和旅游厅	http://wlt.xinjiang.gov.cn/
香港旅游发展局	http://www.discoverhongkong.cn
澳门特别行政区政府旅游局	http://www.macaotourism.gov.mo/

三、外文旅游学术期刊网站

Anatolia：an international journal of tourism and hospitality research

安纳托利亚：国际旅游和酒店业研究杂志（土耳其）

http://www.anatoliajournal.com/

FIU Hospitality Review

佛罗里达国际大学酒店业评论（美国）

http://hospitality.fiu.edu/review/

Hospitality Design

HD 酒店业设计（美国）

http://www.hdexpo.com/hdexpo/3550/index.jsp

Hotelier

旅馆经营者杂志（澳大利亚）

http://www.isubscribe.com.au/title_info.cfm? prodID＝778

International Journal of Contemporary Hospitality Management

当代酒店业管理国际杂志（英国）

http://juno.emeraldinsight.com/vl＝5608065/cl＝99/nw＝1/rpsv/ijchm.htm

International Journal of Hospitality Management

国际酒店业管理杂志（英国）

http：//www.sciencedirect.com

Journal of Convention & Exhibition Management

会议与展览管理杂志（美国）

Journal of Foodservice Business Research

餐饮服务业研究杂志（美国）

http：//www.haworthpress.com/store/product.asp？sku＝J369&AuthType＝2

Journal of Foodservice Research International

餐饮服务研究国际杂志（美国）

http：//www.msu.edu/user/sawyerc/journal.htm

Journal of Hospitality & Leisure for the Elderly

老年人旅游与休闲杂志（美国）

http：//www.haworthpressinc.com/store/product.asp？sku＝J240

Journal of Hospitality & Leisure Marketing

酒店与休闲业营销杂志（美国）

http：//www.haworthpress.com/store/product.asp？sku＝J150&AuthType＝2

Journal of Hospitality & Tourism Research

酒店与旅游研究杂志（香港理工大学主办）

http：//www.sagepub.com/journal.aspx？pid＝102

Journal of Human Resources in Hospitality & Tourism

酒店与旅游业人力资源杂志（美国普渡大学主办）

http：//www.haworthpress.com/store/product.asp？sku＝J171&AuthType＝2#abstract_indexing

Journal of International Academy of Hospitality Research

国际酒店业研究学会会刊（美国）

http：//scholar.lib.vt.edu/ejournals/JIAHR/

Journal of Quality Assurance in Hospitality & Tourism

酒店与旅游质量保证杂志（美国）

http：//www.haworthpressinc.com/store/product.asp？sku＝J162

Journal of Restaurant & Foodservice Marketing

餐馆与餐饮营销杂志（美国）

http：//www.haworthpressinc.com/store/product.asp？sku＝J061

Scandinavian Journal of Hospitality and Tourism

斯堪的纳维亚酒店和旅游业杂志（挪威）

http：//www.tandf.co.uk/journals/titles/15022250.asp

The Journal of Hospitality，Leisure，Sport & Tourism Education（JoHLSTE）

酒店、休闲、运动与旅游教育杂志（英国）

http://www.hlst.ltsn.ac.uk/johlste/j

四、旅游（管理）专业期刊

旅游（管理）专业期刊见表2-2。

表2-2　旅游（管理）专业期刊

中国国家地理	管理智慧	决策咨询
旅游学刊	管理科学	决策借鉴
中国旅游研究学刊	管理与效益学刊	计划管理通讯
旅游科学	管理与效益	决策理论与实践
人文地理	管理与信息	技术与管理论坛
经济地理	管理科学文摘	科技与决策
旅行家	管理科学学报	科学咨询
旅游	管理工程学报	领导科学论坛
时尚旅游	管理学报	领导科学
旅行家	管理评论	领导文萃
西藏旅游	管理与财富	领导之友
西部旅游	管理世界	领导广角
北方旅游	管理科学	领导决策信息
旅游纵览	管理现代化	领导理论与实践
度假旅游	决策探索	中国职业经理人
旅游世界	经营与管理	中国管理信息化
旅游天地	决策与信息	咨询与决策
丝路游	决策	决策导刊
游遍天下	决策参考	战略与管理
中国旅游报	决策通讯	中国管理科学

第二节　旅游出版机构——中国旅游出版社

中国旅游出版社成立于1975年，是文化和旅游部主管的中央级图书、音像出版单位。出版范围包括旅游指南、旅游风光画册、外文读物、旅游理论、旅游教材、旅游文化、旅游文学及生活时尚等相关社会科学领域的图书、音像制品、电子出版物、导游图及明信片等。中国旅游出版社是中国最权威的旅游专业出版社，成立40多年来，与国内外旅游官方机构、旅游行业协会、旅游企业等建立了长期、稳定的合作关系；

与美国、英国、法国、日本等国家的出版机构开展了版权贸易。

中国旅游出版社拥有一批专业水平较高的编辑、外语、摄影、美术、录音、摄像、出版、发行、广告等人才，与国内外许多高水平的专家作者建立了长期、稳定的合作关系。

中国旅游出版社每年出版各种不同形式的出版物近 300 个品种，内容丰富、产品多样、图文并茂、制作精美、风格鲜明是其出版物的特点；诚信为本、奉献精神是其的经营宗旨。建设"全国优秀的出版社、旅游行业权威出版社、经济效益好的强社和读者心中可信赖的出版社"是中国旅游出版社的奋斗目标。

第三节　国内著名旅行社

一、中国国际旅行社总社

中国国际旅行社总社（CITS）成立于 1954 年，是目前国内规模最大、实力最强的旅行社企业集团，是进入 2002 年"中国企业 500 强"的唯一旅游企业，是世界旅游组织在中国的唯一企业会员，也是中国旅行社协会的会长单位。国旅总社还拥有经国家工商注册、国内旅行社唯一的旅行救援中心，该中心拥有全国网络，并通过与国际著名救援公司合作每天 24 小时向国内外游客提供旅行救援服务。国旅总社经过多年的发展，现已在海外 10 个国家和地区设有 14 家分社，在全国 122 个城市拥有集团成员企业，总资产达 40 亿元。"名牌化、集团化、智能化"是国旅总社的发展目标。中国国际旅行社总社 CITS 商标已经成为国家商标局认定的中国旅游业唯一驰名商标。

二、中国旅行社

中国旅行社始建于 1949 年 11 月，是新中国的第一家旅行社，经过半个多世纪的发展，已成为中国最大的旅游机构之一，在国内外享有良好的声誉和广泛的知名度。

中国旅行社在全国各地设有 364 个分支社，118 家各种档次的旅游宾馆，62 家旅游汽车公司，46 家免税商店，形成一个庞大的旅游服务网络，为旅游者提供食、住、行、游、购、娱等全方位服务，并承办旅游咨询、签证、认证、国际国内机票等有关业务。

中国旅行社总社设在北京。它是全国中旅社的"龙头"，不仅在国内有庞大的系统网络，还与欧美、东南亚、日本、港、澳、台等国家和地区的 300 多家旅行社建立了牢固的合作关系。总社下设 27 个部门，其中主要的入境旅游业务部门有欧洲部、美大部、东南亚部、日本部、韩国部、国际慈善旅游部等，每年招徕接待各国旅游者 10 万多人；出境和国内旅游及其他相关业务部门有出境部、国内旅游部、会议奖励旅游部、中旅首都旅行社、市场部、签证处、航空票务中心、交通业务部等，每年组织赴港、澳、东南亚、欧美等地旅游万余人次。

三、上海春秋国旅

上海春秋国旅成立于 1981 年，是一家综合性旅游企业，业务涉及旅游、酒店预订、机票、会议、展览、商务、因私出入境、体育赛事等行业，是国际大会协会（IC-CA）在中国旅行社中最早的会员，是第 53 届世界小姐大赛组委会指定接待单位。上海春秋国旅被授予上海市旅行社中唯一著名商标企业。

1994 年以来，上海春秋国旅经营的中国公民境内旅游业成绩显著，连续九年荣获全国第一的殊荣。拥有"春之旅""中外宾客同车游""纯玩团""自由人""爸妈之旅"等多种特色旅游产品。同时，上海春秋国旅已经在美国、英国、泰国、德国、日本、澳大利亚、中国香港等 7 个国家和地区以及国内三十多个大中城市设立分公司，形成了初具规模的"春秋联合体"。在分公司和一千多家网络成员之间实行电脑联网业务操作，做到"散客天天发，一个人也能游天下"的便利散客即时预订服务。

上海春秋国旅设有严格的质量监督管理机制，坚持"99+0＝0"和"每团必访"的优质服务质量观。由于上海春秋国旅在企业经营、管理和发展方面取得了令人瞩目的成绩，因此十多年以来连续被授予"上海文明单位"的光荣称号。

四、中青旅控股股份有限公司

中国青年旅行社总社成立于 1980 年 6 月，是共青团中央所属的大型旅游企业，是中国三大骨干旅行社之一。1988 年在中国旅游行业率先成立了中青旅集团。1997 年，又作为主发起人组建了中国旅游行业第一家以完整的旅游概念上市的公司——中青旅股份有限公司。

中国青年旅行社总社主管入境旅游、出境旅游和国内旅游，并在向紧密型、综合式、国际化企业集团发展过程中，将经营领域延伸到酒店业、餐饮业、娱乐业、旅游运输、旅游资源开发、航空代理、贸易、商业零售业、房地产业及高科技等领域。

五、中国康辉旅行社有限责任公司

中国康辉旅行社有限责任公司（原中国康辉旅行社总社）创建于 1984 年，是全国大型旅行社集团企业之一，注册资金逾一亿元。"中国康辉"是中国大型国际旅行社、国家特许经营中国公民出境旅游组团社，经营范围包括入境旅游、出境旅游及国内旅游。

六、中信旅游总公司

中信旅游总公司是中国国际信托投资公司的全资子公司，成立于 1987 年。依托中信公司遍布全中国的旅游网络及其在国内外的良好声誉，努力开拓市场，组织客源，在发展观光旅游的同时，积极开展商务旅游、专业旅游和特种旅游，已形成了较大的业务规模，多年被国家旅游局评为中国国际旅行社行业 100 强单位。中信旅游总公司现为亚太国际旅协（PATA）成员和美国旅游批发商协会（USTOA）海外会员，是伍德赛德国际旅游组织中国大陆唯一会员，曾获得第 22 届国际旅游、饭店、餐饮业优质服务金牛奖，是北京市旅游局向市民推荐的 20 家信得过旅行社之一。

七、招商局国际旅行社有限责任公司

招商局国际旅行社有限责任公司中国招商国际旅游管理总公司是招商局集团全资直属企业，自 1987 年 1 月成立以来，开拓进取，发展迅速，已形成以旅行社为主业，航空运输代理和写字楼及物业管理为辅业的发展框架，总资产 3 亿多元，成为全国性骨干旅游集团之一。

八、北京神舟国际旅行社集团有限公司

北京神舟国旅票务有限公司及神舟商务旅行公司隶属北京旅游市场规模最大的旅游机构——北京神舟国旅集团。

北京神舟国旅票务有限公司（简称 BTG 公司）包括一个总公司和四个分公司，注册资本 1 000 万元。票务服务和商务旅行服务的有机结合，大大丰富了神舟国旅的客户服务功能。

神舟国旅的服务理念和品质已在业内外享有较高的声誉并在产品及服务上得到广泛的认可。BTG 公司凭借近 15 年的机票代理销售服务经验，为政府要员、各部、委、办、国家公务人员、企业及社会各界提供精致并专业的旅行服务。在常规服务之外，BTG 公司还承办公务专机、包机、包座等业务。

九、中国和平国际旅游有限责任公司

中国和平国际旅游有限责任公司创立于 1986 年，是经国家旅游局批准可同时经营国际入境旅游、国内旅游和中国公民出国旅游业务的国际旅行社，中国旅行社协会的正式会员单位，全国国际旅行社百强社之一，北京地区国际旅行社十强之一。

十、中国妇女旅行社

中国妇女旅行社是由中华妇女联合会创办、国家旅游局批准、国家工商管理局登记注册的国际旅行社，成立于 1986 年 5 月，它拥有外联和签证通知权，是自主经营、自负盈亏、具有法人资格的全民所有制企业单位。总社设在北京，在全国各主要旅游城市设有分支机构，在香港设有分公司，主管入境旅游，国内旅游，特许经营中国公民自费出国旅游业务，兼营国内国际航空客运销售代理及承办展览等业务。自中国妇女旅行社成立以来，已经与几十个国家的旅游机构和友好组织建立了友好合作关系，为二十几万来华客人的旅行、商务考察、参加国际会议、妇女工作交流、夏（冬）令营、文化交流等专项旅游提供了服务。中国妇女旅行社的"热情、周到、细致"的接待风格给国内外客人留下了深刻的印象。

第四节　国内外著名酒店管理集团

一、国际著名酒店管理集团

（一）希尔顿酒店集团公司（Hilton Hotels Corporation，简称 HI）

希尔顿国际酒店集团，是总部设于英国的希尔顿集团公司旗下分支，拥有除美国外全球范围内"希尔顿"商标的使用权。美国境内的希尔顿酒店则由希尔顿酒店管理公司（HHC）拥有并管理。

旗下主要品牌：希尔顿（Hilton Hotel），港丽（Conrad），斯堪的克（Scandic），双树（Double Tree），大使套房酒店（Embassy Suite），家木套房酒店（Homewood Suite），哈里逊会议中心（Harrison Conference Center），庭园旅馆（Garden Inn），汉普顿旅馆（Hanpton Inn），希尔顿度假俱乐部（Hilton Grand Vacations Club）等。

（二）洲际国际酒店集团（Intercontinental Hotels Group）

洲际酒店集团（Intercontinental Hotels Group plc，简称 IHG），成立于 1777 年，是目前全球最大及网络分布最广的专业酒店管理集团，拥有洲际、皇冠假日、假日酒店等多个国际知名酒店品牌。洲际酒店集团是世界上客房拥有量最大（高达 650 000 间）、跨国经营范围最广（分布将近 100 个国家）、在中国接管酒店最多的超级酒店集团。2018 年 12 月，世界品牌实验室发布《2018 世界品牌 500 强》榜单，洲际酒店排名第 456。

旗下主要品牌：洲际（Intercontinental），皇冠（Crowne Plaza），假日（Holiday Inn），快捷（Express by Holiday Inn）。

（三）万豪国际酒店集团公司（Marriott International，Inc. Hotels）

万豪国际集团是全球首屈一指的国际酒店管理公司，万豪在美国和其他 69 个国家及地区拥有 2 800 多个业务单位。万豪国际集团的总部设于美国首都华盛顿，雇用约 128 000 名员工。

旗下主要品牌：万豪（Marriott Hotels & Resorts），J. W 万豪（JW Marriott Hotels & Resorts），万丽（Renaissance Hotels & Resorts），万怡（Courtyard），万豪居家（Residence Inn），万豪费尔菲得（Fairfield Inn），万豪唐普雷斯（TownePlace Suites），万豪春丘（SpringHill Suites），万豪度假俱乐部（Marriott Vacation Club），华美达（Ramada Plaza），丽思卡尔顿（Ritz-Carlton）等。

（四）海逸国际酒店集团（Harbor Plaza Hotels & Resorts Hotels）

海逸国际酒店集团由和记黄埔有限公司与长江实业（集团）有限公司合资所有，并由和记黄埔地产集团经营。海逸国际酒店集团是亚洲酒店业的重要成员。舒适优雅、物超所值的享受与便利的完美融合，是其全线酒店的显著特色。

旗下主要品牌：海逸国际 Harbor Plaza。

（五）最佳西方酒店管理集团（Best Western International）

1946 年，拥有 23 年管理经验的旅馆业主 GUERTIN 建立了最佳西方汽车旅馆。该旅馆最初是作为饭店向旅游者推荐住宿设施的联系渠道，主要通过前台接线员之间的电话联系。经过 60 多年的发展，最佳西方采取建立战略联盟的方式，在全球建立经营网点，通过其全球预定系统和灵活多样的服务项目，把各个成员饭店联合起来，迅速成为世界第一大的饭店品牌。

旗下主要品牌：最佳西方（BestWestern）。

（六）圣达特集团（Cendant Corporation）

圣达特集团成立于 1995 年，是世界最大的饭店特许经营者、世界最大的假期所有权组织、世界最大的汽车租赁经营者和全世界旅行信息处理服务的主要提供者之一。此外，圣达特集团还是全球最大的服务商、世界房地产业的佼佼者，是世界 50 强之一。

旗下主要品牌：天天旅馆（Days Inn of America），霍华德·约翰逊特许系统（Howard Johnson Franchise Systems），华美达特许系统（Ramada Franchise Systems），超级 8 汽车旅馆（Super 8 Motel），Travelodge，VillagerLodge，WingateInn 等。

（七）凯宾斯基国际酒店集团（Kempinski Hotels）

凯宾斯基酒店是世界上历史悠久的豪华酒店集团，最初建立于 1897 年。酒店集团创建于德国，现旗下酒店遍布欧洲、中东、非洲、美洲和亚洲，在北京、柏林、布达佩斯、伊斯坦布尔、德累斯顿和圣莫里茨等 34 个目的地拥有 76 家豪华酒店和度假村。凯宾斯基拥有历史悠久的地标性项目、城市生活方式酒店、豪华度假村，以及酒店式公寓，每家酒店均秉承凯宾斯基品牌的传统，让客人感受目的地文化风情。在经营上，凯宾斯基的理念是：充分满足客人，为了充分满足客人的需要，凯宾斯基推出了"金钥匙"全能服务项目。

旗下主要品牌：Kempinski Hotel。

（八）喜达屋国际酒店集团（Starwood Hotels & Resorts Worldwide）（现属万豪酒店集团）

喜达屋酒店及度假村国际集团（Starwood Hotels and Resorts Worldwide）是一家美国酒店和休闲公司，也是世界上最大的酒店集团，总部位于康涅狄格州斯坦福德。1998 年，喜达屋收购了威斯汀饭店度假村国际集团（Westin Hotels&Resorts Worldwide，Inc）和它的几个分公司（包括威斯汀和威斯汀联合公司），还收购了美国国际电话电报公司，并取名为 Sheraton Holding Corporation；1999 年 10 月，收购了维斯塔那（Vistana）股份有限公司（更名为喜达屋度假所有权股份有限公司），这一切使得喜达屋集团在众多饭店及娱乐休闲集团中处于领先地位。2015 年，万豪国际宣布将以 122 亿美元收购喜达屋酒店及度假村国际集团，收购之后成为世界上最大的连锁酒店。

旗下主要品牌：瑞吉斯（St. Regis），至尊精选（The luxury Collection），喜来登（Sheraton），威斯汀（Westin），福朋（Four Points），W 酒店（W Hotels），美丽殿（Le

Meridien）。

（九）雅高集团（ACCOR）

雅高是可提供全方位服务的国际酒店集团，通过位于全球 110 个国家的 4 900 家酒店、度假酒店以及住宅，为客户提供各式服务。凭借覆盖从奢华、高端，到中端及经济型等各具特色的品牌，50 多年来雅高持续提供酒店服务以及酒店行业的专业知识。除酒店住宿之外，雅高通过旗下餐饮、夜生活娱乐、康体以及共享办公品牌提供生活、工作以及娱乐的新方式。雅高还通过数字化的解决方案，提高分销效率，优化酒店运营并增强客户体验。2019 年雅高推出了全新生活方式忠诚计划，该项目通过 "ALL of Accor"（Accor Live Limitless）这一平台与宾客进行沟通，将其打造成整合礼赏、服务和体验的全球平台，通过集团的整个生态系统，为宾客日常的工作、生活或娱乐增添价值。

旗下主要品牌：索菲特（Fofitel），诺富特（Novotel），美居酒店（Mercure），雅高套房饭店（Suite hotel），宜必思饭店（Ibis），一级方程式汽车旅馆（Formule1），红屋顶旅馆（Red roof）等。

（十）香格里拉酒店集团

"香格里拉" 是香港上市公司香格里拉（亚洲）有限公司的品牌，该酒店集团隶属于马来西亚华商郭鹤年的郭氏集团旗下。香格里拉的名称来自詹姆斯·希尔顿的小说《失落的地平线》里，在中国西藏群山中的世外桃源。从 1971 年新加坡第一间香格里拉酒店开始，香格里拉酒店便不断向国际迈进；以香港为大本营，今日香格里拉已是亚洲区最大的豪华酒店集团，且被视为世界最佳的酒店管理集团之一，在无数公众和业内的投选中，均获得一致的美誉。

旗下主要品牌：香格里拉酒店。

二、中国著名酒店管理集团

（一）锦江国际集团

锦江国际集团是中国规模最大的综合性旅游企业集团之一。集团以酒店、餐饮服务、旅游客运业为核心产业，并设有酒店、旅游、客运物流、地产、实业、金融六个事业部。注册资本 20 亿元，总资产 170 亿元。"锦江" 商标为中国驰名商标和 "上海最具影响力服务商标"。

锦江酒店是集团核心产业之一。以上海锦江国际酒店（集团）股份有限公司（锦江酒店）和上海锦江国际酒店发展股份有限公司（锦江股份）为主体，拥有锦江国际酒店管理公司及华东、北方、华中、南方、西北、西南六大区域性公司。专业从事星级酒店和 "锦江之星" 连锁经济型旅馆，以及餐饮业的投资与经营管理。截至 2014 年末，旗下营运及筹建中的酒店共 1 566 家，客房合共超过 23.5 万间。

（二）粤海（国际）酒店管理集团有限公司

粤海（国际）酒店管理集团有限公司是广东省政府在港窗口公司粤海控股集团有

限公司全资拥有的一家跨地域、国际化的酒店管理集团公司，拥有"粤海国际酒店""粤海酒店"和"粤海之星"三个品牌系列，公司所持有的酒店资产及受委托管理的酒店遍布于香港、澳门、珠江三角洲、长江三角洲及国内其他地区。粤海（国际）酒店管理集团有限公司凭借"国际水准、中国特色"的管理优势和卓越的管理业绩先后获得中国旅游饭店业协会、中国新闻社授予的"中国饭店业国际品牌先锋""中国饭店业民族品牌先锋"和"中国最具竞争力饭店集团 20 强"称号，整体实力居中国饭店集团 20 强前列。

（三）凯莱国际酒店管理有限公司

凯莱国际酒店管理有限公司是不断发展与壮大的专业化酒店管理集团，系中国粮油食品集团（香港）有限公司于 1992 年投资建立。凯莱酒店集团现已逐步扩展成为国内最具规模和实力的酒店管理集团之一，在旅游业内颇具影响力。同时，凯莱仍在进一步完善遍布中国的酒店管理系统网络，以达到国际酒店标准化、现代化、系统化的经营管理模式。区别于其他连锁酒店管理集团，凯莱具有独特而且性格鲜明的管理模式，开创了自己的经营方针并制定了准确的市场定位，使来自全球各地的宾客感受到专业化酒店管理所带来的细致入微的服务。通过行之有效的发展战略及在国内各大城市的迅速扩张，凯莱集团麾下各酒店已逐步在国内外市场中占据越来越多的市场份额。

（四）开元国际酒店管理公司

开元国际酒店管理公司为"中国饭店业集团 20 强"之一，并被评为"中国旅游知名品牌"和"中国酒店品牌先锋"。开元国际酒店管理公司秉承"以服务为基础，以品牌为核心，以市场为先导，以连锁为模式，以人本为宗旨，以文化为风骨"的经营管理理念，坚定不移地推行酒店连锁发展战略，致力于打造中国民族酒店品牌，争取跻身卓越酒店集团的行列。管理公司全力打造以"开元大酒店"为商号的四星级酒店品牌，和以"开元名都大酒店"为商号的五星级酒店品牌。集团酒店业务的发展和营运具有明确的市场定位和严格的产品标准，要求每一家开元酒店都在当地同档酒店中处于领先地位，拥有具备足够市场影响力的规模，设施出众，服务全面，向宾客提供高品质的住宿、富于特色的餐饮、独具魅力的康乐项目，以及周全细致的商务会议服务。2019 年 3 月 11 日，开元酒店在香港交易所正式挂牌上市。2021 年 4 月 16 日，浙江开元酒店管理股份有限公司宣布 H 股股东通过了由红杉中国作为主要出资方的要约方对公司提出的私有化及退市建议。鸥翎投资的创始合伙人郑南雁将担任董事长兼 CEO，加速开元在中端商务酒店领域的投资并购。

（五）君来酒店集团

君来酒店集团始源于无锡湖滨饭店，早在 20 世纪七十年代即开始酒店经营，成为无锡接待中外来宾的主要窗口之一。1995 年组建酒店集团——无锡湖滨集团有限公司，开始集团化经营管理，是无锡市唯一一家规模型、专业化的酒店集团公司。经过多年的发展，集团逐步形成了以"至诚、至善、至美"为核心的企业文化，培养了一大批专业的、高素养的高星级酒店员工队伍，在无锡及华东地区形成了较高的市场知名度和美誉度。2006 年 9 月 1 日，"无锡湖滨集团有限公司"正式更名为"无锡君来酒店管理集团有限公司"（简称"君来酒店集团"），"君来"取自著名书画大师吴冠中先生专为集团的题字："湖水依依盼君来"，充分体现了企业"依水而居"的环境、"柔情似水"的服务、"宾客至尊"的理念。集团现拥有无锡湖滨饭店（五星）、无锡太湖饭店（五星）、无锡君来洲际酒店（五星）、无锡水秀饭店、无锡梁溪饭店、无锡市人民大会堂、太湖珍宝舫、新疆赛里木湖大酒店等数家全资、控股、管理企业，已发展成为苏南地区最大的综合性旅游集团企业。多年来集团圆满完成了党和国家领导人、国际贵宾和重大会议的接待任务，广受好评，优雅的环境和尽心的服务给各位来宾留下了深刻印象。

第三章　旅游政策法规

第一节　《中华人民共和国旅游法》

第一章　总则

第一条　为保障旅游者和旅游经营者的合法权益，规范旅游市场秩序，保护和合理利用旅游资源，促进旅游业持续健康发展，制定本法。

第二条　在中华人民共和国境内的和在中华人民共和国境内组织到境外的游览、度假、休闲等形式的旅游活动以及为旅游活动提供相关服务的经营活动，适用本法。

第三条　国家发展旅游事业，完善旅游公共服务，依法保护旅游者在旅游活动中的权利。

第四条　旅游业发展应当遵循社会效益、经济效益和生态效益相统一的原则。国家鼓励各类市场主体在有效保护旅游资源的前提下，依法合理利用旅游资源。利用公共资源建设的游览场所应当体现公益性质。

第五条　国家倡导健康、文明、环保的旅游方式，支持和鼓励各类社会机构开展旅游公益宣传，对促进旅游业发展做出突出贡献的单位和个人给予奖励。

第六条　国家建立健全旅游服务标准和市场规则，禁止行业垄断和地区垄断。旅游经营者应当诚信经营，公平竞争，承担社会责任，为旅游者提供安全、健康、卫生、方便的旅游服务。

第七条　国务院建立健全旅游综合协调机制，对旅游业发展进行综合协调。

县级以上地方人民政府应当加强对旅游工作的组织和领导，明确相关部门或者机构，对本行政区域的旅游业发展和监督管理进行统筹协调。

第八条　依法成立的旅游行业组织，实行自律管理。

第二章　旅游者

第九条　旅游者有权自主选择旅游产品和服务，有权拒绝旅游经营者的强制交易行为。

旅游者有权知悉其购买的旅游产品和服务的真实情况。

旅游者有权要求旅游经营者按照约定提供产品和服务。

第十条　旅游者的人格尊严、民族风俗习惯和宗教信仰应当得到尊重。

第十一条　残疾人、老年人、未成年人等旅游者在旅游活动中依照法律、法规和有关规定享受便利和优惠。

第十二条　旅游者在人身、财产安全遇有危险时，有请求救助和保护的权利。

旅游者人身、财产受到侵害的，有依法获得赔偿的权利。

第十三条　旅游者在旅游活动中应当遵守社会公共秩序和社会公德，尊重当地的风俗习惯、文化传统和宗教信仰，爱护旅游资源，保护生态环境，遵守旅游文明行为规范。

第十四条　旅游者在旅游活动中或者在解决纠纷时，不得损害当地居民的合法权益，不得干扰他人的旅游活动，不得损害旅游经营者和旅游从业人员的合法权益。

第十五条　旅游者购买、接受旅游服务时，应当向旅游经营者如实告知与旅游活动相关的个人健康信息，遵守旅游活动中的安全警示规定。

旅游者对国家应对重大突发事件暂时限制旅游活动的措施以及有关部门、机构或者旅游经营者采取的安全防范和应急处置措施，应当予以配合。

旅游者违反安全警示规定，或者对国家应对重大突发事件暂时限制旅游活动的措施、安全防范和应急处置措施不予配合的，依法承担相应责任。

第十六条　出境旅游者不得在境外非法滞留，随团出境的旅游者不得擅自分团、脱团。

入境旅游者不得在境内非法滞留，随团入境的旅游者不得擅自分团、脱团。

第三章　旅游规划和促进

第十七条　国务院和县级以上地方人民政府应当将旅游业发展纳入国民经济和社会发展规划。

国务院和省、自治区、直辖市人民政府以及旅游资源丰富的设区的市和县级人民政府，应当按照国民经济和社会发展规划的要求，组织编制旅游发展规划。对跨行政区域且适宜进行整体利用的旅游资源进行利用时，应当由上级人民政府组织编制或者由相关地方人民政府协商编制统一的旅游发展规划。

第十八条　旅游发展规划应当包括旅游业发展的总体要求和发展目标，旅游资源保护和利用的要求和措施，以及旅游产品开发、旅游服务质量提升、旅游文化建设、旅游形象推广、旅游基础设施和公共服务设施建设的要求和促进措施等内容。

根据旅游发展规划，县级以上地方人民政府可以编制重点旅游资源开发利用的专项规划，对特定区域内的旅游项目、设施和服务功能配套提出专门要求。

第十九条　旅游发展规划应当与土地利用总体规划、城乡规划、环境保护规划以及其他自然资源和文物等人文资源的保护和利用规划相衔接。

第二十条　各级人民政府编制土地利用总体规划、城乡规划，应当充分考虑相关旅游项目、设施的空间布局和建设用地要求。规划和建设交通、通信、供水、供电、环保等基础设施和公共服务设施，应当兼顾旅游业发展的需要。

第二十一条　对自然资源和文物等人文资源进行旅游利用，必须严格遵守有关法律、法规的规定，符合资源、生态保护和文物安全的要求，尊重和维护当地传统文化和习俗，维护资源的区域整体性、文化代表性和地域特殊性，并考虑军事设施保护的需要。有关主管部门应当加强对资源保护和旅游利用状况的监督检查。

第二十二条　各级人民政府应当组织对本级政府编制的旅游发展规划的执行情况进行评估，并向社会公布。

第二十三条　国务院和县级以上地方人民政府应当制定并组织实施有利于旅游业持续健康发展的产业政策，推进旅游休闲体系建设，采取措施推动区域旅游合作，鼓励跨区域旅游线路和产品开发，促进旅游与工业、农业、商业、文化、卫生、体育、科教等领域的融合，扶持少数民族地区、革命老区、边远地区和贫困地区旅游业发展。

第二十四条　国务院和县级以上地方人民政府应当根据实际情况安排资金，加强旅游基础设施建设、旅游公共服务和旅游形象推广。

第二十五条　国家制定并实施旅游形象推广战略。国务院旅游主管部门统筹组织国家旅游形象的境外推广工作，建立旅游形象推广机构和网络，开展旅游国际合作与交流。

县级以上地方人民政府统筹组织本地的旅游形象推广工作。

第二十六条　国务院旅游主管部门和县级以上地方人民政府应当根据需要建立旅游公共信息和咨询平台，无偿向旅游者提供旅游景区、线路、交通、气象、住宿、安全、医疗急救等必要信息和咨询服务。设区的市和县级人民政府有关部门应当根据需要在交通枢纽、商业中心和旅游者集中场所设置旅游咨询中心，在景区和通往主要景区的道路设置旅游指示标识。

旅游资源丰富的设区的市和县级人民政府可以根据本地的实际情况，建立旅游客运专线或者游客中转站，为旅游者在城市及周边旅游提供服务。

第二十七条　国家鼓励和支持发展旅游职业教育和培训，提高旅游从业人员素质。

第四章　旅游经营

第二十八条　设立旅行社，招徕、组织、接待旅游者，为其提供旅游服务，应当具备下列条件，取得旅游主管部门的许可，依法办理工商登记：

（一）有固定的经营场所；

（二）有必要的营业设施；

（三）有符合规定的注册资本；

（四）有必要的经营管理人员和导游；

（五）法律、行政法规规定的其他条件。

第二十九条　旅行社可以经营下列业务：

（一）境内旅游；

（二）出境旅游；

（三）边境旅游；

（四）入境旅游；

（五）其他旅游业务。

旅行社经营前款第二项和第三项业务，应当取得相应的业务经营许可，具体条件由国务院规定。

第三十条　旅行社不得出租、出借旅行社业务经营许可证，或者以其他形式非法转让旅行社业务经营许可。

第三十一条　旅行社应当按照规定交纳旅游服务质量保证金，用于旅游者权益损害赔偿和垫付旅游者人身安全遇有危险时紧急救助的费用。

第三十二条　旅行社为招徕、组织旅游者发布信息，必须真实、准确，不得进行虚假宣传，误导旅游者。

第三十三条　旅行社及其从业人员组织、接待旅游者，不得安排参观或者参与违反我国法律、法规和社会公德的项目或者活动。

第三十四条　旅行社组织旅游活动应当向合格的供应商订购产品和服务。

第三十五条　旅行社不得以不合理的低价组织旅游活动，诱骗旅游者，并通过安排购物或者另行付费旅游项目获取回扣等不正当利益。

旅行社组织、接待旅游者，不得指定具体购物场所，不得安排另行付费旅游项目。但是，经双方协商一致或者旅游者要求，且不影响其他旅游者行程安排的除外。

发生违反前两款规定情形的，旅游者有权在旅游行程结束后三十日内，要求旅行社为其办理退货并先行垫付退货货款，或者退还另行付费旅游项目的费用。

第三十六条　旅行社组织团队出境旅游或者组织、接待团队入境旅游，应当按照规定安排领队或者导游全程陪同。

第三十七条　参加导游资格考试成绩合格，与旅行社订立劳动合同或者在相关旅游行业组织注册的人员，可以申请取得导游证。

第三十八条　旅行社应当与其聘用的导游依法订立劳动合同，支付劳动报酬，缴纳社会保险费用。

旅行社临时聘用导游为旅游者提供服务的，应当全额向导游支付本法第六十条第三款规定的导游服务费用。

旅行社安排导游为团队旅游提供服务的，不得要求导游垫付或者向导游收取任何费用。

第三十九条　从事领队业务，应当取得导游证，具有相应的学历、语言能力和旅游从业经历，并与委派其从事领队业务的取得出境旅游业务经营许可的旅行社订立劳动合同。

第四十条　导游和领队为旅游者提供服务必须接受旅行社委派，不得私自承揽导游和领队业务。

第四十一条　导游和领队从事业务活动，应当佩戴导游证，遵守职业道德，尊重旅游者的风俗习惯和宗教信仰，应当向旅游者告知和解释旅游文明行为规范，引导旅游者健康、文明旅游，劝阻旅游者违反社会公德的行为。

导游和领队应当严格执行旅游行程安排，不得擅自变更旅游行程或者中止服务活动，不得向旅游者索取小费，不得诱导、欺骗、强迫或者变相强迫旅游者购物或者参加另行付费旅游项目。

第四十二条　景区开放应当具备下列条件，并听取旅游主管部门的意见：

（一）有必要的旅游配套服务和辅助设施；

（二）有必要的安全设施及制度，经过安全风险评估，满足安全条件；

（三）有必要的环境保护设施和生态保护措施；

（四）法律、行政法规规定的其他条件。

第四十三条　利用公共资源建设的景区的门票以及景区内的游览场所、交通工具等另行收费项目，实行政府定价或者政府指导价，严格控制价格上涨。拟收费或者提高价格的，应当举行听证会，征求旅游者、经营者和有关方面的意见，论证其必要性、可行性。

利用公共资源建设的景区，不得通过增加另行收费项目等方式变相涨价；另行收费项目已收回投资成本的，应当相应降低价格或者取消收费。

公益性的城市公园、博物馆、纪念馆等，除重点文物保护单位和珍贵文物收藏单位外，应当逐步免费开放。

第四十四条　景区应当在醒目位置公示门票价格、另行收费项目的价格及团体收费价格。景区提高门票价格应当提前六个月公布。

将不同景区的门票或者同一景区内不同游览场所的门票合并出售的，合并后的价格不得高于各单项门票的价格之和，且旅游者有权选择购买其中的单项票。

景区内的核心游览项目因故暂停向旅游者开放或者停止提供服务的，应当公示并相应减少收费。

第四十五条　景区接待旅游者不得超过景区主管部门核定的最大承载量。景区应当公布景区主管部门核定的最大承载量，制定和实施旅游者流量控制方案，并可以采取门票预约等方式，对景区接待旅游者的数量进行控制。

旅游者数量可能达到最大承载量时，景区应当提前公告并同时向当地人民政府报告，景区和当地人民政府应当及时采取疏导、分流等措施。

第四十六条　城镇和乡村居民利用自有住宅或者其他条件依法从事旅游经营，其管理办法由省、自治区、直辖市制定。

第四十七条　经营高空、高速、水上、潜水、探险等高风险旅游项目，应当按照国家有关规定取得经营许可。

第四十八条　通过网络经营旅行社业务的，应当依法取得旅行社业务经营许可，并在其网站主页的显著位置标明其业务经营许可证信息。

发布旅游经营信息的网站，应当保证其信息真实、准确。

第四十九条　为旅游者提供交通、住宿、餐饮、娱乐等服务的经营者，应当符合法律、法规规定的要求，按照合同约定履行义务。

第五十条　旅游经营者应当保证其提供的商品和服务符合保障人身、财产安全的要求。

旅游经营者取得相关质量标准等级的，其设施和服务不得低于相应标准；未取得质量标准等级的，不得使用相关质量等级的称谓和标识。

第五十一条　旅游经营者销售、购买商品或者服务，不得给予或者收受贿赂。

第五十二条　旅游经营者对其在经营活动中知悉的旅游者个人信息，应当予以保密。

第五十三条　从事道路旅游客运的经营者应当遵守道路客运安全管理的各项制度，并在车辆显著位置明示道路旅游客运专用标识，在车厢内显著位置公示经营者和驾驶人信息、道路运输管理机构监督电话等事项。

第五十四条　景区、住宿经营者将其部分经营项目或者场地交由他人从事住宿、餐饮、购物、游览、娱乐、旅游交通等经营的，应当对实际经营者的经营行为给旅游者造成的损害承担连带责任。

第五十五条　旅游经营者组织、接待出入境旅游，发现旅游者从事违法活动或者有违反本法第十六条规定情形的，应当及时向公安机关、旅游主管部门或者我国驻外机构报告。

第五十六条　国家根据旅游活动的风险程度，对旅行社、住宿、旅游交通以及本法第四十七条规定的高风险旅游项目等经营者实施责任保险制度。

第五章　旅游服务合同

第五十七条　旅行社组织和安排旅游活动，应当与旅游者订立合同。

第五十八条　包价旅游合同应当采用书面形式，包括下列内容：

（一）旅行社、旅游者的基本信息；

（二）旅游行程安排；

（三）旅游团成团的最低人数；

（四）交通、住宿、餐饮等旅游服务安排和标准；

（五）游览、娱乐等项目的具体内容和时间；

（六）自由活动时间安排；

（七）旅游费用及其交纳的期限和方式；

（八）违约责任和解决纠纷的方式；

（九）法律、法规规定和双方约定的其他事项。

订立包价旅游合同时，旅行社应当向旅游者详细说明前款第二项至第八项所载内容。

第五十九条　旅行社应当在旅游行程开始前向旅游者提供旅游行程单。旅游行程单是包价旅游合同的组成部分。

第六十条　旅行社委托其他旅行社代理销售包价旅游产品并与旅游者订立包价旅游合同的，应当在包价旅游合同中载明委托社和代理社的基本信息。

旅行社依照本法规定将包价旅游合同中的接待业务委托给地接社履行的，应当在包价旅游合同中载明地接社的基本信息。

安排导游为旅游者提供服务的，应当在包价旅游合同中载明导游服务费用。

第六十一条　旅行社应当提示参加团队旅游的旅游者按照规定投保人身意外伤害保险。

第六十二条　订立包价旅游合同时，旅行社应当向旅游者告知下列事项：

（一）旅游者不适合参加旅游活动的情形；

（二）旅游活动中的安全注意事项；

（三）旅行社依法可以减免责任的信息；

（四）旅游者应当注意的旅游目的地相关法律、法规和风俗习惯、宗教禁忌，依照中国法律不宜参加的活动等；

（五）法律、法规规定的其他应当告知的事项。

在包价旅游合同履行中，遇有前款规定事项的，旅行社也应当告知旅游者。

第六十三条 旅行社招徕旅游者组团旅游，因未达到约定人数不能出团的，组团社可以解除合同。但是，境内旅游应当至少提前七日通知旅游者，出境旅游应当至少提前三十日通知旅游者。

因未达到约定人数不能出团的，组团社经征得旅游者书面同意，可以委托其他旅行社履行合同。组团社对旅游者承担责任，受委托的旅行社对组团社承担责任。旅游者不同意的，可以解除合同。

因未达到约定的成团人数解除合同的，组团社应当向旅游者退还已收取的全部费用。

第六十四条 旅游行程开始前，旅游者可以将包价旅游合同中自身的权利义务转让给第三人，旅行社没有正当理由的不得拒绝，因此增加的费用由旅游者和第三人承担。

第六十五条 旅游行程结束前，旅游者解除合同的，组团社应当在扣除必要的费用后，将余款退还旅游者。

第六十六条 旅游者有下列情形之一的，旅行社可以解除合同：

（一）患有传染病等疾病，可能危害其他旅游者健康和安全的；

（二）携带危害公共安全的物品且不同意交有关部门处理的；

（三）从事违法或者违反社会公德的活动的；

（四）从事严重影响其他旅游者权益的活动，且不听劝阻、不能制止的；

（五）法律规定的其他情形。

因前款规定情形解除合同的，组团社应当在扣除必要的费用后，将余款退还旅游者；给旅行社造成损失的，旅游者应当依法承担赔偿责任。

第六十七条 因不可抗力或者旅行社、履行辅助人已尽合理注意义务仍不能避免的事件，影响旅游行程的，按照下列情形处理：

（一）合同不能继续履行的，旅行社和旅游者均可以解除合同。合同不能完全履行的，旅行社经向旅游者作出说明，可以在合理范围内变更合同；旅游者不同意变更的，可以解除合同。

（二）合同解除的，组团社应当在扣除已向地接社或者履行辅助人支付且不可退还的费用后，将余款退还旅游者；合同变更的，因此增加的费用由旅游者承担，减少的费用退还旅游者。

（三）危及旅游者人身、财产安全的，旅行社应当采取相应的安全措施，因此支出的费用，由旅行社与旅游者分担。

（四）造成旅游者滞留的，旅行社应当采取相应的安置措施。因此增加的食宿费用，由旅游者承担；增加的返程费用，由旅行社与旅游者分担。

第六十八条 旅游行程中解除合同的，旅行社应当协助旅游者返回出发地或者旅游者指定的合理地点。由于旅行社或者履行辅助人的原因导致合同解除的，返程费用由旅行社承担。

第六十九条 旅行社应当按照包价旅游合同的约定履行义务，不得擅自变更旅游行程安排。

经旅游者同意，旅行社将包价旅游合同中的接待业务委托给其他具有相应资质的地接社履行的，应当与地接社订立书面委托合同，约定双方的权利和义务，向地接社提供与旅游者订立的包价旅游合同的副本，并向地接社支付不低于接待和服务成本的费用。地接社应当按照包价旅游合同和委托合同提供服务。

第七十条　旅行社不履行包价旅游合同义务或者履行合同义务不符合约定的，应当依法承担继续履行、采取补救措施或者赔偿损失等违约责任；造成旅游者人身损害、财产损失的，应当依法承担赔偿责任。旅行社具备履行条件，经旅游者要求仍拒绝履行合同，造成旅游者人身损害、滞留等严重后果的，旅游者还可以要求旅行社支付旅游费用一倍以上三倍以下的赔偿金。

由于旅游者自身原因导致包价旅游合同不能履行或者不能按照约定履行，或者造成旅游者人身损害、财产损失的，旅行社不承担责任。

在旅游者自行安排活动期间，旅行社未尽到安全提示、救助义务的，应当对旅游者的人身损害、财产损失承担相应责任。

第七十一条　由于地接社、履行辅助人的原因导致违约的，由组团社承担责任；组团社承担责任后可以向地接社、履行辅助人追偿。

由于地接社、履行辅助人的原因造成旅游者人身损害、财产损失的，旅游者可以要求地接社、履行辅助人承担赔偿责任，也可以要求组团社承担赔偿责任；组团社承担责任后可以向地接社、履行辅助人追偿。但是，由于公共交通经营者的原因造成旅游者人身损害、财产损失的，由公共交通经营者依法承担赔偿责任，旅行社应当协助旅游者向公共交通经营者索赔。

第七十二条　旅游者在旅游活动中或者在解决纠纷时，损害旅行社、履行辅助人、旅游从业人员或者其他旅游者的合法权益的，依法承担赔偿责任。

第七十三条　旅行社根据旅游者的具体要求安排旅游行程，与旅游者订立包价旅游合同的，旅游者请求变更旅游行程安排，因此增加的费用由旅游者承担，减少的费用退还旅游者。

第七十四条　旅行社接受旅游者的委托，为其代订交通、住宿、餐饮、游览、娱乐等旅游服务，收取代办费用的，应当亲自处理委托事务。因旅行社的过错给旅游者造成损失的，旅行社应当承担赔偿责任。

旅行社接受旅游者的委托，为其提供旅游行程设计、旅游信息咨询等服务的，应当保证设计合理、可行，信息及时、准确。

第七十五条　住宿经营者应当按照旅游服务合同的约定为团队旅游者提供住宿服务。住宿经营者未能按照旅游服务合同提供服务的，应当为旅游者提供不低于原定标准的住宿服务，因此增加的费用由住宿经营者承担；但由于不可抗力、政府因公共利益需要采取措施造成不能提供服务的，住宿经营者应当协助安排旅游者住宿。

第六章　旅游安全

第七十六条　县级以上人民政府统一负责旅游安全工作。县级以上人民政府有关部门依照法律、法规履行旅游安全监管职责。

第七十七条　国家建立旅游目的地安全风险提示制度。旅游目的地安全风险提示的级别划分和实施程序，由国务院旅游主管部门会同有关部门制定。

县级以上人民政府及其有关部门应当将旅游安全作为突发事件监测和评估的重要内容。

第七十八条 县级以上人民政府应当依法将旅游应急管理纳入政府应急管理体系，制定应急预案，建立旅游突发事件应对机制。

突发事件发生后，当地人民政府及其有关部门和机构应当采取措施开展救援，并协助旅游者返回出发地或者旅游者指定的合理地点。

第七十九条 旅游经营者应当严格执行安全生产管理和消防安全管理的法律、法规和国家标准、行业标准，具备相应的安全生产条件，制定旅游者安全保护制度和应急预案。

旅游经营者应当对直接为旅游者提供服务的从业人员开展经常性应急救助技能培训，对提供的产品和服务进行安全检验、监测和评估，采取必要措施防止危害发生。

旅游经营者组织、接待老年人、未成年人、残疾人等旅游者，应当采取相应的安全保障措施。

第八十条 旅游经营者应当就旅游活动中的下列事项，以明示的方式事先向旅游者作出说明或者警示：

（一）正确使用相关设施、设备的方法；

（二）必要的安全防范和应急措施；

（三）未向旅游者开放的经营、服务场所和设施、设备；

（四）不适宜参加相关活动的群体；

（五）可能危及旅游者人身、财产安全的其他情形。

第八十一条 突发事件或者旅游安全事故发生后，旅游经营者应当立即采取必要的救助和处置措施，依法履行报告义务，并对旅游者作出妥善安排。

第八十二条 旅游者在人身、财产安全遇有危险时，有权请求旅游经营者、当地政府和相关机构进行及时救助。

中国出境旅游者在境外陷于困境时，有权请求我国驻当地机构在其职责范围内给予协助和保护。

旅游者接受相关组织或者机构的救助后，应当支付应由个人承担的费用。

第七章 旅游监督管理

第八十三条 县级以上人民政府旅游主管部门和有关部门依照本法和有关法律、法规的规定，在各自职责范围内对旅游市场实施监督管理。

县级以上人民政府应当组织旅游主管部门、有关主管部门和市场监督管理、交通等执法部门对相关旅游经营行为实施监督检查。

第八十四条 旅游主管部门履行监督管理职责，不得违反法律、行政法规的规定向监督管理对象收取费用。

旅游主管部门及其工作人员不得参与任何形式的旅游经营活动。

第八十五条 县级以上人民政府旅游主管部门有权对下列事项实施监督检查：

（一）经营旅行社业务以及从事导游、领队服务是否取得经营、执业许可；

（二）旅行社的经营行为；

（三）导游和领队等旅游从业人员的服务行为；

（四）法律、法规规定的其他事项。

旅游主管部门依照前款规定实施监督检查，可以对涉嫌违法的合同、票据、账簿以及其他资料进行查阅、复制。

第八十六条　旅游主管部门和有关部门依法实施监督检查，其监督检查人员不得少于二人，并应当出示合法证件。监督检查人员少于二人或者未出示合法证件的，被检查单位和个人有权拒绝。

监督检查人员对在监督检查中知悉的被检查单位的商业秘密和个人信息应当依法保密。

第八十七条　对依法实施的监督检查，有关单位和个人应当配合，如实说明情况并提供文件、资料，不得拒绝、阻碍和隐瞒。

第八十八条　县级以上人民政府旅游主管部门和有关部门，在履行监督检查职责中或者在处理举报、投诉时，发现违反本法规定行为的，应当依法及时作出处理；对不属于本部门职责范围的事项，应当及时书面通知并移交有关部门查处。

第八十九条　县级以上地方人民政府建立旅游违法行为查处信息的共享机制，对需要跨部门、跨地区联合查处的违法行为，应当进行督办。

旅游主管部门和有关部门应当按照各自职责，及时向社会公布监督检查的情况。

第九十条　依法成立的旅游行业组织依照法律、行政法规和章程的规定，制定行业经营规范和服务标准，对其会员的经营行为和服务质量进行自律管理，组织开展职业道德教育和业务培训，提高从业人员素质。

第八章　旅游纠纷处理

第九十一条　县级以上人民政府应当指定或者设立统一的旅游投诉受理机构。受理机构接到投诉，应当及时进行处理或者移交有关部门处理，并告知投诉者。

第九十二条　旅游者与旅游经营者发生纠纷，可以通过下列途径解决：

（一）双方协商；

（二）向消费者协会、旅游投诉受理机构或者有关调解组织申请调解；

（三）根据与旅游经营者达成的仲裁协议提请仲裁机构仲裁；

（四）向人民法院提起诉讼。

第九十三条　消费者协会、旅游投诉受理机构和有关调解组织在双方自愿的基础上，依法对旅游者与旅游经营者之间的纠纷进行调解。

第九十四条　旅游者与旅游经营者发生纠纷，旅游者一方人数众多并有共同请求的，可以推选代表人参加协商、调解、仲裁、诉讼活动。

第九章　法律责任

第九十五条　违反本法规定，未经许可经营旅行社业务的，由旅游主管部门或者市场监督管理部门责令改正，没收违法所得，并处一万元以上十万元以下罚款；违法所得十万元以上的，并处违法所得一倍以上五倍以下罚款；对有关责任人员，处二千元以上二万元以下罚款。

　　旅行社违反本法规定，未经许可经营本法第二十九条第一款第二项、第三项业务，或者出租、出借旅行社业务经营许可证，或者以其他方式非法转让旅行社业务经营许可的，除依照前款规定处罚外，并责令停业整顿；情节严重的，吊销旅行社业务经营许可证；对直接负责的主管人员，处二千元以上二万元以下罚款。

　　第九十六条　旅行社违反本法规定，有下列行为之一的，由旅游主管部门责令改正，没收违法所得，并处五千元以上五万元以下罚款；情节严重的，责令停业整顿或者吊销旅行社业务经营许可证；对直接负责的主管人员和其他直接责任人员，处二千元以上二万元以下罚款：

　　（一）未按照规定为出境或者入境团队旅游安排领队或者导游全程陪同的；

　　（二）安排未取得导游证的人员提供导游服务或者安排不具备领队条件的人员提供领队服务的；

　　（三）未向临时聘用的导游支付导游服务费用的；

　　（四）要求导游垫付或者向导游收取费用的。

　　第九十七条　旅行社违反本法规定，有下列行为之一的，由旅游主管部门或者有关部门责令改正，没收违法所得，并处五千元以上五万元以下罚款；违法所得五万元以上的，并处违法所得一倍以上五倍以下罚款；情节严重的，责令停业整顿或者吊销旅行社业务经营许可证；对直接负责的主管人员和其他直接责任人员，处二千元以上二万元以下罚款：

　　（一）进行虚假宣传，误导旅游者的；

　　（二）向不合格的供应商订购产品和服务的；

　　（三）未按照规定投保旅行社责任保险的。

　　第九十八条　旅行社违反本法第三十五条规定的，由旅游主管部门责令改正，没收违法所得，责令停业整顿，并处三万元以上三十万元以下罚款；违法所得三十万元以上的，并处违法所得一倍以上五倍以下罚款；情节严重的，吊销旅行社业务经营许可证；对直接负责的主管人员和其他直接责任人员，没收违法所得，处二千元以上二万以下罚款，并暂扣或者吊销导游证。

　　第九十九条　旅行社未履行本法第五十五条规定的报告义务的，由旅游主管部门处五千元以上五万元以下罚款；情节严重的，责令停业整顿或者吊销旅行社业务经营许可证；对直接负责的主管人员和其他直接责任人员，处二千元以上二万元以下罚款，并暂扣或者吊销导游证。

　　第一百条　旅行社违反本法规定，有下列行为之一的，由旅游主管部门责令改正，处三万元以上三十万元以下罚款，并责令停业整顿；造成旅游者滞留等严重后果的，吊销旅行社业务经营许可证；对直接负责的主管人员和其他直接责任人员，处二千元以上二万元以下罚款，并暂扣或者吊销导游证：

　　（一）在旅游行程中擅自变更旅游行程安排，严重损害旅游者权益的；

　　（二）拒绝履行合同的；

　　（三）未征得旅游者书面同意，委托其他旅行社履行包价旅游合同的。

　　第一百零一条　旅行社违反本法规定，安排旅游者参观或者参与违反我国法律、法规和社会公德的项目或者活动的，由旅游主管部门责令改正，没收违法所得，责令停业整顿，并处二万元以上二十万元以下罚款；情节严重的，吊销旅行社业务经营许可证；对直接负责的主管人员和其他直接责任人员，处二千元以上二万元以下罚款，并暂扣或者吊销导游证。

第一百零二条　违反本法规定，未取得导游证或者不具备领队条件而从事导游、领队活动的，由旅游主管部门责令改正，没收违法所得，并处一千元以上一万元以下罚款，予以公告。

导游、领队违反本法规定，私自承揽业务的，由旅游主管部门责令改正，没收违法所得，处一千元以上一万元以下罚款，并暂扣或者吊销导游证。

导游、领队违反本法规定，向旅游者索取小费的，由旅游主管部门责令退还，处一千元以上一万元以下罚款；情节严重的，并暂扣或者吊销导游证。

第一百零三条　违反本法规定被吊销导游证的导游、领队和受到吊销旅行社业务经营许可证处罚的旅行社的有关管理人员，自处罚之日起未逾三年的，不得重新申请导游证或者从事旅行社业务。

第一百零四条　旅游经营者违反本法规定，给予或者收受贿赂的，由市场监督管理部门依照有关法律、法规的规定处罚；情节严重的，并由旅游主管部门吊销旅行社业务经营许可证。

第一百零五条　景区不符合本法规定的开放条件而接待旅游者的，由景区主管部门责令停业整顿直至符合开放条件，并处二万元以上二十万元以下罚款。

景区在旅游者数量可能达到最大承载量时，未依照本法规定公告或者未向当地人民政府报告，未及时采取疏导、分流等措施，或者超过最大承载量接待旅游者的，由景区主管部门责令改正，情节严重的，责令停业整顿一个月至六个月。

第一百零六条　景区违反本法规定，擅自提高门票或者另行收费项目的价格，或者有其他价格违法行为的，由有关主管部门依照有关法律、法规的规定处罚。

第一百零七条　旅游经营者违反有关安全生产管理和消防安全管理的法律、法规或者国家标准、行业标准的，由有关主管部门依照有关法律、法规的规定处罚。

第一百零八条　对违反本法规定的旅游经营者及其从业人员，旅游主管部门和有关部门应当记入信用档案，向社会公布。

第一百零九条　旅游主管部门和有关部门的工作人员在履行监督管理职责中，滥用职权、玩忽职守、徇私舞弊，尚不构成犯罪的，依法给予处分。

第一百一十条　违反本法规定，构成犯罪的，依法追究刑事责任。

第十章　附则

第一百一十一条　本法下列用语的含义：

（一）旅游经营者，是指旅行社、景区以及为旅游者提供交通、住宿、餐饮、购物、娱乐等服务的经营者。

（二）景区，是指为旅游者提供游览服务、有明确的管理界限的场所或者区域。

（三）包价旅游合同，是指旅行社预先安排行程，提供或者通过履行辅助人提供交通、住宿、餐饮、游览、导游或者领队等两项以上旅游服务，旅游者以总价支付旅游费用的合同。

（四）组团社，是指与旅游者订立包价旅游合同的旅行社。

（五）地接社，是指接受组团社委托，在目的地接待旅游者的旅行社。

（六）履行辅助人，是指与旅行社存在合同关系，协助其履行包价旅游合同义务，实际提供相关服务的法人或者自然人。

第一百一十二条　本法自 2013 年 10 月 1 日起施行。

第二节　《旅行社条例实施细则》

第一章　总　则

第一条　根据《旅行社条例》（以下简称《条例》），制定本实施细则。

第二条　《条例》第二条所称招徕、组织、接待旅游者提供的相关旅游服务，主要包括：

（一）安排交通服务；

（二）安排住宿服务；

（三）安排餐饮服务；

（四）安排观光游览、休闲度假等服务；

（五）导游、领队服务；

（六）旅游咨询、旅游活动设计服务。

旅行社还可以接受委托，提供下列旅游服务：

（一）接受旅游者的委托，代订交通客票、代订住宿和代办出境、入境、签证手续等；

（二）接受机关、事业单位和社会团体的委托，为其差旅、考察、会议、展览等公务活动，代办交通、住宿、餐饮、会务等事务；

（三）接受企业委托，为其各类商务活动、奖励旅游等，代办交通、住宿、餐饮、会务、观光游览、休闲度假等事务；

（四）其他旅游服务。

前款所列出境、签证手续等服务，应当由具备出境旅游业务经营权的旅行社代办。

第三条　《条例》第二条所称国内旅游业务，是指旅行社招徕、组织和接待中国内地居民在境内旅游的业务

《条例》第二条所称入境旅游业务，是指旅行社招徕、组织、接待外国旅游者来我国旅游，香港特别行政区、澳门特别行政区旅游者来内地旅游，台湾地区居民来大陆旅游，以及招徕、组织、接待在中国内地的外国人，在内地的香港特别行政区、澳门特别行政区居民和在大陆的台湾地区居民在境内旅游的业务。

《条例》第二条所称出境旅游业务，是指旅行社招徕、组织、接待中国内地居民出国旅游，赴香港特别行政、澳门特别行政区和台湾地区旅游，以及招徕、组织、接待在中国内地的外国人、在内地的香港特别行政区、澳门特别行政区居民和在大陆的

台湾地区居民出境旅游的业务。

第四条　对旅行社及其分支机构的监督管理，县级以上旅游行政管理部门应当按照《条例》、本细则的规定和职责，实行分级管理和属地管理。

第五条　鼓励旅行社实行服务质量等级制度；鼓励旅行社向专业化、网络化、品牌化发展。

第二章　旅行社的设立与变更

第六条　旅行社的经营场所应当符合下列要求：

（一）申请者拥有产权的营业用房，或者申请者租用的、租期不少于1年的营业用房；

（二）营业用房应当满足申请者业务经营的需要。

第七条　旅行社的营业设施应当至少包括下列设施、设备：

（一）2部以上的直线固定电话；

（二）传真机、复印机；

（三）具备与旅游行政管理部门及其他旅游经营者联网条件的计算机。

第八条　申请设立旅行社，经营国内旅游业务和入境旅游业务的，应当向省、自治区、直辖市旅游行政管理部门（简称省级旅游行政管理部门，下同）提交下列文件：

（一）设立申请书。内容包括申请设立的旅行社的中英文名称及英文缩写，设立地址，企业形式、出资人、出资额和出资方式，申请人、受理申请部门的全称、申请书名称和申请的时间；

（二）法定代表人履历表及身份证明；

（三）企业章程；

（四）经营场所的证明；

（五）营业设施、设备的证明或者说明；

（六）工商行政管理部门出具的《企业法人营业执照》。

旅游行政管理部门应当根据《条例》第六条规定的最低注册资本限额要求，通过查看企业章程、在企业信用信息公示系统查询等方式，对旅行社认缴的出资额进行审查。

旅行社经营国内旅游业务和入境旅游业务的，《企业法人营业执照》的经营范围不得包括边境旅游业务、出境旅游业务；包括相关业务的，旅游行政管理部门应当告知申请人变更经营范围；申请人不予变更的，依法不予受理行政许可申请。

省级旅游行政管理部门可以委托设区的市（含州、盟，下同）级旅游行政管理部门，受理当事人的申请并作出许可或者不予许可的决定。

第九条　受理申请的旅游行政管理部门可以对申请人的经营场所、营业设施、设备进行现场检查，或者委托下级旅游行政管理部门检查。

第十条　旅行社申请出境旅游业务的，应当向国务院旅游行政主管部门提交经营旅行社业务满两年且连续两年未因侵害旅游者合法权益受到行政机关罚款以上处罚的承诺书和经工商行政管理部门变更经营范围的《企业法人营业执照》。

旅行社取得出境旅游经营业务许可的，由国务院旅游行政主管部门换发旅行社业务经营许可证。

国务院旅游行政主管部门可以委托省级旅游行政管理部门受理旅行社经营出境旅游业务的申请，并作出许可或者不予许可的决定。

旅行社申请经营边境旅游业务的，适用《边境旅游暂行管理办法》的规定。

旅行社申请经营赴台湾地区旅游业务的，适用《大陆居民赴台湾地区旅游管理办法》的规定。

第十一条　旅行社因业务经营需要，可以向原许可的旅游行政管理部门申请核发旅行社业务经营许可证副本。

旅行社业务经营许可证及副本，由国务院旅游行政主管部门制定统一样式，国务院旅游行政主管部门和省级旅游行政管理部门分别印制。

旅行社业务经营许可证及副本损毁或者遗失的，旅行社应当向原许可的旅游行政管理部门申请换发或者补发。

申请补发旅行社业务经营许可证及副本的，旅行社应当通过本省、自治区、直辖市范围内公开发行的报刊，或者省级以上旅游行政管理部门网站，刊登损毁或者遗失作废声明。

第十二条　旅行社名称、经营场所、出资人、法定代表人等登记事项变更的，应当在办理变更登记后，持已变更的《企业法人营业执照》向原许可的旅游行政管理部门备案。

旅行社终止经营的，应当在办理注销手续后，持工商行政管理部门出具的注销文件，向原许可的旅游行政管理部门备案。

外商投资旅行社的，适用《条例》第三章的规定。未经批准，旅行社不得引进外商投资。

第十三条　国务院旅游行政主管部门指定的作为旅行社存入质量保证金的商业银行，应当提交具有下列内容的书面承诺：

（一）同意与存入质量保证金的旅行社签订符合本实施细则第十五条规定的协议；

（二）当县级以上旅游行政管理部门或者人民法院依据《条例》规定，划拨质量保证金后3个工作日内，将划拨情况及其数额，通知旅行社所在地的省级旅游行政管理部门，并提供县级以上旅游行政管理部门出具的划拨文件或者人民法院生效法律文书的复印件；

（三）非因《条例》规定的情形，出现质量保证金减少时，承担补足义务。

旅行社应当在国务院旅游行政主管部门指定银行的范围内，选择存入质量保证金的银行。

第十四条　旅行社在银行存入质量保证金的，应当设立独立账户，存期由旅行社确定，但不得少于1年。账户存期届满1个月前，旅行社应当办理续存手续或者提交银行担保。

第十五条　旅行社存入、续存、增存质量保证金后7个工作日内，应当向作出许可的旅游行政管理部门提交存入、续存、增存质量保证金的证明文件，以及旅行社与银行达成的使用质量保证金的协议。

前款协议应当包含下列内容：

（一）旅行社与银行双方同意依照《条例》规定使用质量保证金；

（二）旅行社与银行双方承诺，除依照县级以上旅游行政管理部门出具的划拨质量保证金，或者省级以上旅游行政管理部门出具的降低、退还质量保证金的文件，以及人民法院作出的认定旅行社损害旅游者合法权益的生效法律文书外，任何单位和个人不得动用质量保证金。

第十六条　旅行社符合《条例》第十七条降低质量保证金数额规定条件的，原许可的旅游行政管理部门应当根据旅行社的要求，在 10 个工作日内向其出具降低质量保证金数额的文件。

第十七条　旅行社按照《条例》第十八条规定补足质量保证金后 7 个工作日内，应当向原许可的旅游行政管理部门提交补足的证明文件。

第三章　旅行社的分支机构

第十八条　旅行社分社（简称分社，下同）及旅行社服务网点（简称服务网点，下同），不具有法人资格，以设立分社、服务网点的旅行社（简称设立社，下同）的名义从事《条例》规定的经营活动，其经营活动的责任和后果，由设立社承担。

第十九条　设立社向分社所在地工商行政管理部门办理分社设立登记后，应当持下列文件向分社所在地与工商登记同级的旅游行政管理部门备案：

（一）分社的《营业执照》；

（二）分社经理的履历表和身份证明；

（三）增存质量保证金的证明文件。

没有同级的旅游行政管理部门的，向上一级旅游行政管理部门备案。

第二十条　分社的经营场所、营业设施、设备，应当符合本实施细则第六条、第七条规定的要求。

分社的名称中应当包含设立社名称、分社所在地地名和"分社"或者"分公司"字样。

第二十一条　服务网点是指旅行社设立的，为旅行社招徕旅游者，并以旅行社的名义与旅游者签订旅游合同的门市部等机构。

设立社可以在其所在地的省、自治区、直辖市行政区划内设立服务网点；设立社在其所在地的省、自治区、直辖市行政区划外设立分社的，可以在该分社所在地设区的市的行政区划内设立服务网点。分社不得设立服务网点。

设立社不得在前款规定的区域范围外，设立服务网点。

第二十二条　服务网点应当设在方便旅游者认识和出入的公众场所。

服务网点的名称、标牌应当包括设立社名称、服务网点所在地地名等，不得含有使消费者误解为是旅行社或者分社的内容，也不得作易使消费者误解的简称。

服务网点应当在设立社的经营范围内，招徕旅游者、提供旅游咨询服务。

第二十三条　设立社向服务网点所在地工商行政管理部门办理服务网点设立登记后，应当在 3 个工作日内，持下列文件向服务网点所在地与工商登记同级的旅游行政管理部门备案：

（一）服务网点的《营业执照》；

（二）服务网点经理的履历表和身份证明。

没有同级的旅游行政管理部门的，向上一级旅游行政管理部门备案。

第二十四条　分社、服务网点备案后，受理备案的旅游行政管理部门应当向旅行社颁发《旅行社分社备案登记证明》或者《旅行社服务网点备案登记证明》。

第二十五条　设立社应当与分社、服务网点的员工，订立劳动合同。

设立社应当加强对分社和服务网点的管理，对分社实行统一的人事、财务、招徕、接待制度规范，对服务网点实行统一管理、统一财务、统一招徕和统一咨询服务规范。

第四章　旅行社经营规范

第二十六条　旅行社及其分社、服务网点，应当将《旅行社业务经营许可证》、《旅行社分社备案登记证明》或者《旅行社服务网点备案登记证明》，与营业执照一起，悬挂在经营场所的显要位置。

第二十七条　旅行社业务经营许可证不得转让、出租或者出借。

旅行社的下列行为属于转让、出租或者出借旅行社业务经营许可证的行为：

（一）除招徕旅游者和符合本实施细则第四十条第一款规定的接待旅游者的情形外，准许或者默许其他企业、团体或者个人，以自己的名义从事旅行社业务经营活动的；

（二）准许其他企业、团体或者个人，以部门或者个人承包、挂靠的形式经营旅行社业务的。

第二十八条　旅行社设立的办事处、代表处或者联络处等办事机构，不得从事旅行社业务经营活动。

第二十九条　旅行社以互联网形式经营旅行社业务的，除符合法律、法规规定外，其网站首页应当载明旅行社的名称、法定代表人、许可证编号和业务经营范围，以及原许可的旅游行政管理部门的投诉电话。

第三十条　《条例》第二十六条规定的旅行社不得安排的活动，主要包括：

（一）含有损害国家利益和民族尊严内容的；

（二）含有民族、种族、宗教歧视内容的；

（三）含有淫秽、赌博、涉毒内容的；

（四）其他含有违反法律、法规规定内容的。

第三十一条　旅行社为组织旅游者出境旅游委派的领队，应当具备下列条件：

（一）取得导游证；

（二）具有大专以上学历；

（三）取得相关语言水平测试等级证书或通过外语语种导游资格考试，但为赴港澳台地区旅游委派的领队除外；

（四）具有两年以上旅行社业务经营、管理或者导游等相关从业经历；

（五）与委派其从事领队业务的取得出境旅游业务经营许可的旅行社订立劳动合同。

赴台旅游领队还应当符合《大陆居民赴台湾地区旅游管理办法》规定的要求。

第三十二条　旅行社应当将本单位领队信息及变更情况，报所在地设区的市级旅游行政管理部门备案。领队备案信息包括：身份信息、导游证号、学历、语种、语言等级（外语导游）、从业经历、所在旅行社、旅行社社会保险登记证号等。

第三十三条　领队从事领队业务，应当接受与其订立劳动合同的取得出境旅游业务许可的旅行社委派，并携带导游证、佩戴导游身份标识。

第三十四条　领队应当协助旅游者办理出入境手续，协调、监督境外地接社及从业人员履行合同，维护旅游者的合法权益。

第三十五条　不具备领队条件的，不得从事领队业务。

领队不得委托他人代为提供领队服务。

第三十六条　旅行社委派的领队，应当掌握相关旅游目的地国家（地区）语言或者英语。

第三十七条　《条例》第三十四条所规定的旅行社不得要求导游人员和领队人员承担接待旅游团队的相关费用，主要包括：

（一）垫付旅游接待费用；

（二）为接待旅游团队向旅行社支付费用；

（三）其他不合理费用。

第三十八条　旅行社招徕、组织、接待旅游者，其选择的交通、住宿、餐饮、景区等企业，应当符合具有合法经营资格和接待服务能力的要求。

第三十九条　在签订旅游合同时，旅行社不得要求旅游者必须参加旅行社安排的购物活动或者需要旅游者另行付费的旅游项目。

同一旅游团队中，旅行社不得由于下列因素，提出与其他旅游者不同的合同事项：

（一）旅游者拒绝参加旅行社安排的购物活动或者需要旅游者另行付费的旅游项目的；

（二）旅游者存在的年龄或者职业上的差异。但旅行社提供了与其他旅游者相比更多的服务，或者旅游者主动要求的除外。

第四十条　旅行社需要将在旅游目的地接待旅游者的业务作出委托的，应当按照《条例》第三十六条的规定，委托给旅游目的地的旅行社并签订委托接待合同。

旅行社对接待旅游者的业务作出委托的，应当按照《条例》第三十六条的规定，将旅游目的地接受委托的旅行社的名称、地址、联系人和联系电话，告知旅游者。

第四十一条　旅游行程开始前，当发生约定的解除旅游合同的情形时，经征得旅游者的同意，旅行社可以将旅游者推荐给其他旅行社组织、接待，并由旅游者与被推荐的旅行社签订旅游合同。

未经旅游者同意的，旅行社不得将旅游者转交给其他旅行社组织、接待。

第四十二条　旅行社及其委派的导游人员和领队人员的下列行为，属于擅自改变旅游合同安排行程：

（一）减少游览项目或者缩短游览时间的；

（二）增加或者变更旅游项目的；

（三）增加购物次数或者延长购物时间的；

（四）其他擅自改变旅游合同安排的行为。

第四十三条　在旅游行程中，当发生不可抗力、危及旅游者人身、财产安全，或者非旅行社责任造成的意外情形，旅行社不得不调整或者变更旅游合同约定的行程安排时，应当在事前向旅游者作出说明；确因客观情况无法在事前说明的，应当在事后作出说明。

第四十四条　在旅游行程中，旅游者有权拒绝参加旅行社在旅游合同之外安排的购物活动或者需要旅游者另行付费的旅游项目。

旅行社及其委派的导游人员和领队人员不得因旅游者拒绝参加旅行社安排的购物活动或者需要旅游者另行付费的旅游项目等情形，以任何借口、理由，拒绝继续履行合同、提供服务，或者以拒绝继续履行合同、提供服务相威胁。

第四十五条　旅行社及其委派的导游人员、领队人员，应当对其提供的服务可能危及旅游者人身、财物安全的事项，向旅游者作出真实的说明和明确的警示。

在旅游行程中的自由活动时间，旅游者应当选择自己能够控制风险的活动项目，并在自己能够控制风险的范围内活动。

第四十六条　为减少自然灾害等意外风险给旅游者带来的损害，旅行社在招徕、接待旅游者时，可以提示旅游者购买旅游意外保险。

鼓励旅行社依法取得保险代理资格，并接受保险公司的委托，为旅游者提供购买人身意外伤害保险的服务。

第四十七条　发生出境旅游者非法滞留境外或者入境旅游者非法滞留境内的，旅行社应当立即向所在地县级以上旅游行政管理部门、公安机关和外事部门报告。

第四十八条　在旅游行程中，旅行社及其委派的导游人员、领队人员应当提示旅游者遵守文明旅游公约和礼仪。

第四十九条　旅行社及其委派的导游人员、领队人员在经营、服务中享有下列权利：

（一）要求旅游者如实提供旅游所必需的个人信息，按时提交相关证明文件；

（二）要求旅游者遵守旅游合同约定的旅游行程安排，妥善保管随身物品；

（三）出现突发公共事件或者其他危急情形，以及旅行社因违反旅游合同约定采取补救措施时，要求旅游者配合处理防止扩大损失，以将损失降低到最低程度；

（四）拒绝旅游者提出的超出旅游合同约定的不合理要求；

（五）制止旅游者违背旅游目的地的法律、风俗习惯的言行。

第五十条　旅行社应当妥善保存《条例》规定的招徕、组织、接待旅游者的各类合同及相关文件、资料，以备县级以上旅游行政管理部门核查。

前款所称的合同及文件、资料的保存期，应当不少于两年。

旅行社不得向其他经营者或者个人，泄露旅游者因签订旅游合同提供的个人信息；超过保存期限的旅游者个人信息资料，应当妥善销毁。

第五章　监督检查

第五十一条　根据《条例》和本实施细则规定，受理旅行社申请或者备案的旅游行政管理部门，可以要求申请人或者旅行社，对申请设立旅行社、办理《条例》规定的备案时提交的证明文件、材料的原件，提供复印件并盖章确认，交由旅游行政管理部门留存。

第五十二条　县级以上旅游行政管理部门对旅行社及其分支机构实施监督检查时，可以进入其经营场所，查阅招徕、组织、接待旅游者的各类合同、相关文件、资料，以及财务账簿、交易记录和业务单据等材料，旅行社及其分支机构应当给予配合。

县级以上旅游行政管理部门对旅行社及其分支机构监督检查时，应当由两名以上持有旅游行政执法证件的执法人员进行。

不符合前款规定要求的，旅行社及其分支机构有权拒绝检查。

第五十三条　旅行社应当按年度将下列经营和财务信息等统计资料，在次年4月15日前，报送原许可的旅游行政管理部门：

（一）旅行社的基本情况，包括企业形式、出资人、员工人数、部门设置、分支机构、网络体系等；

（二）旅行社的经营情况，包括营业收入、利税等；

（三）旅行社组织接待情况，包括国内旅游、入境旅游、出境旅游的组织、接待人数等；

（四）旅行社安全、质量、信誉情况，包括投保旅行社责任保险、认证认可和奖惩等。

对前款资料中涉及旅行社商业秘密的内容，旅游行政管理部门应当予以保密。

第五十四条　《条例》第十七条、第四十二条规定的各项公告，县级以上旅游行政管理部门应当通过本部门或者上级旅游行政管理部门的政府网站向社会发布。

质量保证金存缴数额降低、旅行社业务经营许可证的颁发、变更和注销的，国务院旅游行政主管部门或者省级旅游行政管理部门应当在作出许可决定或者备案后20个工作日内向社会公告。

旅行社违法经营或者被吊销旅行社业务经营许可证的，由作出行政处罚决定的旅游行政管理部门，在处罚生效后10个工作日内向社会公告。

旅游者对旅行社的投诉信息，由处理投诉的旅游行政管理部门每季度向社会公告。

第五十五条　因下列情形之一，给旅游者的合法权益造成损害的，旅游者有权向县级以上旅游行政管理部门投诉：

（一）旅行社违反《条例》和本实施细则规定的；

（二）旅行社提供的服务，未达到旅游合同约定的服务标准或者档次的；

（三）旅行社破产或者其他原因造成旅游者预交旅游费用损失的。

划拨旅行社质量保证金的决定，应当由旅行社或者其分社所在地处理旅游者投诉的县级以上旅游行政管理部门作出。

第五十六条　县级以上旅游行政管理部门，可以在其法定权限内，委托符合法定条件的同级旅游质监执法机构实施监督检查。

第六章　法律责任

第五十七条　违反本实施细则第十二条第三款、第二十三条、第二十六条的规定，擅自引进外商投资、设立服务网点未在规定期限内备案，或者旅行社及其分社、服务网点未悬挂旅行社业务经营许可证、备案登记证明的，由县级以上旅游行政管理部门责令改正，可以处 1 万元以下的罚款。

第五十八条　违反本实施细则第二十二条第三款、第二十八条的规定，服务网点超出设立社经营范围招徕旅游者、提供旅游咨询服务，或者旅行社的办事处、联络处、代表处等从事旅行社业务经营活动的，由县级以上旅游行政管理部门依照《条例》第四十六条的规定处罚。

第五十九条　违反本实施细则第三十五条第二款的规定，领队委托他人代为提供领队服务，由县级以上旅游行政管理部门责令改正，可以处 1 万元以下的罚款。

第六十条　违反本实施细则第三十八条的规定，旅行社为接待旅游者选择的交通、住宿、餐饮、景区等企业，不具有合法经营资格或者接待服务能力的，由县级以上旅游行政管理部门责令改正，没收违法所得，处违法所得 3 倍以下但最高不超过 3 万元的罚款，没有违法所得的，处 1 万元以下的罚款。

第六十一条　违反本实施细则第三十九条的规定，要求旅游者必须参加旅行社安排的购物活动、需要旅游者另行付费的旅游项目，或者对同一旅游团队的旅游者提出与其他旅游者不同合同事项的，由县级以上旅游行政管理部门责令改正，处 1 万元以下的罚款。

第六十二条　违反本实施细则第四十条第二款的规定，旅行社未将旅游目的地接待旅行社的情况告知旅游者的，由县级以上旅游行政管理部门依照《条例》第五十五条的规定处罚。

第六十三条　违反本实施细则第四十一条第二款的规定，旅行社未经旅游者的同意，将旅游者转交给其他旅行社组织、接待的，由县级以上旅游行政管理部门依照《条例》第五十五条的规定处罚。

第六十四条　违反本实施细则第四十四条第二款的规定，旅行社及其导游人员和领队人员拒绝继续履行合同、提供服务，或者以拒绝继续履行合同、提供服务相威胁的，由县级以上旅游行政管理部门依照《条例》第五十九条的规定处罚。

第六十五条　违反本实施细则第五十条的规定，未妥善保存各类旅游合同及相关文件、资料，保存期不够两年，或者泄露旅游者个人信息的，由县级以上旅游行政管理部门责令改正，没收违法所得，处违法所得 3 倍以下但最高不超过 3 万元的罚款；没有违法所得的，处 1 万元以下的罚款。

第六十六条　对旅行社作出停业整顿行政处罚的，旅行社在停业整顿期间，不得招徕旅游者、签订旅游合同；停业整顿期间，不影响已签订的旅游合同的履行。

第七章　附　则

第六十七条　本实施细则由国务院旅游行政主管部门负责解释。

第六十八条　本实施细则自 2009 年 5 月 3 日起施行。2001 年 12 月 27 日国家旅游局公布的《旅行社管理条例实施细则》同时废止。

第三节　《导游人员管理条例》

第一条　为了规范导游活动，保障旅游者和导游人员的合法权益，促进旅游业的健康发展，制定本条例。

第二条　本条例所称导游人员，是指依照本条例的规定取得导游证，接受旅行社委派，为旅游者提供向导、讲解及相关旅游服务的人员。

第三条　国家实行全国统一的导游人员资格考试制度。

具有高级中学、中等专业学校或者以上学历，身体健康，具有适应导游需要的基本知识和语言表达能力的中华人民共和国公民，可以参加导游人员资格考试；经考试合格的，由国务院旅游行政部门或者国务院旅游行政部门委托省、自治区、直辖市人民政府旅游行政部门颁发导游人员资格证书。

第四条　在中华人民共和国境内从事导游活动，必须取得导游证。

取得导游人员资格证书的，经与旅行社订立劳动合同或者在相关旅游行业组织注册，方可持所订立的劳动合同或者登记证明材料，向省、自治区、直辖市人民政府旅游行政部门申请领取导游证。

导游证的样式规格，由国务院旅游行政部门规定。

第五条　有下列情形之一的，不得颁发导游证：

（一）无民事行为能力或者限制民事行为能力的；

（二）患有传染性疾病的；

（三）受过刑事处罚的，过失犯罪的除外；

（四）被吊销导游证的。

第六条　省、自治区、直辖市人民政府旅游行政部门应当自收到申请领取导游证之日起 15 日内，颁发导游证；发现有本条例第五条规定情形，不予颁发导游证的，应当书面通知申请人。

第七条　导游人员应当不断提高自身业务素质和职业技能。

国家对导游人员实行等级考核制度。导游人员等级考核标准和考核办法，由国务院旅游行政部门制定。

第八条　导游人员进行导游活动时，应当佩戴导游证。

导游证的有效期限为 3 年。导游证持有人需要在有效期满后继续从事导游活动的，应当在有效期限届满 3 个月前，向省、自治区、直辖市人民政府旅游行政部门申请办理换发导游证手续。

第九条　导游人员进行导游活动，必须经旅行社委派。

导游人员不得私自承揽或者以其他任何方式直接承揽导游业务，进行导游活动。

第十条　导游人员进行导游活动时，其人格尊严应当受到尊重，其人身安全不受侵犯。

导游人员有权拒绝旅游者提出的侮辱其人格尊严或者违反其职业道德的不合理

要求。

第十一条　导游人员进行导游活动时，应当自觉维护国家利益和民族尊严，不得有损害国家利益和民族尊严的言行。

第十二条　导游人员进行导游活动时，应当遵守职业道德，着装整洁，礼貌待人，尊重旅游者的宗教信仰、民族风俗和生活习惯。

导游人员进行导游活动时，应当向旅游者讲解旅游地点的人文和自然情况，介绍风土人情和习俗；但是，不得迎合个别旅游者的低级趣味，在讲解、介绍中掺杂庸俗下流的内容。

第十三条　导游人员应当严格按照旅行社确定的接待计划，安排旅游者的旅行、游览活动，不得擅自增加、减少旅游项目或者中止导游活动。

导游人员在引导旅游者旅行、游览过程中，遇有可能危及旅游者人身安全的紧急情形时，经征得多数旅游者的同意，可以调整或者变更接待计划，但是应当立即报告旅行社。

第十四条　导游人员在引导旅游者旅行、游览过程中，应当就可能发生危及旅游者人身、财物安全的情况，向旅游者作出真实说明和明确警示，并按照旅行社的要求采取防止危害发生的措施。

第十五条　导游人员进行导游活动，不得向旅游者兜售物品或者购买旅游者的物品，不得以明示或者暗示的方式向旅游者索要小费。

第十六条　导游人员进行导游活动，不得欺骗、胁迫旅游者消费或者与经营者串通欺骗、胁迫旅游者消费。

第十七条　旅游者对导游人员违反本条例规定的行为，有权向旅游行政部门投诉。

第十八条　无导游证进行导游活动的，由旅游行政部门责令改正并予以公告，处1 000元以上3万元以下的罚款；有违法所得的，并处没收违法所得。

第十九条　导游人员未经旅行社委派，私自承揽或者以其他任何方式直接承揽导游业务，进行导游活动的，由旅游行政部门责令改正，处1 000元以上3万元以下的罚款；有违法所得的，并处没收违法所得；情节严重的，由省、自治区、直辖市人民政府旅游行政部门吊销导游证并予以公告。

第二十条　导游人员进行导游活动时，有损害国家利益和民族尊严的言行的，由旅游行政部门责令改正；情节严重的，由省、自治区、直辖市人民政府旅游行政部门吊销导游证并予以公告；对该导游人员所在的旅行社给予警告直至责令停业整顿。

第二十一条　导游人员进行导游活动时未佩戴导游证的，由旅游行政部门责令改正；拒不改正的，处500元以下的罚款。

第二十二条　导游人员有下列情形之一的，由旅游行政部门责令改正，暂扣导游证3至6个月；情节严重的，由省、自治区、直辖市人民政府旅游行政部门吊销导游证并予以公告：

（一）擅自增加或者减少旅游项目的；

（二）擅自变更接待计划的；

（三）擅自中止导游活动的。

第二十三条　导游人员进行导游活动，向旅游者兜售物品或者购买旅游者的物品的，或者以明示或者暗示的方式向旅游者索要小费的，由旅游行政部门责令改正，处1 000元以上3万元以下的罚款；有违法所得的，并处没收违法所得；情节严重的，由省、自治区、直辖市人民政府旅游行政部门吊销导游证并予以公告；对委派该导游人员的旅行社给予警告直至责令停业整顿。

第二十四条　导游人员进行导游活动，欺骗、胁迫旅游者消费或者与经营者串通欺骗、胁迫旅游者消费的，由旅游行政部门责令改正，处1 000元以上3万元以下的罚款；有违法所得的，并处没收违法所得；情节严重的，由省、自治区、直辖市人民政府旅游行政部门吊销导游证并予以公告；对委派该导游人员的旅行社给予警告直至责令停业整顿；构成犯罪的，依法追究刑事责任。

第二十五条　旅游行政部门工作人员玩忽职守、滥用职权、徇私舞弊，构成犯罪的，依法追究刑事责任；尚不构成犯罪的，依法给行政处分。

第二十六条　景点景区的导游人员管理办法，由省、自治区、直辖市人民政府参照本条例制定。

第二十七条　本条例自1999年10月1日起施行。1987年11月14日国务院批准、1987年12月1日国家旅游局发布的《导游人员管理暂行规定》同时废止。

第四节　《风景名胜区条例》

第一章　总则

第一条　为了加强对风景名胜区的管理，有效保护和合理利用风景名胜资源，制定本条例。

第二条风景名胜区的设立、规划、保护、利用和管理，适用本条例。

本条例所称风景名胜区，是指具有观赏、文化或者科学价值，自然景观、人文景观比较集中，环境优美，可供人们游览或者进行科学、文化活动的区域。

第三条　国家对风景名胜区实行科学规划、统一管理、严格保护、永续利用的原则。

第四条　风景名胜区所在地县级以上地方人民政府设置的风景名胜区管理机构，负责风景名胜区的保护、利用和统一管理工作。

第五条　国务院建设主管部门负责全国风景名胜区的监督管理工作。国务院其他有关部门按照国务院规定的职责分工，负责风景名胜区的有关监督管理工作。

省、自治区人民政府建设主管部门和直辖市人民政府风景名胜区主管部门，负责本行政区域内风景名胜区的监督管理工作。省、自治区、直辖市人民政府其他有关部门按照规定的职责分工，负责风景名胜区的有关监督管理工作。

第六条　任何单位和个人都有保护风景名胜资源的义务，并有权制止、检举破坏风景名胜资源的行为。

第二章　设立

第七条　设立风景名胜区，应当有利于保护和合理利用风景名胜资源。

新设立的风景名胜区与自然保护区不得重合或者交叉；已设立的风景名胜区与自然保护区重合或者交叉的，风景名胜区规划与自然保护区规划应当相协调。

第八条　风景名胜区划分为国家级风景名胜区和省级风景名胜区。

自然景观和人文景观能够反映重要自然变化过程和重大历史文化发展过程，基本处于自然状态或者保持历史原貌，具有国家代表性的，可以申请设立国家级风景名胜区；具有区域代表性的，可以申请设立省级风景名胜区。

第九条　申请设立风景名胜区应当提交包含下列内容的有关材料：

（一）风景名胜资源的基本状况；

（二）拟设立风景名胜区的范围以及核心景区的范围；

（三）拟设立风景名胜区的性质和保护目标；

（四）拟设立风景名胜区的游览条件；

（五）与拟设立风景名胜区内的土地、森林等自然资源和房屋等财产的所有权人、使用权人协商的内容和结果。

第十条　设立国家级风景名胜区，由省、自治区、直辖市人民政府提出申请，国务院建设主管部门会同国务院环境保护主管部门、林业主管部门、文物主管部门等有关部门组织论证，提出审查意见，报国务院批准公布。

设立省级风景名胜区，由县级人民政府提出申请，省、自治区人民政府建设主管部门或者直辖市人民政府风景名胜区主管部门，会同其他有关部门组织论证，提出审查意见，报省、自治区、直辖市人民政府批准公布。

第十一条　风景名胜区内的土地、森林等自然资源和房屋等财产的所有权人、使用权人的合法权益受法律保护。

申请设立风景名胜区的人民政府应当在报请审批前，与风景名胜区内的土地、森林等自然资源和房屋等财产的所有权人、使用权人充分协商。

因设立风景名胜区对风景名胜区内的土地、森林等自然资源和房屋等财产的所有权人、使用权人造成损失的，应当依法给予补偿。

第三章　规划

第十二条　风景名胜区规划分为总体规划和详细规划。

第十三条　风景名胜区总体规划的编制，应当体现人与自然和谐相处、区域协调发展和经济社会全面进步的要求，坚持保护优先、开发服从保护的原则，突出风景名胜资源的自然特性、文化内涵和地方特色。

风景名胜区总体规划应当包括下列内容：

（一）风景资源评价；

（二）生态资源保护措施、重大建设项目布局、开发利用强度；

（三）风景名胜区的功能结构和空间布局；

（四）禁止开发和限制开发的范围；

（五）风景名胜区的游客容量；

（六）有关专项规划。

第十四条　风景名胜区应当自设立之日起 2 年内编制完成总体规划。总体规划的规划期一般为 20 年。

第十五条　风景名胜区详细规划应当根据核心景区和其他景区的不同要求编制，确定基础设施、旅游设施、文化设施等建设项目的选址、布局与规模，并明确建设用地范围和规划设计条件。

风景名胜区详细规划，应当符合风景名胜区总体规划。

第十六条　国家级风景名胜区规划由省、自治区人民政府建设主管部门或者直辖市人民政府风景名胜区主管部门组织编制。

省级风景名胜区规划由县级人民政府组织编制。

第十七条　编制风景名胜区规划，应当采用招标等公平竞争的方式选择具有相应资质等级的单位承担。

风景名胜区规划应当按照经审定的风景名胜区范围、性质和保护目标，依照国家有关法律法规和技术规范编制。

第十八条　编制风景名胜区规划，应当广泛征求有关部门、公众和专家的意见；必要时，应当进行听证。

风景名胜区规划报送审批的材料应当包括社会各界的意见以及意见采纳的情况和未予采纳的理由。

第十九条　国家级风景名胜区的总体规划，由省、自治区、直辖市人民政府审查后，报国务院审批。

国家级风景名胜区的详细规划，由省、自治区人民政府建设主管部门或者直辖市人民政府风景名胜区主管部门报国务院建设主管部门审批。

第二十条　省级风景名胜区的总体规划，由省、自治区、直辖市人民政府审批，报国务院建设主管部门备案。

省级风景名胜区的详细规划，由省、自治区人民政府建设主管部门或者直辖市人民政府风景名胜区主管部门审批。

第二十一条　风景名胜区规划经批准后，应当向社会公布，任何组织和个人有权查阅。

风景名胜区内的单位和个人应当遵守经批准的风景名胜区规划，服从规划管理。

风景名胜区规划未经批准的，不得在风景名胜区内进行各类建设活动。

第二十二条　经批准的风景名胜区规划不得擅自修改。确需对风景名胜区总体规划中的风景名胜区范围、性质、保护目标、生态资源保护措施、重大建设项目布局、开发利用强度以及风景名胜区的功能结构、空间布局、游客容量进行修改的，应当报原审批机关批准；对其他内容进行修改的，应当报原审批机关备案。

风景名胜区详细规划确需修改的，应当报原审批机关批准。

政府或者政府部门修改风景名胜区规划对公民、法人或者其他组织造成财产损失的，应当依法给予补偿。

第二十三条　风景名胜区总体规划的规划期届满前 2 年，规划的组织编制机关应当组织专家对规划进行评估，作出是否重新编制规划的决定。在新规划批准前，原规划继续有效。

第四章 保护

第二十四条 风景名胜区内的景观和自然环境，应当根据可持续发展的原则，严格保护，不得破坏或者随意改变。

风景名胜区管理机构应当建立健全风景名胜资源保护的各项管理制度。

风景名胜区内的居民和游览者应当保护风景名胜区的景物、水体、林草植被、野生动物和各项设施。

第二十五条

风景名胜区管理机构应当对风景名胜区内的重要景观进行调查、鉴定，并制定相应的保护措施。

第二十六条

在风景名胜区内禁止进行下列活动：

（一）开山、采石、开矿、开荒、修坟立碑等破坏景观、植被和地形地貌的活动；

（二）修建储存爆炸性、易燃性、放射性、毒害性、腐蚀性物品的设施；

（三）在景物或者设施上刻划、涂污；

（四）乱扔垃圾。

第二十七条 禁止违反风景名胜区规划，在风景名胜区内设立各类开发区和在核心景区内建设宾馆、招待所、培训中心、疗养院以及与风景名胜资源保护无关的其他建筑物；已经建设的，应当按照风景名胜区规划，逐步迁出。

第二十八条 在风景名胜区内从事本条例第二十六条、第二十七条禁止范围以外的建设活动，应当经风景名胜区管理机构审核后，依照有关法律、法规的规定办理审批手续。

在国家级风景名胜区内修建缆车、索道等重大建设工程，项目的选址方案应当报省、自治区人民政府建设主管部门和直辖市人民政府风景名胜区主管部门核准。

第二十九条 在风景名胜区内进行下列活动，应当经风景名胜区管理机构审核后，依照有关法律、法规的规定报有关主管部门批准：

（一）设置、张贴商业广告；

（二）举办大型游乐等活动；

（三）改变水资源、水环境自然状态的活动；

（四）其他影响生态和景观的活动。

第三十条 风景名胜区内的建设项目应当符合风景名胜区规划，并与景观相协调，不得破坏景观、污染环境、妨碍游览。

在风景名胜区内进行建设活动的，建设单位、施工单位应当制定污染防治和水土保持方案，并采取有效措施，保护好周围景物、水体、林草植被、野生动物资源和地形地貌。

第三十一条

国家建立风景名胜区管理信息系统，对风景名胜区规划实施和资源保护情况进行动态监测。

国家级风景名胜区所在地的风景名胜区管理机构应当每年向国务院建设主管部门报送风景名胜区规划实施和土地、森林等自然资源保护的情况；国务院建设主管部门应当将土地、森林等自然资源保护的情况，及时抄送国务院有关部门。

第五章　利用和管理

第三十二条　风景名胜区管理机构应当根据风景名胜区的特点，保护民族民间传统文化，开展健康有益的游览观光和文化娱乐活动，普及历史文化和科学知识。

第三十三条　风景名胜区管理机构应当根据风景名胜区规划，合理利用风景名胜资源，改善交通、服务设施和游览条件。

风景名胜区管理机构应当在风景名胜区内设置风景名胜区标志和路标、安全警示等标牌。

第三十四条　风景名胜区内宗教活动场所的管理，依照国家有关宗教活动场所管理的规定执行。

风景名胜区内涉及自然资源保护、利用、管理和文物保护以及自然保护区管理的，还应当执行国家有关法律、法规的规定。

第三十五条　国务院建设主管部门应当对国家级风景名胜区的规划实施情况、资源保护状况进行监督检查和评估。对发现的问题，应当及时纠正、处理。

第三十六条　风景名胜区管理机构应当建立健全安全保障制度，加强安全管理，保障游览安全，并督促风景名胜区内的经营单位接受有关部门依据法律、法规进行的监督检查。

禁止超过允许容量接纳游客和在没有安全保障的区域开展游览活动。

第三十七条　进入风景名胜区的门票，由风景名胜区管理机构负责出售。门票价格依照有关价格的法律、法规的规定执行。

风景名胜区内的交通、服务等项目，应当由风景名胜区管理机构依照有关法律、法规和风景名胜区规划，采用招标等公平竞争的方式确定经营者。

风景名胜区管理机构应当与经营者签订合同，依法确定各自的权利义务。经营者应当缴纳风景名胜资源有偿使用费。

第三十八条　风景名胜区的门票收入和风景名胜资源有偿使用费，实行收支两条线管理。

风景名胜区的门票收入和风景名胜资源有偿使用费应当专门用于风景名胜资源的保护和管理以及风景名胜区内财产的所有权人、使用权人损失的补偿。具体管理办法，由国务院财政部门、价格主管部门会同国务院建设主管部门等有关部门制定。

第三十九条

风景名胜区管理机构不得从事以营利为目的的经营活动，不得将规划、管理和监督等行政管理职能委托给企业或者个人行使。

风景名胜区管理机构的工作人员，不得在风景名胜区内的企业兼职。

第六章　法律责任

第四十条　违反本条例的规定，有下列行为之一的，由风景名胜区管理机构责令停止违法行为、恢复原状或者限期拆除，没收违法所得，并处 50 万元以上 100 万元以下的罚款：

（一）在风景名胜区内进行开山、采石、开矿等破坏景观、植被、地形地貌的活动的；

（二）在风景名胜区内修建储存爆炸性、易燃性、放射性、毒害性、腐蚀性物品的设施的；

（三）在核心景区内建设宾馆、招待所、培训中心、疗养院以及与风景名胜资源保护无关的其他建筑物的。

县级以上地方人民政府及其有关主管部门批准实施本条第一款规定的行为的，对直接负责的主管人员和其他直接责任人员依法给予降级或者撤职的处分；构成犯罪的，依法追究刑事责任。

第四十一条　违反本条例的规定，在风景名胜区内从事禁止范围以外的建设活动，未经风景名胜区管理机构审核的，由风景名胜区管理机构责令停止建设、限期拆除，对个人处 2 万元以上 5 万元以下的罚款，对单位处 20 万元以上 50 万元以下的罚款。

第四十二条　违反本条例的规定，在国家级风景名胜区内修建缆车、索道等重大建设工程，项目的选址方案未经省、自治区人民政府建设主管部门和直辖市人民政府风景名胜区主管部门核准，县级以上地方人民政府有关部门核发选址意见书的，对直接负责的主管人员和其他直接责任人员依法给予处分；构成犯罪的，依法追究刑事责任。

第四十三条　违反本条例的规定，个人在风景名胜区内进行开荒、修坟立碑等破坏景观、植被、地形地貌的活动的，由风景名胜区管理机构责令停止违法行为、限期恢复原状或者采取其他补救措施，没收违法所得，并处 1 000 元以上 1 万元以下的罚款。

第四十四条　违反本条例的规定，在景物、设施上刻划、涂污或者在风景名胜区内乱扔垃圾的，由风景名胜区管理机构责令恢复原状或者采取其他补救措施，处 50 元的罚款；刻划、涂污或者以其他方式故意损坏国家保护的文物、名胜古迹的，按照治安管理处罚法的有关规定予以处罚；构成犯罪的，依法追究刑事责任。

第四十五条　违反本条例的规定，未经风景名胜区管理机构审核，在风景名胜区内进行下列活动的，由风景名胜区管理机构责令停止违法行为、限期恢复原状或者采取其他补救措施，没收违法所得，并处 5 万元以上 10 万元以下的罚款；情节严重的，并处 10 万元以上 20 万元以下的罚款：

（一）设置、张贴商业广告的；

（二）举办大型游乐等活动的；

（三）改变水资源、水环境自然状态的活动的；

（四）其他影响生态和景观的活动。

第四十六条　违反本条例的规定，施工单位在施工过程中，对周围景物、水体、林草植被、野生动物资源和地形地貌造成破坏的，由风景名胜区管理机构责令停止违法行为、限期恢复原状或者采取其他补救措施，并处 2 万元以上 10 万元以下的罚款；

逾期未恢复原状或者采取有效措施的，由风景名胜区管理机构责令停止施工。

第四十七条　违反本条例的规定，国务院建设主管部门、县级以上地方人民政府及其有关主管部门有下列行为之一的，对直接负责的主管人员和其他直接责任人员依法给予处分；构成犯罪的，依法追究刑事责任：

（一）违反风景名胜区规划在风景名胜区内设立各类开发区的；

（二）风景名胜区自设立之日起未在 2 年内编制完成风景名胜区总体规划的；

（三）选择不具有相应资质等级的单位编制风景名胜区规划的；

（四）风景名胜区规划批准前批准在风景名胜区内进行建设活动的；

（五）擅自修改风景名胜区规划的；

（六）不依法履行监督管理职责的其他行为。

第四十八条　违反本条例的规定，风景名胜区管理机构有下列行为之一的，由设立该风景名胜区管理机构的县级以上地方人民政府责令改正；情节严重的，对直接负责的主管人员和其他直接责任人员给予降级或者撤职的处分；构成犯罪的，依法追究刑事责任：

（一）超过允许容量接纳游客或者在没有安全保障的区域开展游览活动的；

（二）未设置风景名胜区标志和路标、安全警示等标牌的；

（三）从事以营利为目的的经营活动的；

（四）将规划、管理和监督等行政管理职能委托给企业或者个人行使的；

（五）允许风景名胜区管理机构的工作人员在风景名胜区内的企业兼职的；

（六）审核同意在风景名胜区内进行不符合风景名胜区规划的建设活动的；

（七）发现违法行为不予查处的。

第四十九条　本条例第四十条第一款、第四十一条、第四十三条、第四十四条、第四十五条、第四十六条规定的违法行为，依照有关法律、行政法规的规定，有关部门已经予以处罚的，风景名胜区管理机构不再处罚。

第五十条　本条例第四十条第一款、第四十一条、第四十三条、第四十四条、第四十五条、第四十六条规定的违法行为，侵害国家、集体或者个人的财产的，有关单位或者个人应当依法承担民事责任。

第五十一条　依照本条例的规定，责令限期拆除在风景名胜区内违法建设的建筑物、构筑物或者其他设施的，有关单位或者个人必须立即停止建设活动，自行拆除；对继续进行建设的，作出责令限期拆除决定的机关有权制止。有关单位或者个人对责令限期拆除决定不服的，可以在接到责令限期拆除决定之日起 15 日内，向人民法院起诉；期满不起诉又不自行拆除的，由作出责令限期拆除决定的机关依法申请人民法院强制执行，费用由违法者承担。

第七章　附则

第五十二条　本条例自 2006 年 12 月 1 日起施行。1985 年 6 月 7 日国务院发布的《风景名胜区管理暂行条例》同时废止。

第五节 《中华人民共和国出境入境管理法》

第一章 总则

第一条 为了规范出境入境管理，维护中华人民共和国的主权、安全和社会秩序，促进对外交往和对外开放，制定本法。

第二条 中国公民出境入境、外国人入境出境、外国人在中国境内停留居留的管理，以及交通运输工具出境入境的边防检查，适用本法。

第三条 国家保护中国公民出境入境合法权益。

在中国境内的外国人的合法权益受法律保护。在中国境内的外国人应当遵守中国法律，不得危害中国国家安全、损害社会公共利益、破坏社会公共秩序。

第四条 公安部、外交部按照各自职责负责有关出境入境事务的管理。

中华人民共和国驻外使馆、领馆或者外交部委托的其他驻外机构（以下称驻外签证机关）负责在境外签发外国人入境签证。出入境边防检查机关负责实施出境入境边防检查。县级以上地方人民政府公安机关及其出入境管理机构负责外国人停留居留管理。

公安部、外交部可以在各自职责范围内委托县级以上地方人民政府公安机关出入境管理机构、县级以上地方人民政府外事部门受理外国人入境、停留居留申请。

公安部、外交部在出境入境事务管理中，应当加强沟通配合，并与国务院有关部门密切合作，按照各自职责分工，依法行使职权，承担责任。

第五条 国家建立统一的出境入境管理信息平台，实现有关管理部门信息共享。

第六条 国家在对外开放的口岸设立出入境边防检查机关。

中国公民、外国人以及交通运输工具应当从对外开放的口岸出境入境，特殊情况下，可以从国务院或者国务院授权的部门批准的地点出境入境。出境入境人员和交通运输工具应当接受出境入境边防检查。

出入境边防检查机关负责对口岸限定区域实施管理。根据维护国家安全和出境入境管理秩序的需要，出入境边防检查机关可以对出境入境人员携带的物品实施边防检查。必要时，出入境边防检查机关可以对出境入境交通运输工具载运的货物实施边防检查，但是应当通知海关。

第七条 经国务院批准，公安部、外交部根据出境入境管理的需要，可以对留存出境入境人员的指纹等人体生物识别信息作出规定。

外国政府对中国公民签发签证、出境入境管理有特别规定的，中国政府可以根据情况采取相应的对等措施。

第八条 履行出境入境管理职责的部门和机构应当切实采取措施，不断提升服务和管理水平，公正执法，便民高效，维护安全、便捷的出境入境秩序。

第二章 中国公民出入境

第九条 中国公民出境入境，应当依法申请办理护照或者其他旅行证件。

中国公民前往其他国家或者地区，还需要取得前往国签证或者其他入境许可证明。但是，中国政府与其他国家政府签订互免签证协议或者公安部、外交部另有规定的除外。

中国公民以海员身份出境入境和在国外船舶上从事工作的，应当依法申请办理海员证。

第十条　中国公民往来内地与香港特别行政区、澳门特别行政区，中国公民往来大陆与台湾地区，应当依法申请办理通行证件，并遵守本法有关规定。具体管理办法由国务院规定。

第十一条　中国公民出境入境，应当向出入境边防检查机关交验本人的护照或者其他旅行证件等出境入境证件，履行规定的手续，经查验准许，方可出境入境。

具备条件的口岸，出入境边防检查机关应当为中国公民出境入境提供专用通道等便利措施。

第十二条　中国公民有下列情形之一的，不准出境：

（一）未持有效出境入境证件或者拒绝、逃避接受边防检查的；

（二）被判处刑罚尚未执行完毕或者属于刑事案件被告人、犯罪嫌疑人的；

（三）有未了结的民事案件，人民法院决定不准出境的；

（四）因妨害国（边）境管理受到刑事处罚或者因非法出境、非法居留、非法就业被其他国家或者地区遣返，未满不准出境规定年限的；

（五）可能危害国家安全和利益，国务院有关主管部门决定不准出境的；

（六）法律、行政法规规定不准出境的其他情形。

第十三条　定居国外的中国公民要求回国定居的，应当在入境前向中华人民共和国驻外使馆、领馆或者外交部委托的其他驻外机构提出申请，也可以由本人或者经由国内亲属向拟定居地的县级以上地方人民政府侨务部门提出申请。

第十四条　定居国外的中国公民在中国境内办理金融、教育、医疗、交通、电信、社会保险、财产登记等事务需要提供身份证明的，可以凭本人的护照证明其身份。

第三章　外国人出入境

第一节　签证

第十五条　外国人入境，应当向驻外签证机关申请办理签证，但是本法另有规定的除外。

第十六条　签证分为外交签证、礼遇签证、公务签证、普通签证。

对因外交、公务事由入境的外国人，签发外交、公务签证；对因身份特殊需要给予礼遇的外国人，签发礼遇签证。外交签证、礼遇签证、公务签证的签发范围和签发办法由外交部规定。

对因工作、学习、探亲、旅游、商务活动、人才引进等非外交、公务事由入境的外国人，签发相应类别的普通签证。普通签证的类别和签发办法由国务院规定。

第十七条　签证的登记项目包括：签证种类，持有人姓名、性别、出生日期、入境次数、入境有效期、停留期限，签发日期、地点，护照或者其他国际旅行证件号码等。

第十八条　外国人申请办理签证，应当向驻外签证机关提交本人的护照或者其他国际旅行证件，以及申请事由的相关材料，按照驻外签证机关的要求办理相关手续、接受面谈。

第十九条　外国人申请办理签证需要提供中国境内的单位或者个人出具的邀请函件的，申请人应当按照驻外签证机关的要求提供。出具邀请函件的单位或者个人应当对邀请内容的真实性负责。

第二十条　出于人道原因需要紧急入境，应邀入境从事紧急商务、工程抢修或者具有其他紧急入境需要并持有有关主管部门同意在口岸申办签证的证明材料的外国人，可以在国务院批准办理口岸签证业务的口岸，向公安部委托的口岸签证机关（以下简称口岸签证机关）申请办理口岸签证。

旅行社按照国家有关规定组织入境旅游的，可以向口岸签证机关申请办理团体旅游签证。

外国人向口岸签证机关申请办理签证，应当提交本人的护照或者其他国际旅行证件，以及申请事由的相关材料，按照口岸签证机关的要求办理相关手续，并从申请签证的口岸入境。

口岸签证机关签发的签证一次入境有效，签证注明的停留期限不得超过 30 日。

第二十一条　外国人有下列情形之一的，不予签发签证：

（一）被处驱逐出境或者被决定遣送出境，未满不准入境规定年限的；

（二）患有严重精神障碍、传染性肺结核病或者有可能对公共卫生造成重大危害的其他传染病的；

（三）可能危害中国国家安全和利益、破坏社会公共秩序或者从事其他违法犯罪活动的；

（四）在申请签证过程中弄虚作假或者不能保障在中国境内期间所需费用的；

（五）不能提交签证机关要求提交的相关材料的；

（六）签证机关认为不宜签发签证的其他情形。

对不予签发签证的，签证机关可以不说明理由。

第二十二条　外国人有下列情形之一的，可以免办签证：

（一）根据中国政府与其他国家政府签订的互免签证协议，属于免办签证人员的；

（二）持有效的外国人居留证件的；

（三）持联程客票搭乘国际航行的航空器、船舶、列车从中国过境前往第三国或者地区，在中国境内停留不超过 24 小时且不离开口岸，或者在国务院批准的特定区域内停留不超过规定时限的；

（四）国务院规定的可以免办签证的其他情形。

第二十三条　有下列情形之一的外国人需要临时入境的，应当向出入境边防检查机关申请办理临时入境手续：

（一）外国船员及其随行家属登陆港口所在城市的；

（二）本法第二十二条第三项规定的人员需要离开口岸的；

（三）因不可抗力或者其他紧急原因需要临时入境的。

临时入境的期限不得超过 15 日。

对申请办理临时入境手续的外国人，出入境边防检查机关可以要求外国人本人、载运其入境的交通运输工具的负责人或者交通运输工具出境入境业务代理单位提供必要的保证措施。

第二节　入境出境

第二十四条　外国人入境，应当向出入境边防检查机关交验本人的护照或者其他国际旅行证件、签证或者其他入境许可证明，履行规定的手续，经查验准许，方可入境。

第二十五条　外国人有下列情形之一的，不准入境：

（一）未持有效出境入境证件或者拒绝、逃避接受边防检查的；

（二）具有本法第二十一条第一款第一项至第四项规定情形的；

（三）入境后可能从事与签证种类不符的活动的；

（四）法律、行政法规规定不准入境的其他情形。

对不准入境的，出入境边防检查机关可以不说明理由。

第二十六条　对未被准许入境的外国人，出入境边防检查机关应当责令其返回；对拒不返回的，强制其返回。外国人等待返回期间，不得离开限定的区域。

第二十七条　外国人出境，应当向出入境边防检查机关交验本人的护照或者其他国际旅行证件等出境入境证件，履行规定的手续，经查验准许，方可出境。

第二十八条　外国人有下列情形之一的，不准出境：

（一）被判处刑罚尚未执行完毕或者属于刑事案件被告人、犯罪嫌疑人的，但是按照中国与外国签订的有关协议，移管被判刑人的除外；

（二）有未了结的民事案件，人民法院决定不准出境的；

（三）拖欠劳动者的劳动报酬，经国务院有关部门或者省、自治区、直辖市人民政府决定不准出境的；

（四）法律、行政法规规定不准出境的其他情形。

第四章　外国人停留居留

第一节　停留居留

第二十九条　外国人所持签证注明的停留期限不超过 180 日的，持证人凭签证并按照签证注明的停留期限在中国境内停留。

需要延长签证停留期限的，应当在签证注明的停留期限届满 7 日前向停留地县级以上地方人民政府公安机关出入境管理机构申请，按照要求提交申请事由的相关材料。经审查，延期理由合理、充分的，准予延长停留期限；不予延长停留期限的，应当按期离境。

延长签证停留期限，累计不得超过签证原注明的停留期限。

第三十条　外国人所持签证注明入境后需要办理居留证件的，应当自入境之日起30 日内，向拟居留地县级以上地方人民政府公安机关出入境管理机构申请办理外国人居留证件。

申请办理外国人居留证件，应当提交本人的护照或者其他国际旅行证件，以及申请事由的相关材料，并留存指纹等人体生物识别信息。公安机关出入境管理机构应当自收到申请材料之日起 15 日内进行审查并作出审查决定，根据居留事由签发相应类别和期限的外国人居留证件。

外国人工作类居留证件的有效期最短为 90 日，最长为 5 年；非工作类居留证件的有效期最短为 180 日，最长为 5 年。

第三十一条　外国人有下列情形之一的，不予签发外国人居留证件：

（一）所持签证类别属于不应办理外国人居留证件的；

（二）在申请过程中弄虚作假的；

（三）不能按照规定提供相关证明材料的；

（四）违反中国有关法律、行政法规，不适合在中国境内居留的；

（五）签发机关认为不宜签发外国人居留证件的其他情形。

符合国家规定的专门人才、投资者或者出于人道等原因确需由停留变更为居留的外国人，经设区的市级以上地方人民政府公安机关出入境管理机构批准可以办理外国人居留证件。

第三十二条　在中国境内居留的外国人申请延长居留期限的，应当在居留证件有效期限届满 30 日前向居留地县级以上地方人民政府公安机关出入境管理机构提出申请，按照要求提交申请事由的相关材料。经审查，延期理由合理、充分的，准予延长居留期限；不予延长居留期限的，应当按期离境。

第三十三条　外国人居留证件的登记项目包括：持有人姓名、性别、出生日期、居留事由、居留期限，签发日期、地点，护照或者其他国际旅行证件号码等。

外国人居留证件登记事项发生变更的，持证件人应当自登记事项发生变更之日起 10 日内向居留地县级以上地方人民政府公安机关出入境管理机构申请办理变更。

第三十四条　免办签证入境的外国人需要超过免签期限在中国境内停留的，外国船员及其随行家属在中国境内停留需要离开港口所在城市，或者具有需要办理外国人停留证件其他情形的，应当按照规定办理外国人停留证件。

外国人停留证件的有效期最长为 180 日。

第三十五条　外国人入境后，所持的普通签证、停留居留证件损毁、遗失、被盗抢或者有符合国家规定的事由需要换发、补发的，应当按照规定向停留居留地县级以上地方人民政府公安机关出入境管理机构提出申请。

第三十六条　公安机关出入境管理机构作出的不予办理普通签证延期、换发、补发，不予办理外国人停留居留证件、不予延长居留期限的决定为最终决定。

第三十七条　外国人在中国境内停留居留，不得从事与停留居留事由不相符的活动，并应当在规定的停留居留期限届满前离境。

第三十八条　年满 16 周岁的外国人在中国境内停留居留，应当随身携带本人的护照或者其他国际旅行证件，或者外国人停留居留证件，接受公安机关的查验。

在中国境内居留的外国人，应当在规定的时间内到居留地县级以上地方人民政府公安机关交验外国人居留证件。

第三十九条　外国人在中国境内旅馆住宿的，旅馆应当按照旅馆业治安管理的有关规定为其办理住宿登记，并向所在地公安机关报送外国人住宿登记信息。

外国人在旅馆以外的其他住所居住或者住宿的，应当在入住后 24 小时内由本人或者留宿人，向居住地的公安机关办理登记。

第四十条 在中国境内出生的外国婴儿，其父母或者代理人应当在婴儿出生 60 日内，持该婴儿的出生证明到父母停留居留地县级以上地方人民政府公安机关出入境管理机构为其办理停留或者居留登记。

外国人在中国境内死亡的，其家属、监护人或者代理人，应当按照规定，持该外国人的死亡证明向县级以上地方人民政府公安机关出入境管理机构申报，注销外国人停留居留证件。

第四十一条 外国人在中国境内工作，应当按照规定取得工作许可和工作类居留证件。任何单位和个人不得聘用未取得工作许可和工作类居留证件的外国人。

外国人在中国境内工作管理办法由国务院规定。

第四十二条 国务院人力资源社会保障主管部门、外国专家主管部门会同国务院有关部门根据经济社会发展需要和人力资源供求状况，制定并定期调整外国人在中国境内工作指导目录。

国务院教育主管部门会同国务院有关部门建立外国留学生勤工助学管理制度，对外国留学生勤工助学的岗位范围和时限作出规定。

第四十三条 外国人有下列行为之一的，属于非法就业：

（一）未按照规定取得工作许可和工作类居留证件在中国境内工作的；

（二）超出工作许可限定范围在中国境内工作的；

（三）外国留学生违反勤工助学管理规定，超出规定的岗位范围或者时限在中国境内工作的。

第四十四条 根据维护国家安全、公共安全的需要，公安机关、国家安全机关可以限制外国人、外国机构在某些地区设立居住或者办公场所；对已经设立的，可以限期迁离。

未经批准，外国人不得进入限制外国人进入的区域。

第四十五条 聘用外国人工作或者招收外国留学生的单位，应当按照规定向所在地公安机关报告有关信息。

公民、法人或者其他组织发现外国人有非法入境、非法居留、非法就业情形的，应当及时向所在地公安机关报告。

第四十六条 申请难民地位的外国人，在难民地位甄别期间，可以凭公安机关签发的临时身份证明在中国境内停留；被认定为难民的外国人，可以凭公安机关签发的难民身份证件在中国境内停留居留。

第二节 永久居留

第四十七条 对中国经济社会发展作出突出贡献或者符合其他在中国境内永久居留条件的外国人，经本人申请和公安部批准，取得永久居留资格。

外国人在中国境内永久居留的审批管理办法，由公安部、外交部会同国务院有关部门规定。

第四十八条　取得永久居留资格的外国人，凭永久居留证件在中国境内居留和工作，凭本人的护照和永久居留证件出境入境。

第四十九条　外国人有下列情形之一的，由公安部决定取消其在中国境内永久居留资格：

（一）对中国国家安全和利益造成危害的；

（二）被处驱逐出境的；

（三）弄虚作假骗取在中国境内永久居留资格的；

（四）在中国境内居留未达到规定时限的；

（五）不适宜在中国境内永久居留的其他情形。

第五章　交通工具出入境检查

第五十条　出境入境交通运输工具离开、抵达口岸时，应当接受边防检查。对交通运输工具的入境边防检查，在其最先抵达的口岸进行；对交通运输工具的出境边防检查，在其最后离开的口岸进行。特殊情况下，可以在有关主管机关指定的地点进行。

出境的交通运输工具自出境检查后至出境前，入境的交通运输工具自入境后至入境检查前，未经出入境边防检查机关按照规定程序许可，不得上下人员、装卸货物或者物品。

第五十一条　交通运输工具负责人或者交通运输工具出境入境业务代理单位应当按照规定提前向出入境边防检查机关报告入境、出境的交通运输工具抵达、离开口岸的时间和停留地点，如实申报员工、旅客、货物或者物品等信息。

第五十二条　交通运输工具负责人、交通运输工具出境入境业务代理单位应当配合出境入境边防检查，发现违反本法规定行为的，应当立即报告并协助调查处理。

入境交通运输工具载运不准入境人员的，交通运输工具负责人应当负责载离。

第五十三条　出入境边防检查机关按照规定对处于下列情形之一的出境入境交通运输工具进行监护：

（一）出境的交通运输工具在出境边防检查开始后至出境前、入境的交通运输工具在入境后至入境边防检查完成前；

（二）外国船舶在中国内河航行期间；

（三）有必要进行监护的其他情形。

第五十四条　因装卸物品、维修作业、参观访问等事由需要上下外国船舶的人员，应当向出入境边防检查机关申请办理登轮证件。

中国船舶与外国船舶或者外国船舶之间需要搭靠作业的，应当由船长或者交通运输工具出境入境业务代理单位向出入境边防检查机关申请办理船舶搭靠手续。

第五十五条　外国船舶、航空器在中国境内应当按照规定的路线、航线行驶。

出境入境的船舶、航空器不得驶入对外开放口岸以外地区。因不可预见的紧急情况或者不可抗力驶入的，应当立即向就近的出入境边防检查机关或者当地公安机关报告，并接受监护和管理。

第五十六条　交通运输工具有下列情形之一的，不准出境入境；已经驶离口岸的，可以责令返回：

（一）离开、抵达口岸时，未经查验准许擅自出境入境的；

（二）未经批准擅自改变出境入境口岸的；

（三）涉嫌载有不准出境入境人员，需要查验核实的；

（四）涉嫌载有危害国家安全、利益和社会公共秩序的物品，需要查验核实的；

（五）拒绝接受出入境边防检查机关管理的其他情形。

前款所列情形消失后，出入境边防检查机关对有关交通运输工具应当立即放行。

第五十七条　从事交通运输工具出境入境业务代理的单位，应当向出入境边防检查机关备案。从事业务代理的人员，由所在单位向出入境边防检查机关办理备案手续。

第六章　调查和遣返

第五十八条　本章规定的当场盘问、继续盘问、拘留审查、限制活动范围、遣送出境措施，由县级以上地方人民政府公安机关或者出入境边防检查机关实施。

第五十九条　对涉嫌违反出境入境管理的人员，可以当场盘问；经当场盘问，有下列情形之一的，可以依法继续盘问：

（一）有非法出境入境嫌疑的；

（二）有协助他人非法出境入境嫌疑的；

（三）外国人有非法居留、非法就业嫌疑的；

（四）有危害国家安全和利益，破坏社会公共秩序或者从事其他违法犯罪活动嫌疑的。

当场盘问和继续盘问应当依据《中华人民共和国人民警察法》规定的程序进行。

县级以上地方人民政府公安机关或者出入境边防检查机关需要传唤涉嫌违反出境入境管理的人员的，依照《中华人民共和国治安管理处罚法》的有关规定执行。

第六十条　外国人有本法第五十九条第一款规定情形之一的，经当场盘问或者继续盘问后仍不能排除嫌疑，需要做进一步调查的，可以拘留审查。

实施拘留审查，应当出示拘留审查决定书，并在 24 小时内进行询问。发现不应当拘留审查的，应当立即解除拘留审查。

拘留审查的期限不得超过 30 日；案情复杂的，经上一级地方人民政府公安机关或者出入境边防检查机关批准可以延长至 60 日。对国籍、身份不明的外国人，拘留审查期限自查清其国籍、身份之日起计算。

第六十一条　外国人有下列情形之一的，不适用拘留审查，可以限制其活动范围：

（一）患有严重疾病的；

（二）怀孕或者哺乳自己不满 1 周岁婴儿的；

（三）未满 16 周岁或者已满 70 周岁的；

（四）不宜适用拘留审查的其他情形。

被限制活动范围的外国人，应当按照要求接受审查，未经公安机关批准，不得离开限定的区域。限制活动范围的期限不得超过 60 日。对国籍、身份不明的外国人，限制活动范围期限自查清其国籍、身份之日起计算。

第六十二条　外国人有下列情形之一的，可以遣送出境：

（一）被处限期出境，未在规定期限内离境的；

（二）有不准入境情形的；

（三）非法居留、非法就业的；

（四）违反本法或者其他法律、行政法规需要遣送出境的。

其他境外人员有前款所列情形之一的，可以依法遣送出境。

被遣送出境的人员，自被遣送出境之日起1至5年内不准入境。

第六十三条　被拘留审查或者被决定遣送出境但不能立即执行的人员，应当羁押在拘留所或者遣返场所。

第六十四条　外国人对依照本法规定对其实施的继续盘问、拘留审查、限制活动范围、遣送出境措施不服的，可以依法申请行政复议，该行政复议决定为最终决定。

其他境外人员对依照本法规定对其实施的遣送出境措施不服，申请行政复议的，适用前款规定。

第六十五条　对依法决定不准出境或者不准入境的人员，决定机关应当按照规定及时通知出入境边防检查机关；不准出境、入境情形消失的，决定机关应当及时撤销不准出境、入境决定，并通知出入境边防检查机关。

第六十六条　根据维护国家安全和出境入境管理秩序的需要，必要时，出入境边防检查机关可以对出境入境的人员进行人身检查。人身检查应当由两名与受检查人同性别的边防检查人员进行。

第六十七条　签证、外国人停留居留证件等出境入境证件发生损毁、遗失、被盗抢或者签发后发现持证人不符合签发条件等情形的，由签发机关宣布该出境入境证件作废。

伪造、变造、骗取或者被证件签发机关宣布作废的出境入境证件无效。

公安机关可以对前款规定的或被他人冒用的出境入境证件予以注销或者收缴。

第六十八条　对用于组织、运送、协助他人非法出境入境的交通运输工具，以及需要作为办案证据的物品，公安机关可以扣押。

对查获的违禁物品，涉及国家秘密的文件、资料以及用于实施违反出境入境管理活动的工具等，公安机关应当予以扣押，并依照相关法律、行政法规规定处理。

第六十九条　出境入境证件的真伪由签发机关、出入境边防检查机关或者公安机关出入境管理机构认定。

第七章　法律责任

第七十条　本章规定的行政处罚，除本章另有规定外，由县级以上地方人民政府公安机关或者出入境边防检查机关决定；其中警告或者5 000元以下罚款，可以由县级以上地方人民政府公安机关出入境管理机构决定。

第七十一条　有下列行为之一的，处1 000元以上5 000元以下罚款；情节严重的，处5日以上10日以下拘留，可以并处2 000元以上10 000元以下罚款：

（一）持用伪造、变造、骗取的出境入境证件出境入境的；

（二）冒用他人出境入境证件出境入境的；

（三）逃避出境入境边防检查的；

（四）以其他方式非法出境入境的。

第七十二条　协助他人非法出境入境的，处 2 000 元以上 10 000 元以下罚款；情节严重的，处 10 日以上 15 日以下拘留，并处 5 000 元以上 20 000 元以下罚款，有违法所得的，没收违法所得。

单位有前款行为的，处 10 000 元以上 50 000 元以下罚款，有违法所得的，没收违法所得，并对其直接负责的主管人员和其他直接责任人员，依照前款规定予以处罚。

第七十三条　弄虚作假骗取签证、停留居留证件等出境入境证件的，处 2 000 元以上 5 000 元以下罚款；情节严重的，处 10 日以上 15 日以下拘留，并处 5 000 元以上 20 000元以下罚款。

单位有前款行为的，处 10 000 元以上 50 000 元以下罚款，并对其直接负责的主管人员和其他直接责任人员依照前款规定予以处罚。

第七十四条　违反本法规定，为外国人出具邀请函件或者其他申请材料的，处 5 000元以上 10 000 元以下罚款，有违法所得的，没收违法所得，并责令其承担所邀请外国人的出境费用。

单位有前款行为的，处 10 000 元以上 50 000 元以下罚款，有违法所得的，没收违法所得，并责令其承担所邀请外国人的出境费用，对其直接负责的主管人员和其他直接责任人员依照前款规定予以处罚。

第七十五条　中国公民出境后非法前往其他国家或者地区被遣返的，出入境边防检查机关应当收缴其出境入境证件，出境入境证件签发机关自其被遣返之日起 6 个月至 3 年以内不予签发出境入境证件。

第七十六条　有下列情形之一的，给予警告，可以并处 2 000 元以下罚款：

（一）外国人拒不接受公安机关查验其出境入境证件的；

（二）外国人拒不交验居留证件的；

（三）未按照规定办理外国人出生登记、死亡申报的；

（四）外国人居留证件登记事项发生变更，未按照规定办理变更的；

（五）在中国境内的外国人冒用他人出境入境证件的；

（六）未按照本法第三十九条第二款规定办理登记的。

旅馆未按照规定办理外国人住宿登记的，依照《中华人民共和国治安管理处罚法》的有关规定予以处罚；未按照规定向公安机关报送外国人住宿登记信息的，给予警告；情节严重的，处 1 000 元以上 5 000 元以下罚款。

第七十七条　外国人未经批准，擅自进入限制外国人进入的区域，责令立即离开；情节严重的，处 5 日以上 10 日以下拘留。对外国人非法获取的文字记录、音像资料、电子数据和其他物品，予以收缴或者销毁，所用工具予以收缴。

外国人、外国机构违反本法规定，拒不执行公安机关、国家安全机关限期迁离决定的，给予警告并强制迁离；情节严重的，对有关责任人员处 5 日以上 15 日以下拘留。

第七十八条　外国人非法居留的，给予警告；情节严重的，处每非法居留一日 500元、总额不超过 10 000 元的罚款或者 5 日以上 15 日以下拘留。

因监护人或者其他负有监护责任的人未尽到监护义务，致使未满 16 周岁的外国人非法居留的，对监护人或者其他负有监护责任的人给予警告，可以并处 1 000 元以下罚款。

第七十九条 容留、藏匿非法入境、非法居留的外国人，协助非法入境、非法居留的外国人逃避检查，或者为非法居留的外国人违法提供出境入境证件的，处 2 000 元以上 10 000 元以下罚款；情节严重的，处 5 日以上 15 日以下拘留，并处 5 000 元以上 20 000 元以下罚款，有违法所得的，没收违法所得。

单位有前款行为的，处 10 000 元以上 50 000 元以下罚款；有违法所得的，没收违法所得，并对其直接负责的主管人员和其他直接责任人员，依照前款规定予以处罚。

第八十条 外国人非法就业的，处 5 000 元以上 20 000 元以下罚款；情节严重的，处 5 日以上 15 日以下拘留，并处 5 000 元以上 20 000 元以下罚款。

介绍外国人非法就业的，对个人处以每非法介绍一人 5 000 元、总额不超过 50 000 元的罚款；对单位处每非法介绍一人 5 000 元，总额不超过 100 000 元的罚款；有违法所得的，没收违法所得。

非法聘用外国人的，处每非法聘用一人 1 万元、总额不超过 10 万元的罚款；有违法所得的，没收违法所得。

第八十一条 外国人从事与停留居留事由不相符的活动，或者有其他违反中国法律、法规规定，不适宜在中国境内继续停留居留情形的，可以处限期出境。

外国人违反本法规定，情节严重，尚不构成犯罪的，公安部可以处驱逐出境。公安部的处罚决定为最终决定。

被驱逐出境的外国人，自被驱逐出境之日起 10 年内不准入境。

第八十二条 有下列情形之一的，给予警告，可以并处 2 000 元以下罚款：

（一）扰乱口岸限定区域管理秩序的；

（二）外国船员及其随行家属未办理临时入境手续登陆的；

（三）未办理登轮证件上下外国船舶的。

违反前款第一项规定，情节严重的，可以并处 5 日以上 10 日以下拘留。

第八十三条 交通运输工具有下列情形之一的，对其负责人处 5 000 元以上 50 000 元以下罚款：

（一）未经查验准许擅自出境入境或者未经批准擅自改变出境入境口岸的；

（二）未按照规定如实申报员工、旅客、货物或者物品等信息，或者拒绝协助出境入境边防检查的；

（三）违反出境入境边防检查规定上下人员、装卸货物或者物品的。

出境入境交通运输工具载运不准出境入境人员出境入境的，处每载运一人 5 000 元以上 10 000 元以下罚款。交通运输工具负责人证明其已经采取合理预防措施的，可以减轻或者免予处罚。

第八十四条 交通运输工具有下列情形之一的，对其负责人处 2 000 元以上 20 000 元以下罚款：

（一）中国或者外国船舶未经批准擅自搭靠外国船舶的；

（二）外国船舶、航空器在中国境内未按照规定的路线、航线行驶的；

（三）出境入境的船舶、航空器违反规定驶入对外开放口岸以外地区的。

第八十五条　履行出境入境管理职责的工作人员，有下列行为之一的，依法给予处分：

（一）违反法律、行政法规，为不符合规定条件的外国人签发签证、外国人停留居留证件等出境入境证件的；

（二）违反法律、行政法规，审核验放不符合规定条件的人员或者交通运输工具出境入境的；

（三）泄露在出境入境管理工作中知悉的个人信息，侵害当事人合法权益的；

（四）不按照规定将依法收取的费用、收缴的罚款及没收的违法所得、非法财物上缴国库的；

（五）私分、侵占、挪用罚没、扣押的款物或者收取的费用的；

（六）滥用职权、玩忽职守、徇私舞弊，不依法履行法定职责的其他行为。

第八十六条　对违反出境入境管理行为处 500 元以下罚款的，出入境边防检查机关可以当场作出处罚决定。

第八十七条　对违反出境入境管理行为处罚款的，被处罚人应当自收到处罚决定书之日起 15 日内，到指定的银行缴纳罚款。被处罚人在所在地没有固定住所，不当场收缴罚款事后难以执行或者在口岸向指定银行缴纳罚款确有困难的，可以当场收缴。

第八十八条　违反本法规定，构成犯罪的，依法追究刑事责任。

第八章　附则

第八十九条　本法下列用语的含义：

出境，是指由中国内地前往其他国家或者地区，由中国内地前往香港特别行政区、澳门特别行政区，由中国大陆前往台湾地区。

入境，是指由其他国家或者地区进入中国内地，由香港特别行政区、澳门特别行政区进入中国内地，由台湾地区进入中国大陆。

外国人，是指不具有中国国籍的人。

第九十条　经国务院批准，同毗邻国家接壤的省、自治区可以根据中国与有关国家签订的边界管理协定制定地方性法规、地方政府规章，对两国边境接壤地区的居民往来作出规定。

第九十一条　外国驻中国的外交代表机构、领事机构成员以及享有特权和豁免的其他外国人，其入境出境及停留居留管理。其他法律另有规定的，依照其规定。

第九十二条　外国人申请办理签证、外国人停留居留证件等出境入境证件或者申请办理证件延期、变更的，应当按照规定缴纳签证费、证件费。

第九十三条　本法自 2013 年 7 月 1 日起施行。《中华人民共和国外国人入境出境管理法》和《中华人民共和国公民出境入境管理法》同时废止。

第六节　《大陆居民赴台湾地区旅游管理办法》

第一条　为规范大陆居民赴台湾地区旅游，根据《旅游法》《旅行社条例》和

《中国公民往来台湾地区管理办法》，制定本办法。

第二条　大陆居民赴台湾地区旅游（以下简称赴台旅游），可采取团队旅游或者个人旅游两种形式。

大陆居民赴台团队旅游应当由指定经营大陆居民赴台旅游业务的旅行社（以下简称组团社）组织，以团队形式整团往返。旅游团成员在台湾期间应当集体活动。

大陆居民赴台个人旅游可自行前往台湾地区，在台湾期间可自行活动。

第三条　组团社由国家旅游局会同有关部门，从取得出境旅游业务经营许可并提出经营赴台旅游业务申请的旅行社范围内指定，但国家另有规定的除外。组团社名单由海峡两岸旅游交流协会公布。

除被指定的组团社外，任何单位和个人不得经营大陆居民赴台旅游业务。

第四条　台湾地区接待大陆居民赴台旅游的旅行社（以下简称地接社），经大陆有关部门会同国家旅游局确认后，由海峡两岸旅游交流协会公布。

第五条　大陆居民赴台团队旅游实行配额管理。配额由国家旅游局会同有关部门确认后下达给组团社。

第六条　组团社在开展组织大陆居民赴台旅游业务前，应当与地接社签订合同、建立合作关系。

大陆居民赴台旅游团队出发前，组团社应当向国家旅游局旅游团队管理和服务信息平台提供符合规定的赴台旅游团队信息。旅游团队信息实行一团一登记。

第七条　组团社应当为每个团队委派领队，并要求地接社派导游全程陪同。

赴台旅游领队应当具备法律、法规规定的领队条件，经省级旅游主管部门培训，由国家旅游局指定。

第八条　大陆居民赴台旅游期间，不得从事或者参与涉及赌博、色情、毒品等内容及有损两岸关系的活动。

组团社不得组织旅游团成员参与前款活动，并应当要求地接社不得引导或者组织旅游团成员参与前款活动。

第九条　组团社应当要求地接社严格按照合同规定的团队日程安排活动；未经双方旅行社及旅游团成员同意，不得变更日程。

第十条　大陆居民赴台旅游应当持有效的《大陆居民往来台湾通行证》，并根据其采取的旅游形式，办理团队旅游签注或者个人旅游签注。

第十一条　大陆居民赴台旅游应当按照有关规定向公安机关出入境管理部门申请办理《大陆居民往来台湾通行证》及相应签注。

第十二条　赴台旅游团队应当凭《大陆居民赴台湾地区旅游团队名单表》，从大陆对外开放口岸整团出入境。

第十三条　旅游团出境前已确定分团入境大陆的，组团社应当事先向有关出入境边防检查总站或者省级公安边防部门备案。

旅游团成员因紧急情况不能随团入境大陆或者不能按期返回大陆的，组团社应当及时向有关出入境边防检查总站或者省级公安边防部门报告。

第十四条　赴台旅游的大陆居民应当按期返回，不得非法滞留。当发生旅游团成员非法滞留时，组团社应当及时向公安机关及旅游主管部门报告，并协助做好有关滞留者的遣返和审查工作。

第十五条　对在台湾地区非法滞留情节严重者，公安机关出入境管理部门自其被遣返回大陆之日起，六个月至三年以内不批准其再次出境。

第十六条　违反本办法规定，未被指定经营大陆居民赴台旅游业务，或者旅行社及从业人员有违反本办法规定行为的，由旅游主管部门根据《旅游法》和《旅行社条例》等规定予以处罚。有关单位和个人违反其他法律、法规规定的，由有关部门依法予以处理。

第十七条　本办法由国家旅游局、公安部、国务院台湾事务办公室负责解释。

第十八条　本办法自发布之日起施行。

第七节　《旅游安全管理办法》

第一章　总　则

第一条　为了加强旅游安全管理，提高应对旅游突发事件的能力，保障旅游者的人身、财产安全，促进旅游业持续健康发展，根据《中华人民共和国旅游法》、《中华人民共和国安全生产法》、《中华人民共和国突发事件应对法》、《旅行社条例》和《安全生产事故报告和调查处理条例》等法律、行政法规，制定本办法。

第二条　旅游经营者的安全生产、旅游主管部门的安全监督管理，以及旅游突发事件的应对，应当遵守有关法律、法规和本办法的规定。

本办法所称旅游经营者，是指旅行社及地方性法规规定旅游主管部门负有行业监管职责的景区和饭店等单位。

第三条　各级旅游主管部门应当在同级人民政府的领导和上级旅游主管部门及有关部门的指导下，在职责范围内，依法对旅游安全工作进行指导、防范、监管、培训、统计分析和应急处理。

第四条　旅游经营者应当承担旅游安全的主体责任，加强安全管理，建立、健全安全管理制度，关注安全风险预警和提示，妥善应对旅游突发事件。

旅游从业人员应当严格遵守本单位的安全管理制度，接受安全生产教育和培训，增强旅游突发事件防范和应急处理能力。

第五条　旅游主管部门、旅游经营者及其从业人员应当依法履行旅游突发事件报告义务。

第二章　经营安全

第六条　旅游经营者应当遵守下列要求：

（一）服务场所、服务项目和设施设备符合有关安全法律、法规和强制性标准的要求；

（二）配备必要的安全和救援人员、设施设备；

（三）建立安全管理制度和责任体系；

（四）保证安全工作的资金投入。

第七条　旅游经营者应当定期检查本单位安全措施的落实情况，及时排除安全隐患；对可能发生的旅游突发事件及采取安全防范措施的情况，应当按照规定及时向所在地人民政府或者人民政府有关部门报告。

第八条　旅游经营者应当对其提供的产品和服务进行风险监测和安全评估，依法履行安全风险提示义务，必要时应当采取暂停服务、调整活动内容等措施。

经营高风险旅游项目或者向老年人、未成年人、残疾人提供旅游服务的，应当根据需要采取相应的安全保护措施。

第九条　旅游经营者应当对从业人员进行安全生产教育和培训，保证从业人员掌握必要的安全生产知识、规章制度、操作规程、岗位技能和应急处理措施，知悉自身在安全生产方面的权利和义务。

旅游经营者建立安全生产教育和培训档案，如实记录安全生产教育和培训的时间、内容、参加人员以及考核结果等情况。

未经安全生产教育和培训合格的旅游从业人员，不得上岗作业；特种作业人员必须按照国家有关规定经专门的安全作业培训，取得相应资格。

第十条　旅游经营者应当主动询问与旅游活动相关的个人健康信息，要求旅游者按照明示的安全规程，使用旅游设施和接受服务，并要求旅游者对旅游经营者采取的安全防范措施予以配合。

第十一条　旅行社组织和接待旅游者，应当合理安排旅游行程，向合格的供应商订购产品和服务。

旅行社及其从业人员发现履行辅助人提供的服务不符合法律、法规规定或者存在安全隐患的，应当予以制止或者更换。

第十二条　旅行社组织出境旅游，应当制作安全信息卡。

安全信息卡应当包括旅游者姓名、出境证件号码和国籍，以及紧急情况下的联系人、联系方式等信息，使用中文和目的地官方语言（或者英文）填写。

旅行社应当将安全信息卡交由旅游者随身携带，并告知其自行填写血型、过敏药物和重大疾病等信息。

第十三条　旅游经营者应当依法制定旅游突发事件应急预案，与所在地县级以上地方人民政府及其相关部门的应急预案相衔接，并定期组织演练。

第十四条　旅游突发事件发生后，旅游经营者及其现场人员应当采取合理、必要的措施救助受害旅游者，控制事态发展，防止损害扩大。

旅游经营者应当按照履行统一领导职责或者组织处置突发事件的人民政府的要求，配合其采取的应急处置措施，并参加所在地人民政府组织的应急救援和善后处置工作。

旅游突发事件发生在境外的，旅行社及其领队应当在中国驻当地使领馆或者政府派出机构的指导下，全力做好突发事件应对处置工作。

第十五条　旅游突发事件发生后，旅游经营者的现场人员应当立即向本单位负责人报告，单位负责人接到报告后，应当于1小时内向发生地县级旅游主管部门、安全生产监督管理部门和负有安全生产监督管理职责的其他相关部门报告；旅行社负责人应当同时向单位所在地县级以上地方旅游主管部门报告。

情况紧急或者发生重大、特别重大旅游突发事件时，现场有关人员可直接向发生地、旅行社所在地县级以上旅游主管部门、安全生产监督管理部门和负有安全生产监督管理职责的其他相关部门报告。

旅游突发事件发生在境外的，旅游团队的领队应当立即向当地警方、中国驻当地使领馆或者政府派出机构，以及旅行社负责人报告。旅行社负责人应当在接到领队报告后1小时内，向单位所在地县级以上地方旅游主管部门报告。

第三章　风险提示

第十六条　国家建立旅游目的地安全风险（以下简称风险）提示制度。

根据可能对旅游者造成的危害程度、紧急程度和发展态势，风险提示级别分为一级（特别严重）、二级（严重）、三级（较重）和四级（一般），分别用红色、橙色、黄色和蓝色标示。

风险提示级别的划分标准，由国家旅游局会同外交、卫生、公安、国土、交通、气象、地震和海洋等有关部门制定或者确定。

第十七条　风险提示信息，应当包括风险类别、提示级别、可能影响的区域、起始时间、注意事项、应采取的措施和发布机关等内容。

一级、二级风险的结束时间能够与风险提示信息内容同时发布的，应当同时发布；无法同时发布的，待风险消失后通过原渠道补充发布。

三级、四级风险提示可以不发布风险结束时间，待风险消失后自然结束。

第十八条　风险提示发布后，旅行社应当根据风险级别采取下列措施：

（一）四级风险的，加强对旅游者的提示；

（二）三级风险的，采取必要的安全防范措施；

（三）二级风险的，停止组团或者带团前往风险区域；已在风险区域的，调整或者中止行程；

（四）一级风险的，停止组团或者带团前往风险区域，组织已在风险区域的旅游者撤离。

其他旅游经营者应当根据风险提示的级别，加强对旅游者的风险提示，采取相应的安全防范措施，妥善安置旅游者，并根据政府或者有关部门的要求，暂停或者关闭易受风险危害的旅游项目或者场所。

第十九条　风险提示发布后，旅游者应当关注相关风险，加强个人安全防范，并配合国家应对风险暂时限制旅游活动的措施，以及有关部门、机构或者旅游经营者采取的安全防范和应急处置措施。

第二十条　国家旅游局负责发布境外旅游目的地国家（地区），以及风险区域范围覆盖全国或者跨省级行政区域的风险提示。发布一级风险提示的，需经国务院批准；发布境外旅游目的地国家（地区）风险提示的，需经外交部门同意。

地方各级旅游主管部门应当及时转发上级旅游主管部门发布的风险提示，并负责发布前款规定之外涉及本辖区的风险提示。

第二十一条　风险提示信息应当通过官方网站、手机短信及公众易查阅的媒体渠道对外发布。一级、二级风险提示应同时通报有关媒体。

第四章　安全管理

第二十二条　旅游主管部门应当加强下列旅游安全日常管理工作：

（一）督促旅游经营者贯彻执行安全和应急管理的有关法律、法规，并引导其实施相关国家标准、行业标准或者地方标准，提高其安全经营和突发事件应对能力；

（二）指导旅游经营者组织开展从业人员的安全及应急管理培训，并通过新闻媒体等多种渠道，组织开展旅游安全及应急知识的宣传普及活动；

（三）统计分析本行政区域内发生旅游安全事故的情况；

（四）法律、法规规定的其他旅游安全管理工作。

旅游主管部门应当加强对星级饭店和 A 级景区旅游安全和应急管理工作的指导。

第二十三条　地方各级旅游主管部门应当根据有关法律、法规的规定，制定、修订本地区或者本部门旅游突发事件应急预案，并报上一级旅游主管部门备案，必要时组织应急演练。

第二十四条　地方各级旅游主管部门应当在当地人民政府的领导下，依法对景区符合安全开放条件进行指导，核定或者配合相关景区主管部门核定景区最大承载量，引导景区采取门票预约等方式控制景区流量；在旅游者数量可能达到最大承载量时，配合当地人民政府采取疏导、分流等措施。

第二十五条　旅游突发事件发生后，发生地县级以上旅游主管部门应当根据同级人民政府的要求和有关规定，启动旅游突发事件应急预案，并采取下列一项或者多项措施：

（一）组织或者协同、配合相关部门开展对旅游者的救助及善后处置，防止次生、衍生事件；

（二）协调医疗、救援和保险等机构对旅游者进行救助及善后处置；

（三）按照同级人民政府的要求，统一、准确、及时发布有关事态发展和应急处置工作的信息，并公布咨询电话。

第二十六条　旅游突发事件发生后，发生地县级以上旅游主管部门应当根据同级人民政府的要求和有关规定，参与旅游突发事件的调查，配合相关部门依法对应当承担事件责任的旅游经营者及其责任人进行处理。

第二十七条　各级旅游主管部门应当建立旅游突发事件报告制度。

第二十八条　旅游主管部门在接到旅游经营者依据本办法第十五条规定的报告后，应当向同级人民政府和上级旅游主管部门报告。一般旅游突发事件上报至设区的市级旅游主管部门；较大旅游突发事件逐级上报至省级旅游主管部门；重大和特别重大旅游突发事件逐级上报至国家旅游局。向上级旅游主管部门报告旅游突发事件，应当包括下列内容：

（一）事件发生的时间、地点、信息来源；

（二）简要经过、伤亡人数、影响范围；

（三）事件涉及的旅游经营者、其他有关单位的名称；

（四）事件发生原因及发展趋势的初步判断；

（五）采取的应急措施及处置情况；

（六）需要支持协助的事项；

（七）报告人姓名、单位及联系电话。

前款所列内容暂时无法确定的，应当先报告已知情况；报告后出现新情况的，应当及时补报、续报。

第二十九条　各级旅游主管部门应当建立旅游突发事件信息通报制度。旅游突发事件发生后，旅游主管部门应当及时将有关信息通报相关行业主管部门。

第三十条　旅游突发事件处置结束后，发生地旅游主管部门应当及时查明突发事件的发生经过和原因，总结突发事件应急处置工作的经验教训，制定改进措施，并在30日内按照下列程序提交总结报告：

（一）一般旅游突发事件向设区的市级旅游主管部门提交；

（二）较大旅游突发事件逐级向省级旅游主管部门提交；

（三）重大和特别重大旅游突发事件逐级向国家旅游局提交。

旅游团队在境外遇到突发事件的，由组团社所在地旅游主管部门提交总结报告。

第三十一条　省级旅游主管部门应当于每月5日前，将本地区上月发生的较大旅游突发事件报国家旅游局备案，内容应当包括突发事件发生的时间、地点、原因及事件类型和伤亡人数等。

第三十二条　县级以上地方各级旅游主管部门应当定期统计分析本行政区域内发生旅游突发事件的情况，并于每年1月底前将上一年度相关情况逐级报国家旅游局。

第五章　罚则

第三十三条　旅游经营者及其主要负责人、旅游从业人员违反法律、法规有关安全生产和突发事件应对规定的，依照相关法律、法规处理。

第三十四条　旅行社违反本办法第十一条第二款的规定，未制止履行辅助人的非法、不安全服务行为，或者未更换履行辅助人的，由旅游主管部门给予警告，可并处2000元以下罚款；情节严重的，处2000元以上10000元以下罚款。

第三十五条　旅行社违反本办法第十二条的规定，不按要求制作安全信息卡，未将安全信息卡交由旅游者，或者未告知旅游者相关信息的，由旅游主管部门给予警告，可并处2000元以下罚款；情节严重的，处2000元以上10000元以下罚款。

第三十六条　旅行社违反本办法第十八条规定，不采取相应措施的，由旅游主管部门处2000元以下罚款；情节严重的，处2000元以上10000元以下罚款。

第三十七条　按照旅游业国家标准、行业标准评定的旅游经营者违反本办法规定的，由旅游主管部门建议评定组织依据相关标准作出处理。

第三十八条　旅游主管部门及其工作人员违反相关法律、法规及本办法规定，玩忽职守，未履行安全管理职责的，由有关部门责令改正，对直接负责的主管人员和其他直接责任人员依法给予处分。

第六章　附则

第三十九条　本办法所称旅游突发事件，是指突然发生，造成或者可能造成旅游者人身伤亡、财产损失，需要采取应急处置措施予以应对的自然灾害、事故灾难、公共卫生事件和社会安全事件。

根据旅游突发事件的性质、危害程度、可控性以及造成或者可能造成的影响，旅游突发事件一般分为特别重大、重大、较大和一般四级。

第四十条　本办法所称特别重大旅游突发事件，是指下列情形：

（一）造成或者可能造成人员死亡（含失踪）30 人以上或者重伤 100 人以上；

（二）旅游者 500 人以上滞留超过 24 小时，并对当地生产生活秩序造成严重影响；

（三）其他在境内外产生特别重大影响，并对旅游者人身、财产安全造成特别重大威胁的事件。

第四十一条　本办法所称重大旅游突发事件，是指下列情形：

（一）造成或者可能造成人员死亡（含失踪）10 人以上、30 人以下或者重伤 50 人以上、100 人以下；

（二）旅游者 200 人以上滞留超过 24 小时，对当地生产生活秩序造成较严重影响；

（三）其他在境内外产生重大影响，并对旅游者人身、财产安全造成重大威胁的事件。

第四十二条　本办法所称较大旅游突发事件，是指下列情形：

（一）造成或者可能造成人员死亡（含失踪）3 人以上 10 人以下或者重伤 10 人以上、50 人以下；

（二）旅游者 50 人以上、200 人以下滞留超过 24 小时，并对当地生产生活秩序造成较大影响；

（三）其他在境内外产生较大影响，并对旅游者人身、财产安全造成较大威胁的事件。

第四十三条　本办法所称一般旅游突发事件，是指下列情形：

（一）造成或者可能造成人员死亡（含失踪）3 人以下或者重伤 10 人以下；

（二）旅游者 50 人以下滞留超过 24 小时，并对当地生产生活秩序造成一定影响；

（三）其他在境内外产生一定影响，并对旅游者人身、财产安全造成一定威胁的事件。

第四十四条　本办法所称的"以上"包括本数；除第三十四条、第三十五条、第三十六条的规定外，所称的"以下"不包括本数。

第四十五条　本办法自 2016 年 12 月 1 日起施行。国家旅游局 1990 年 2 月 20 日发布的《旅游安全管理暂行办法》同时废止。

第八节　《中华人民共和国游艇安全管理规定》

第一章　总则

第一条　为了规范游艇安全管理，保障水上人命和财产安全，防治游艇污染水域环境，促进游艇业的健康发展，根据水上交通安全管理和防治船舶污染水域环境的法律、行政法规，制定本规定。

第二条　在中华人民共和国管辖水域内游艇航行、停泊等活动的安全和防治污染管理适用本规定。

本规定所称游艇，是指仅限于游艇所有人自身用于游览观光、休闲娱乐等活动的具备机械推进动力装置的船舶。

本规定所称游艇俱乐部，是指为加入游艇俱乐部的会员提供游艇保管及使用服务的依法成立的组织。

第三条　中华人民共和国海事局统一实施全国游艇水上交通安全和防治污染水域环境的监督管理。

各级海事管理机构依照职责，具体负责辖区内游艇水上交通安全和防治污染水域环境的监督管理。

第二章　检验、登记

第四条　游艇应当经船舶检验机构按照交通运输部批准或者认可的游艇检验规定和规范进行检验，并取得相应的船舶检验证书后方可使用。

第五条　游艇有下列情形之一的，应当向船舶检验机构申请附加检验：

（一）发生事故，影响游艇适航性能的；

（二）改变游艇检验证书所限定类别的；

（三）船舶检验机构签发的证书失效的；

（四）游艇所有人变更、船名变更或者船籍港变更的；

（五）游艇结构或者重要的安全、防污染设施、设备发生改变的。

第六条　在中华人民共和国管辖水域航行、停泊的游艇，应当取得船舶国籍证书。未持有船舶国籍证书的游艇，不得在中华人民共和国管辖水域航行、停泊。

申请办理船舶国籍登记，游艇所有人应当持有船舶检验证书和所有权证书，由海事管理机构审核后颁发《中华人民共和国船舶国籍证书》。

长度小于5米的游艇的国籍登记，参照前款的规定办理。

第三章　游艇操作人员培训、考试和发证

第七条　游艇操作人员应当经过专门的培训、考试，具备与驾驶的游艇、航行的水域相适应的专业知识和技能，掌握水上消防、救生和应急反应的基本要求，取得海事管理机构颁发的游艇操作人员适任证书。

未取得游艇操作人员适任证书的人员不得驾驶游艇。

第八条　申请游艇操作人员适任证书，应当符合下列条件：

（一）年满18周岁未满60周岁；

（二）视力、色觉、听力、口头表达、肢体健康等符合航行安全的要求；

（三）通过规定的游艇操作人员培训，并经考试合格。

第九条　申请游艇操作人员适任证书的，应当通过中华人民共和国海事局授权的海事管理机构组织的考试。

申请游艇操作人员适任证书的，应到培训或者考试所在地的海事管理机构办理，并提交申请书以及证明其符合发证条件的有关材料。

经过海事管理机构审核符合发证条件的，发给有效期为5年的相应类别的游艇操作人员适任证书。

第十条　游艇操作人员适任证书的类别分为海上游艇操作人员适任证书和内河游艇操作人员适任证书。

第十一条　持有海船、内河船舶的船长、驾驶员适任证书或者引航员适任证书的人员，按照游艇操作人员考试大纲的规定，通过相应的实际操作培训，可以分别取得海上游艇操作人员适任证书和内河游艇操作人员适任证书。

第十二条　游艇操作人员适任证书的有效期不足 6 个月时，持证人应当向原发证海事管理机构申请办理换证手续。符合换证条件中有关要求的，海事管理机构应当给予换发同类别的游艇操作人员适任证书。

游艇操作人员适任证书丢失或者损坏的，可以按照规定程序向海事管理机构申请补发。

第十三条　依法设立的从事游艇操作人员培训的机构，应当具备相应的条件，并按照国家有关船员培训管理规定的要求，经过中华人民共和国海事局批准。

第四章　航行、停泊

第十四条　游艇在开航之前，游艇操作人员应当做好安全检查，确保游艇适航。

第十五条　游艇应当随船携带有关船舶证书、文书及必备的航行资料，并做好航行等相关记录。

游艇应当随船携带可与当地海事管理机构、游艇俱乐部进行通信的无线电通信工具，并确保与岸基有效沟通。

游艇操作人员驾驶游艇时应当携带游艇操作人员适任证书。

第十六条　游艇应当按照《船舶签证管理规则》的规定，办理为期 12 个月的定期签证。

第十七条　游艇应当在其检验证书所确定的适航范围内航行。

游艇所有人或者游艇俱乐部在第一次出航前，应当将游艇的航行水域向当地海事管理机构备案。游艇每一次航行时，如果航行水域超出备案范围，游艇所有人或者游艇俱乐部应当在游艇出航前向海事管理机构报告船名、航行计划、游艇操作人员或者乘员的名单、应急联系方式。

第十八条　游艇航行时，除应当遵守避碰规则和当地海事管理机构发布的特别航行规定外，还应当遵守下列规定：

（一）游艇应当避免在恶劣天气以及其他危及航行安全的情况下航行；

（二）游艇应当避免在船舶定线制水域、主航道、锚地、养殖区、渡口附近水域以及交通密集区及其他交通管制水域航行，确需进入上述水域航行的，应当听从海事管理机构的指挥，并遵守限速规定；游艇不得在禁航区、安全作业区航行；

（三）不具备号灯及其他夜航条件的游艇不得夜航；

（四）游艇不得超过核定乘员航行。

第十九条　游艇操作人员不得酒后驾驶、疲劳驾驶。

第二十条　游艇应当在海事管理机构公布的专用停泊水域或者停泊点停泊。

游艇的专用停泊水域或者停泊点，应当符合游艇安全靠泊、避风以及便利人员安全登离的要求。

游艇停泊的专用水域属于港口水域的，应当符合有关港口规划。

第二十一条 游艇在航行中的临时性停泊，应当选择不妨碍其他船舶航行、停泊、作业的水域。不得在主航道、锚地、禁航区、安全作业区、渡口附近以及海事管理机构公布的禁止停泊的水域内停泊。

第二十二条 在港口水域内建设游艇停泊码头、防波堤、系泊设施的，应当按照《港口法》的规定申请办理相应许可手续。

第二十三条 航行国际航线的游艇进出中华人民共和国口岸，应当按照国家有关船舶进出口岸的规定办理进出口岸手续。

第二十四条 游艇不得违反有关防治船舶污染的法律、法规和规章的规定向水域排放油类物质、生活污水、垃圾和其他有毒有害物质。

游艇应当配备必要的污油水回收装置、垃圾储集容器，并正确使用。

游艇产生的废弃蓄电池等废弃物、油类物质、生活垃圾应当送交岸上接收处理，并做好记录。

第五章 安全保障

第二十五条 游艇的安全和防污染由游艇所有人负责。游艇所有人应当负责游艇的日常安全管理和维护保养，确保游艇处于良好的安全、技术状态，保证游艇航行、停泊以及游艇上人员的安全。

委托游艇俱乐部保管的游艇，游艇所有人应当与游艇俱乐部签订协议，明确双方在游艇航行、停泊安全以及游艇的日常维护、保养及安全与防污染管理方面的责任。

游艇俱乐部应当按照海事管理机构的规定及其与游艇所有人的约定，承担游艇的安全和防污染责任。

第二十六条 游艇俱乐部应当具备法人资格，并具备下列安全和防污染能力：

（一）建立游艇安全和防污染管理制度，配备相应的专职管理人员；

（二）具有相应的游艇安全停泊水域，配备保障游艇安全和防治污染的设施，配备水上安全通信设施、设备；

（三）具有为游艇进行日常检修、维护、保养的设施和能力；

（四）具有回收游艇废弃物、残油和垃圾的能力；

（五）具有安全和防污染的措施和应急预案，并具备相应的应急救助能力。

第二十七条 游艇俱乐部依法注册后，应当报所在地直属海事局或者省级地方海事局备案。

交通运输部直属海事局或者省级地方海事局对备案的游艇俱乐部的安全和防污染能力应当进行核查。具备第二十六条规定能力的，予以备案公布。

第二十八条 游艇俱乐部应当对其会员和管理的游艇承担下列安全义务：

（一）对游艇操作人员和乘员开展游艇安全、防治污染环境知识和应急反应的宣传、培训和教育；

（二）督促游艇操作人员和乘员遵守水上交通安全和防治污染管理规定，落实相应的措施；

（三）保障停泊水域或者停泊点的游艇的安全；

（四）核查游艇、游艇操作人员的持证情况，保证出航游艇、游艇操作人员持有相应有效证书；

（五）向游艇提供航行所需的气象、水文情况和海事管理机构发布的航行通（警）告等信息服务；遇有恶劣气候条件等不适合出航的情况或者海事管理机构禁止出航的警示时，应当制止游艇出航并通知已经出航的游艇返航；

（六）掌握游艇的每次出航、返航以及乘员情况，并做好记录备查；

（七）保持与游艇、海事管理机构之间的通信畅通；

（八）按照向海事管理机构备案的应急预案，定期组织内部管理的应急演练和游艇成员参加的应急演习。

第二十九条　游艇必须在明显位置标明水上搜救专用电话号码、当地海事管理机构公布的水上安全频道和使用须知等内容。

第三十条　游艇遇险或者发生水上交通事故、污染事故，游艇操作人员及其他乘员、游艇俱乐部以及发现险情或者事故的船舶、人员应当立即向海事管理机构报告。游艇俱乐部应当立即启动应急预案。在救援到达之前，游艇上的人员应当尽力自救。

游艇操作人员及其他乘员对在航行、停泊时发现的水上交通事故、污染事故、求救信息或者违法行为应当及时向海事管理机构报告。需要施救的，在不严重危及游艇自身安全的情况下，游艇应当尽力救助水上遇险的人员。

第六章　监督检查

第三十一条　海事管理机构应当依法对游艇、游艇俱乐部和游艇操作人员培训机构实施监督检查。游艇俱乐部和游艇所有人应当配合，对发现的安全缺陷和隐患，应当及时进行整改、消除。

第三十二条　海事管理机构发现游艇违反水上交通安全管理和防治船舶污染环境管理秩序的行为，应当责令游艇立即纠正；未按照要求纠正或者情节严重的，海事管理机构可以责令游艇临时停航、改航、驶向指定地点、强制拖离、禁止进出港。

第三十三条　海事管理机构发现游艇俱乐部不再具备安全和防治污染能力的，应当责令其限期整改；对未按照要求整改或者情节严重的，可以将其从备案公布的游艇俱乐部名录中删除。

第三十四条　海事管理机构的工作人员依法实施监督检查，应当出示执法证件，表明身份。

第七章　法律责任

第三十五条　违反本规定，未取得游艇操作人员培训许可擅自从事游艇操作人员培训的，由海事管理机构责令改正，处5万元以上25万元以下罚款；有违法所得的，还应当没收违法所得。

第三十六条　游艇操作人员培训机构有下列行为之一的，由海事管理机构责令改正，可以处2万元以上10万元以下罚款；情节严重的，给予暂扣培训许可证6个月以上2年以下直至吊销的处罚：

（一）不按照本规定要求和游艇操作人员培训纲要进行培训，或者擅自降低培训标准；

（二）培训质量低下，达不到规定要求。

第三十七条　违反本规定，在海上航行的游艇未持有合格的检验证书、登记证书和必备的航行资料的，海事管理机构责令改正，并可处以1 000元以下罚款，情节严重的，海事管理机构有权责令其停止航行；对游艇操作人员，可以处以1 000元以下罚款，并扣留游艇操作人员适任证书3至12个月。

违反本规定，在内河航行的游艇未持有合格的检验证书、登记证书的，由海事管理机构责令其停止航行，拒不停止的，暂扣游艇；情节严重的，予以没收。

第三十八条　违反本规定，游艇操作人员操作游艇时未携带合格的适任证书的，由海事管理机构责令改正，并可处以2 000元以下罚款。

第三十九条　游艇操作人员持有的适任证书是以欺骗、贿赂等不正当手段取得的，海事管理机构应当吊销该适任证书，并处2 000元以上2万元以下的罚款。

第四十条　违反本规定，游艇有下列行为之一的，由海事管理机构责令改正，并可处以1 000元以下罚款：

（一）未在海事管理机构公布的专用停泊水域或者停泊点停泊，或者临时停泊的水域不符合本规定的要求；

（二）游艇的航行水域超出备案范围，而游艇所有人或者游艇俱乐部未在游艇出航前将船名、航行计划、游艇操作人员或者乘员的名单、应急联系方式等向海事管理机构备案。

第四十一条　其他违反本规定的行为，按照有关法律、行政法规、规章进行处罚。

第四十二条　海事管理机构工作人员玩忽职守、徇私舞弊、滥用职权的，应当依法给予行政处分。

第八章　附　则

第四十三条　游艇从事营业性运输，应当按照国家有关营运船舶的管理规定，办理船舶检验、登记和船舶营运许可等手续。

第四十四条　游艇应当按照国家的规定，交纳相应的船舶税费和规费。

第四十五条　乘员定额12人以上的游艇，按照客船进行安全监督管理。

第四十六条　本规定自2009年1月1日起施行。

第九节　《国家级旅游度假区管理办法》

第一条　为了规范国家级旅游度假区的认定和管理，促进旅游度假区高质量发展，满足人民日益增长的旅游度假休闲需求，制定本办法。

第二条　本办法所称旅游度假区，是指为旅游者提供度假休闲服务、有明确的空间边界和独立管理机构的区域。

本办法所称国家级旅游度假区，是指符合国家标准《旅游度假区等级划分》（GB/T26358）相关要求，经文化和旅游部认定的旅游度假区。

第三条 国家级旅游度假区的认定和管理坚持以习近平新时代中国特色社会主义思想为指导，以人民为中心，弘扬社会主义核心价值观，提升度假休闲旅游发展水平，推动旅游业转型升级。

第四条 国家级旅游度假区的认定和管理坚持公开、公平、公正，遵循自愿申报、规范认定、动态管理和示范引领的原则。

第五条 国家级旅游度假区的认定和管理由文化和旅游部按照本办法和国家标准《旅游度假区等级划分》（GB/T26358）及相关细则组织实施，具体工作由文化和旅游部资源开发司承担。

省级文化和旅游行政部门负责本辖区内国家级旅游度假区的初审推荐和日常管理，以及省级旅游度假区的认定和管理。

第六条 鼓励旅游度假区按照本办法和国家标准《旅游度假区等级划分》（GB/T26358）及相关细则要求，积极开展国家级旅游度假区的建设和申报工作。

第七条 申报国家级旅游度假区，应当具备下列条件：

（一）符合国家标准《旅游度假区等级划分》（GB/T26358）及相关细则要求；

（二）符合社会主义核心价值观要求；

（三）度假设施相对集聚，经营状况良好；

（四）旅游公共信息服务体系健全；

（五）游客综合满意度较高；

（六）在全国具有较高的知名度和品牌影响力；

（七）土地使用符合法律法规有关规定；

（八）主要经营主体近 3 年无严重违法违规等行为记录；

（九）近 3 年未发生重大旅游安全责任事故；

（十）被认定为省级旅游度假区 1 年以上。

第八条 申报国家级旅游度假区，应当经省级文化和旅游行政部门向文化和旅游部提交下列材料：

（一）省级文化和旅游行政部门推荐文件；

（二）国家级旅游度假区认定申请报告书，包括旅游度假区基本信息（含名称、管理机构、空间范围、面积、总览图等）、度假设施分布和经营状况、旅游公共信息服务体系、游客综合满意度、知名度和品牌影响力等内容；

（三）旅游度假区总体规划、自评报告及相关说明材料（含文字、图片和视频）；

（四）县级以上自然资源部门关于土地使用符合法律法规有关规定的相关材料；

（五）近 3 年无严重违法违规等行为记录和未发生重大旅游安全责任事故的承诺书；

（六）文化和旅游部要求的其他材料。

第九条 文化和旅游部按照下列程序组织认定国家级旅游度假区：

（一）对申报材料进行审核；

（二）组织专家评审组按照旅游度假区等级基础评价评分细则，对通过材料审核的旅游度假区进行基础评价；

（三）组织专家或者第三方机构按照旅游度假区等级综合评分细则，对通过基础评价的旅游度假区以暗访的形式进行现场检查；

（四）对通过现场检查的旅游度假区进行审议，根据需要可以安排答辩环节，确定公示名单；

（五）对确定的公示名单，在文化和旅游部政府门户网站公示5个工作日；

（六）对公示无异议或者异议不成立的，发布认定公告。

第十条　国家级旅游度假区等级标识、标牌样式由文化和旅游部统一设计。

国家级旅游度假区可以根据文化和旅游部统一设计的等级标识、标牌样式，自行制作简洁醒目、庄重大方、具有自身特点的等级标牌。

国家级旅游度假区应当将等级标牌置于度假区内醒目位置，并在宣传推广中正确使用其等级标识、标牌。

未被认定或者被取消国家级旅游度假区等级的，不得使用相关称谓和等级标识、标牌。

第十一条　国家级旅游度假区变更名称、管理机构或者调整空间边界的，应当自变更或者调整之日起2个月内，经省级文化和旅游行政部门报文化和旅游部备案。

第十二条　文化和旅游部建立有进有出的动态管理机制，采取重点复核与随机抽查相结合、明查与暗访相结合，或者委托第三方机构开展社会调查、游客意见反馈等方式，对国家级旅游度假区进行管理和复核。原则上每3年进行1次全面复核。

第十三条　国家级旅游度假区有下列情形之一的，文化和旅游部给予通报批评处理，并要求限期整改：

（一）经检查或者复核，部分达不到国家标准《旅游度假区等级划分》（GB/T26358）及相关细则要求的；

（二）旅游公共信息服务体系不健全的；

（三）游客投诉较多或者旅游市场秩序混乱，且未及时有效处理的；

（四）因管理失当，造成严重不良社会影响的；

（五）发生较大旅游安全责任事故的；

（六）变更名称、管理机构或者调整空间边界未及时备案的；

（七）文化和旅游部认定的其他情形。

第十四条　国家级旅游度假区有下列情形之一的，文化和旅游部给予取消等级处理：

（一）经检查或者复核，与国家标准《旅游度假区等级划分》（GB/T26358）及相关细则要求差距较大的；

（二）存在严重违背社会主义核心价值观行为的；

（三）资源环境遭到严重破坏的；

（四）发生重大旅游安全责任事故的；

（五）发生重大违法违规行为的；

（六）申报过程中弄虚作假的；

（七）文化和旅游部认定的其他情形。

第十五条　国家级旅游度假区受到通报批评处理的，应当及时认真进行整改，整改期限原则上不超过 1 年。整改期限届满后，经省级文化和旅游行政部门报文化和旅游部检查验收。通过检查验收的，下达整改合格通知；未通过检查验收的，文化和旅游部给予取消等级处理。

第十六条　国家级旅游度假区受到取消等级处理的，自取消等级之日起 3 年内不得申报国家级旅游度假区。

第十七条　文化和旅游部通过多种渠道和方式，对国家级旅游度假区加强旅游基础设施建设、旅游公共服务、品牌建设和形象推广等予以支持。

第十八条　鼓励地方各级文化和旅游行政部门协调相关部门，在土地使用、金融支持、人才引进、宣传推广等方面，对国家级旅游度假区提供支持与服务，为旅游度假区建设和发展营造良好环境。

第十九条　省级文化和旅游行政部门可以结合本地区实际，参照本办法，制定省级旅游度假区管理办法。

第二十条　本办法由文化和旅游部负责解释。

第二十一条　本办法自发布之日起施行。《国家旅游局办公室关于下发〈旅游度假区等级管理办法〉的通知》（旅办发〔2015〕81 号）同时废止。

第十节　《文化和旅游规划管理办法》

第一章　总　则

第一条　为推进文化和旅游规划工作科学化、规范化、制度化，充分发挥规划在文化和旅游发展中的重要作用，依据《中共中央 国务院关于统一规划体系更好发挥国家发展规划战略导向作用的意见》、《国家级专项规划管理暂行办法》，结合文化和旅游工作实际，制定本办法。

第二条　本办法所称文化和旅游规划，是指文化和旅游行政部门编制的中长期规划，主要包括：文化和旅游部相关司局或单位编制的以文化和旅游部名义发布的总体规划、专项规划、区域规划，地方文化和旅游行政部门编制的地方文化和旅游发展规划。

总体规划是指导全国文化和旅游工作的中长期发展规划，是其他各类规划的重要依据，规划期与国家发展规划相一致，落实国家发展规划提出的战略安排；专项规划是以文化和旅游发展的特定领域为对象编制的规划；区域规划是以特定区域的文化和旅游发展为对象编制的规划；地方文化和旅游发展规划是指导本地区文化和旅游工作的中长期发展规划；总体规划、专项规划、区域规划以及地方文化和旅游发展规划构成统一的规划体系，专项规划、区域规划、地方文化和旅游发展规划须依据总体规划编制。

第三条　规划编制要坚持以下原则：

（一）围绕中心，服务大局，以习近平新时代中国特色社会主义思想为指导，体现关于文化和旅游发展的总体要求；

（二）突出功能，找准定位，明确政府职责的边界和范围；

（三）实事求是，改革创新，适应时代要求和符合发展规律；

（四）远近结合，务实管用，突出约束力、可操作，使规划可检查、易评估。

第四条　规划文本一般包括指导思想、基本原则、发展目标、重点任务、工程项目、保障措施等以及法律法规规定的其他内容。具体要求如下：

（一）符合国家发展规划；

（二）发展目标尽可能量化；

（三）发展任务具体明确、重点突出；

（四）工程项目和政策举措具有必要性、可行性；

（五）对需要国家安排投资的规划，应事先征求发展改革、财政等相关部门意见。

第五条　文化和旅游部规划工作由政策法规司归口管理。政策法规司负责组织编制和实施总体规划，统筹协调专项规划、区域规划的编制和实施工作。文化和旅游部各司局和单位根据职责分工，配合政策法规司做好总体规划的编制和实施工作，依据相关法律法规组织开展本业务领域的专项规划、区域规划的编制和实施工作。

第六条　地方文化和旅游行政部门依据相关法律法规的规定或本地人民政府赋予的职责和要求，开展规划编制和实施工作。文化和旅游部应加强对地方文化和旅游行政部门规划工作的指导。

第二章　立项和编制

第七条　规划编制单位应对规划立项的必要性进行充分论证。属日常工作或任务实施期限少于3年的，原则上不编制规划。

第八条　规划编制单位应制定相应工作方案，对规划期、论证情况、编制方式、进度安排、人员保障、经费需求等进行必要说明。

第九条　规划编制单位应深化重大问题研究论证，深入研究前瞻性、关键性、深层次重大问题，充分考虑要素支撑条件、资源环境约束和重大风险防范。

第十条　文化和旅游部规划立项须报经部长和分管部领导批准。文化和旅游部建立五年规划编制目录清单管理制度，政策法规司会同各司局研究规划编制需求后制定五年规划编制目录清单，报部批准后实施。未列入目录清单的规划，如因工作需要确需编制的，立项须报部长和分管部领导批准，报批时应会签政策法规司。

第十一条　拟报请国务院批准的国家级专项规划，由文化和旅游部政策法规司会同相关司局，与国家发展改革部门进行立项衔接。

第十二条　规划立项后，规划编制单位要认真做好基础调查、资料搜集、课题研究等前期工作，科学测算目标指标，对需要纳入规划的工程和项目进行充分论证。坚持开门编制规划，提高规划编制的透明度和社会参与度。

第十三条　编制规划应当符合国家相关标准和技术规范要求，保证规划的科学性、规范性和可操作性。

第三章　衔接和论证

第十四条　各级文化和旅游行政部门应当建立健全规划衔接协调机制。总体规划要与国家发展规划进行统筹衔接,落实国家发展规划的要求。地方文化和旅游发展规划要与上级文化和旅游发展规划、本地区经济社会发展规划相衔接。专项规划、区域规划、地方文化和旅游发展规划的目标、任务、布局等要与总体规划保持一致,各类规划的重要目标指标及工程、项目、政策要相互衔接。

第十五条 文化和旅游规划应当与土地利用总体规划、城乡规划、环境保护规划以及其他相关规划相衔接。

第十六条 以文化和旅游部名义发布的规划应充分征求相关单位意见。总体规划草案由政策法规司征求各司局和单位意见。各业务领域的专项规划和区域规划草案应征求政策法规司意见。涉及其他司局和单位职能的,规划编制单位应将规划草案征求相关司局和单位意见,相关司局和单位应及时反馈意见。

第十七条 规划编制单位应当采取多种形式广泛听取基层群众、基层文化和旅游单位、相关部门、专家学者的意见,必要时公开征询社会公众意见。

第十八条 规划编制单位应在规划报批前,委托研究机构或组织专家组对规划进行论证,形成论证报告。参与论证的机构和专家,应严格遵守相关保密规定。

第四章 报批和发布

第十九条 文化和旅游行政部门应严格履行规划报批程序。以文化和旅游部名义发布的规划原则上须经部党组会议审定,规划报批前应充分征求文化和旅游部各相关司局和单位意见并达成一致,各业务领域的专项规划和区域规划报批时须会签政策法规司。

第二十条 需报国务院审批的国家级专项规划,经文化和旅游部党组会议审定后,由规划编制单位送国家发展改革部门会签后上报。

第二十一条 规划报批时,除规划文本外还应附下列材料:

(一)编制说明,包括编制依据、编制程序、未采纳相关意见的理由等;

(二)论证报告;

(三)法律法规规定需要报送的其他相关材料。

第二十二条 除法律法规另有规定以及涉及国家秘密的内容外,各类规划应在批准后一个月内向社会公开发布相关内容。

第二十三条 文化和旅游部建立规划信息库。省级文化和旅游行政部门应在省级文化和旅游发展规划印发一个月内,将规划纸质文件和电子文档报送文化和旅游部备案。文化和旅游部各司局和单位在专项规划、区域规划印发后,应及时将规划纸质文件和电子文档送政策法规司入库。

第五章 实施和责任

第二十四条 文化和旅游行政部门要健全规划实施机制,加强规划实施评估,提升规划实施效能。

第二十五条 按照谁牵头编制谁组织实施的基本原则,规划编制单位应及时对规划确定的任务进行分解,制定任务分工方案,落实规划实施责任。

第二十六条 规划编制单位应制定年度执行计划,组织开展规划实施年度监测分析,强化监测评估结果应用。文化和旅游行政部门在制定政策、安排项目时,要优先对规划确定的发展重点予以支持。

第二十七条　上级文化和旅游行政部门应加强对下级文化和旅游行政部门规划实施工作的指导和监督。

第二十八条　规划编制单位应组织开展规划实施中期评估和总结评估，积极引入第三方评估。

第二十九条　规划经评估或因其他原因确需要修订的，规划编制单位应按照新形势新要求调整完善规划内容，将修订后的规划履行原编制审批程序。

第三十条　文化和旅游行政部门要把规划工作列入重要日程，纳入领导班子、领导干部考核评价体系，切实加强组织领导、监督检查和队伍建设。

第三十一条　规划工作所需经费应在本单位预算中予以保障。

第六章　附则

第三十二条　本办法由文化和旅游部政策法规司负责解释。

第三十三条　本办法自 2019 年 6 月 1 日起施行。

第十一节　《旅游统计管理办法》

第一条　为了加强旅游统计管理，保障旅游统计资料的准确性和及时性，根据《中华人民共和国统计法》（以下简称《统计法》）及其实施细则的有关规定，结合旅游业的实际情况，制定本办法。

第二条　旅游统计的基本任务是对旅游企事业单位的经营、业务情况进行统计调查、统计分析，提供统计资料和咨询，实行统计监督。

第三条　旅游统计的基本内容，是对旅游企事业单位、旅游区（点）接待工作量、经营效益、旅游从业人数等情况进行的统计调查和对旅游者实施的抽样调查。

第四条　各级旅游行政管理部门和旅游企事业单位必须依照统计法律、法规的规定，提供旅游统计资料，不得虚报、瞒报、拒报、迟报，不得伪造、篡改。

其他与旅游业有关的企事业单位和个人，应当按照《统计法》的规定，如实提供旅游统计调查所需要的情况。

第五条　各级旅游行政管理部门应当根据旅游统计工作的需要和国家旅游局的统一规划，有计划地采用现代信息技术，配备或逐步更新必要的统计计算和数据传输设备，逐步建立和完善全国旅游统计信息自动化管理网络系统。

旅游企事业单位应当为旅游统计工作提供必要的条件，并积极采用现代信息技术。

第六条　旅游统计工作实行统一管理，分级负责。

国家旅游局负责对全国旅游统计工作实行统一管理、业务指导和组织协调，国家旅游局综合统计机构承担具体工作。

地方各级旅游行政管理部门负责对本辖区内的旅游企事业单位和旅游者的统计调查工作。

地方各级旅游行政管理部门应当根据统计工作的需要，确定承担统计职能的机构。

第七条　各级旅游行政管理部门统计机构的主要职责是:

(一) 贯彻执行统计法律、法规和规章制度,完成国家或地方统计调查任务,收集、汇总和公布全国或地方旅游统计资料;

(二) 制定全国或地方的旅游统计报表制度和抽样调查方案,建立统计登记制度;

(三) 组织协调和管理本部门非统计职能机构制定的各项统计调查,审核其拟制发的旅游统计调查方案及其统计调查表,并纳入统一编号管理;

(四) 会同人事教育部门,组织对在岗旅游统计人员的培训,对旅游统计人员进行考核、奖励。

第八条　各级旅游行政管理部门应当配备专职统计人员,旅游企事业单位应当配备专职或固定兼职的统计人员。

各级旅游行政管理部门的统计人员,应当符合国家旅游局规定的旅游统计人员资格条件,并保持相对稳定。

第九条　旅游统计是国家统计的组成部分,是提供旅游信息的主体。经国家统计局批准制发的旅游统计调查制度属于国家统计调查制度。

旅游统计调查制度主要包括旅游定期报表制度、旅游抽样调查和旅游专项调查。

第十条　旅游统计调查项目分别由国家旅游局和地方旅游行政管理部门制定,并依照《统计法》的有关规定,报国家统计局或同级地方人民政府统计机构审批或备案后,组织实施。

地方旅游统计调查方案不得与国家旅游统计调查方案相抵触。

第十一条　按规定程序批准的统计调查方案,必须在调查表的右上角标明表号、制表机关、批准或者备案机关、批准文号。对未标明上述字样的调查表,有关统计调查对象有权拒绝填报,各级旅游行政管理部门有权废止。

第十二条　旅游定期报表制度是按照统一规定的时间、内容、计算方法和程序,由旅游企事业单位报送相关的旅游行政管理部门、旅游行政管理部门自下而上逐级提供统计资料的一种全面统计调查。

全国《旅游统计制度》由国家旅游局和国家统计局共同制发,国家旅游局组织实施。地方旅游行政管理部门在完成国家《旅游统计制度》的基础上,根据本地区的实际需要,可以适当增加统计内容,会同同级人民政府统计机构制定本地区的《旅游统计制度》并实施。

省级旅游行政管理部门在向国家旅游局报送统计资料时,必须同时报送符合标准的数据库(以计算机远程传输或软盘的方式报送)。

第十三条　抽样调查是从全部调查对象(总体)中随机抽取一部分样本进行的一次性调查。

旅游抽样调查主要包括对来华旅游的外国人、回国旅游的华侨、回内地旅游的港澳同胞、回祖国大陆旅游的台湾同胞在中国大陆消费情况及其一日游游客所占比重的抽样调查,大陆居民在国内及出境旅游情况的抽样调查,以及根据旅游业发展的需要组织实施的其他抽样调查。

第十四条　专项统计调查是以旅游行政管理部门中非统计机构因管理需要而进行

的旅游专项统计调查。

旅游专项统计调查需经有关部门审查、协调，授颁统一表号后方可制发。旅游专项统计分别由各专业职能机构实施。

旅游专项统计调查主要包括：旅游度假区统计、劳动工资统计、旅游教育统计、旅游质监投诉统计和旅游区（点）接待经营统计，以及根据旅游业发展的需要进行的其他旅游专项统计。

第十五条　凡由旅游行政管理部门审批或纳入旅游行业管理的旅游企事业单位，应当到相关的旅游统计机构办理统计登记，并建立统计台账和核算制度，按规定报送统计资料。

第十六条　旅游统计资料实行分级管理。全国旅游统计资料由国家旅游局统一管理；地方旅游统计资料由当地旅游行政管理部门统一管理；专项旅游统计资料由实施专项旅游统计调查的机构负责管理。

第十七条　旅游行政管理部门在收集统计报表时，应当做好报表的审核工作，保证统计资料的准确性。下级旅游行政管理部门向上一级旅游行政管理部门上报的统计报表，须经本部门主管领导审核、签署。当汇总报表中旅游企事业单位数量变动较大时，应当说明原因。

第十八条　地方各级旅游行政管理部门应当按季度、年度向上一级旅游行政管理部门报送统计分析和抽样调查报告。

第十九条　各级旅游行政管理部门应当按照《中华人民共和国档案法》的规定，建立健全旅游统计档案管理制度。

旅游统计原始资料的保存期为5年。

第二十条　各级旅游行政管理部门依法定期公布本辖区的旅游统计资料。

地方各级旅游行政管理部门在公布重要的统计资料前，应当征求上级旅游行政管理部门的意见。

国家旅游局负责审定、公布和出版全国旅游统计资料。省级旅游行政管理部门负责审定、公布和出版本辖区的旅游统计资料。

宣传、新闻和出版单位需发布尚未公开的旅游统计资料，属全国性的，须经国家旅游局核准；属地区性的，须经当地旅游行政管理部门核准。所发表出版的旅游统计资料必须注明资料提供单位。

第二十一条　对在旅游统计工作中作出贡献或取得显著成绩的单位和个人，各级旅游行政管理部门应当给予表彰和奖励。

第二十二条　国家旅游局每年对省级旅游行政管理部门、重点旅游城市旅游行政管理部门和重点旅游企业的统计工作进行考核。

地方旅游行政管理部门对本辖区下级旅游行政管理部门和旅游企业的统计工作进行考核，并将考核结果报上一级旅游行政管理部门备案。

第二十三条　旅游企业评优和对旅行社的年检，应当将企业旅游统计考核情况作为必要条件和内容之一。

第二十四条　对违反《统计法》和本办法规定的行为，由有关部门根据统计法律、法规、规章给予行政处分或行政处罚。

第二十五条　凡超过旅游统计报表制度规定的报送时间未报统计资料或不按要求报送统计数据的，旅游行政管理部门应当给予警告，并寄送《违规通知书》。

第二十六条　本办法由国家旅游局负责解释。

第二十七条　本办法自发布之日起施行。

第十二节　《旅游投诉处理办法》

第一章　总则

第一条　为了维护旅游者和旅游经营者的合法权益，依法公正处理旅游投诉，依据《中华人民共和国消费者权益保护法》、《旅行社条例》、《导游人员管理条例》和《中国公民出国旅游管理办法》等法律、法规，制定本办法。

第二条　本办法所称旅游投诉，是指旅游者认为旅游经营者损害其合法权益，请求旅游行政管理部门、旅游质量监督管理机构或者旅游执法机构（以下统称"旅游投诉处理机构"），对双方发生的民事争议进行处理的行为。

第三条　旅游投诉处理机构应当在其职责范围内处理旅游投诉。

地方各级旅游行政主管部门应当在本级人民政府的领导下，建立、健全相关行政管理部门共同处理旅游投诉的工作机制。

第四条　旅游投诉处理机构在处理旅游投诉中，发现被投诉人或者其从业人员有违法或犯罪行为的，应当按照法律、法规和规章的规定，作出行政处罚、向有关行政管理部门提出行政处罚建议或者移送司法机关。

第二章　管辖

第五条　旅游投诉由旅游合同签订地或者被投诉人所在地县级以上地方旅游投诉处理机构管辖。

需要立即制止、纠正被投诉人的损害行为的，应当由损害行为发生地旅游投诉处理机构管辖。

第六条　上级旅游投诉处理机构有权处理下级旅游投诉处理机构管辖的投诉案件。

第七条　发生管辖争议的，旅游投诉处理机构可以协商确定，或者报请共同的上级旅游投诉处理机构指定管辖。

第三章　受理

第八条　投诉人可以就下列事项向旅游投诉处理机构投诉：

（一）认为旅游经营者违反合同约定的；

（二）因旅游经营者的责任致使投诉人人身、财产受到损害的；

（三）因不可抗力、意外事故致使旅游合同不能履行或者不能完全履行，投诉人与被投诉人发生争议的；

（四）其他损害旅游者合法权益的。

第九条　下列情形不予受理：

（一）人民法院、仲裁机构、其他行政管理部门或者社会调解机构已经受理或者处理的；

（二）旅游投诉处理机构已经作出处理，且没有新情况、新理由的；

（三）不属于旅游投诉处理机构职责范围或者管辖范围的；

（四）超过旅游合同结束之日 90 天的；

（五）不符合本办法第十条规定的旅游投诉条件的；

（六）本办法规定情形之外的其他经济纠纷。

属于前款第（三）项规定的情形的，旅游投诉处理机构应当及时告知投诉人向有管辖权的旅游投诉处理机构或者有关行政管理部门投诉。

第十条　旅游投诉应当符合下列条件：

（一）投诉人与投诉事项有直接利害关系；

（二）有明确的被投诉人、具体的投诉请求、事实和理由。

第十一条　旅游投诉一般应当采取书面形式，一式两份，并载明下列事项：

（一）投诉人的姓名、性别、国籍、通信地址、邮政编码、联系电话及投诉日期；

（二）被投诉人的名称、所在地；

（三）投诉的要求、理由及相关的事实根据。

第十二条　投诉事项比较简单的，投诉人可以口头投诉，由旅游投诉处理机构进行记录或者登记，并告知被投诉人；对于不符合受理条件的投诉，旅游投诉处理机构可以口头告知投诉人不予受理及其理由，并进行记录或者登记。

第十三条　投诉人委托代理人进行投诉活动的，应当向旅游投诉处理机构提交授权委托书，并载明委托权限。

第十四条　投诉人 4 人以上，以同一事由投诉同一被投诉人的，为共同投诉。

共同投诉可以由投诉人推选 1 至 3 名代表进行投诉。代表人参加旅游投诉处理机构处理投诉过程的行为，对全体投诉人发生效力，但代表人变更、放弃投诉请求或者进行和解，应当经全体投诉人同意。

第十五条　旅游投诉处理机构接到投诉，应当在 5 个工作日内作出以下处理：

（一）投诉符合本办法的，予以受理；

（二）投诉不符合本办法的，应当向投诉人送达《旅游投诉不予受理通知书》，告知不予受理的理由；

（三）依照有关法律、法规和本办法规定，本机构无管辖权的，应当以《旅游投诉转办通知书》或者《旅游投诉转办函》，将投诉材料转交有管辖权的旅游投诉处理机构或者其他有关行政管理部门，并书面告知投诉人。

第四章　处理

第十六条　旅游投诉处理机构处理旅游投诉，除本办法另有规定外，实行调解制度。

旅游投诉处理机构应当在查明事实的基础上，遵循自愿、合法的原则进行调解，促使投诉人与被投诉人相互谅解，达成协议。

第十七条　旅游投诉处理机构处理旅游投诉，应当立案办理，填写《旅游投诉立案表》，并附有关投诉材料，在受理投诉之日起 5 个工作日内，将《旅游投诉受理通知书》和投诉书副本送达被投诉人。

对于事实清楚、应当即时制止或者纠正被投诉人损害行为的，可以不填写《旅游投诉立案表》和向被投诉人送达《旅游投诉受理通知书》，但应当对处理情况进行记录存档。

第十八条　被投诉人应当在接到通知之日起 10 日内作出书面答复，提出答辩的事实、理由和证据。

第十九条　投诉人和被投诉人应当对自己的投诉或者答辩提供证据。

第二十条　旅游投诉处理机构应当对双方当事人提出的事实、理由及证据进行审查。

旅游投诉处理机构认为有必要收集新的证据，可以根据有关法律、法规的规定，自行收集或者召集有关当事人进行调查。

第二十一条　需要委托其他旅游投诉处理机构协助调查、取证的，应当出具《旅游投诉调查取证委托书》，受委托的旅游投诉处理机构应当予以协助。

第二十二条　对专门性事项需要鉴定或者检测的，可以由当事人双方约定的鉴定或者检测部门鉴定。没有约定的，当事人一方可以自行向法定鉴定或者检测机构申请鉴定或者检测。

鉴定、检测费用按双方约定承担。没有约定的，由鉴定、检测申请方先行承担；达成调解协议后，按调解协议承担。

鉴定、检测的时间不计入投诉处理时间。

第二十三条　在投诉处理过程中，投诉人与被投诉人自行和解的，应当将和解结果告知旅游投诉处理机构；旅游投诉处理机构在核实后应当予以记录并由双方当事人、投诉处理人员签名或者盖章。

第二十四条　旅游投诉处理机构受理投诉后，应当积极安排当事双方进行调解，提出调解方案，促成双方达成调解协议。

第二十五条　旅游投诉处理机构应当在受理旅游投诉之日起 60 日内，作出以下处理：

（一）双方达成调解协议的，应当制作《旅游投诉调解书》，载明投诉请求、查明的事实、处理过程和调解结果，由当事人双方签字并加盖旅游投诉处理机构印章；

（二）调解不成的，终止调解，旅游投诉处理机构应当向双方当事人出具《旅游投诉终止调解书》。

调解不成的，或者调解书生效后没有执行的，投诉人可以按照国家法律、法规的规定，向仲裁机构申请仲裁或者向人民法院提起诉讼。

第二十六条　在下列情形下，经旅游投诉处理机构调解，投诉人与旅行社不能达成调解协议的，旅游投诉处理机构应当做出划拨旅行社质量保证金赔偿的决定，或向旅游行政管理部门提出划拨旅行社质量保证金的建议：

（一）旅行社因解散、破产或者其他原因造成旅游者预交旅游费用损失的；

（二）因旅行社中止履行旅游合同义务、造成旅游者滞留，而实际发生了交通、食宿或返程等必要及合理费用的。

第二十七条　旅游投诉处理机构应当每季度公布旅游者的投诉信息。

第二十八条　旅游投诉处理机构应当使用统一规范的旅游投诉处理信息系统。

第二十九条　旅游投诉处理机构应当为受理的投诉制作档案并妥善保管相关资料。

第三十条　本办法中有关文书式样，由国家旅游局统一制定。

第五章　附则

第三十一条　本办法由国家旅游局负责解释。

第三十二条　本办法自 2010 年 7 月 1 日起施行。《旅行社质量保证金暂行规定》、《旅行社质量保证金暂行规定实施细则》、《旅行社质量保证金赔偿暂行办法》同时废止。

第十三节　《旅游行政处罚办法》

第一章　总则

第一条　为规范旅游行政处罚行为，维护旅游市场秩序，保护旅游者、旅游经营者和旅游从业人员的合法权益，根据《中华人民共和国行政处罚法》、《中华人民共和国行政强制法》、《中华人民共和国旅游法》及有关法律、法规，制定本办法。

第二条　旅游行政处罚的实施和监督，应当遵守《中华人民共和国行政处罚法》、《中华人民共和国行政强制法》、《中华人民共和国旅游法》及有关法律、法规和本办法的规定。

第三条　实施旅游行政处罚，应当遵循合法合理、公正公开、处罚与教育相结合的原则。

第四条　旅游行政处罚的种类包括：

（一）警告；

（二）罚款；

（三）没收违法所得；

（四）暂停或者取消出国（境）旅游业务经营资格；

（五）责令停业整顿；

（六）暂扣或者吊销导游证、领队证；

（七）吊销旅行社业务经营许可证；

（八）法律、行政法规规定的其他种类。

第五条　县级以上人民政府组织旅游主管部门、有关主管部门和工商行政管理、产品质量监督、交通等执法部门对相关旅游经营行为实施监督检查。

县级以上旅游主管部门应当在同级人民政府的组织和领导下，加强与相关部门的执法协作和联合检查。

县级以上地方旅游主管部门应当逐步建立跨地区协同执法机制，加强执法协作，共享旅游违法行为查处信息，配合、协助其他地区旅游主管部门依法对本地区旅游经营者和从业人员实施的行政处罚。

第六条　对在行政处罚中获取的涉及相对人商业秘密或者个人隐私的内容，旅游主管部门及其执法人员应当予以保密。

第七条　除涉及国家秘密、商业秘密和个人隐私外，行政处罚结果应当向社会公开。

第二章　旅游行政处罚的实施主体与管辖

第八条　县级以上旅游主管部门应当在法定职权范围内实施行政处罚。

法律、法规授权从事旅游执法的机构，应当在法定授权范围内以自己的名义实施行政处罚，并对该行为的后果独立承担法律责任。

第九条　旅游主管部门可以在其法定职权范围内委托符合法定条件的旅游质监执法机构实施行政处罚，并对该行为的后果承担法律责任。受委托机构在委托范围内，以作出委托的旅游主管部门的名义实施行政处罚。

旅游主管部门委托实施行政处罚的，应当与受委托机构签订书面委托书，载明受委托机构名称、委托的依据、事项、权限和责任等内容，报上一级旅游主管部门备案，并将受委托机构名称、委托权限和事项向社会公示。

委托实施行政处罚，可以设定委托期限。

第十条　县级以上旅游主管部门应当加强行政执法队伍建设，强化对执法人员的教育和培训，全面提高执法人员素质。

国家旅游局执法人员应当取得本局颁发的行政执法证件；县级以上地方旅游主管部门的执法人员应当取得县级以上地方人民政府颁发的行政执法证件。

第十一条　旅游行政处罚由违法行为发生地的县级以上地方旅游主管部门管辖。

旅行社组织境内旅游，旅游主管部门在查处地接社的违法行为时，发现组团社有其他违法行为的，应当将有关材料或其副本送组团社所在地县级以上地方旅游主管部门。旅行社组织出境旅游违法行为的处罚，由组团社所在地县级以上地方旅游主管部门管辖。

第十二条　国家旅游局负责查处在全国范围内有重大影响的案件。

省、自治区、直辖市旅游主管部门负责查处本地区内重大、复杂的案件。

设区的市级和县级旅游主管部门的管辖权限，由省、自治区、直辖市旅游主管部门确定。

吊销旅行社业务经营许可证、导游证、领队证或者取消出国（境）旅游业务经营资格的行政处罚，由设区的市级以上旅游主管部门作出。

第十三条　旅游主管部门发现已立案的案件不属于自己管辖的，应当在 10 日内移送有管辖权的旅游主管部门或者其他部门处理。接受移送的旅游主管部门认为案件不属于本部门管辖的，应当报上级旅游主管部门指定管辖，不得再自行移送。

违法行为构成犯罪的，应当按照《行政执法机关移送涉嫌犯罪案件的规定》，将案件移送司法机关，不得以行政处罚代替刑事处罚。

第十四条　两个以上旅游主管部门都有管辖权的行政处罚案件，由最先立案的旅游主管部门管辖，或者由相关旅游主管部门协商；协商不成的，报共同的上级旅游主管部门指定管辖。

第十五条 上级旅游主管部门有权查处下级旅游主管部门管辖的案件，也可以把自己管辖的案件移交下级旅游主管部门查处。

下级旅游主管部门对其管辖的案件，认为需要由上级旅游主管部门查处的，可以报请上级旅游主管部门决定。

第三章 旅游行政处罚的适用

第十六条 国家旅游局逐步建立、完善旅游行政裁量权指导标准。各级旅游主管部门行使旅游行政处罚裁量权应当综合考虑下列情节：

（一）违法行为的具体方式、手段、程度或者次数；

（二）违法行为危害的对象或者所造成的危害后果；

（三）当事人改正违法行为的态度、措施和效果；

（四）当事人的主观过错程度。

旅游主管部门实施处罚时，对性质相同、情节相近、危害后果基本相当、违法主体类同的违法行为，处罚种类及处罚幅度应当基本一致。

第十七条 当事人的同一违法行为同时违反两个以上法律、法规或者规章规定的，效力高的优先适用。

法律、法规、规章规定两种以上处罚可以单处或者并处的，可以选择适用；规定应当并处的，不得选择适用。

对当事人的同一违法行为，不得给予两次以上罚款的行政处罚。

第十八条 违法行为轻微并及时纠正，且没有造成危害后果的，不予处罚。违法行为在 2 年内未被发现的，不再给予行政处罚，但法律另有规定的除外。

第十九条 有下列情形之一的，应当从轻或者减轻处罚：

（一）主动消除或者减轻违法行为危害后果的；

（二）受他人胁迫实施违法行为的；

（三）配合行政机关查处违法行为有立功表现的；

（四）其他依法应当从轻或者减轻处罚的情形。

第二十条 执法人员在现场检查中发现违法行为或者实施行政处罚时，应当责令当事人立即改正违法行为。不能立即改正的，应当责令限期改正，限期改正期限一般不得超过 15 日，改正期间当事人应当停止相关违法行为。

责令改正应当以书面形式作出，可以一并列入行政处罚决定书。单独出具责令改正通知书的，应当说明违法行为的事实，以及责令改正的依据、期限、要求。

第四章 旅游行政处罚的一般程序

第一节 立案和调查

第二十一条 旅游主管部门在监督检查、接到举报、处理投诉或者接受移送、交办的案件，发现当事人的行为涉嫌违反旅游法律、法规、规章时，对符合下列条件的，应当在 7 个工作日内立案：

（一）对该行为可能作出行政处罚的；

（二）属于本部门管辖的；

（三）违法行为未过追责时效的。

立案应当经案件承办机构或者旅游主管部门负责人批准。

案件情况复杂的，经承办机构负责人批准，立案时间可以延长至 14 个工作日内。

第二十二条　旅游主管部门对不符合立案条件的，不予立案；立案后发现不符合立案条件的，应当撤销立案。

对实名投诉、举报不予立案或者撤销立案的，应当告知投诉人、举报人，并说明理由。

第二十三条　在现场检查中发现旅游违法行为时，认为证据以后难以取得的，可以先行调查取证，并在 10 日内决定是否立案和补办立案手续。

第二十四条　对已经立案的案件，案件承办机构应当指定两名以上的执法人员承办，及时组织调查取证。

第二十五条　执法人员有下列情形之一的，应当自行回避，当事人及其代理人也有权申请其回避：

（一）是本案当事人或者其近亲属的；

（二）本人或者其近亲属与本案有直接利害关系的；

（三）与当事人有其他关系，可能影响公正执法的。

第二十六条　需要委托其他旅游主管部门协助调查取证的，应当出具书面委托调查函。受委托的旅游主管部门应当予以协助；有正当理由确实无法协助的，应当及时函告。

第二十七条　执法人员在调查、检查时，有权采取下列措施：

（一）进入有关场所进行检查、勘验、先行登记保存证据、录音、拍照、录像；

（二）询问当事人及有关人员，要求其说明相关事项和提供有关材料；

（三）查阅、复制经营记录和其他有关材料。

第二十八条　执法人员在调查、检查时，应当遵守下列规定：

（一）不得少于两人；

（二）佩戴执法标志，并向当事人或者有关人员出示执法证件；

（三）全面、客观、及时、公正地调查违法事实、违法情节和危害后果等情况；

（四）询问当事人时，应当告知其依法享有的权利；

（五）依法收集与案件有关的证据，不得以诱导、欺骗等违法手段获取证据；

（六）如实记录当事人、证人或者其他有关人员的陈述；

（七）除必要情况外，应当避免延误团队旅游行程。

第二十九条　旅游行政处罚的证据包括当事人的陈述和辩解、证人证言、现场笔录、勘验笔录、询问笔录、听证笔录、鉴定意见、视听资料、电子数据和书证、物证等。

据以认定事实的证据，应当合法取得，并经查证属实。

旅游主管部门办理移送或者指定管辖的案件，应当对原案件办理部门依法取得的证据进行核实。

第三十条　执法人员现场检查、勘验时，应当通知当事人到场，可以采取拍照、录像或者其他方式记录现场情况，并制作笔录，载明时间、地点和事件等内容。无法找到当事人、当事人拒绝到场或者在笔录上签名、盖章的，应当注明原因。有其亲属、所在单位人员或者基层组织人员等其他人在现场的，可由其他人签名。

第三十一条 执法人员询问当事人和有关人员时，应当单独进行，并制作询问笔录，由执法人员、被询问人、陈述人、谈话人签名或者盖章。一份询问笔录只能对应一个被询问人、陈述人或者谈话人。

第三十二条 执法人员应当收集、调取与案件有关的书证、物证、视听资料和电子数据等原始凭证作为证据，调取原始证据确有困难的，可以提取相应的复印件、复制件、照片、节录本或者录像。

书证应当经核对与原件无误，注明出证日期和证据出处，由证据提供人和执法人员签名或者盖章；证据提供人拒绝签名或者盖章的，应当注明原因。

第三十三条 在证据可能灭失或者以后难以取得的情况下，经旅游主管部门负责人批准，执法人员可以采取先行登记保存措施，并移转保存。执法人员难以保存或者无须移转的，可以就地保存。

情况紧急的，执法人员可以先采取登记保存措施，再报请旅游主管部门负责人批准。

先行登记保存有关证据，应当当场出具先行登记保存证据决定书，载明先行登记保存证据的名称、单位、数量以及保存地点、时间、要求等内容，送达当事人。

第三十四条 对于先行登记保存的证据，应当在7日内采取下列措施：

（一）及时采取记录、复制、拍照、录像、公证等证据保全措施；

（二）需要鉴定的，送交鉴定。

旅游主管部门应当在期限届满前，解除先行登记保存措施。已移转保存的，应当返还当事人。

第三十五条 有下列情形之一的，可以终结调查：

（一）违法事实清楚、证据充分的；

（二）违法事实不成立的；

（三）作为当事人的自然人死亡的；

（四）作为当事人的法人或者其他组织终止，无法人或者其他组织承受其权利义务，又无其他关系人可以追查的；

（五）其他依法应当终结调查的情形。

调查终结后，对违法行为应当给予处罚的，执法人员应当提出行政处罚建议，并报案件承办机构或者旅游主管部门负责人批准；不予处罚或者免予处罚的，报案件承办机构或者旅游主管部门负责人批准后，终止案件。

第二节 告知和听证

第三十六条 旅游主管部门在作出行政处罚决定前，应当以书面形式告知当事人作出行政处罚决定的事实、理由、依据和当事人依法享有的陈述、申辩权利。

旅游主管部门可以就违法行为的性质、情节、危害后果、主观过错等因素，以及选择的处罚种类、幅度等情况，向当事人作出说明。

第三十七条　旅游主管部门应当充分听取当事人的陈述和申辩并制作笔录，对当事人提出的事实、理由和证据，应当进行复核。当事人提出的事实、理由或者证据成立的，应当予以采纳；不能成立而不予采纳的，应当向当事人说明理由。

旅游主管部门不得因当事人申辩而加重处罚。

第三十八条　旅游主管部门作出较大数额罚款、没收较大数额违法所得、取消出国（境）旅游业务经营资格、责令停业整顿、吊销旅行社业务经营许可证、导游证或者领队证等行政处罚决定前，应当以书面形式告知当事人有申请听证的权利。

听证告知的内容应当包括，提出听证申请的期限，未如期提出申请的法律后果，以及受理听证申请的旅游主管部门名称、地址等内容。

第一款所称较大数额，对公民为 1 万元人民币以上、对法人或者其他组织为 5 万元人民币以上；地方人民代表大会及其常务委员会或者地方人民政府另有规定的，从其规定。

第三十九条　听证应当遵循公开、公正和效率的原则，保障当事人的合法权益。

除涉及国家秘密、商业秘密或者个人隐私的外，应当公开听证。

第四十条　当事人要求听证的，应当在收到行政处罚听证告知书后 3 日内，向听证部门提出申请。

旅游主管部门接到申请后，应当在 30 日内举行听证，并在听证 7 日前，将举行听证的时间、地点、主持人，以及当事人可以申请听证回避、公开、延期、委托代理人、提供证据等事项，书面通知当事人。

申请人不是本案当事人，当事人未在规定期限内提出申请，或者有其他不符合听证条件的情形，旅游主管部门可以不举行听证，但应当向申请人说明理由。

第四十一条　同一旅游行政处罚案件的两个以上当事人分别提出听证申请的，可以合并举行听证；部分当事人提出听证申请的，可以只对该部分当事人的有关情况进行听证。

第四十二条　当事人应当按期参加听证，未按期参加听证且未事先说明理由的，视为放弃听证权利。

当事人有正当理由要求延期的，经听证承办机构负责人批准可以延期一次，并通知听证参加人。延期不得超过 15 日。

第四十三条　听证应当由旅游主管部门负责法制工作的机构承办。听证由一名主持人和若干名听证员组织，也可以由主持人一人组织。听证主持人、听证员、书记员应当由旅游主管部门负责人指定的非本案调查人员担任。

涉及专业知识的听证案件，可以邀请有关专家担任听证员。

听证参加人由案件调查人员、当事人和与本案处理结果有直接利害关系的第三人及其委托代理人等组成。公开举行的听证，公民、法人或者其他组织可以申请参加旁听。

当事人认为听证主持人、听证员或者书记员与本案有直接利害关系的，有权向旅游主管部门提出回避申请。

第四十四条　当事人在听证中有下列权利：

（一）对案件事实、适用法律及有关情况进行陈述和申辩；

（二）对案件调查人员提出的证据进行质证并提出新的证据；

（三）核对听证笔录，依法查阅案卷相关证据材料。

当事人、案件调查人员、第三人、有关证人举证、质证应当客观、真实，如实陈述案件事实和回答主持人的提问，遵守听证纪律。

听证主持人有权对参加人不当的辩论内容予以制止，维护正常的听证程序。听证参加人和旁听人员违反听证纪律的，听证主持人可以予以警告，情节特别严重的，可以责令其退出会场。

第四十五条　组织听证应当按下列程序进行：

（一）听证主持人询问核实案件调查人员、听证当事人、第三人的身份，宣布听证的目的、会场纪律、注意事项、当事人的权利和义务，介绍听证主持人、听证员和书记员，询问当事人、第三人是否申请回避，宣布听证开始；

（二）调查人员就当事人的违法事实进行陈述，并向听证主持人提交有关证据、处罚依据；

（三）当事人就案件的事实进行陈述和辩解，提交有关证据；

（四）第三人陈述事实，并就其要求提出理由，提交证据；

（五）调查人员、当事人、第三人对相关证据进行质证，听证主持人对重要的事实及证据予以核实；

（六）调查人员、当事人、第三人就与本案相关的事实、处罚理由和依据进行辩论；

（七）调查人员、当事人、第三人作最后陈述；

（八）主持人宣布听证结束。

听证过程应当制作笔录，案件调查人员、当事人、第三人应当在听证结束后核对听证笔录，确认无误后签名或者盖章。

第四十六条　听证主持人认为听证过程中提出的新的事实、理由、依据有待进一步调查核实或者鉴定的，可以中止听证并通知听证参加人。经调查核实或者作出鉴定意见后，应当恢复听证。

第四十七条　有下列情形之一的，终止听证：

（一）申请人撤回听证申请的；

（二）申请人无正当理由不参加听证会、在听证中擅自退场，或者严重违反听证纪律被听证主持人责令退场的；

（三）应当终止听证的其他情形。

听证举行过程中终止听证的，应当记入听证笔录。

第四十八条　听证结束后，听证主持人应当向旅游主管部门提交听证报告，并对拟作出的行政处罚决定，依照下列情形提出意见：

（一）违法事实清楚、证据充分、适用法律、法规、规章正确，过罚相当的，建议作出处罚；

（二）违法事实清楚、证据充分，但适用法律、法规、规章错误或者处罚显失公正的，建议重新作出处罚；

（三）违法事实不清、证据不足，或者由于违反法定程序可能影响案件公正处理的，建议另行指定执法人员重新调查。

听证会结束后，行政处罚决定作出前，执法人员发现新的违法事实，对当事人可能加重处罚的，应当按照本办法第三十六条、第四十条的规定，重新履行处罚决定告知和听证告知程序。

第四十九条　旅游主管部门组织听证所需费用，列入本部门行政经费，不得向当事人收取任何费用。

第三节　审查和决定

第五十条　案件调查终结并依法告知、听证后，需要作出行政处罚的，执法人员应当填写行政处罚审批表，经案件承办机构负责人同意后，报旅游主管部门负责人批准。

旅游主管部门应当对调查结果进行审查，根据下列情况，分别作出处理：

（一）确有应受行政处罚的违法行为的，根据情节轻重及具体情况，作出行政处罚决定；

（二）违法行为轻微，依法可以不予行政处罚的，不予行政处罚；

（三）违法事实不能成立的，不得给予行政处罚；

（四）违法行为已构成犯罪的，移送司法机关。

对情节复杂的案件或者因重大违法行为给予公民 3 万元以上罚款、法人或者其他组织 20 万元以上罚款，取消出国（境）旅游业务经营资格，责令停业整顿，吊销旅行社业务经营许可证、导游证、领队证等行政处罚的，旅游主管部门负责人应当集体讨论决定。地方人民代表大会及其常务委员会或者地方人民政府对集体讨论的情形另有规定的，从其规定。

第五十一条　决定给予行政处罚的，应当制作行政处罚决定书。旅游行政处罚决定书应当载明下列内容：

（一）当事人的姓名或者名称、证照号码、地址、联系方式等基本情况；

（二）违反法律、法规或者规章的事实和证据；

（三）行政处罚的种类和依据；

（四）行政处罚的履行方式和期限；

（五）逾期不缴纳罚款的后果；

（六）不服行政处罚决定，申请行政复议或者提起行政诉讼的途径和期限；

（七）作出行政处罚决定的旅游主管部门名称和作出决定的日期，并加盖部门印章。

第五十二条　旅游行政处罚案件应当自立案之日起的 3 个月内作出决定；案情复杂或者重大的，经旅游主管部门负责人批准可以延长，但不得超过 3 个月。

案件办理过程中组织听证、鉴定证据、送达文书，以及请示法律适用或者解释的时间，不计入期限。

第五十三条　旅游行政处罚文书应当送达当事人，并符合下列要求：

（一）有送达回证并直接送交受送达人，由受送达人在送达回证上载明收到的日期，并签名或者盖章；

（二）受送达人是个人的，本人不在交他的同住成年家属签收，并在送达回证上载明与受送达人的关系；

（三）受送达人或者他的同住成年家属拒绝接收的，送达人可以邀请有关基层组织的代表或者有关人员到场，说明情况，在送达回证上载明拒收的事由和日期，由送达人、见证人签名或者盖章，把文书留置受送达人的住所或者收发部门，也可以把文书留在受送达人的住所，并采用拍照、录像等方式记录送达过程；

（四）受送达人是法人或者其他组织的，应当由法人的法定代表人、其他组织的主要负责人或者该法人、组织办公室、收发室等负责收件的人签收或者盖章，拒绝签收或者盖章的，适用第（三）项留置送达的规定；

（五）经受送达人同意，可以采用传真、电子邮件等能够确认其收悉的方式送达行政处罚决定书以外的文书；

（六）受送达人有代理人或者指定代收人的，可以送交代理人或者代收人签收并载明受当事人委托的情况；

（七）直接送达确有困难的，可以用挂号信邮寄送达，也可以委托当地旅游主管部门代为送达，代收机关收到文书后，应当立即送交受送达人签收。

受送达人下落不明，或者以前款规定的方式无法送达的，可以在受送达人原住所地张贴公告，或者通过报刊、旅游部门网站公告送达，执法人员应当在送达文书上注明原因和经过。自公告发布之日起经过 60 日，即视为送达。

第五十四条　旅游行政处罚决定书应当在宣告后当场交付当事人；当事人不在场的，旅游主管部门应当按照本办法第五十三条的规定，在 7 日内送达当事人，并根据需要抄送与案件有关的单位和个人。

第五十五条　在案件处理过程中，当事人委托代理人的，应当提交授权委托书，载明委托人及其代理人的基本信息、委托事项及权限、代理权的起止日期、委托日期和委托人签名或者盖章。

第五十六条　违法行为发生地的旅游主管部门对非本部门许可的旅游经营者作出行政处罚的，应当依法将被处罚人的违法事实、处理结果告知原许可的旅游主管部门。取消出国（境）旅游业务经营资格或者吊销旅行社业务经营许可证、导游证、领队证的，原许可的旅游主管部门应当注销或者换发许可证件。

第五章　旅游行政处罚的简易程序

第五十七条　违法事实清楚、证据确凿并有法定依据，对公民处以 50 元以下、对法人或者其他组织处以 1 000 元以下罚款或者警告的旅游行政处罚，可以适用本章简易程序，当场作出行政处罚决定。

第五十八条　当场作出旅游行政处罚决定时，执法人员应当制作笔录，并遵守下列规定：

（一）不得少于两人，并向当事人出示行政执法证件；

（二）向当事人说明违法的事实、处罚的理由和依据以及拟给予的行政处罚；

（三）询问当事人对违法事实、处罚依据是否有异议，并告知当事人有陈述、申辩的权利，听取当事人的陈述和申辩；

（四）责令当事人改正违法行为，并填写预定格式、编有号码、盖有旅游主管部门印章的行政处罚决定书，由执法人员和当事人签名或者盖章，并将行政处罚决定书当场交付当事人；

（五）依法当场收缴罚款的，应当向当事人出具省、自治区、直辖市财政部门统一制发的罚款收据。

当场作出行政处罚决定的，执法人员应当在决定之日起 3 日内向旅游主管部门报告；当场收缴的罚款应当在规定时限内存入指定的银行。

第五十九条　当场处罚决定书应当载明第五十一条规定的内容和作出处罚的地点。

第六章　旅游行政处罚的执行

第六十条　当事人应当在行政处罚决定书确定的期限内，履行处罚决定；被处以罚款的，应当自收到行政处罚决定书之日起 15 日内，向指定的银行缴纳罚款。

申请行政复议或者提起行政诉讼的，不停止行政处罚决定的执行，但有下列情形的除外：

（一）处罚机关认为需要停止执行的；

（二）行政复议机关认为需要停止执行的；

（三）申请人申请停止执行，行政复议机关认为其要求合理决定停止执行，或者人民法院认为执行会造成难以弥补的损失，并且停止执行不损害社会性公共利益，裁定停止执行的；

（四）法律、法规规定的其他情形。

第六十一条　当事人逾期不履行处罚决定的，作出处罚决定的旅游主管部门可以采取下列措施：

（一）到期不缴纳罚款的，每日按罚款数额的百分之三加处罚款，但加处罚款的数额不得超出罚款额；

（二）向旅游主管部门所在地有管辖权的人民法院申请强制执行。

第六十二条　申请人民法院强制执行应当在下列期限内提出：

（一）行政处罚决定书送达后，当事人未申请行政复议或者提起行政诉讼的，在处罚决定书送达之日起 3 个月后起算的 3 个月内；

（二）复议决定书送达后当事人未提起行政诉讼的，在复议决定书送达之日起 15 日后起算的 3 个月内；

（三）人民法院对当事人提起行政诉讼作出的判决、裁定生效之日起 3 个月内。

第六十三条　旅游主管部门申请人民法院强制执行前，应当催告当事人履行义务。催告应当以书面形式作出，并载明下列事项：

（一）履行义务的期限；

（二）履行义务的方式；

（三）涉及金钱给付的，应当有明确的金额和给付方式；

（四）当事人依法享有的陈述权和申辩权。

旅游主管部门应当充分听取当事人的意见，对当事人提出的事实、理由和证据，应当进行记录、复核。当事人提出的事实、理由或者证据成立的，应当采纳。

催告书送达 10 日后当事人仍未履行义务的，可以申请强制执行。

第六十四条　旅游主管部门向人民法院申请强制执行，应当提供下列材料：

（一）强制执行申请书；

（二）处罚决定书及作出决定的事实、理由和依据；

（三）旅游主管部门的催告及当事人的陈述或申辩情况；

（四）申请强制执行标的情况；

（五）法律、行政法规规定的其他材料。

强制执行申请书应当由旅游主管部门负责人签名，加盖旅游主管部门的印章，并注明日期。

第六十五条　当事人确有经济困难，需要延期或者分期缴纳罚款的，应当在行政处罚决定书确定的缴纳期限届满前，向作出行政处罚决定的旅游主管部门提出延期或者分期缴纳的书面申请。

批准当事人延期或者分期缴纳罚款的，应当制作同意延期（分期）缴纳罚款通知书，送达当事人，并告知当事人缴纳罚款时，应当向收缴机构出示。

延期、分期缴纳罚款的，最长不得超过 6 个月，或者最后一期缴纳时间不得晚于申请人民法院强制执行的最后期限。

第六十六条　旅游主管部门和执法人员应当严格执行罚缴分离的规定，不得非法自行收缴罚款。

罚没款及没收物品的变价款，应当全部上缴国库，任何单位和个人不得截留、私分或者变相私分。

第七章　旅游行政处罚的结案和归档

第六十七条　有下列情形之一的，应当结案：

（一）行政处罚决定由当事人履行完毕的；

（二）行政处罚决定依法强制执行完毕的；

（三）不予处罚或者免予处罚等无须执行的；

（四）行政处罚决定被依法撤销的；

（五）旅游主管部门认为可以结案的其他情形。

第六十八条　结案的旅游行政处罚案件，应当制作结案报告，报案件承办机构负责人批准。结案报告应当包括案由、案源、立案时间、当事人基本情况、主要案情、案件办理情况、复议和诉讼情况、执行情况、承办人结案意见等内容。

第六十九条　旅游行政处罚案件结案后 15 日内，案件承办人员应当将案件材料立卷，并符合下列要求：

（一）一案一卷；

（二）与案件相关的各类文书应当齐全，手续完备；

（三）书写文书用签字笔或者钢笔；

（四）案卷装订应当规范有序，符合文档要求。

第七十条　案卷材料可以分为正卷、副卷。主要文书、外部程序的材料立正卷；请示报告与批示、集体讨论材料、涉密文件等内部程序的材料立副卷。

第七十一条　立卷完成后应当立即将案卷统一归档。案卷保管及查阅，按档案管理有关规定执行，任何单位、个人不得非法修改、增加、抽取案卷材料。

第八章　旅游行政处罚的监督

第七十二条　各级旅游主管部门应当加强行政处罚监督工作。

各级旅游主管部门负责对本部门和受其委托的旅游质监执法机构实施的行政处罚行为，进行督促、检查和纠正；上级旅游主管部门负责对下级旅游主管部门及其委托的旅游质监执法机构实施的行政处罚行为，进行督促、检查和纠正。

各级旅游主管部门法制工作机构，应当在本级旅游主管部门的组织、领导下，具体实施、协调和指导行政处罚工作。

各级旅游主管部门应当设立法制工作机构或者配备行政执法监督检查人员。

第七十三条　旅游行政处罚监督的主要内容包括：

（一）旅游行政执法主体资格是否符合规定；

（二）执法人员及其执法证件是否合法、有效；

（三）行政检查和行政处罚行为是否符合权限；

（四）对违法行为查处是否及时；

（五）适用的行政处罚依据是否准确、规范；

（六）行政处罚的种类和幅度是否合法、适当；

（七）行政处罚程序是否合法；

（八）行政处罚文书使用是否规范；

（九）重大行政处罚备案情况。

第七十四条　对旅游行政处罚的监督，可以采取定期或者不定期方式，通过案卷评查和现场检查等形式进行；处理对行政处罚行为的投诉、举报时，可以进行调查、查询，调阅旅游行政处罚案卷和其他有关材料。

第七十五条　各级旅游主管部门及其委托的旅游质监执法机构不履行法定职责，或者实施的行政处罚行为违反法律、法规和本办法规定、处罚不当的，应当主动纠正。

上级旅游主管部门在行政处罚监督中，发现下级旅游主管部门有不履行法定职责、处罚不当或者实施的行政处罚行为违反法律、法规和本办法规定等情形的，应当责令其纠正。

第七十六条　重大旅游行政处罚案件实行备案制度。

县级以上地方旅游主管部门作出的行政处罚决定，符合本办法第三十八条第一款规定的听证条件的，应当自结案之日起 15 日内，将行政处罚决定书的副本，报上一级旅游主管部门备案。

第七十七条　旅游行政处罚实行工作报告制度。

县级以上地方旅游主管部门应当分别于当年 7 月和翌年 1 月，汇总本地区旅游行政处罚案件，并对旅游行政处罚工作的基本情况、存在的问题以及改进建议，提出工作报告，报上一级旅游主管部门。

省、自治区、直辖市旅游主管部门应当在当年 8 月 31 日和翌年 2 月 28 日前，将工作总结和案件汇总情况报国家旅游局。

第七十八条　承担行政复议职责的旅游主管部门应当认真履行行政复议职责，依照有关规定配备专职行政复议人员，依法对违法的行政处罚决定予以撤销、变更或者确认，保障法律、法规的正确实施和对行政处罚工作的监督。

第七十九条　各级旅游主管部门应当建立健全对案件承办机构和执法人员旅游行政处罚工作的投诉、举报制度，并公布投诉、举报电话。受理投诉、举报的机构应当按照信访、纪检等有关规定对投诉、举报内容核查处理或者责成有关机构核查处理，并将处理结果通知投诉、举报人。受理举报、投诉的部门应当为举报、投诉人保密。

第八十条　各级旅游主管部门可以采取组织考评、个人自我考评和互查互评相结合，案卷评查和听取行政相对人意见相结合，日常评议考核和年度评议考核相结合的方法，对本部门案件承办机构和执法人员的行政处罚工作进行评议考核。

第八十一条　对在行政处罚工作中做出显著成绩和贡献的单位和个人，旅游主管部门可以依照国家或者地方的有关规定给予表彰和奖励。

旅游行政执法人员有下列行为之一的，由任免机关、监察机关依法给予行政处分；构成犯罪的，依法追究刑事责任：

（一）不依法履行行政执法职责的；

（二）滥用职权、徇私舞弊的；

（三）其他失职、渎职的行为。

第九章　附则

第八十二条　本办法有关期间的规定，除第二十一条的规定外，均按自然日计算。期间开始之日，不计算在内。期间届满的最后一日是节假日的，以节假日后的第一日为期间届满的日期。行政处罚文书在期满前邮寄的，视为在有效期内。

第八十三条　本办法所称的"以上"包括本数或者本级，所称的"以下"不包括本数。

第八十四条　省、自治区、直辖市人民政府决定旅游行政处罚权由其他部门集中行使的，其旅游行政处罚的实施参照适用本办法。

第八十五条　本办法自 2013 年 10 月 1 日起施行。

第十四节　《在线旅游经营服务管理暂行规定》

第一章　总则

第一条　为保障旅游者合法权益，规范在线旅游市场秩序，促进在线旅游行业可持续发展，依据《中华人民共和国旅游法》《中华人民共和国消费者权益保护法》《中华人民共和国网络安全法》《中华人民共和国电子商务法》《旅行社条例》等相关法律、行政法规，制定本规定。

第二条　在中华人民共和国境内提供在线旅游经营服务，适用本规定。

本规定所称在线旅游经营服务，是指通过互联网等信息网络为旅游者提供包价旅游服务或者交通、住宿、餐饮、游览、娱乐等单项旅游服务的经营活动。

第三条 本规定所称在线旅游经营者，是指从事在线旅游经营服务的自然人、法人和非法人组织，包括在线旅游平台经营者、平台内经营者以及通过自建网站、其他网络服务提供旅游服务的经营者。

本规定所称平台经营者，是指为在线旅游经营服务交易双方或者多方提供网络经营场所、交易撮合、信息发布等服务的法人或者非法人组织。

本规定所称平台内经营者，是指通过平台经营者提供旅游服务的在线旅游经营者。

第四条 在线旅游经营者提供在线旅游经营服务，应当遵守社会主义核心价值观的要求，坚守人身财产安全、信息内容安全、网络安全等底线，诚信经营、公平竞争，承担产品和服务质量责任，接受政府和社会的监督。

第五条 文化和旅游部按照职责依法负责全国在线旅游经营服务的指导、协调、监管工作。县级以上地方文化和旅游主管部门按照职责分工负责本辖区内在线旅游经营服务的监督管理工作。

第六条 各级文化和旅游主管部门应当积极协调相关部门在财政、税收、金融、保险等方面支持在线旅游行业发展，保障在线旅游经营者公平参与市场竞争，充分发挥在线旅游经营者在旅游目的地推广、旅游公共服务体系建设、旅游大数据应用、景区门票预约和流量控制等方面的积极作用，推动旅游业高质量发展。

第二章 运营

第七条 在线旅游经营者应当依法建立旅游者安全保护制度，制定应急预案，结合有关政府部门发布的安全风险提示等信息进行风险监测和安全评估，及时排查安全隐患，做好旅游安全宣传与引导、风险提示与防范、应急救助与处置等工作。

第八条 在线旅游经营者发现法律、行政法规禁止发布或者传输的信息，应当立即停止传输该信息，采取消除等处置措施防止信息扩散，保存有关记录并向主管部门报告。

平台经营者应当对上传至平台的文字、图片、音视频等信息内容加强审核，确保平台信息内容安全。

第九条 在线旅游经营者应当按照《中华人民共和国网络安全法》等相关法律规定，贯彻网络安全等级保护制度，落实网络安全管理和技术措施，制定网络安全应急预案，并定期组织开展演练，确保在线旅游经营服务正常开展。

第十条 在线旅游经营者经营旅行社业务的，应当依法取得旅行社业务经营许可。

第十一条 平台经营者应当对平台内经营者的身份、地址、联系方式、行政许可、质量标准等级、信用等级等信息进行真实性核验、登记，建立登记档案，并定期核验更新。

平台经营者应当督促平台内经营者对其旅游辅助服务者的相关信息进行真实性核验、登记。

第十二条 在线旅游经营者应当提供真实、准确的旅游服务信息，不得进行虚假宣传；未取得质量标准、信用等级的，不得使用相关称谓和标识。平台经营者应当以显著方式区分标记自营业务和平台内经营者开展的业务。

在线旅游经营者为旅游者提供交通、住宿、游览等预订服务的，应当建立公开、透明、可查询的预订渠道，促成相关预订服务依约履行。

第十三条　在线旅游经营者应当保障旅游者的正当评价权，不得擅自屏蔽、删除旅游者对其产品和服务的评价，不得误导、引诱、替代或者强制旅游者做出评价，对旅游者做出的评价应当保存并向社会公开。在线旅游经营者删除法律、法规禁止发布或者传输的评价信息的，应当在后台记录和保存。

第十四条　在线旅游经营者应当保护旅游者个人信息等数据安全，在收集旅游者信息时事先明示收集旅游者个人信息的目的、方式和范围，并经旅游者同意。

在线旅游经营者在签订包价旅游合同或者出境旅游产品代订合同时，应当提示旅游者提供紧急联络人信息。

第十五条　在线旅游经营者不得滥用大数据分析等技术手段，基于旅游者消费记录、旅游偏好等设置不公平的交易条件，侵犯旅游者合法权益。

第十六条　在线旅游经营者为旅游者提供包价旅游服务的，应当依法与旅游者签订合同，并在全国旅游监管服务平台填报合同有关信息。

第十七条　经营旅行社业务的在线旅游经营者应当投保旅行社责任险。

在线旅游经营者应当提示旅游者投保人身意外伤害保险。销售出境旅游产品时，应当为有购买境外旅游目的地保险需求的旅游者提供必要协助。

第十八条　在线旅游经营者应当协助文化和旅游主管部门对不合理低价游进行管理，不得为其提供交易机会。

第十九条　平台经营者应当对平台内经营者服务情况、旅游合同履行情况以及投诉处理情况等产品和服务信息、交易信息依法进行记录、保存，进行动态管理。

第二十条　社交网络平台、移动应用商店等信息网络提供者知道或者应当知道他人利用其服务从事违法违规在线旅游经营服务，或者侵害旅游者合法权益的，应当采取删除、屏蔽、断开链接等必要措施。

第二十一条　平台经营者应当在首页显著位置公示全国旅游投诉渠道。

平台内经营者与旅游者发生旅游纠纷的，平台经营者应当积极协助旅游者维护合法权益。鼓励平台经营者先行赔付。

第二十二条　平台经营者发现以下情况，应当立即采取必要的救助和处置措施，并依法及时向县级以上文化和旅游主管部门报告：

（一）提供的旅游产品或者服务存在缺陷，危及旅游者人身、财产安全的；

（二）经营服务过程中发生突发事件或者旅游安全事故的；

（三）平台内经营者未经许可经营旅行社业务的；

（四）出现法律、法规禁止交易的产品或者服务的；

（五）其他应当报告的事项。

第三章　监督检查

第二十三条　各级文化和旅游主管部门应当建立日常检查、定期检查以及与相关部门联合检查的监督管理制度，依法对在线旅游经营服务实施监督检查，查处违法违规行为。

在监督检查过程中，县级以上文化和旅游主管部门要求在线旅游经营者提供相关数据信息的，在线旅游经营者应当予以配合。县级以上文化和旅游主管部门应当采取必要措施保护数据信息的安全。

第二十四条　县级以上文化和旅游主管部门对有不诚信经营、侵害旅游者评价权、滥用技术手段设置不公平交易条件等违法违规经营行为的在线旅游经营者，可以通过约谈等行政指导方式予以提醒、警示、制止，并责令其限期整改。

第二十五条　在线旅游经营服务违法行为由实施违法行为的经营者住所地县级以上文化和旅游主管部门管辖。不能确定经营者住所地的，由经营者注册登记地或者备案地、旅游合同履行地县级以上文化和旅游主管部门管辖。

受理在线旅游经营服务相关投诉，参照前款处理。

第二十六条　县级以上文化和旅游主管部门依法建立在线旅游行业信用档案，将在线旅游经营者市场主体登记、行政许可、抽查检查、列入经营异常名录或者严重违法失信企业名单、行政处罚等信息依法列入信用记录，适时通过全国旅游监管服务平台或者本部门官方网站公示，并与相关部门建立信用档案信息共享机制，依法对严重违法失信者实施联合惩戒措施。

第二十七条　支持在线旅游经营者成立行业组织，并按照本组织章程依法制定行业经营规范和服务标准，加强行业自律，推动行业诚信建设和服务质量评价，监督、引导本行业经营者公平参与市场竞争。

第四章　法律责任

第二十八条　平台经营者知道或者应当知道平台内经营者不符合保障旅游者人身、财产安全要求或者有其他侵害旅游者合法权益行为，未及时采取必要措施的，依法与该平台内经营者承担连带责任。

平台经营者未对平台内经营者资质进行审核，或者未对旅游者尽到安全提示或保障义务，造成旅游者合法权益损害的，依法承担相应责任。

第二十九条　旅游者有下列情形之一的，依法承担相关责任：

（一）在旅游活动中从事违法违规活动的；

（二）未按要求提供与旅游活动相关的个人健康信息的；

（三）不听从在线旅游经营者的告知、警示，参加不适合自身条件的旅游活动，导致出现人身财产损害的；

（四）对国家应对重大突发事件暂时限制旅游活动的措施、安全防范和应急处置措施不予配合的。

第三十条　因不可抗力或者第三人造成旅游者损害的，在线旅游经营者应当及时进行救助。在线旅游经营者未及时进行救助造成旅游者损害的，依法承担相应责任。旅游者接受救助后，依法支付应当由个人承担的费用。

第三十一条　在线旅游经营者违反本规定第八条第一款规定，由县级以上文化和旅游主管部门依照《中华人民共和国网络安全法》第六十八条有关规定处理。

第三十二条　在线旅游经营者违反本规定第十条规定，未依法取得旅行社业务经营许可开展相关业务的，由县级以上文化和旅游主管部门依照《中华人民共和国旅游法》第九十五条的规定处理。

在线旅游经营者违反本规定第十七条第一款规定，未依法投保旅行社责任保险的，由县级以上文化和旅游主管部门依照《中华人民共和国旅游法》第九十七条有关规定处理。

第三十三条　平台经营者有下列情形之一的，由县级以上文化和旅游主管部门依照《中华人民共和国电子商务法》第八十条的规定处理：

（一）违反本规定第十一条第一款规定，不依法履行核验、登记义务的；

（二）违反本规定第二十二条规定，不依法对违法情形采取必要处置措施或者未报告的；

（三）违反本规定第十九条规定，不依法履行商品和服务信息、交易信息保存义务的。

第三十四条　在线旅游经营者违反本规定第十二条第一款有关规定，未取得质量标准、信用等级使用相关称谓和标识的，由县级以上文化和旅游主管部门责令改正，给予警告，可并处三万元以下罚款。

第三十五条　违反本规定第十六条规定，未在全国旅游监管服务平台填报包价旅游合同有关信息的，由县级以上文化和旅游主管部门责令改正，给予警告；拒不改正的，处一万元以下罚款。

第三十六条　在线旅游经营者违反本规定第十八条规定，为以不合理低价组织的旅游活动提供交易机会的，由县级以上文化和旅游主管部门责令改正，给予警告，可并处三万元以下罚款。

第三十七条　法律、行政法规对违反本规定行为另有规定的，依照其规定。县级以上地方文化和旅游主管部门在监督检查过程中发现在线旅游经营者有违反《中华人民共和国电子商务法》《中华人民共和国消费者权益保护法》《中华人民共和国网络安全法》等法律、行政法规、部门规章的行为，不属于本部门管辖的，应当及时将相关线索依法移送有关部门。

第五章　附则

第三十八条　本规定自 2020 年 10 月 1 日起施行。

第四章　旅游业国家标准

第一节　《内河旅游船星级的划分与评定》

1　范围

本标准规定了中华人民共和国境内内河旅游船（以下简称旅游船）星级的划分条件、服务质量和运营规范要求。

本标准适用于中华人民共和国境内内河水域，具有 24 小时（含 24 小时）以上营运能力的各类旅游船。

2　规范性引用文件

下列文件对于本文件的应用是必不可少的，凡是注日期的引用文件，仅注日期的版本适用于本文件。凡是不注日期的引用文件，其最新版本（包括所有的修改单）适用于本文件。

GB/T 10001.1　公共信息图形符号　第 1 部分：通用符号

GB/T 10001.2　标志用公共信息图形符号　第 2 部分：旅游休闲符号

GB/T 10001.4　标志用公共信息图形符号　第 4 部分：运动健身符号

GB/T 10001.9　标志用公共信息图形符号　第 9 部分：无障碍设施符号

GB/T 19001　质量管理体系　要求

3　术语和定义

下列术语和定义适用于本文件。

3.1

内河旅游船（river cruise）

具有 24 小时以上（含 24 小时）连续航行营运能力，以接待休闲、度假、观光、商务、会议等游客为主要服务对象，并为其提供食宿、娱乐、购物、上岸游览和导游服务的内河客船。

3.2

阳光甲板（sun deck）

有一定面积，供旅游船的游客室外观景或开展其他室外活动的顶层甲板。

3.3

主题文化（the theme of culture）

源自历史，地理，民风民俗，文化艺术等多方面文化元素的提炼和建构，围绕某种特定的主题为核心，通过文化元素、文化符号、文化氛围、文化活动等形式，让游客获得鲜明愉悦的文化感受和消费体验。

4　星级划分及标志

4.1 用星的数量表示旅游船的星级。分为五个级别，即一星级、二星级、三星级、四星级、五星级。最低为一星级最高为五星级。星级越高，表示旅游船的等级越高。

4.2 星级标志由船舵、旅游船与五角星图案构成，用一颗五角星表示一星级，两颗五角星表示二星级，三颗五角星表示三星级，四颗五角星表示四星级，五颗五角星表示五星级。

4.3 旅游船星级的标志应置于旅游船前厅醒目位置。

5　总则

5.1 除非本标准有更高要求，旅游船的主体建造、航行设施、服务项目和航行管理应符合旅游、交通、安全、消防、食药、卫生、环境保护、劳动合同等有关法律、法规和标准的规定要求，并取得相应的营运证书。

5.2 各星级划分的必备条件见附录 A，各旅游船应逐项达标。

5.3 旅游船的外形、功能布局、设计、材质、装饰、线路产品等评价标准见附录 B。

5.4 旅游船的服务质量、清洁卫生、维护保养等评价标准见附录 C。

5.5 一星级、二星级、三星级旅游船是以游览观光为主的服务设施，评定星级时主要对基本食宿条件、卫生、安全、上岸游览、导游服务等进行重点评价；四星级、五星级旅游船是以休闲度假为核心内容的综合服务设施，评定星级时应对旅游船服务产品和旅游船企业的综合能力进行全面评价。

5.6 旅游船及其隶属的旅游船公司应建立统一、规范、科学的管理制度。

5.7 倡导绿色设计、清洁生产、环境管理、节能降耗、绿色消费、人文精神的理念。

5.8 旅游船应增强突发事件应急处置能力，突发事件处置的应急预案应作为旅游船的必备条件。评定星级后，如旅游船运营中发生重大安全责任事故，将立即取消其相应星级，星级标志不能继续使用。

5.9 评定星级时不应因为船舶某一区域经营权的分离而区别对待，倡导旅游船的各项服务，包括上岸游览、导游服务等质量水平应与旅游船的星级相一致，旅游船的线路产品应始终保持其完整性。

5.10 旅游船正式营运 1 年后可申请评定星级，经相应星级评定机构评定后，星级标志有效期为 3 年。3 年期满后应进行重新评定。

6　各星级划分条件

6.1 必备条件

6.1.1 必备条件是各星级旅游船应具备的服务项目和硬件设施。评定检查时，应按照附录 A 的规定，逐项打"√"确认达标后，再进入后续附录 B 和附录 C 的打分程序。

6.1.2 一星级必备条件见表 A.1；二星级必备条件见表 A.2；三星级必备条件见表 A.3；四星级必备条件见表 A.4；五星级必备条件见表 A.5。

6.2 设施设备

6.2.1 旅游船设施设备的要求见附录 B。总分 700 分。

6.2.2 一星级、二星级、三星级旅游船不作要求，四星级、五星级旅游船规定最低得分线：四星级 420 分，五星级 500 分。

6.3 旅游船运营质量

6.3.1 旅游船运营质量的要求见附录 C。总分 900 分。

6.3.2 旅游船运营质量的评价内容分为总体要求、前厅、客房、餐饮、其他服务项目、公共区域，员工设施、导游及上岸游览，游客满意度、综合效益 10 个大项。评分时按"优""良""中""差"打分并按式（1）计算得分率：

得分率＝该项实际得分/该项标准总分×100%　　（1）

6.3.3 一星级、二星级、三星级旅游船不作要求。四星级、五星级旅游船规定最低得分率：四星级 80%，五星级 85%。

6.3.4 如旅游船不具备表 C. 1 中带"＊"的项目，统计得分率时应在分母中去掉该项分值。

7　安全管理

7.1 应严格执行国家有关安全航运，海事、船检、消防、旅游等法律，法规和标准，各项证照齐全合格。

7.2 应建立安全管理体系及相关内容，明确各岗位的安全职责。

7.3 船用救生设备、消防、防盗、救护、应急照明等各项设施的防护设备完好、有效，维修及时。

7.4 应注重食品货源和加工流程的卫生管理，保证食品安全。

7.5 应提供紧急救助服务。

7.6 应制定和完善海损、自然灾害、火灾、防污、卫生、治安事件，设施设备突发故障等各项突发事件的应急预案。

7.7 对从业人员定期进行安全知识培训和应急处理技能的培训与演练。

8　环境保护

8.1 应严格遵守环保、节能、船舶防污等方面法律、法规和标准。

8.2 应有完整的环保、节能等方面规章制度和激励措施。

8.3 应有环保、节能等方面的宣传和措施。

8.4 应制定和完善防止船舶油污染、船舶生活污水污染，船舶垃圾污染，船舶大气污染等各项防污处理的应急预案。

9　主题文化

9.1 倡导旅游船从流域的自然资源、人文资源等角度提炼特色鲜明的主题文化。

9.2 可通过旅游船的外形、外貌、装修装饰、物品陈设、员工服饰等方面营造旅游船的主题文化氛围并为游客感知。

9.3 可通过旅游船线路产品，服务项目、服务方式等方面融入为游客提供个性化的文化服务体验。

10　服务质量总体要求

10.1 服务基本原则

10.1.1 遵守国家法律法规,保障游客的合法权益。

10.1.2 尊重游客的宗教信仰与风俗习惯,不损害民族尊严。

10.1.3 对游客礼貌、热情、亲切、友好,一视同仁。

10.1.4 密切关注并及时响应游客的合理需求,有针对性地提供个性化服务。

10.1.5 关爱残疾人等特殊群体、及时提供有效服务。

10.1.6 遵守职业道德,有良好的服务意识和服务精神。

10.1.7 注重人际沟通,富有合作意识和团队精神。

10.2 服务基本要求

10.2.1 员工仪容仪表要求:

a) 遵守旅游船的礼仪规范,仪容仪表端庄、大方;

b) 工装整洁,熨烫平整、佩戴名牌;

c) 服务过程中表情自然、亲切,热情适度,微笑服务。

10.2.2 员工言行举止要求:

a) 站、坐.行姿符合各岗位的规范与要求,主动服务,有职业风范;

b) 以规范适度的自然语言和肢体语言对客服务,使游客感到尊重舒适;

c) 语言文明,简洁、清晰,语音、语速适度,符合礼仪规范和岗位要求;

d) 对游客提出的问题应予耐心解释,不推诿和应付。

10.2.3 员工业务能力与技能要求:

a) 具有良好的沟通协调能力;

b) 具有良好的应变能力和独立处理问题的能力;

c) 及时准确、全面地为游客提供相关服务;

d) 应经过相应岗位技能和业务培训,掌握相关业务知识和技能,并能熟练运用。

11　管理制度要求

11.1 应有旅游船公司、各职能部门和旅游船的有效组织架构。

11.2 应按 GB/T 19001 的要求,建立游船公司和旅游船的服务质量管理体系,宜进行质量管理体系认证;提供安全、卫生、规范、诚信、有序、高效的服务。

11.3 应有质量手册、安全手册和员工手册。

11.4 应有完善的规章制度、管理规范、服务标准和操作程序并适时更新。宜建立规范、完整的企业标准体系。

11.5 应有服务项目,程序与标准说明书,对每一个服务项目完成的目标、为完成该目标所需要经过的程序,以及对各个程序的质量标准进行说明。

11.6 应有服务和专业技术人员岗位工作说明书,对岗位要求,任职条件,接受指令与协调渠道、主要工作职责等内容进行书面说明。

11.7 对国家和行业主管部门和强制性标准所要求的特定岗位的技术工作,如驾驶、轮机、消防、防污、食品加工与制作等,应有相应的工作技术标准说明书,相应岗位的从业人员应知晓并熟练操作,有适任证书要求的岗位应持证上岗。

11.8 旅游船公司应与具体相应资质的旅游客运站(码头)、旅游区(点)、旅游饭店、旅游餐馆，旅游汽车公司等建立有效的沟通机制，制定游客满意度监督、服务质量调查等相关制度，持续地改进服务工作。

第二节　《导游服务质量》

1　范围

本标准规定了导游服务的质量要求，提出了导游服务过程中若干问题的处理原则。

本标准适用于各类旅行社的接待旅游者过程中提供的导游服务。

2　定义

本标准采用下列定义。

2.1　旅行社（travel service）

依法设立并具有法人资格，从事招徕、接待旅行者，组织旅游活动，实行独立核算的企业。

2.2　组团旅行社（简称组团社）（domestic tour wholesaler）

接受旅游团（者）或海外旅行社预定，制定和下达接待计划，并可提供全程陪同导游服务的旅行社。

2.3　接待旅行社（简称接待社）（domestic land operator）

接受组团社的委托，按照接待计划委派地方陪同导游人员，负责组织安排旅游团（者）在当地参观游览等活动的旅行社。

2.4　领队（tour escort）

受海外旅行社委派，全权代表该旅行社带领旅游团从事旅游活动的工作人员。

2.5　导游人员（tour guide）

持有中华人民共和国导游资格证书、受旅行社委派、按照接待计划，从事陪同旅游团（者）参观、游览等工作的人员。导游人员包括全程陪同导游人员和地方陪同导游人员。

2.5.1　地方陪同导游人员（简称地陪）（local guide）

受接待旅行社委派，代表接待社，实施接待计划，为旅游团（者）提供当地旅游活动安排、讲解、翻译等服务的导游人员。

2.5.2　全程陪同导游人员（简称全陪）（national guide）

受组团旅行社委派，作为组团社的代表，在领队和地方陪同导游人员的配合下实施接待计划，为旅游团（者）提供全旅程陪同服务的导游人员。

3　全陪服务

全陪服务是保证旅游团（者）的各项旅游活动按计划实施，旅行顺畅、安全的重要因素之一。

全陪作为组团社的代表，应自始至终参与旅游团（者）全旅程的活动，负责旅游团（者）移动中各环节的衔接，监督接待计划的实施，协调领队、地陪、司机等旅游接待人员的协作关系。

全陪应严格按照服务规范提供各项服务。

3.1 准备工作要求

准备工作是全陪服务的重要环节之一。

3.1.1 熟悉接待计划

上团前，全陪要认真查阅接待计划及相关资料，了解旅游团（者）的全面情况，注意掌握其重点和特点。

3.1.2 做好物质准备

上团前，全陪要做好必要的物质准备，携带必备的证件和有关资料。

3.1.3 与接待社联络

根据需要，接团的前一天，全陪应同接待社取得联系，互通情况，妥善安排好有关事宜。

3.2 首站（入境站）接团服务要求

首站接团服务要使旅游团（者）抵达后能立即得到热情友好的接待，旅游者有宾至如归的感觉。

a）接团前，全陪应向接待社了解本站接待工作的详细安排情况；

b）全陪应提前半小时到接站地点迎候旅游团（者）；

c）接到旅游团（者）后，全陪应与领队核实有关情况；

d）全陪应协助领队向地陪交接行李；

e）全陪应代表组团社和个人向旅游团（者）致欢迎辞。欢迎辞应包括表示欢迎、自我介绍、表示提供服务的真诚愿望、预祝旅行顺利愉快等内容。

3.3 进住饭店服务要求

进住饭店服务应使旅游团（者）进入饭店后尽快完成住宿登记手续、进住客房、取得行李。为此，全陪应积极主动地协助领队办理旅游团的住店手续，并热情地引导旅游者进入房间，还应协助有关人员随时处理旅游者进店过程中可能出现的问题。

3.4 核对商定日程

全陪应认真与领队核对、商定日程。如遇难以解决的问题，应及时反馈给组团社，并使领队得到及时的答复。

3.5 各站服务要求

全陪各站服务，应使接待计划得以全面顺利实施，各站之间有机衔接，各项服务适时、到位，保护好旅游者人身及财产安全，突发事件得到及时有效处理，为此：

a）全陪应向地陪通报旅游团的情况，并积极协助地陪工作；

b）监督各地服务质量，酌情提出改进意见和建议；

c）出现突发事件按附录 A（标准的附录）的有关原则执行。

3.6 离站服务要求

全陪应提前提醒地陪落实离站的交通票据及准确时间，协助领队和地陪妥善办理离店事宜，认真做好旅游团（者）搭乘交通工具的服务。

3.7 途中服务要求

在向异地移动途中，无论乘坐何种交通工具，全陪应提醒旅游者注意人身和物品的安全；组织好娱乐活动，协助安排好饮食和休息，努力使旅游团（者）旅行充实、轻松、愉快。

3.8　末站（离境站）服务要求

末站（离境站）的服务是全陪服务中最后的接待环节，要使旅游团（者）顺利离开末站（离境站），并留下良好的印象。

在当次旅行结束时，全陪应提醒旅游者带好自己的物品和证件，征求旅游者对接待工作的意见和建议，对旅途中的合作表示感谢，并欢迎再次光临。

3.9　处理好遗留问题

下团后，全陪应认真处理好旅游团（者）的遗留问题。

全陪应认真、按时填写《全陪日志》或其他旅游行政管理部门（或组团社）所要求的资料。

4　地陪服务

地陪服务是确保旅游团（者）在当地参观游览活动的顺利，并充分了解和感受参观游览对象的重要因素之一。

地陪应按时做好旅游团（者）在本站的迎送工作；严格按照接待计划，做好旅游团（者）参观游览过程中的导游讲解工作和计划内的食宿、购物、文娱等活动的安排；妥善处理各方面的关系和出现的问题。

地陪应严格按照服务规范提供各项服务。

4.1　准备工作要求

做好准备工作，是地陪提供良好服务的重要前提。

4.1.1　熟悉接待计划

地陪应在旅游团（者）抵达之前认真阅读接待计划和有关资料，详细、准确地了解该旅游团（者）的服务项目和要求，重要事宜作好记录。

4.1.2　落实接待事宜

地陪在旅游团（者）抵达的前一天，应与各有关部门或人员落实、核查旅游团（者）的交通、食宿、行李运输等事宜。

4.1.3　做好物质准备

上团前，地陪应做好必要的物质准备，带好接待计划、导游证、胸卡、导游旗、接站牌、结算凭证等物品。

4.2　接站服务要求

在接站过程中，地陪服务应使旅游团（者）在接站地点得到及时、热情、友好的接待，了解在当地参观游览活动的概况。

4.2.1　旅游团（者）抵达前的服务安排

地陪应在接站出发前确认旅游团（者）所乘交通工具的准确抵达时间。

地陪应提前半小时抵达接站地点，并再次核实旅游团（者）抵达的准确时间。

地陪应在旅游团（者）出站前与行李员取得联络，通知行李员行李送往的地点。地陪应与司机商定车辆停放的位置。

地陪应在旅游团（者）出站前持接站标志，站立在出站口醒目的位置热情迎接旅游者。

4.2.2 旅游团（者）抵达后的服务

旅游团（者）出站后，如旅游团中有领队或全陪，地陪应及时与领队、全陪接洽。

地陪应协助旅游者将行李放在指定位置，与领队、全陪核对行李件数无误后，移交给行李员。

地陪应及时引导旅游者前往乘车处。旅游者上车时，地陪应恭候车门旁。上车后，应协助旅游者就座，礼貌地清点人数。

行车过程中，地陪应向旅游团（者）致欢迎辞并介绍本地概况。欢迎辞内容应包括：

a）代表所在接待社、本人及司机欢迎旅游者光临本地；

b）介绍自己姓名及所属单位；

c）介绍司机；

d）表示提供服务的诚挚愿望；

e）预祝旅游愉快顺利。

4.3 入店服务要求

地陪服务应使旅游者抵达饭店后尽快办理好入店手续，进住房间，取到行李，及时了解饭店的基本情况和住店注意事项，熟悉当天或第二天的活动安排，为此地陪应在抵饭店的途中向旅游者简单介绍饭店情况及入店、住店的有关注意事项，内容应包括：

a）饭店名称和位置；

b）入店手续；

c）饭店的设施和设备的使用方法；

d）集合地点及停车地点。

旅游团（者）抵饭店后，地陪应引导旅游者到指定地点办理入店手续。

旅游者进入房间之前，地陪应向旅游者介绍饭店内就餐形式、地点、时间，并告知有关活动的时间安排。

地陪应等待行李送达饭店，负责核对行李，督促行李员及时将行李送至旅游者房间。

地陪在结束当天活动离开饭店之前，应安排好叫早服务。

4.4 核对、商定节目安排

旅游团（者）开始参观游览之前，地陪应与领队、全陪核对、商定本地节目安排，并及时通知到每一位旅游者。

4.5 参观游览过程中的导游、讲解服务要求

参观游览过程中的地陪服务，应努力使旅游团（者）参观游览全过程安全、顺利。应使旅游者详细了解参观游览对象的特色、历史背景等及其他感兴趣的问题。

4.5.1 出发前的服务

出发前，地陪应提前十分钟到达集合地点，并督促司机做好出发前的各项准备工作。

地陪应请旅游者及时上车。上车后，地陪应清点人数，向旅游者报告当日重要新闻、天气情况及当日活动安排，包括午、晚餐的时间、地点。

4.5.2 抵景点途中的讲解

在前往景点的途中，地陪应酌情向旅游者介绍本地的风土人情、自然景观，回答旅游者提出的问题。

抵达景点前，地陪应向旅游者介绍该景点的简要情况，尤其是景点的历史价值和特色。抵达景点时，地陪应告知在景点停留的时间，以及参观游览结束后集合的时间和地点。地陪还应向旅游者讲明游览过程中的有关注意事项。

4.5.3 景点导游、讲解

抵达景点后，地陪应对景点进行讲解。讲解内容应繁简适度，应包括该景点的历史背景、特色、地位、价值等方面的内容。讲解的语言应生动，富有表达力。

在景点导游的过程中，地陪应保证在计划的时间与费用内，旅游者能充分地游览、观赏，做到讲解与引导游览相结合，适当集中与分散相结合，劳逸适度，并应特别关照老弱病残的旅游者。

在景点导游的过程中，地陪应注意旅游者的安全，要自始至终与旅游者在一起活动，并随时清点人数，以防旅游者走失。

4.6 旅游团（者）就餐时对地陪的服务要求

旅游团（者）就餐时，地陪的服务应包括：

a）简单介绍餐馆及其菜肴的特色；

b）引导旅游者到餐厅入座，并介绍餐馆的有关设施；

c）向旅游者说明酒水的类别；

d）解答旅游者在用餐过程中的提问，解决出现的问题。

4.7 旅游团（者）购物时对地陪的服务要求

旅游团（者）购物时，地陪应：

a）向旅游团（者）介绍本地商品的特色；

b）随时提供旅游者在购物过程中所需要的服务，如翻译、介绍托运手续等。

4.8 旅游团（者）观看文娱节目时对地陪的服务要求

旅游团（者）观看计划内的文娱节目时，地陪的服务应包括：

a）简单介绍节目内容及其特点；

b）引导旅游者入座。

在旅游团（者）观看节目过程中，地陪应自始至终坚守岗位。

4.9 结束当日活动时的服务要求

旅游团（者）在结束当日活动时，地陪应询问其对当日活动安排的反映，并宣布次日的活动日程、出发时间及其他有关事项。

4.10 送站服务要求

旅游团（者）结束本地参观游览活动后，地陪服务应使旅游者顺利、安全离站，遗留问题得到及时妥善的处理。

a）旅游团（者）离站的前一天，地陪应确认交通票据及离站时间，通知旅游者移交行李和与饭店结账的时间；

b）离饭店前，地陪应与饭店行李员办好行李交接手续；

c）地陪应诚恳征求旅游者对接待工作的意见和建议，并祝旅游者旅途愉快；

d）地陪应将交通和行李票证移交给全陪、领队或旅游者；

e）地陪应在旅游团（者）所乘交通工具起动后方可离开；

f）如系旅游团（者）离境，地陪应向其介绍办理出境手续的程序。如系乘机离境，地陪还应提醒或协助领队或旅游者提前 72 小时确认机座。

4.11 处理好遗留问题

下团后，地陪应认真处理好旅游团（者）的遗留问题。

5 导游人员的基本素质

为保证导游服务质量，导游人员应具备以下基本素质。

5.1 爱国主义意识

导游人员应具有爱国主义意识，在为旅游者提供热情有效服务的同时，要维护国家的利益和民族的自尊。

5.2 法规意识和职业道德

5.2.1 遵纪守法

导游人员应认真学习并模范遵守有关法律及规章制度。

5.2.2 遵守公德

导游人员应讲文明，模范遵守社会公德。

5.2.3 尽职敬业

导游人员应热爱本职工作，不断检查和改进自己的工作，努力提高服务水平。

5.2.4 维护旅游者的合法权益

导游人员应有较高的职业道德，认真完成旅游接待计划所规定的各项任务，维护旅游者的合法权益。对旅游者所提出的计划外的合理要求，经主管部门同意，在条件允许的情况下应尽力予以满足。

5.3 业务水平

5.3.1 能力

导游人员应具备较强的组织、协调、应变等办事能力。

无论是外语、普通话、地方语和少数民族语言导游人员，都应做到语言准确、生动、形象、富有表达力，同时注意使用礼貌用语。

5.3.2 知识

导游人员应有较广泛的基本知识，尤其是政治、经济、历史、地理以及国情、风土习俗等方面的知识。

5.4 仪容仪表

导游人员应穿工作服或指定的服装，服装要整洁、得体。

导游人员应举止大方、端庄、稳重，表情自然、诚恳、和蔼，努力克服不合礼仪的生活习惯。

6 导游服务质量的监督与检查

各旅行社应建立健全导游服务质量的检查机构，依据本标准对导游服务进行监督检查。

旅游行政管理部门依据本标准检查导游服务质量，受理旅游者对导游服务质量的投诉。

附录 A

若干问题处理原则

A1 路线或日程变更

A1.1 旅游团（者）要求变更计划行程

旅游过程中，旅游团（者）提出变更路线或日程的要求时，导游人员原则上应按合同执行，特殊情况报组团社。

A1.2 客观原因需要变更计划行程

旅游过程中，因客观原因需要变更路线或日程时，导游人员应向旅游团（者）做好解释工作，及时将旅游团（者）的意见反馈给组团社和接待社，并根据组团社或接待社的安排做好工作。

A2 丢失证件或物品

当旅游者丢失证件或物品时，导游人员应详细了解丢失情况，尽力协助寻找，同时报告组团社或接待社，根据组团社或接待社的安排协助旅游者向有关部门报案，补办必要的手续。

A3 丢失或损坏行李

当旅游者的行李丢失或损坏时，导游人员应详细了解丢失或损坏情况，积极协助查找责任者。当难以找出责任者时，导游人员应尽量协助当事人开具有关证明，以便向投保公司索赔，并视情况向有关部门报告。

A4 旅游者伤病、病危或死亡

A4.1 旅游者伤病

旅游者意外受伤或患病时，导游人员应及时探视，如有需要，导游人员应陪同患者前往医院就诊。严禁导游人员擅自给患者用药。

A4.2 旅游者病危

旅游者病危时，导游人员应立即协同领队或亲友送病人去急救中心或医院抢救，或请医生前来抢救。患者如系某国际急救组织的投保者，导游人员还应提醒领队及时与该组织的代理机构联系。

在抢救过程中，导游人员应要求旅游团的领队或患者亲友在场，并详细地记录患者患病前后的症状及治疗情况。

在抢救过程中，导游人员应随时向当地接待社反映情况；还应提醒领队及时通知患者亲属，如患者系外籍人士，导游人员应提醒领队通知患者所在国驻华使（领）馆；同时妥善安排好旅游团其他旅游者的活动。全陪应继续随团旅行。

A4.3 旅游者死亡

出现旅游者死亡的情况时，导游人员应立即向当地接待社报告，由当地接待社按照国家有关规定做好善后工作，同时导游人员应稳定其他旅游者的情绪，并继续做好旅游团的接待工作。

如系非正常死亡，导游人员应注意保护现场，并及时报告当地有关部门。

A5 其他

如遇上述之外的其他问题，导游人员应在合理与可能的前提下，积极协助有关人员予以妥善处理。

第三节 《旅游业基础术语》

1 范围

本标准界定了我国旅游业中的基本概念和基础术语。

本标准适用于各类旅游业的国家标准、行业标准和地方标准的编写，也可提供旅游行业各相关部门在行业管理、市场营销、经营管理、教学科研等活动中引用和参考，以及国际间的交流和参照。

2 旅游基础

2.1 旅游（travel；tour）

非就业和迁徙目的离开其惯常环境，且连续不超过一年的旅行和短期居停。

2.2 旅游者（tourist）

游客（vistor）

离开惯常环境旅行，时间不超过 12 个月，且不从事获取报酬活动的人。

2.2.1 过夜游客（tourist；overnight tourist）

在一个旅游目的地逗留至少 24 小时以上的旅游者。

2.2.2 一日游游客（same-day visitor）

在一个旅游目的地逗留不超过 24 小时的旅游者。

2.3 惯常环境（usual environment）

一个人的日常工作（或学习）、居住和人际交往的环境。

2.4 旅游资源（tourist resource）

对旅游者具有吸引力，并能给旅游经营者带来效益的自然和社会事物。

2.5 旅游产品（tourist product）

通过利用、开发旅游资源提供给旅游者的旅游吸引物与服务的组合。

2.6 旅游客源地（toursit-generating region）

具备一定任课规模和旅游消费能力，能够向旅游地提供一定数量旅游者的地区。

2.7 旅游需求（tourism demand）

一定时期内，一定条件下旅游者愿意且能够购买旅游产品的数量。

2.8 旅游供给（tourism supply）

旅游经营者在一定时期内，一定条件下愿意并且能够向旅游市场提供旅游产品的数量。

2.9 旅游业（tourism）

向旅游者提供旅游过程中所需要的产品和服务的产业集群。

2.10 旅游目的地（tourist destination）

能够吸引一定规模数量的旅游者逗留，具有较大空间范围和较齐全接待设施的旅游地域综合体。

2.11 旅游城市（tourist city）

具有鲜明城市文化特色，旅游业在当地经济发展中占据较重要地位的城市。

2.12 旅游旺季（on season）

一年中旅游者到访较集中的几个月份。

2.13 旅游淡季（off season）

一年中旅游者到访人数较稀少的几个月份。

2.14 旅游平季（shoulder season）

一年中处于旺季与淡季之间的月份。

2.15 旅游行业景气度（tourism prosperity）

反映宏观旅游经济运行和企业生产经营所处的状况和未来发展变化趋势。

2.16 旅游卫星账户（tourism satellite account）

旅游附属账户

在国民经济核算体系之外，按照国民经济核算体系的概念和分类标准，将所有由于旅游而产生的消费和产出部分分离出来进行单独核算的虚拟账户。

2.17 旅游业增加值（tourism value-added）

由旅游产业所生产的各种旅游和非旅游产品组成的总产出减去生产过程中消耗的来自各产业部门的产品（即中间消耗）。

2.18 智慧旅游（smart tourism）

运用云计算、物联网、移动互联网等信息通信技术，感测、分析、整合旅游产业活动中的各项关键信息，对企业管理、公共服务和旅游者出游等各种需求做出的智能响应和解决方案。

2.19 旅游电子商务（tourism electronic commerce）

以网络为平台运作旅游业的商务体系。

3　旅游活动

3.1 国内旅游（domestic tourism）

在本国内进行的旅游。

3.2 出境旅游（outbound tourism）

前往其他国家或地区的旅游。

3.3 入境旅游（inbound tourism）

境外居民进入中国大陆境内的旅游。

3.4 边境旅游（border tourism）

由中外双方政府商定，在不自由开放、有管制的两国间边境地区进行的跨境旅游。

3.5 团队旅游（group tour）

通过旅行社和相关旅游服务中介机构，以旅游包价形式，按照预先设定的行程进行的有组织的旅游。

3.6 散客旅游（independent tour）

由旅游者自行安排旅游活动行程，或通过旅游中介机构办理单项委托业务，另行支付旅游费用的旅游。

3.7 自助旅游（self-service tour）

由旅游者完全自主选择和安排，没有全程导游陪同的旅游。

3.8 背包旅游（bag packing）

以尽可能少花钱并以随身背包作行囊的自助旅游。

3.9 观光旅游（sightseeing）

以欣赏自然景观、历史古迹遗址、民俗风情等为主要目的和游览内容的旅游。

3.10 度假旅游（holiday）

以度假和休闲为主要目的和内容的旅游。

3.11 探亲旅游（visiting relative and friend）

以探亲访友为目的旅游。

3.12 商务旅游（business travel）

职业人士在商务活动过程中进行的旅游。

3.13 特种旅游（special interests tourism）

从事较强自主性和个性化的非常规性的旅游。

3.14 休学旅游（study tour）

研学旅游

以参加结合课程教学而进行的现场教学、野外实习和考察以及参观大学校园等活动。

3.15 文化旅游（cultural tourism）

以观赏异国异地传统文化、追寻文化名人遗踪或参加当地举办的各种文化活动的旅游。

3.16 遗产旅游（heritage tourism）

以遗产资源为旅游吸引物，到遗产所在地去欣赏遗产景观，体验遗产文化氛围的旅游。

3.17 红色旅游（red tourism）

以革命纪念地、纪念物及其所承载的革命精神为吸引物的旅游。

3.18 黑色旅游（dark tourism）

以曾经发生过悲剧事件或历史上著名的死亡事件为吸引物的旅游。

3.19 工业旅游（industrial tourism）

以运营中的工厂、企业、工程等为主要吸引物的旅游。

3.20 农业旅游（agriculture tourism）

以农村风光、各类农业（包括林业、牧业和渔业）生产活动，以及各种当地民俗节庆活动作为主要吸引物的旅游。

3.21 科技旅游（science and technology tourism）

以各类高科技产业的生产过程和成果为吸引物的旅游。

3.22 教育旅游（educational tourism）

以学习知识、提高教养、丰富阅历为主要目的的旅游。

3.23 宗教旅游（religious tourism）

以宗教活动或体验宗教文化为目的的旅游。

3.24 购物旅游（shopping tour）

以购买名牌商品、地方土特产品和旅游纪念品等为主要目的的旅游。

3.25 民族旅游（ethnic tourism）

以体验民族风情、独特自然生态环境和少数民族文化真实性为目的的旅游。

3.26 民俗旅游（folklore tourism）

以民俗事务、民俗活动和民间节事为主要吸引物的旅游。

3.27 节事旅游（festival and special event）

以地方节日、事件活动和节日庆典为主要吸引物的旅游。

3.28 影视旅游（movie and TV induced tourism）

由电影、电视和广播效应而引致的旅游。

注：包括影视拍摄地旅游、影视节事活动地旅游、影视文化演出的旅游等。

3.29 乡村旅游（rural tourism）

以乡村自然景观、民俗和农事活动为吸引物的旅游。

3.30 自然旅游（nature tourism）

以各种地理环境或生物构成的自然景观为吸引物的旅游。

3.30.1 森林旅游（forest tourism）

以森林景观和森林生态系统为吸引物的旅游。

3.30.2 草原旅游（prairie tourism）

利用独特的草原自然风光、气候及此环境形成的历史人文景观和特有的民俗风情为吸引物的旅游。

注：草原是指在半干旱条件下，以旱生或半旱生草本植物为主的生态系统，一般包括观光游览、体验民俗风情、节庆活动等。

3.30.3 湿地旅游（wetland tourism）

以湿地资源和湿地生态系统作为主要吸引物的旅游。

3.30.4 观鸟旅游（bird watching tourism）

在自然环境中借助望远镜和鸟类图鉴在不影响野生鸟类栖息的前提下，观察和观赏鸟类的旅游。

3.30.5 山岳旅游（mountain tourism）

以观赏自然山体景观、登山运动和保健养身为目的的旅游。

3.31 温泉旅游（spa）

以温泉为主要吸引物，享受、体验沐浴和水疗以及温泉文化，康体养身为目的的旅游。

3.32 海洋旅游（marine tourism）

以海洋为场所，以探险、观光、娱乐、运动、疗养为主题的旅游。

3.33 扶贫旅游（poverty lift tourism）

以帮助旅游目的地贫困人口摆脱生活困境或改善生存条件的旅游。

3.34 社会旅游（social tourism）

以津贴或其他形式资助低收入者或无法承担旅游费用等特定群体的旅游。

3.35 负责任的旅游（responsible tourism）

对旅游目的地环境保护自觉地负起责任的旅游。

3.35.1 可持续旅游（sustainable tourism）

不对未来的相关利益方的利益造成损害的旅游。

3.35.2 绿色旅游（green tourism）

以保护环境，保护生态平衡为主要诉求的旅游。

3.35.3 生态旅游（ecotourism）

以独特的生态资源、自然景观和与之共生的人文生态为吸引物，促进旅游者对自然、生态的理解与学习，提高对生态环境与社区发展可持续的责任感为重要内容的旅游。

3.36 探险旅游（adventure tourism）

为挑战自我，到人迹罕至、充满神秘性或环境险恶的地方，进行带有一定危险性和刺激性的考察旅游。

3.37 无障碍旅游（barrier-free tourism）

旅游者出游时对旅游交通、服务、投诉、旅游产品购买等畅通和便捷的感知。

4 旅游经营

4.1 旅行社业

4.1.1 旅行社（travel agency）

为旅游者提供相关服务，开展国内旅游业务、入境旅游业务或出境旅游业务，并实行独立核算的企业。

4.1.2 旅游批发商（tour wholesaler）

将旅游交通、旅游住宿、旅游目的地的旅行社、旅游景点等有关旅游企业的产品和服务，组合成为不同的包价旅游线路产品或包价度假产品的中间商组织。

4.1.3 旅游代理商（travel agent）

只销售批发商的包价旅游产品和各类单项委托服务的旅游企业。

4.1.4 在线旅行社（online travel agency）

利用互联网、移动电子商务等新兴技术，满足旅游者信息查询、产品预订及服务评价的一种经营模式或企业。

4.1.5 自由行（self package tour）

只向旅游者提供飞机票加上饭店预订等业务的单项委托产品。

4.1.6 领队（tour escort）

依照规定取得出入境旅游领队证，接受具有出境旅游业务经营权旅行社的委派，担任出境旅游团领队工作的人员。

4.1.7 导游员（tour guide）

按照《导游人员管理条例》的规定，取得导游证，接受旅行社委派，为旅游者提供向导、讲解以及相关服务的人员。

4.1.7.1 全程陪同导游员（national guide）

由接待方旅行社委派或聘用，负责向旅游者提供境内全程旅游服务的导游员。

4.1.7.2 地方陪同导游员（local guide）

由地方接待旅行社聘用或委派，负责为在当地游览的旅游者提供接待、当地风土人情介绍、景区讲解等相关服务的导游员。

4.1.7.3 外语导游员（foreign language-speaking tour guide）

以外语作为工作语言和讲解语言的导游员。

4.1.7.4 中文导游员（Chinese-speaking tour guide）

以中文作为工作语言和讲解语言的导游员。

4.2 住宿业

4.2.1 旅游饭店（tourist hotel）

以提供住宿服务为主、同时还提供餐饮、购物、娱乐、度假和商务活动等多种服务的企业。

4.2.2 绿色饭店（green hotel）

以可持续发展为理念，坚持清洁生产、倡导绿色消费、保护生态环境和合理使用资源的住宿接待企业。

4.2.3 经济型饭店（budget hotel）

以提供交通便捷、价格低廉和干净整洁的客房为基本服务内容的住宿接待企业。

4.2.4 度假饭店（resort hotel）

为度假旅游者提供住宿、饮食、康乐和各种交际活动场所的企业。

4.2.5 商务饭店（business hotel）

为从事企业活动的商务旅行者提供住宿、饮食和商业活动及有关设施的企业。

4.2.6 主题饭店（theme hotel）

以某一历史素材或特色文化为主题，从硬件（建筑、装饰、产品等有形方面）到软件（文化氛围、文化理念、服务等无形方面）都围绕某一主题来建设的住宿接待企业。

4.2.7 分时度假酒店（time-sharing resort）

不同的旅游者在度假地购买和拥有同一处房产的产权或使用权，每个旅游者拥有每年一定时段的使用权，并可通过分时度假系统交换其他使用权的经营模式。

4.2.8 汽车旅馆（motel）

设在公路旁，为自驾车游客提供食宿等服务的企业。

4.2.9 青年旅馆（youth hostel）

为自助旅游者，特别是青年旅游者提供住宿的企业。

4.2.10 短租公寓（short-time renting）

整合城市闲置住宅资源与酒店服务理念，为旅游者等提供自助式服务的住宿产品。

4.2.11 民宿（homestay）

利用自用住宅空闲房间，结合当地人文、自然景观、生态、环境资源及农林渔牧生产活动，以家庭副业方式经营，为旅游者提供的住宿场所。

4.2.12 沙发客（sofa guest）

基于互联网的人际关系，异地旅游时免费住在对方家中，并在主人的引领下体验当地文化的旅游者。

4.3 旅游景区

4.3.1 旅游景区（scenic spot）

以满足旅游者出游目的为主要功能，并具备相应旅游服务设施，提供相应旅游服务的独立管理区。

4.3.2 自然景区（natural scenic area）

以大自然的山川、河湖、海洋、森林、草原、荒漠等地质地貌及生物系统为景观的旅游景区。

4.3.3 文化景区（culture attraction）

以人文活动、文化遗址和遗产以及当代建设成就为景观的旅游景区。

4.3.4 人造景区（man made attracion）

专为吸引旅游者而人工建造的旅游景区。

4.3.4.1 游乐园（amusement park）

具有各种乘骑设施、游艺机、餐饮供应以及综艺表演的娱乐场所。

4.3.4.2 主题乐园（theme park）

具有一个或一组主题的游乐园。

4.3.5 旅游度假区（tourism resort）

具有良好的资源与环境条件，能够满足旅游者游憩、康体、运动、益智、娱乐等休息需求的，相对完整的度假设施聚集区。

4.3.6 旅游承载力（tourism carrying capacity）

满足生态环境容量、资源容量、企业经济容量、游客心理容量和社会容量条件的客流量或旅游活动强度的极限值。

4.3.7 游客中心（tourist reception center）

为旅游者提供信息、咨询、游程安排、讲解、教育、休息等旅游设施和服务功能的专门场所。

4.3.7.1 景区导游员（on-site guide）

在旅游景区为参观者进行讲解的工作人员。

4.3.7.2 遗产解说（heritage interpretation）

通过言简意明的文字，将遗产的内涵、性质、特征、成因、关系、意义、价值以及功能等进行解释和说明。

4.3.7.3 旅游解说系统（tourism interpretion system）

在旅游景区建立的由解说信息及信息传播设施并通过合理配置、有机组合形成的游览解说体系。

4.3.8 旅游纪念品（souvenir）

旅游者在旅游目的地购买的具有浓厚当地特色的土特产品或手工艺品。

4.4 特色旅游交通

4.4.1 旅游客车（touring coach）

为旅游观光而设计和装备的客车。

4.4.2 城市观光巴士（city bus）

专供旅游者在城市市区内沿途观赏市容市貌的旅游巴士的习惯称谓。

4.4.3 旅游房车（recreation vehicle）

集"旅行、住宿、娱乐、烹饪、沐浴"于一体化的旅行交通工具。

4.4.4 游船（yacht）

专门运送旅游者、供旅游者欣赏沿途风光的船舶。

4.4.5 游轮（cruise lines）

海洋上的定线、定期航行的具有各类休闲娱乐场所、设施和服务的大型客运轮船。

4.4.6 观光火车（sightseeing train）

以专门运送旅游者为运营目的的特色火车。

4.4.7 索道缆车（cable car）

利用钢绳牵引，输送人员或货物的设备和装置的统称。

5　旅游公共服务

5.1 基础服务

5.1.1 旅游目的地信息系统（tourist destination information system）

旅游目的地建立的旅游产品数据库、游客信息数据库、市场分析数据库和计算机预定中心等系统。

5.1.2 旅游信息服务中心（tourist information center）

为旅游者和其他公众提供旅游信息和相关咨询服务的公共服务设施。

5.1.3 旅游服务热线（tourism service hotline）

由旅游行政管理部门负责建设的向国内外旅游者提供旅游信息服务、投诉及其他各类相关服务的电话平台。

5.1.4 旅游公共信息导向系统（public information tourism system）

为方便旅游者而提供的旅游交通、旅游服务设施、旅游公共服务设施等导向要素的集合。

5.1.5 旅游集散中心（hub of tourism dispatch）

在交通枢纽地区，为旅游者设置的接待设施和服务网点。

5.1.6 旅游投诉（tourist complaint）

旅游者、海外旅行商、国内旅游经营者为维护自身和客户的合法权益，对损害其合法的旅游经营者和有关服务单位，以书面或口头形式向旅游行政管理部门提出请求处理或要求补偿的行为。

5.1.7 游客满意度（tourist satisfaction）

游客在旅游过程中，对其预期与实际体验效果之间的差异感受与评价。

5.2 旅游规划

5.2.1 旅游总体规划（tourism master planning）

在较大的区域范围内，对旅游业远景发展做出轮廓性描述，以及在预期的时段范围内做出全面具体的安排。

5.2.2 旅游控制性详细规划（tourism regulatory planning）

在旅游总体规划的指导下，为了近期建设的需要，在某一景区或某一个项目上从宏观角度提出原则性的意见，详细规定区内建设用地的各项控制指标和其他规划管理要求，为区内一切开发建设活动提供指导的技术文件。

5.2.3 旅游修建性详细规划（tourism site planning）

在旅游总体规划或旅游控制性详细规划的基础上，对旅游区当前建设项目进一步深化和细化的操作性技术文件。

5.2.4 旅游专项规划（tourism project planning）

以旅游总体规划为依据，集中对具体的旅游功能单位的发展所做的详细管理规定或具体安排和项目设计。

5.3 旅游安全与救援

5.3.1 旅游警察（tourist police）

以维护旅游公共安全秩序，解决旅游者危难为主要职能的警察。

5.3.2 旅游救援（travel assistance）

由专业的救援公司为出境旅游者提供的援助服务。

第四节　《游乐园（场）服务质量》

1　范围

本标准界定了游乐园（场）的相关术语和定义、规定了游乐园（场）的设施管理、安全管理、服务质量和环境卫生等方面的要求。

本标准适用于设有游乐设施的主题公园和各类游乐园（场）。

2　规范性引用文件

下列文件中的条款通过本标准的引用而成为本标准的条款。凡是注日期的引用文件，其随后所有的修改单（不包括勘误的内容）或修订版均不适用于本标准，然而，鼓励根据本标准达成协议的各方研究是否可使用这些文件的最新版本。凡是不注日期的引用文件，其最新版本适用于本标准。

GB 2893　安全色

GB 2894　安全标志

GB 3096　声环境质量标准

GB 5749　生活饮用水卫生标准

GB 8408　游乐设施安全规范

GB 9664　文化娱乐场所卫生标准

GB 9665　公共浴室卫生标准

GB 9667　游泳场所卫生标准

GB 9670　商场（店）、书店卫生标准

GB/T 10001.1　标志用公共信息图形符号第 1 部分：通用符号

GB/T 10001.2　标志用公共信息图形符号第 2 部分：旅游休闲符号

GB/T 11651　劳动防护用品选用规则

GB 13495　消防安全标志

GB 15630　消防安全标志设置要求

GB/T 17775　旅游区（点）质量等级的划分与评定

GB/T 18973　旅游厕所质量等级的划分与评定

GB 20286　公共场所阻燃制品及组件燃烧性能要求和标志

CJJ48 – 1992　公园设计规范

JGJ 46　施工现场临时用电安全技术规范

WH 0201　歌舞厅照明及光污染限定标准

3　术语和定义

下列术语和定义适用于本标准。

3.1 游乐园（场）（amusement park）

以游乐设施为主要载体，以娱乐活动为重要内容，为游客提供游乐体验的合法经营场所。

3.2 文化娱乐设施（culture & Entertainment Facilities）

在游乐园（场）内为增加游客娱乐体验而设置的文化配套设施，如表演场所、影院、歌舞 厅等。

3.3 水上乐园（waterparks）

为游客提供嬉水活动的水上游乐场所或区域。

3.4 节庆活动（events）

在游乐园（场）内举办的具有特定主题的各种节日庆典和文化活动，以及根据社会需求而举办 的各种专场活动。

3.5 高度危险作业（high-risk operations）

在游乐园（场）内开展的行为人即使采取适当的注意和预防措施仍难免对自己、他人产生伤害，或对财产造成严重损害的作业，包括高空、高压、易燃、易爆、剧毒、高速运输作业。

3.6 乘骑服务（rides services）

为满足游客乘坐或驾骑游乐设施的娱乐需求而提供的相关服务。

4　总则

4.1 游乐园（场）的规划建设以及设施的配置等应符合安全、质检、旅游、消防、卫生、环保等国家和地方现行的有关法规和标准。

4.2 游乐园（场）应建立健全安全生产责任制和各项安全管理制度，配备专门机构及人员负责安全工作，确保园区正常运营，杜绝安全事故发生。

4.3 游乐园（场）应树立全员服务意识，制订详细的岗位服务守则，通过培训和服务质量监督，提升园区服务水平，满足游客娱乐体验需求。

4.4 游乐园（场）应建立健全环境卫生管理制度，严格执行相关卫生标准，为游客娱乐体验营造一个生态和谐、整洁美观的园区环境。

5　设施管理

5.1 设施的配置要求

5.1.1 基本要求

5.1.1.1 游乐园（场）所应根据园（场）主题特征，综合考虑地形地貌现状、占地面积、投资规模、建设分期、内容布局等因素进行科学的规划、设计，合理配置游乐设施、接待设施、引导标志设施和基础设施。有条件的可增加文化娱乐设施和水上游乐设施等。

5.1.1.2 游乐园（场）内特种设备应符合国家相关规定。

5.1.2 游乐设施（含水上游乐设施）

5.1.2.1 游乐设施（含水上游乐设施）的购置、安装、运行、改造、维修以及使用管理、监督管理应按 GB 8408 及国家有关部门制定的游乐设施（含水上游乐设施）安全监督管理办法等有关规定执行。使用这些设备设施，应取得法定技术检验部门出具的合格证书。

5.1.2.2 对于引进的新型游乐设施（含水上游乐设施），若无相应国家或行业标准，应采用设备引进国家或地区关于该设备的标准进行管理，制定相应的企业标准和操作规范，并报有关主管部门进行标准备案。

5.1.3 文化娱乐设施与文化主题

5.1.3.1 各种文化娱乐设施及其配套装置的建设、安装应符合国家有关法律法规要求，确保性能良好，使用安全可靠。

5.1.3.2 舞台、灯光、音响等演出设施设备的安装、摆放应整齐美观，充分满足表演要求。

5.1.3.3 舞台内设备防坠装置应安全有效，幕帷、道具等选材和制作应符合 GB 20286 的要求。

5.1.3.4 场内应通风良好，设置有充足的紧急疏散通道。

5.1.3.5 文化主题的设置应遵循文化的本真性。

5.1.4 引导标志设施

5.1.4.1 游乐园（场）应在主入口附近设置导游全景图和游客须知，全景图应正确标志出主要景点及旅游服务设施的位置，游客须知应简明扼要地对园区注意事项进行说明。

5.1.4.2 游乐园（场）应在园区内主要通道、交叉路口设置导览图，标明现在位置及周边景点和服务设施的图示。

5.1.4.3 在游乐项目的入口处，应在显著的地方设置该项目的游乐规则介绍牌。

5.1.4.4 游乐园（场）中的所有引导标志应符合 GB/T 10001.1、GB/T 10001.2 要求，同时以中、英文两种以上文字表示；各类介绍牌和标志牌的外形应与景区环境和谐一致；安全色应符合 GB 2893 的要求。

5.1.5 接待设施

5.1.5.1 停车场

5.1.5.1.1 停车场应设置在游乐园（场）主入口附近，其规模与游乐园（场）接待规模相适应。按 GB/T 10001.1 设置停车场的标志。

5.1.5.1.2 收费明示牌应设置在停车场入口显著地方，收费价格按国家相关规定执行。

5.1.5.1.3 场内应设置停车场布置图、车辆走向简图及出人标志。

5.1.5.1.4 应平整坚实、绿化美观，有条件的应建生态化、景观化停车场。

5.1.5.1.5 应有专人负责管理、疏导，车辆停靠整齐有序。

5.1.5.2 售票处

5.1.5.2.1 售票处应设在游乐园（场）主入口显著位置，周围环境良好、开阔，设置遮阴避雨设施及排队栅栏。

5.1.5.2.2 售票窗口的数量应与游乐园（场）能接纳的游客量相适应。

5.1.5.2.3 游乐园（场）内分单项购票游乐的，应设置专门的售票处，方便游客购票。

5.1.5.2.4 应向游客公布门票价格及园区所有收费游乐项目价格表、购票须知、营业时间、游乐园（场）简介、项目介绍等服务指南。

5.1.5.3 游客中心

5.1.5.3.1 游客中心应设在游乐园（场）主入口附近，有醒目的标志，面积与游客接待量相适应。

5.1.5.3.2 应配有影视介绍系统，能提供本游乐园（场）导览宣传资料和游程线路图等，并应明示免费服务项目。

5.1.5.3.3 应设包括咨询处、咨询电话和广播室在内的咨询服务设施。

5.1.5.3.4 应设婴儿服务设施如热奶设备、喂奶场所等。

5.1.5.3.5 应设有专门接受游客投诉的柜台，并有专人值班。

5.1.5.4 行李保管处

5.1.5.4.1 行李保管处应设在游乐园（场）主入口附近，方便游客寄存行李等物品。

5.1.5.4.2 配备适当数量保险箱（柜），设置贵重物品保管机制。

5.1.5.4.3 行李保管处应向游客公布保管须知。

5.1.5.5 餐饮服务设施

5.1.5.5.1 餐饮服务设施规模数量应与游乐园（场）接待游客规模相适应，能满足不同层次游客的基本要求。

5.1.5.5.2 餐厅的设施应符合国家有关卫生标准，使用的餐具应符合卫生、环保要求。

5.1.5.5.3 应配备必要的消毒杀蚊设备并符合国家卫生防疫部门的要求。

5.1.5.6 购物设施

5.1.5.6.1 旅游购物场所的建筑造型、色彩、材质应与景观环境相协调，不破坏主要景观，不妨碍游客游览，布局合理；广告标志不影响观景效果。

5.1.5.6.2 能提供与游乐园主题相关的或具有地方特色的旅游商品。

5.1.6 基础设施

5.1.6.1 基本要求

游乐园（场）的公共基础设施应符合国家有关规定，并考虑设施运营中的安全和服务需要。

5.1.6.2 安全标志

5.1.6.2.1 在有必要提醒人们注意安全的场所和位置应按 GB 2894 规定设置安全标志。

5.1.6.2.2 安全标志应在醒目的位置设立，清晰易辨不应设在可移动的物体上。

5.1.6.2.3 各种安全标志应随时检查发现有变形、破损或变色的应及时整修或更换。

5.1.6.3 监控设施

游乐园（场）应按公安部门的规定在出入口、主要通道及人员密集型场所等地安装闭路电视监控设备，并应保证在开园期间工作正常、不中断。

5.1.6.4 公用电话

5.1.6.4.1 游乐园（场）应在出入口及区内游客集中场所设置公用电话，公用电话亭及标志 与环境相协调，美观醒目，数量与接待规模相适应，公用电话具有直拨长途功能。

5.1.6.4.2 游乐园（场）区域内应能有效接收移动电话信号。

5.1.6.5 医疗急救设施

5.1.6.5.1 游乐园（场）应视情为游客准备常用药品，或设置医务室。

5.1.6.5.2 设置医务室的，应备有常用救护器材和药品，并能协助处理突发事故中伤病员的急救工作。

5.1.6.5.3 应与当地的急救中心和医院建立联系和紧急救援机制，确保为游客提供急救服务。

5.1.6.6 游憩设施

游乐园（场）内应设置供游人休息的座椅，数量、布局要适当、合理。视地区季节气候需要，座椅可带遮阳篷。座椅和遮阳篷的色调、色彩、重量、造型应与游乐园（场）主体设施相协调。

5.1.6.7 无障碍设施

为方便残障人行动，游乐园（场）的主出入口、游乐项目出入口、文化娱乐场所出入口、厕所等应设置无障碍通道和残障人专用设施。

5.1.6.8 园区道路

游乐园（场）的交通道路应符合 CJJ 48-1992 中第 5.1.1.1 条的要求。

5.1.6.9 照明设施

5.1.6.9.1 开放夜场的游乐园（场），其主要通道和公共场地应设有充足的灯光照明设备。各游乐设备设施自身也应有灯光照明。

5.1.6.9.2 室内公共服务设施应有充足的灯光照明和应急照明设备，并符合 WH 0201 的要求。

5.1.6.10 消防设施

5.1.6.10.1 游乐园（场）内应依据国家消防的相关规定，配备足够的消防器材和火警报警设施，按 GB 1495 和 GB 15630 设置消防安全标志，并保证设施应急有效。

5.1.6.10.2 游乐园（场）内适当位置设置吸烟区，文化娱乐场所内禁止吸烟。

5.1.6.11 公共厕所

5.1.6.11.1 游乐园（场）内应设公共厕所，其数量、分布应与游乐园（场）本身的面积和游客容量相适应，并专设残障人厕位。

5.1.6.11.2 公共厕所的标志应醒目，厕所的外观、色彩、造型应与景观环境协调，内部装修及设施配置应按 GB/T 17775 中规定的三星级以上要求执行。

5.1.6.12 垃圾桶（箱）

5.1.6.12.1 游乐园（场）内应设置垃圾桶（箱），数量、布局应适当、合理。

5.1.6.12.2 垃圾桶（箱）应有可回收垃圾和不可回收垃圾的分类。

5.1.6.12.3 垃圾桶（箱）的造型应与游乐园（场）气氛和谐一致。

5.2 设施的运营要求

5.2.1 基本要求

游乐园（场）应按各类游乐设施的技术要求，分别制定有关操作运行、定期检查维护、关键零部件更换等方面的规章制度。建立管理和维修人员的岗位责任制。管理、操作和维修人员应经过培训考试合格后才能上岗。

5.2.2 游乐设施运营要求

5.2.2.1 每天运营前应做好安全检查，检查内容根据各单位相关规章制度要求进行。

5.2.2.2 每天运营前空载试机运行应不少于两次，确认一切正常后，才能开机营业。

5.2.2.3 每天运营中应严格按照各岗位操作规程进行作业，并注意安全。

5.2.2.4 每天运营后应清洁、整理检查各承载物、附属设备及游乐场地，确保其整洁有序，无安全隐患；同时做好当天游乐设施运转情况记录，并签字确认。

5.2.3 水上乐园运营要求

5.2.3.1 水上乐园应设立专门的管理部门，并按规定配备足够的救生员、医护人员和急救设施。

5.2.3.2 各水上游乐项目均应设立监视台，有专人值勤，监视台的数量和位置应能看清水上游乐项目全部范围。

5.2.3.3 应在明显的位置公布各种水上游乐项目的游乐规则，视频或广播系统应反复宣传，提醒游客注意安全，防止意外事故发生。

5.2.3.4 每天运营前，应对具有一定危险度的水上游乐设施试运行。

5.2.3.5 每天运营前应对水面漂浮物和水池底杂物清除一次。

5.2.3.6 每天应定时检查水质，水质标准应符合 GB 9667、GB 5749、GB 9665 的要求。

5.2.4 文化娱乐设施运营要求

5.2.4.1 各种文化娱乐设施的使用应严格遵守相应的操作规范，保证演出效果和安全。

5.2.4.2 舞台特效、特技应在专业人员指导下操作，并注意安全。

5.2.4.3 应为高空道具装置设计制作人员、辅助人员和高空表演人员购买人身意外事故保险。

5.2.4.4 应指定专人管理有危险性的道具及物品。

5.2.5 租赁设施运营要求

在园区内租赁给其他单位经营的或向其他单位租赁的游乐设施和游乐项目应参照自营游乐设施和游乐项目的运营要求进行管理，并接受游乐园（场）的管理和监督。

6 安全管理

6.1 安全管理机构与人员

6.1.1 安全管理机构

6.1.1.1 游乐园（场）应建立安全管理机构，负责安全管理工作。

6.1.1.2 安全管理机构应至少履行下列职责：

——建立健全安全管理制度体系

——制定安全操作规程

——确定各级、各岗位安全责任人及其职责

——落实各项安全措施，组织安全检查

——制定突发事件的应急预案，并定期组织实施演习

——组织员工的安全培训及对游客的安全宣传

6.1.2 安全管理人员

6.1.2.1 游乐园（场）应设专职安全主任一人，并根据园区的规模设置足够的专职和兼职安全管理员，负责全游乐园（场）的安全管理工作。

6.1.2.2 游乐园（场）应按管理层级设置安全责任人，并赋予相应的安全管理责任。基层岗位的安全责任人应结合自身岗位情况落实本岗位安全规章、制度和操作规范，并应承担安全隐患巡查及上报、游客流量监控、紧急情况下的疏散救援，以及承担对安全设施、灭火器材和安全标志的维护保养等工作。

6.2 安全基本要求

6.2.1 从业人员要求

6.2.1.1 上岗与培训

6.2.1.1.1 游乐园（场）应制定安全培训计划，对员工进行各类岗位安全培训，并对培训结果进行检查与考核。

6.2.1.1.2 游乐园（场）从业人员应经过相应培训，掌握本岗位专业知识，并经考

试合格后才能上岗。从业人员应熟练掌握本岗位有关应急处理方法。

6.2.1.1.3 特种设备作业人员应按照国家有关规定，经专门的安全作业培训，取得特种设备作业人员证书才能上岗。

6.2.1.2 安全防护

6.2.1.2.1 劳动防护用品的配备应符合 GB/T 11651 的要求，并有专人监督、教育从业人员按照使用规则佩戴和使用。

6.2.1.2.2 员工上岗前应按岗位要求检查劳动防护用品的佩戴和使用情况，并确认佩戴正确，使用情况良好，才能上岗。

6.2.1.3 安全操作

6.2.1.3.1 在游乐活动开始前，应向游客介绍安全知识、安全注意事项和游乐活动规则，指导游客正确使用游乐设施，掌握游乐活动的安全要领；对外籍游客的安全讲解和培训应使用外语，并用图文表示。

6.2.1.3.2 在游乐过程中，应密切注视游客安全状态，关注游乐设施运行状况，及时排除安全隐患。

6.2.1.3.3 因遇突发恶劣天气或游乐设施机械故障抢修而造成设施临时停运时，应有应急、应变措施，并及时向游客公告。

6.2.1.3.4 游乐园（场）应当向参与特种惊险游乐项目游玩的游客推荐投保人身意外伤害 保险。

6.2.2 游客安全

6.2.2.1 对游客身体条件有要求的，或不适合某种疾病患者参加的游乐活动，应在该项活动入门处以"警告"方式予以公布。

6.2.2.2 应婉拒不符合乘坐条件的游客参与相应游乐活动。

6.2.3 员工安全

6.2.3.1 未持有专业技术上岗证的，不得操作园区内电气设备设施。

6.2.3.2 员工着装、头发、佩戴的首饰应符合安全要求；高空或工程作业时应佩戴安全帽、安全绳等安全防护设备，并应严格按安全规章作业。

6.2.4 安全检查

6.2.4.1 游乐园（场）应制定游乐设施、文化娱乐设施和水上乐园等安全检查制度。

6.2.4.2 游乐设施应进行日、周、月、节假日前和旺季开始前的例行检查，还应每年全面检修一次，超过安全检验有效期的游乐设施不得运营载客。严禁设备带故障运转。

6.2.4.3 游乐设施每天运营前应进行例行安全检查，并经安全检查人员签字确认后才能投入运营。

6.2.4.4 不定期的安全检查，每周不少于一次，检查发现的隐患和问题应及时做好记录，并视情节轻重签发限期整改通知或处罚通知。

6.3 食品安全

6.3.1 游乐园（场）应建立符合国家卫生部要求的食品安全管理制度。

6.3.2 从事食品加工、销售的工作人员应取得健康证才能上岗。

6.3.3 餐厅经营应取得卫生许可证，食品采购应建立索证制度，从正规合法渠道采购，并保持新鲜。

6.3.4 发现食物中毒现象，就近工作人员应在第一时间通知医务室，并将严重患者及时送医院救治，并按有关规定上报当地防疫部门。

6.4 用电和消防安全

6.4.1 基本要求

游乐园（场）应制定用电、防火安全管理制度与操作规范，相关人员应严格遵守。

6.4.2 用电安全

6.4.2.1 游乐园（场）所配置各类电器设施、设备及用材应是经安全认证的合格产品。如设施、设备不属于安全认证目录内，应采用经法定检验机构检验合格后的产品。

6.4.2.2 园区内所有用电线路的更改和用电设施的增设，应按国家有关电气施工验收规范验收，验收合格后才可送电。

6.4.2.3 临时用电的线路敷设、电箱及开关安装均应符合 JGJ 46 的要求。

6.4.3 消防安全

6.4.3.1 应建立健全消防组织，定期或不定期地组织消防安全检查，及时消除隐患。

6.4.3.2 应开展全员消防教育，定期组织所属员工进行消防培训和应急演练。应建立义务消防队伍，有条件的游乐园（场）可组织专业消防队，每年至少举行一次消防演习。

6.4.3.3 游乐园（场）内的重点防火区域和室内活动设施应严格按照国家消防规定进行规划、设计、建设和配备消防器材并取得消防验收许可证。

6.4.3.4 表演场、剧场、室内游乐项目等消防通道应保持畅通。

6.5 园内交通安全

6.5.1 驾驶员安全操作要求

6.5.1.1 游览道路上行驶的游览车应按园区规定线路行驶，限速 10 千米/小时，在交叉路口和人多情况下应缓行。轨道行驶车辆、缆车等交通设施应按相应操作规范运行。

6.5.1.2 驾驶员、操作员应认真做好车辆使用前后的日常安全检查及维护保养工作，确保车况良好，并认真填写记录。

6.5.1.3 车辆起步前，驾驶员应观察乘客的安全状况，并提醒乘客注意安全。

6.5.1.4 当车辆发生事故驾驶员应保护好事故现场，及时报告安全管理部门，协助调查事故原因，按有关规定妥善处理。

6.5.2 车辆安全

6.5.2.1 开园前十分钟至闭园期间，禁止游览车以外的机动车辆在游览道路行驶。遇特殊情况，如工程抢修、紧急救护等，应有相关的管理措施。

6.5.2.2 车辆应在规定地点停放，有条件的游乐园（场）应设置游览车辆专用车库。

6.5.2.3 救护车、消防车进园时，沿途工作人员应积极主动地疏导游客，消除路障，保障车辆顺利通行。

6.6 节庆活动安全

6.6.1 节庆活动的安全工作应遵循"谁承办，谁负责"的原则，承办者的主要负责人为节庆活动安全责任人。

6.6.2 节庆活动举办前，承办单位应制定相应的安全应急预案，并报公安、消防和上级主管部门审查批准。

6.6.3 游乐园（场）活动举办区域应有安全通道和安全出入口，并设置清晰明显的安全引导 标志。必要时可在出入口处设置安全缓冲区和单行线。

6.6.4 节庆活动期间，游乐园（场）接待游客人数超过园区设计容量时，应及时向有关部门 报告，并启动应急预案，采取有效措施疏导游客。

6.7 高度危险作业安全

6.7.1 游乐园（场）在营业期间不得进行高度危险作业。

6.7.2 因特殊情况需高度危险作业时，应事先征得游乐园（场）安全管理部门审批同意后才 能实施，安全管理部门应派专业技术人员到作业现场进行安全监督管理。

6.7.3 高度危险作业应聘请专业机构和专业人员进行操作。

6.8 应急处理

6.8.1 基本要求

6.8.1.1 游乐园（场）应针对火灾、自然灾害、游乐设备设施事故、节假日及节庆活动制订应急预案，应急预案应至少包括下列内容：

——应急组织系统及其职责；

——应急预案启动程序；

——紧急处置措施方案；

——应急组织的训练和演习；

——应急设备和器材的储备和保养；

——履行预案规定的岗位职责。

6.8.1.2 应配备完好有效的应急广播、照明和发电设施。应急广播应采用中英文双语，如有必要可增加方言广播和其他语种广播。

6.8.1.3 应及时发布地质灾害、天气变化、洪涝汛情、交通路况、治安形势、流行疫情预防等安全警示信息以及游览安全提示信息。

6.8.1.4 在游乐园（场）发生生产安全事故时，应严格执行国务院有关生产安全事故报告规定。

6.8.2 发生火灾

6.8.2.1 确认火灾发生后，应立即启动应急预案，组织扑救，疏散人员，并报火警。

6.8.2.2 火灾调查结束后，有关单位应总结事故教训，提出并实施整改方案。

6.8.3 自然灾害

6.8.3.1 建筑物、较高的游乐设施和园区制高点应按规定安装防雷设备，每年应进行至少一次检测维修，确保完好有效。

6.8.3.2 园区应建立暴雨、台风、雷暴、大雾、冰雹等自然灾害预警机制，尽量在自然灾害发生之前，做好应对工作。

6.8.3.3 因遇暴雨、台风、雷暴、大雾、冰雹等自然灾害须停业或闭园时，应通过媒体提前对外公告。

6.8.4 游客人身伤害和财产损失

6.8.4.1 如遇游客受伤，就近工作人员应在第一时间通知医务室，并将重伤者及时送医院救治，并上报领导和相关主管部门。

6.8.4.2 如遇游客物品丢失，工作人员应协助游客将丢失物品特征如实报公安部门。游乐园（场）安保部门应配合公安部门查找丢失物品。

6.8.4.3 如发生打架斗殴、暴力、恐怖等事件，就近工作人员应在第一时间启动应急预案，并立即报告公安部门处理。

7 服务质量

7.1 总要求

游乐园（场）应结合自身游乐园（场）特色，制订符合游客需求的服务宗旨、服务目标和岗位服务规范等，并严格执行。

7.2 服务人员基本要求

7.2.1 职业道德

游乐园（场）从业人员应具备职业所需的基本素养和诚实敬业的精神。

7.2.2 服务态度

员工应热情、主动、诚恳、耐心、细致地为游客服务。

7.2.3 礼节礼貌

7.2.3.1 员工上岗应仪容仪表整洁，着工作服，佩戴服务岗位标牌。

7.2.3.2 站、坐、行姿应符合岗位规范与要求，举止端正大方。

7.2.3.3 使用的语言应文明礼貌，通俗、清晰，符合礼节规范。

7.2.4 知识技能

7.2.4.1 员工应根据服务岗位要求熟练掌握相关职业技能。

7.2.4.2 应熟练使用普通话，具备简单的英语听说能力。

7.2.4.3 应熟知经营服务信息，应能提供基本信息咨询。

7.2.4.4 应熟知紧急救援电话、方式，应能提供基本的紧急救援服务。

7.2.4.5 应掌握拍照、摄影等数码产品的基本使用方法。

7.3 服务岗位要求

7.3.1 乘骑服务

7.3.1.1 服务人员应熟知本岗位游乐项目安全事项和该项目操作规程。

7.3.1.2 主持人员应向游客介绍安全注意事项和游乐活动规则。

7.3.1.3 在项目结束时，服务人员应提醒游客拿齐个人物品，引导游客参与园区其他游乐项目。

7.3.2 水上乐园服务

7.3.2.1 服务人员应熟悉水上乐园各区域特征，具备基本的抢险救生知识和技能。

7.3.2.2 救生员应符合有关部门规定，经专门培训，熟练掌握救生知识与技能，并持证上岗。

7.3.2.3 服务人员应随时向游客报告天气变化情况，遇恶劣天气时应引导游客避雷电和采取 其他保护措施。

7.3.3 文化娱乐服务

7.3.3.1 游乐园（场）应根据市场需求开发文娱产品和举办节庆活动，丰富游乐活动。

7.3.3.2 文化娱乐活动内容应高雅文明，有益于青少年和社会公众的身心健康。

7.3.3.3 文化娱乐活动的参演人员应服从舞台监督或管理人员的指挥。

7.3.4 咨询服务

7.3.4.1 游乐园（场）应通过视频、网站、报纸、宣传单、电话等渠道，为游客提供及时准 确的游乐信息。

7.3.4.2 咨询服务人员应熟悉园区经营活动信息，随时掌握游乐项目动态，并准确回答游客咨询。应了解周边公共服务设施信息协助提供相关咨询服务。

7.3.5 停车场服务

7.3.5.1 停车场服务人员应熟知停车场有关管理规定、各类车型及收费标准，能熟练使用交通服务手势信号。

7.3.5.2 车辆进出场时，应行礼问候；车辆拥堵时，应及时疏导。

7.3.6 售票服务

7.3.6.1 售票员应熟悉各种票券的价格，做到唱收唱付；售票时应迅速、准确，误差率应不超过万分之五。

7.3.6.2 应熟悉了解游乐园（场）的各种游乐项目信息，耐心回答游客咨询，并及时掌握游乐项目调整信息，对重要游乐项目的调整信息应提醒游客。

7.3.6.3 视情况设立团体和 VIP 专用窗口，建立团体客人和 VIP 游客的登记制度，并及时将信息和特殊服务要求传递到游乐园（场）其他相关部门。

7.3.7 导游服务

7.3.7.1 导游员应熟悉游乐园（场）游乐项目和景点知识、客源地风俗与禁忌，普通话达标，外语服务应能满足游客需要。

7.3.7.2 应提前与游客确认游览计划等事项，变更计划需征得游客同意。

7.3.7.3 应主动承担乘车、游乐、观看表演、就餐等环节的协调工作。

7.3.8 VIP 服务

7.3.8.1 VIP 接待人员应根据游乐园（场）相关规定划分接待对象级别，提供相应的接待礼遇。

7.3.8.2 应熟知接待程序、接待礼仪，具备良好的计划、表述、沟通、协调、应变能力。

7.3.8.3 应提前与贵宾方确认接待计划和警卫方案，并预留贵宾通道、停车位、游览车、演出座位等。

7.3.8.4 应记录贵宾的参观评价，做好后续反馈。

7.3.9 广播服务

7.3.9.1 广播员应使用普通话播音和英语广播；接待海外游客时应同时使用英语播音。

7.3.9.2 播音应清晰、匀速、准确。

7.3.10 行李保管服务

7.3.10.1 行李保管员在接收游客交付保管的行李物品时，应确保无易燃、易爆、有毒等危险品或其他违禁品，并认真核对游客的身份证件和行李件数，做好登记工作。

7.3.10.2 贵重物品应保存于专用保险箱中，配备专用钥匙。

7.3.10.3 物品的交付和领取应由交付人和服务人员双方共同清点清楚，并签字确认。

7.3.11 门岗服务

7.3.11.1 游乐园（场）出人口以及园内主要娱乐场所应设门岗服务。在游客入场高峰期间，应增设现场工作人员，协助门岗工作。

7.3.11.2 门岗服务人员应熟悉游乐园（场）规定的各种票券的使用方法，迅速、准确验收票券，正确引导游客进场。

7.3.11.3 应能提供团体接待服务，方便团体游客进场。

7.3.11.4 遇老人、儿童、病人和残障人士时应提供相关特殊服务。

7.3.12 餐饮服务

7.3.12.1 餐厅和饮食服务网点的营业时间应适应游乐园（场）的开放时间。

7.3.12.2 餐厅应根据游乐园（场）的环境、特色、背景及节庆活动的不同设置特色饮食或自助餐服务。

7.3.12.3 餐饮服务人员应熟知餐厅的经营服务信息，具备餐厅工作所需的卫生安全、出品及推销等知识，掌握餐饮设备、器具、工具的使用与保养方法。

7.3.12.4 应为带小孩的客人提供儿童椅。

7.3.13 购物服务

7.3.13.1 旅游商场（店）、商亭的橱窗和柜台应布局合理、结构牢固，商品陈列应既有艺术性，又能方便游客选购。

7.3.13.2 服务人员应熟悉和掌握所推销商品的性能、产地、特点，主动热情为游客介绍商品，服务中尽量满足游客的要求。

7.3.13.3 各类商品应明码标价，保证质量。

7.3.14 医疗急救服务

7.3.14.1 当园内发生意外伤害事故后应确保游客在事故发生后的 10 分钟内得到紧急医疗救助。

7.3.14.2 设置医务室的，应配备具有医师执业资格的医护人员，医护人员人数应与游乐园（场）规模相当。

7.3.14.3 设置医务室的，应有医护人员值班，为游客和工作人员进行一般性突发病痛的诊治和救护。

7.3.15 安保服务

7.3.15.1 安全保卫人员应掌握治安、消防等基本常识和相关的法律法规，熟练使用通信、治安工具和消防器材。

7.3.15.2 应能及时制止违法行为，及时劝阻客人的违规行为，并协助其他岗位工作人员为游客提供所需服务。

7.3.15.3 接到报警后应在 3 分钟内赶到现场处理，协助警方处理相关事件。

7.3.16 保洁服务

7.3.16.1 保洁服务人员应熟悉垃圾分类熟练使用各种清洁用具和清洁剂。

7.3.16.2 全场扫除、冲洗工作应在非营业期间进行，对新出现垃圾应及时清除。

7.3.16.3 保洁效果应达到游乐园（场）各场所设施相关卫生要求。

7.3.17 游客投诉处理

7.3.17.1 接受投诉人员应具备良好的沟通、应变能力能处理良好的人际关系。

7.3.17.2 在接受投诉时，应耐心倾听游客申述，记录投诉情况，积极、热情地为投诉者解决问题，当场不能解决的问题，应尽快呈报上级主管解决。

7.3.17.3 对有效投诉，应向游客致歉或做出适当补偿。

7.3.17.4 事后应查找引起投诉产生的原因，及时改进避免产生新的类似投诉。

7.4 服务质量监督

7.4.1 游乐园（场）应制定服务质量管理目标，并建立监督检查制度。

7.4.2 应设立服务质量管理部门或岗位，受理游客的投诉和咨询。

7.4.3 应设立服务监督电话，人工接听的时间不少于营业时间。

7.4.4 应配置专职人员负责服务质量的监督考核，有奖惩制度，并严格执行。

7.4.5 应定期向游客发放并回收"征求意见表"，并有计划、有目的、有选择地回访游客。

7.4.6 每月应进行至少一次由第三方机构组织的游客满意度调查。

7.4.7 对游客提出的合理化建议应采取有效的纠正措施，改进服务工作，提高服务质量。

8　环境卫生

8.1 总要求

游乐园（场）应设立部门负责绿化保养、卫生清扫等管理工作，制定各项环保卫生制度和措施，定期进行各项环保卫生检查。游乐园（场）内卫生应符合 GB 9664 的要求；环境噪声应符合 GB 3096 的要求。

8.2 环保要求

游乐园（场）应逐步建立环境管理体系，采取节能环保等多种措施，减少水、空气和噪声污染，减少固体废弃物的产生，减少游乐园（场）开发及经营对周边居民生活的干扰，提高景区环境质量，共同维护公共环境。

8.3 游乐设施卫生要求

8.3.1 机台、棚顶、台顶及周围应干净无杂物。

8.3.2 承载物地板应无杂物、无呕吐物,座席无污渍。

8.3.3 游客等候游乐的场所应无烟头、纸屑、杂物,栅栏应无浮尘。

8.4 水上乐园卫生要求

8.4.1 水上乐园应设置相应能力的池水过滤净化及消毒设施。

8.4.2 水质标准及卫生管理应按 GB 9667、GB 5749、GB 9665 中规定执行。

8.4.3 水上乐园范围内的地面应无积水、无碎玻璃及其他尖锐物品。

8.5 园区公共场所卫生要求

8.5.1 餐厅和饮食服务网点的卫生应符合国家法律法规和相关标准要求。

8.5.2 购物商场(店)、商亭的卫生标准及管理应按 GB 9670 中规定执行。

8.5.3 厕所的卫生标准及管理应按 GB/T 18973 中规定的三星级以上要求执行。

8.5.4 其他公共场所的卫生标准及管理应按 GB/T 17775 中规定的三星级以上要求执行。

第五节 《标志用公共信息图形符号 第 1 部分:通用符号》

1 范围

GB/T10001.1 规定了通用的标志用公共信息图形符号。

GB/T10001.1 适用于公共场所、服务设施及运输工具等,也适用于出版物及其他信息载体。

2 引用标准

下列标准所包含的条文,通过在本标准中引用而构成为本标准的条文。本标准出版时,所示版本均为有效。所有标准都会被修订,使用本标准的各方应探讨使用下列标准最新版本的可能性。

GB 2893-1982 安全色

GB 13495-1992 消防安全标志(ISO6309:1987)

GB/T 15566-1995 图形标志使用原则与要求

3 图形符号

通用符号见表1。

4 颜色

4.1 表1中图形符号所使用的颜色应遵守 GB 2893 的规定。没有"警告"含义不允许使用黄色,没有"禁止"含义不允许使用红色。

4.2 表1中带有颜色的图形符号,应严格遵守本标准规定的颜色。

4.3 其他图形符号的颜色选择顺序如下:

a)黑色图形,白色衬底;

b)白色图形,绿、蓝、黑色衬底;

c)蓝、绿色图形,白色衬底;

d）在保证图形与衬底对比强烈的前提下，金属载体的标志牌可采用载体本色作为衬底色。

5　图形符号标志牌的绘制和制作

5.1 应严格按照表 1 中图形符号的图形及其与正方形边线（或角标）的位置关系等比例放大或缩小。

5.2 在制作图形符号标志牌时，应保留表 1 中的正方形边线。仅当标志牌为正方形，其边缘与表 1 中的正方形边线重合时，方可省略该边线。

5.3 表 1 中的角标不是图形符号的组成部分，仅是制作图形符号的依据，角标在标志牌中不出现。对于带有颜色的图形符号，应保留角标与图形符号之间的白色衬边。

5.4 表 1 中图形的正方形四角可为圆角，正方形标志牌的四角亦可做成圆角。

表 1

序号	图形符号	名称	说明
01		出租车 Taxi	表示提供出租车服务的场所 用于公共场所、建筑物、服务设施、方向指示牌、平面布置图、信息板、车站站牌、时刻表、出版物等
02		租赁车 Car rental	表示提供租赁车服务的场所 用于公共场所、建筑物、服务设施、方向指示牌、平面布置图、信息板、车站站牌、时刻表、出版物等
03		公共汽车 Bus	表示提供公共汽车服务的场所 用于公共场所、建筑物、服务设施、方向指示牌、平面布置图、信息板、车站站牌、时刻表、出版物等
04		无轨电车 Trolleybus	表示提供无轨电车服务的场所 用于公共场所、建筑物、服务设施、方向指示牌、平面布置图、信息板、车站站牌、时刻表、出版物等 根据具体情况可使用该符号的镜像图形
05		有轨电车 Streetcar	表示提供有轨电车服务的场所 用于公共场所、建筑物、服务设施、方向指示牌、平面布置图、信息板、车站站牌、时刻表、出版物等 根据具体情况可使用该符号的镜像图形
06		飞机 Aircraft	表示民用飞机场或提供民用航空服务 用于公共场所、建筑物、服务设施、方向指示牌、平面布置图、信息板、车站站牌、时刻表、出版物等

表1(续)

序号	图形符号	名称	说明
07		直升机 Helicopter	表示直升飞机机场或提供直升机服务 用于公共场所、建筑物、服务设施、方向指示牌、平面布置图、信息板、车站站牌、时刻表、出版物等 根据具体情况可使用该符号的镜像图形
08		轮船 Boat	表示码头或提供水运服务 用于公共场所、建筑物、服务设施、方向指示牌、平面布置图、信息板、车站站牌、时刻表、出版物等 根据具体情况可使用该符号的镜像图形
09		火车 Train	表示铁路车站或提供铁路运输服务 用于公共场所、建筑物、服务设施、方向指示牌、平面布置图、信息板、车站站牌、时刻表、出版物等
10		地铁 Subway station	表示地铁车站或提供地铁运输服务 用于公共场所、建筑物、服务设施、方向指示牌、平面布置图、信息板、车站站牌、时刻表、出版物等
11		停车场 Parking	表示供停放机动车的场所 用于公共场所、建筑物、服务设施、方向指示牌、平面布置图、出版物等
12		自行车停放处 Parking for bicycle	表示供停放自行车的场所 用于公共场所、建筑物、服务设施、方向指示牌、平面布置图、出版物等
13		加油站 Gasolene station	表示供车辆加油的场所 用于公共场所、建筑物、服务设施、方向指示牌、平面布置图、时刻表、出版物等
14		方向 Direction	表示方向 用于公共场所、建筑物、服务设施、方向指示牌、平面布置图、出版物等 符号方向视具体情况设置

表1(续)

序号	图形符号	名称	说明
15		入口 Way in	表示入口位置或指明进去的通道 用于公共场所、建筑物、服务设施、方向指示牌、平面布置图、运输工具、出版物等 设置时可根据具体情况改变符号的方向
16		出口 Way out	表示出口位置或指明出去的通道 用于公共场所、建筑物、服务设施、方向指示牌、平面布置图、运输工具、出版物等 设置时可根据具体情况改变符号的方向
17		紧急出口 Emergency exit	表示紧急情况下安全疏散的出口或通道 用于公共场所、建筑物、服务设施、方向指示牌、平面布置图、运输工具、出版物等 根据具体情况可使用该符号的镜像图形
18		楼梯 Stairs	表示上下共用的楼梯。不表示自动扶梯 用于公共场所、建筑物、服务设施、方向指示牌、平面布置图、出版物等 根据具体情况可使用该符号的镜像图形
19		上楼楼梯 Stairs up	表示仅允许上楼的楼梯。不表示自动扶梯 用于公共场所、建筑物、服务设施、方向指示牌、平面布置图、出版物等 根据具体情况可使用该符号的镜像图形
20		下楼楼梯 Stairs down	表示仅允许下楼的楼梯。不表示自动扶梯 用于公共场所、建筑物、服务设施、方向指示牌、平面布置图、出版物等 根据具体情况可使用该符号的镜像图形
21		自动扶梯 Escalator	表示自动扶梯，不表示楼梯 用于公共场所、建筑物、服务设施、方向指示牌、平面布置图、出版物等 根据具体情况可使用该符号的镜像图形
22		电梯 Elevator；Lift	表示公用电梯 用于公共场所、建筑物、服务设施、方向指示牌、平面布置图、出版物等

表1（续）

序号	图形符号	名称	说明
23		残疾人设施 Facilities for disabled person	表示供残疾人使用的设施，如轮椅、坡道等 用于公共场所、建筑物、服务设施、方向指示牌、平面布置图、出版物等 根据具体情况可使用该符号的镜像图形
24		男性 Male	表示专供男性使用的设施，如男厕所、男浴室等 用于公共场所、建筑物、服务设施、方向指示牌、平面布置图、运输工具、出版物等
25		女性 Female	表示专供女性使用的设施，如女厕所、女浴室等 用于公共场所、建筑物、服务设施、方向指示牌、平面布置图、运输工具、出版物等
26		卫生间 Toilet	表示卫生间 用于公共场所、建筑物、服务设施、方向指示牌、平面布置图、运输工具、出版物等 设置时符号中男、女图形的位置应根据具体情况确定
27		男更衣 Men´s locker	表示专供男性更衣或存放衣帽等物品的场所，如男更衣、试衣室等 用于公共场所、建筑物、服务设施、方向指示牌、平面布置图、出版物等
28		女更衣 Women´s locker	表示专供女性更衣或存放衣帽等物品的场所，如女更衣、试衣室等 用于公共场所、建筑物、服务设施、方向指示牌、平面布置图、出版物等
29		饮用水 Drinking water	表示可以饮用的水 用于公共场所、建筑物、服务设施、方向指示牌、平面布置图、运输工具、出版物等
30		踏板放水 Pedal-operated facilities	表示用脚踏方式放水 用于公共场所、建筑物、服务设施、运输工具、出版物等

表1(续)

序号	图形符号	名称	说明
31		废物箱 Rubbish receptacle	表示供人们扔弃废物的设施 　用于公共场所、建筑物、服务设施、方向指示牌、平面布置图、运输工具、出版物等
32		公园 Park	表示供公众游览休息的园林 　用于公共场所、建筑物、服务设施、方向指示牌、平面布置图、信息板、时刻表、出版物等
33		自然保护区 Nature reserve	表示需要保护野生动物和植物的区域 　用于公共场所、建筑物、服务设施、方向指示牌、出版物等
34		旅馆；饭店 Accommodation	表示提供膳宿服务的场所，如旅馆、饭店或其预订处等 　用于公共场所、建筑物、服务设施、方向指示牌、平面布置图、运输工具、时刻表、出版物等
35		会议室 Conference room	表示供召开会议的场所 　用于公共场所、建筑物、服务设施、方向指示牌、平面布置图、信息板、出版物等
36		盆浴 Bath	表示提供盆浴设施的场所。不表示淋浴或游泳池 　用于建筑物、服务设施、方向指示牌、平面布置图、时刻表、出版物等
37		淋浴 Shower	表示提供淋浴设施的场所。不表示盆浴 　用于建筑物、服务设施、方向指示牌、平面布置图、时刻表、出版物等
38		电影 Cinema	表示观看电影的场所，如电影院、电影观赏室等 　用于公共场所、建筑物、服务设施、方向指示牌、平面布置图、信息板、运输工具、时刻表、出版物等

表1(续)

序号	图形符号	名称	说明
39		剧院 Theatre	表示观看戏剧的场所，如歌剧院、舞剧院等 用于公共场所、建筑物、服务设施、方向指示牌、平面布置图、信息板、运输工具、时刻表、出版物等
40		商场；商店 Shopping area	表示出售各种商品的场所，如商场、商店、购物中心等 用于公共场所、建筑物、服务设施、方向指示牌、平面布置图、信息板、运输工具、时刻表、出版物等
41		医院 Hospital	表示常设的医疗服务场所。不表示医疗点 用于公共场所、建筑物、服务设施、方向指示牌、时刻表、出版物等
42		医疗点 Clinic	表示提供简单医疗服务的场所，如医务室、医疗站、急救站等。不表示医院 用于公共场所、建筑物、服务设施、方向指示牌、时刻表、出版物等
43		等候室 Waiting room	表示供人们休息等候的场所，如车站的候车室、机场的候机室、医院的候诊室等 用于公共场所、建筑物、服务设施、方向指示牌、平面布置图、出版物等
44		安全保卫 Guard；police	表示安全保卫人员或指明安全保卫人员值勤的地点，如警卫室等 用于公共场所、建筑物、服务设施、方向指示牌、平面布置图、运输工具、出版物等
45		票务服务 Tickets	表示出售各种票据的场所，如影院、体育场馆、机场等的售票处 用于公共场所、建筑物、服务设施、方向指示牌、平面布置图、信息板、运输工具、时刻表、出版物等
46		手续办理；接待 Check-in；Reception	表示办理手续或提供接待服务的场所，如宾馆、饭店等服务机构的前台接待处，机场的手续办理处等 用于公共场所、建筑物、服务设施、方向指示牌、平面布置图、信息板、出版物等

表1（续）

序号	图形符号	名称	说明
47		问讯 Information	表示提供问讯服务的场所 用于公共场所、建筑物、服务设施、方向指示牌、平面布置图、信息板、运输工具、出版物等
48		货币兑换 Currency exchange	表示提供各种外币兑换服务的场所 用于公共场所、建筑物、服务设施、方向指示牌、平面布置图、信息板、出版物等
49		结账 Settle accounts	表示用现金或支票进行结算的场所，如宾馆、饭店的前台结账处，商场等场所的付款处等 用于公共场所、建筑物、服务设施、方向指示牌、平面布置图、出版物等
50		失物招领 Lost and found; Lost property	表示丢失物品的登记或认领场所 用于公共场所、建筑物、服务设施、方向指示牌、平面布置图、信息板、运输工具、出版物等
51		走失儿童认领 Lost children	表示丢失物品的登记或认领场所 用于公共场所、建筑物、服务设施、方向指示牌、平面布置图、信息板、运输工具、出版物等
52		行李寄存 Left luggage	表示临时存放行李的场所 用于公共场所、建筑物、服务设施、方向指示牌、平面布置图、信息板、出版物等
53		行李手推车 Luggage trolley	表示供旅客使用的行李手推车的存放地点 用于公共场所、建筑物、服务设施、方向指示牌、平面布置图、信息板、出版物等
54		邮政 Postal service	表示出售邮票或邮寄各种邮件的场所，如邮局（邮电局）、商店、宾馆中办理此业务的部门 用于公共场所、建筑物、服务设施、方向指示牌、平面布置图、信息板、运输工具、时刻表、出版物等

表1（续）

序号	图形符号	名称	说明
55		邮箱 Mailbox	表示可以投寄信件的邮政信箱。不表示邮箱以外的其他邮政业务、设施 用于公共场所、建筑物、服务设施、方向指示牌、平面布置图、时刻表、出版物等
56		电话 Telephone	表示提供电话服务的场所 用于公共场所、建筑物、服务设施、方向指示牌、平面布置图、信息板、运输工具、时刻表、出版物等
57		西餐 Restaurant	表示提供西式餐饮服务的场所，如西餐厅等。不表示中餐 用于公共场所、建筑物、服务设施、方向指示牌、平面布置图、信息板、运输工具、时刻表、出版物等
58		中餐 Chinese restaurant	表示提供中式餐饮服务的场所，如中餐厅、中餐馆等。不表示西餐 用于公共场所、建筑物、服务设施、方向指示牌、平面布置图、信息板、运输工具、时刻表、出版物等
59		快餐 Snack bar	表示提供快餐服务的场所。不表示酒吧、咖啡 用于公共场所、建筑物、服务设施、方向指示牌、平面布置图、信息板、运输工具、时刻表、出版物等
60		酒吧 Bar	表示提供饮酒及其他饮料的场所。不表示咖啡、快餐 用于公共场所、建筑物、服务设施、方向指示牌、平面布置图、信息板、运输工具、时刻表、出版物等
61		咖啡 Coffee	表示喝咖啡及其他饮料的场所。不表示酒吧、快餐 用于公共场所、建筑物、服务设施、方向指示牌、平面布置图、信息板、运输工具、时刻表、出版物等
62		花卉 Flower	表示出售各种花卉的场所，如商店的售花部或花店等 用于公共场所、建筑物、服务设施、方向指示牌、平面布置图、信息板、时刻表、出版物等

表1(续)

序号	图形符号	名称	说明
63		理发；美容 Barber	表示提供理发、美容服务的场所，如理发厅（馆）等 用于公共场所、建筑物、服务设施、方向指示牌、平面布置图、信息板、时刻表、出版物等
64		书报 Book and newspaper	表示出售各种书报的场所，如书报厅、书店等 用于公共场所、建筑物、服务设施、方向指示牌、平面布置图、信息板、运输工具、时刻表、出版物等
65		运动场所 Sporting activities	表示供体育活动而设置的场所 用于公共场所、建筑物、服务设施、方向指示牌、平面布置图、信息板、时刻表、出版物等
66		保持安静 Keeping silence	表示应保持安静的场所 用于公共场所、建筑物、服务设施、出版物等
67	VIP	贵宾 Very important person	表示对贵宾提供服务的场所 用于公共场所、建筑物、服务设施、出版物等
68		允许吸烟 Smoking allowed	表示允许吸烟的场所 用于公共场所、建筑物、服务设施、运输工具、出版物等
69		禁止吸烟 No smoking	表示禁止吸烟的场所 用于公共场所、建筑物、服务设施、运输工具、出版物等 在与消防安全有关的场所，执行 GB 13495 的"禁止吸烟"标志
70		禁止通过 Passenger no entry	表示旅客禁止通过或进入的场所 用于公共场所、建筑物、服务设施、出版物等

表1(续)

序号	图形符号	名称	说明
71		紧急呼救电话 Emergency call	表示紧急情况下，需要他人救援或帮助时使用的电话 　　用于公共场所、建筑物、服务设施、方向指示牌、平面布置图、运输工具、出版物等
72		紧急呼救设施 Emergency signal	表示紧急情况下，供人们发出警报，以请求救援或帮助的设施。不用于发出特殊警报（如火情警报）的设施 　　用于公共场所、建筑物、服务设施、方向指示牌、平面布置图、运输工具、出版物等
73		火情警报设施 Fire alarm	表示不能产生听觉或视觉警报信号的火情警报设施。不代表与消防部门通讯联系的设施 　　用于公共场所、建筑物、服务设施、方向指示牌、平面布置图、运输工具、出版物等
74		灭火器 Fire extinguisher	表示灭火器 　　用于公共场所、建筑物、服务设施、工地、厂矿、桥梁、隧道、方向指示牌、平面布置图、运输工具、出版物等

第六节　《标志用公共信息图形符号 第 2 部分：
旅游设施与服务符号》

1　范围

GB/5 10001 的本部分规定了旅游设施与服务的标志用公共信息图形符号（以下简称图形符号）。

本部分适用于旅游景点、服务设施、运输工具及其他公共场所，也适用于出版物及其他信息载体。

2　规范性引用文件

下列文件中的条款通过 GB/T 10001 的本部分的引用而成为本部分的条款。凡是注日期的引用文件，其随后所有的修改单（不包括勘误的内容）或修订版均不适用于本部分，然而，鼓励根据本部分达成协议的各方研究是否可使用这些文件的最新版本。凡是不注日期的引用文件，其最新版本适用于本部分。

GB/T 10001.1-2000 标志用公共信息图形符号 第 1 部分：通用符号

GB/T 15566　图形标志使用原则与要求

3　图形符号

旅游设施与服务符号见表 1。

4 颜色

图形符号的颜色应遵照 GB/T 10001.1-2000 第 4 章的规定。

5 图形符号标志牌的绘制和制作

图形符号标志牌的绘制和制作应遵照 GB/T 10001.1-2000 第 5 章的规定。

6 应用

在使用旅游设施与服务符号时，如涉及通用符号，则应从 GB/T 10001.1 中选取。

图形标志的使用应符合 GB/T 15566 的要求。

表 1

序号	图形符号	名称	说明
1		国内直拨电话 Domestic direct dial	表示可以与国内各地直接通话的电话 用于公共场所、建筑物、服务设施、方向指示牌、平面布置图、信息板、运输工具、旅游手册等
2		国际直拨电话 International direct dial	表示可以与国外各地直接通话的电话 用于公共场所、建筑物、服务设施、方向指示牌、平面布置图、信息板、运输工具、旅游手册等
3		团体接待 Group reception	表示专门接待团队、会议客人的场所 用于公共场所、建筑物、服务设施、方向指示牌、平面布置图、信息板、运输工具、时间表、旅游手册等
4		残疾人客房 Room for disabled person	表示可供残疾人使用的客房 用于公共场所、建筑物、服务设施、方向指示牌、平面布置图、信息板、运输工具、旅游手册等
5		客房送餐服务 Room service	表示可为客人提供送餐的服务 用于公共场所、建筑物、服务设施、方向指示牌、平面布置图、信息板、运输工具、旅游手册等
6		订餐 Banquet reservation	表示供客人订餐的场所或提供订餐服务 用于公共场所、建筑物、服务设施、方向指示牌、平面布置图、信息板、运输工具、时间表、旅游手册等

表1（续）

序号	图形符号	名称	说明
7		摄影冲印 Film developing	表示可供摄像、照相、冲洗胶卷及扩印照片的场所 用于公共场所、建筑物、服务设施、方向指示牌、平面布置图、信息板、时间表、地图、旅游手册等
8		商务中心 Business centre	表示可提供复印、打字、传真、文秘、翻译等项服务的场所 用于公共场所、建筑物、服务设施、方向指示牌、平面布置图、信息板、时间表、旅游手册等
9		洗衣 Laundry	表示洗衣场所或服务 用于公共场所、建筑物、服务设施、方向指示牌、平面布置图、信息板、时间表、地图、旅游手册等
10		干衣 Drying	表示干衣场所或服务。不表示洗衣、熨衣 用于公共场所、建筑物、服务设施、方向指示牌、平面布置图、信息板、时间表、旅游手册等
11		熨衣 Ironing	表示熨衣场所或服务。不表示洗衣、干衣 用于公共场所、建筑物、服务设施、方向指示牌、平面布置图、信息板、时间表、旅游手册等
12		电子游戏 TV Gmes Center	表示供电子游戏娱乐的场所 用于公共场所、建筑物、服务设施、方向指示牌、平面布置图、信息板、运输工具、时间表、地图、旅游手册等
13		棋牌 Chess and cards	表示供棋牌娱乐或比赛的场所，如棋牌室、棋牌间等 用于建筑物、服务设施、方向指示牌、平面布置图、信息板、运输工具、时间表、旅游手册等
14		卡拉 OK Karaoke bar	表示供卡拉 OK 娱乐的场所，如卡拉 OK 歌厅等 用于公共场所、建筑物、服务设施、方向指示牌、平面布置图、信息板、运输工具、时间表、地图、旅游手册等

表1(续)

序号	图形符号	名称	说明
15		舞厅 Dance hall	表示供跳舞娱乐的场所 用于公共场所、建筑物、服务设施、方向指示牌、平面布置图、信息板、运输工具、时间表、地图、旅游手册等
16		桑拿浴 Sauna	表示提供桑拿浴设施的场所，如桑拿浴室等 用于公共场所、建筑物、服务设施、方向指示牌、平面布置图、信息板、时间表、地图、旅游手册等
17		按摩 Massage	表示提供按摩服务的场所，如按摩室、按摩间等 用于公共场所、建筑物、服务设施、方向指示牌、平面布置图、信息板、时间表、地图、旅游手册等
18		游泳 Swimming	表示提供游泳娱乐或比赛的场所，如游泳池、游泳馆等 用于公共场所、建筑物、服务设施、方向指示牌、平面布置图、信息板、时间表、地图、旅游手册等
19		乒乓球 Table tennis	表示供乒乓球娱乐或比赛的场所，如乒乓球室、乒乓球馆等 用于公共场所、建筑物、服务设施、方向指示牌、平面布置图、信息板、运输工具、时间表、地图、旅游手册等
20		台球 Billiards	表示供台球娱乐或比赛的场所，如台球厅、台球室等 用于公共场所、建筑物、服务设施、方向指示牌、平面布置图、信息板、时间表、地图、旅游手册等
21		保龄球 Bowling	表示供保龄球娱乐或比赛的场所，如保龄球馆等 用于公共场所、建筑物、服务设施、方向指示牌、平面布置图、信息板、时间表、地图、旅游手册等
22		高尔夫球 Golf	表示供高尔夫球娱乐或比赛的场所，如高尔夫球场等 用于公共场所、建筑物、服务设施、方向指示牌、平面布置图、信息板、时间表、地图、旅游手册等

表1(续)

序号	图形符号	名称	说明
23		壁球 Squash/ Racket ball	表示供壁球娱乐或比赛的场所，如壁球室等。不表示乒乓球、网球、羽毛球等 用于公共场所、建筑物、服务设施、方向指示牌、平面布置图、信息板、时间表、地图、旅游手册等
24		网球 Tennis	表示供网球娱乐或比赛的场所，如网球场等。不表示乒乓球、壁球、羽毛球等 用于公共场所、建筑物、服务设施、方向指示牌、平面布置图、信息板、时间表、地图、旅游手册等
25		健身 Gymnasium	表示供健身锻炼的场所，如健身房、健身中心等 用于公共场所、建筑物、服务设施、方向指示牌、平面布置图、信息板、时间表、地图、旅游手册等
26		缓跑小径 Jogging track	表示可供缓跑的路径或场所 用于公共场所、建筑物、服务设施、方向指示牌、平面布置图、信息板、时间表、地图、旅游手册等
27		垂钓 Angling	表示可供钓鱼的场所 用于公共场所、旅游景点、建筑物、服务设施、方向指示牌、平面布置图、信息板、时间表、地图、旅游手册等
28		划船 Rowing	表示可供划船的场所 用于公共场所、旅游景点、建筑物、方向指示牌、平面布置图、信息板、时间表、地图、旅游手册等
29		骑马 Horse riding	表示可供骑马娱乐的场所 用于公共场所、旅游景点、建筑物、方向指示牌、平面布置图、信息板、时间表、地图、旅游手册等
30		射击 Shooting	表示可供射击娱乐的场所 用于公共场所、旅游景点、建筑物、服务设计、方向指示牌、平面布置图、信息板、时间表、地图、旅游手册等

表1(续)

序号	图形符号	名称	说明
31		狩猎 Hunting	表示可供狩猎娱乐的场所 用于公共场所、旅游景点、建筑物、方向指示牌、平面布置图、信息板、时间表、地图、旅游手册等
32		轨道缆车 Cable railway； Ratchet railway	表示封闭式铁道缆车 用于公共场所、旅游景点、建筑物、方向指示牌、平面布置图、信息板、时间表、地图、旅游手册等
33		大容量空中缆车 Cable car （large capacity）	表示大容量封闭式空中缆车 用于公共场所、旅游景点、滑雪场、方向指示牌、平面布置图、信息板、时间表、地图、旅游手册等
34		小容量空中缆车 Cable car （small capacity）	表示小容量封闭式空中缆车 用于公共场所、旅游景点、滑雪场、方向指示牌、平面布置图、信息板、时间表、地图、旅游手册等
35		单椅式空中缆车 Single chairlift	表示仅可乘坐一名乘客的椅式空中缆车 用于公共场所、旅游景点、滑雪场、方向指示牌、平面布置图、信息板、时间表、地图、旅游手册等
36		双椅式空中缆车 Double chairlift	表示仅可乘坐两名乘客的椅式空中缆车 用于公共场所、旅游景点、滑雪场、方向指示牌、平面布置图、信息板、时间表、地图、旅游手册等
37		三椅式空中缆车 Triple chairlift	表示仅可乘坐三名乘客的椅式空中缆车 用于公共场所、旅游景点、滑雪场、方向指示牌、平面布置图、信息板、时间表、地图、旅游手册等
38		四椅式空中缆车 Quadruple chairlift	表示仅可乘坐四名乘客的椅式空中缆车 用于公共场所、旅游景点、滑雪场、方向指示牌、平面布置图、信息板、时间表、地图、旅游手册等

表1（续）

序号	图形符号	名称	说明
39		关上安全杆 Close safety bar	表示乘坐索道缆车的乘客乘上缆车后须立刻关上安全杆（或安全链） 用于公共场所、旅游景点、滑雪场、方向指示牌、平面布置图、信息板、时间表、地图、旅游手册等
40		打开安全杆 Open safety bar	表示乘坐索道缆车的乘客在接近山顶或山脚站的某处应打开安全杆（或安全链） 用于公共场所、旅游景点、滑雪场、方向指示牌、平面布置图、信息板、时间表、地图、旅游手册等
41		关上过顶安全杆 Close overhead safety bar	表示乘坐索道缆车的乘客坐好后应立刻关上过顶安全杆 用于公共场所、旅游景点、滑雪场、方向指示牌、平面布置图、信息板、时间表、地图、旅游手册等
42		打开过顶安全杆 Open overhead safety bar	表示乘坐索道缆车的乘客在接近山顶或山脚站的某处要打开过顶安全杆 用于公共场所、旅游景点、滑雪场、方向指示牌、平面布置图、信息板、时间表、地图、旅游手册等
43		步行游客 必须下车 Foot passengers have to get off	表示乘坐缆车的步行乘客需下车的位置 用于公共场所、旅游景点、滑雪场、方向指示牌、平面布置图、信息板、时间表、地图、旅游手册等
44		滑雪者必须下车 Skiers have to get off	表示乘坐缆车的滑雪者需下车的位置 用于公共场所、旅游景点、滑雪场、方向指示牌、平面布置图、信息板、时间表、地图、旅游手册等
45		抬起滑雪橇前端 Raise ski tips	表示乘坐缆车的步行乘客需下车的位置 用于公共场所、旅游景点、滑雪场、方向指示牌、平面布置图、信息板、时间表、地图、旅游手册等
46		滑雪缆车 Ski lift	表示仅为滑雪者使用的滑雪缆车 用于公共场所、旅游景点、滑雪场、方向指示牌、平面布置图、信息板、时间表、地图、旅游手册等

表1(续)

序号	图形符号	名称	说明
47		陡坡滑雪缆车 Steep-slope ski lift	表示滑雪缆车经过的部分路面是陡峭的 用于公共场所、旅游景点、滑雪场、方向指示牌、 平面布置图、信息板、时间表、地图、旅游手册等
48		双列纵队排列 Line up two by two	表示乘客排成两路纵队 用于公共场所、旅游景点、滑雪场、方向指示牌、 平面布置图、信息板、时间表、地图、旅游手册等
49		三列纵队排列 Line up three by three	表示乘客排成三路纵队 用于公共场所、旅游景点、滑雪场、方向指示牌、 平面布置图、信息板、时间表、地图、旅游手册等
50		四列纵队排列 Line up four by four	表示乘客排成四路纵队 用于公共场所、旅游景点、滑雪场、方向指示牌、 平面布置图、信息板、时间表、地图、旅游手册等

第七节 《旅游区（点）质量等级的划分与评定》

1 范围

本标准规定了旅游区（点）质量等级划分的依据、条件及评定的基本要求。

本标准适用于接待海内外旅游者的各种类型的旅游区（点），包括以自然景观及人文景观为主的旅游区（点）。

2 规范性引用文件

下列标准的条款通过本标准的引用而成为本标准的条款。凡是注日期的引用文件，其随后所有的修改单（不包括勘误的内容）或修订版均不适用于本标准，然而，鼓励根据本标准达成协议的各方研究是否可使用这些文件的最新版本。凡是不注日期的引用文件，其最新版本适用于本标准。

GB 3095-1996　　　　　环境空气质量标准

GB 3096-1993　　　　　城市区域环境噪声标准

GB 3838　　　　　　　地表水环境质量标准

GB 8978　　　　　　　污水综合排放标准

GB 9664　　　　　　　文化娱乐场所卫生标准

GB 9667　　　　　　　游泳场所卫生标准

GB/T 10001.1-2000　　　　标志用公共信息图形符号

GB/T 15971-1995　　　　　导游服务质量

GB 16153-1996　　　　　　饭馆（餐厅）卫生标准

GB/T 16767-1997　　　　　游乐园（场）安全和服务质量

3　术语和定义

3.1 旅游区（点）（tourist attraction）

旅游区是以旅游及其相关活动为主要功能或主要功能之一的空间或地域。本标准中旅游区（点）是指具有参观游览、休闲度假、康乐健身等功能，具备相应旅游服务设施并提供相应旅游服务的独立管理区。该管理区应有统一的经营管理机构和明确的地域范围。包括风景区、文博院馆、寺庙观堂、旅游度假区、自然保护区、主题公园、森林公园、地质公园、游乐园、动物园、植物园及工业、农业、经贸、科教、军事、体育、文化艺术等各类旅游区（点）。

3.2 旅游资源（tourism resources）

自然界和人类社会凡能对旅游者产生吸引力，可以为旅游业开发利用，并可产生经济效益、社会效益和环境效益的各种事物和因素。

3.3 游客中心（tourist center）

旅游区（点）设立的为游客提供信息、咨询、游程安排、讲解、教育、休息等旅游设施和服务功能的专门场所。

4　旅游区（点）质量等级及标志

4.1 旅游区（点）质量等级划分为五级，从高到低依次为 AAAAA、AAAA、AAA、AA、A 级旅游区（点）。

4.2 旅游区（点）质量等级的标志、标牌、证书由国家旅游行政主管部门统一规定。

5　旅游区（点）质量等级划分条件

5.1 AAAAA 级旅游区（点）

5.1.1 旅游交通

a）可进入性好。交通设施完善，进出便捷。或具有一级公路或高等级航道、航线直达；或具有旅游专线交通工具。

b）有与景观环境相协调的专用停车场或船舶码头。且管理完善，布局合理，容量能充分满足游客接待量要求。场地平整坚实、绿化美观或水域畅通、清洁。标志规范、醒目、美观。

c）区内游览（参观）路线或航道布局合理、顺畅，与观赏内容联结度高，兴奋感强。路面特色突出，或航道水体清澈。

d）区内应使用清洁能源的交通工具。

5.1.2 游览

a）游客中心位置合理，规模适度，设施齐全，功能体现充分。咨询服务人员配备齐全，业务熟练，服务热情。

b）各种引导标识（包括导游全景图、导览图、标识牌、景物介绍牌等）造型特色突出，艺术感和文化气息浓厚，能烘托总体环境。标识牌和景物介绍牌设置合理。

c）公众信息资料（如研究论著、科普读物、综合画册、音像制品、导游图和导游材料等）特色突出，品种齐全，内容丰富、文字优美，制作精美，适时更新。

d）导游员（讲解员）持证上岗，人数及语种能满足游客需要。普通话达标率100%。导游员（讲解员）均应具大专以上文化程度，其中本科以上不少于30%。

e）导游（讲解）词科学、准确、有文采。导游服务具有针对性，强调个性化，服务质量达到 GB/T 15971-1995 中 4.5.3 和第 5 章要求。

f）公共信息图形符号的设置合理，设计精美，特色突出，有艺术感和文化气息，符合 GB/T 10001.1-2000 的规定。

g）游客公共休息设施布局合理，数量充足，设计精美，特色突出，有艺术感和文化气息。

5.1.3 旅游安全

a）认真执行公安、交通、劳动、质量监督、旅游等有关部门制订和颁布的安全法规。建立完善的安全保卫制度，工作全面落实。

b）消防、防盗、救护等设备齐全、完好、有效。交通、机电、游览、娱乐等设备完好，运行正常，无安全隐患。游乐园达到 GB/T 16767-1997 规定的安全和服务标准。危险地段标志明显，防护设施齐备、有效，特殊地段有专人看守。

c）建立紧急救援机制，设立医务室，并配备专职医务人员。设有突发事件处理预案，应急处理能力强，事故处理及时、妥当，档案记录准确、齐全。

5.1.4 卫生

a）环境整洁。无污水污物。无乱建、乱堆、乱放现象。建筑物及各种设施设备无剥落，无污垢。空气清新，无异味。

b）各类场所全部达到 GB 9664 规定的卫生标准。餐饮场所达到 GB 16153 规定的卫生标准；游泳场所达到 GB 9667 规定的卫生标准。

c）公共厕所布局合理，数量能满足需要，标识醒目美观。建筑造型景观化。所有厕所具备水冲、盥洗、通风设备并保持完好或使用免水冲生态厕所。厕所设专人服务，洁具洁净、无污垢、无堵塞。室内整洁，有文化气息。

d）垃圾箱布局合理，标识明显，造型美观独特，与环境相协调。垃圾箱分类设置，垃圾清扫及时，日产日清。

e）食品卫生符合国家规定，餐饮服务配备消毒设施，禁止使用对环境造成污染的一次性餐具。

5.1.5 邮电服务

a）提供邮政及邮政纪念服务。

b）通信设施布局合理。出入口及游人集中场所设有公用电话，具备国际、国内直拨功能。

c）公用电话亭与环境相协调，标志美观醒目。

d）通信方便，线路畅通，服务亲切，收费合理。

e）能接收手提电话信号。

5.1.6 旅游购物

a）购物场所布局合理，建筑造型、色彩、材质有特色，与环境协调。

b）对购物场所进行集中管理，环境整洁，秩序良好，无围追兜售、强买强卖现象。

c）对商品从业人员有统一管理措施和手段。

d）旅游商品种类丰富，本地区及本旅游区特色突出。

5.1.7 经营管理

a）管理体制健全，经营机制有效。

b）旅游质量、旅游安全、旅游统计等各项经营管理制度健全有效，贯彻措施得力，定期监督检查，有完整的书面记录和总结。

c）管理人员配备合理，中高级以上管理人员均具备大学以上文化程度。

d）具有独特的产品形象、良好的质量形象、鲜明的视觉形象和文明的员工形象；确立自身的品牌标志，并全面、恰当地使用。

e）有正式批准的旅游总体规划。开发建设项目符合规划要求。

f）培训机构、制度明确，人员、经费落实。业务培训全面，效果良好。上岗人员培训合格率达 100%。

g）投诉制度健全，人员落实、设备专用。投诉处理及时、妥善，档案记录完整。

h）为特定人群（老年人、儿童、残疾人等）配备旅游工具、用品，提供特殊服务。

5.1.8 资源和环境的保护

a）空气质量达 GB 3095-1996 一级标准。

b）噪声质量达到 GB 3096-1993 一类标准。

c）地面水环境质量达到 GB 3838 的规定。

d）污水排放达到 GB 8978 的规定。

e）自然景观和文物古迹保护手段科学，措施先进，能有效预防自然和人为破坏，保持自然景观和文物古迹的真实性和完整性。

f）科学管理游客容量。

g）建筑布局合理，建筑物体量、高度、色彩、造型与景观相协调；出入口主体建筑格调突出，并烘托景观及环境。周边建筑物与景观格调协调，或具有一定的缓冲区域。

h）环境氛围优良。绿化覆盖率高，植物与景观配置得当，景观与环境美化措施多样，效果好。

i）区内各项设施设备符合国家关于环境保护的要求，不造成环境污染和其他公害，不破坏旅游资源和游览气氛。

5.1.9 旅游资源吸引力

a）观赏游憩价值极高。

b）同时具有极高历史价值、文化价值、科学价值，或其中一类价值具世界意义。

c）有大量珍贵物种，或景观异常奇特，或有世界级资源实体。

d）资源实体体量巨大，或资源类型多，或资源实体疏密度极优。

e）资源实体完整无缺，保持原来形态与结构。

5.1.10 市场吸引力

a）世界知名。

b）美誉度极高。

c）市场辐射力很强。

d）主题鲜明，特色突出，独创性强。

5.1.11 年接待海内外旅游者 60 万人次以上，其中海外旅游者 5 万人次以上。

5.1.12 游客抽样调查满意率很高。

5.2 AAAA 级旅游区（点）

5.2.1 旅游交通

a）可进入性良好。交通设施完善，进出便捷。或具有一级公路或高等级航道、航线直达；或具有旅游专线交通工具。

b）有与景观环境相协调的专用停车场或船舶码头。且管理完善，布局合理，容量能满足游客接待量要求。场地平整坚实或水域畅通。标志规范、醒目。

c）区内游览（参观）路线或航道布局合理、顺畅，观赏面大。路面有特色，或航道水质良好。

d）区内使用低排放的交通工具，或鼓励使用清洁能源的交通工具。

5.2.2 游览

a）游客中心。位置合理，规模适度，设施齐全，功能完善。咨询服务人员配备齐全，业务熟练，服务热情。

b）各种引导标识（包括导游全景图、导览图、标识牌、景物介绍牌等）造型有特色，与景观环境相协调。标识牌和景物介绍牌设置合理。

c）公众信息资料（如研究论著、科普读物、综合画册、音像制品、导游图和导游材料等）特色突出，品种齐全，内容丰富、制作良好，适时更新。

d）导游员（讲解员）持证上岗，人数及语种能满足游客需要。普通话达标率100%。导游员（讲解员）均应具高中以上文化程度，其中大专以上不少于 40%。

e）导游（讲解）词科学、准确、生动。导游服务质量达到 GB/T 15971-1995 中 4.5.3 和第 5 章要求。

f）公共信息图形符号的设置合理，设计精美，有特色，有艺术感，符合 GB/T 10001.1-2000 的规定。

g）游客公共休息设施，布局合理，数量充足，设计精美，有特色，有艺术感。

5.2.3 旅游安全

a）认真执行公安、交通、劳动、质量监督、旅游等有关部门安全法规。建立完善的安全保卫制度，工作全面落实。

b）消防、防盗、救护等设备齐全、完好、有效。交通、机电、游览、娱乐等设备完好，运行正常，无安全隐患。游乐园达到 GB/T 16767-1997 规定的安全和服务标准。危险地段标志明显，防护设施齐备、有效，高峰期有专人看守。

c）建立紧急救援机制，设立医务室，并配备医务人员。设有突发事件处理预案，应急处理能力强，事故处理及时、妥当，档案记录准确、齐全。

5.2.4 卫生

a）环境整洁。无污水污物，无乱建、乱堆、乱放现象。建筑物及各种设施设备无剥落，无污垢。空气清新，无异味。

b）各类场所全部达到 GB 9664 规定的卫生标准。餐饮场所达到 GB 16153 规定的卫生标准；游泳场所达到 GB 9667 规定的卫生标准。

c）公共厕所布局合理，数量能满足需要，标识醒目美观。建筑造型与景观环境相协调。所有厕所具备水冲、盥洗、通风设备并保持完好或使用免水冲生态厕所。厕所管理完善，洁具洁净、无污垢、无堵塞。室内整洁。

d）垃圾箱布局合理，标识明显，数量能满足需要，造型美观，与环境相协调。垃圾分类收集，清扫及时，日产日清。

e）食品卫生符合国家规定，餐饮服务配备消毒设施，不使用对环境造成污染的一次性餐具。

5.2.5 邮电服务

a）提供邮政及邮政纪念服务。

b）通信设施布局合理。出入口及游人集中场所设有公用电话，具备国际、国内直拨功能。

c）公用电话亭与环境相协调，标志美观醒目。

d）通信方便，线路畅通，服务亲切，收费合理。

e）能接收手提电话信号。

5.2.6 旅游购物

a）购物场所布局合理，建筑造型、色彩、材质有特色，与环境协调。

b）对购物场所进行集中管理，环境整洁，秩序良好，无围追兜售、强买强卖现象。

c）对商品从业人员有统一管理措施和手段。

d）旅游商品种类丰富，具有本地区特色。

5.2.7 经营管理

a）管理体制健全，经营机制有效。

b）旅游质量、旅游安全、旅游统计等各项经营管理制度健全有效，贯彻措施得力，定期监督检查，有完整的书面记录和总结。

c）管理人员配备合理，高级管理人员均应具备大学以上文化程度。

d）具有独特的产品形象、良好的质量形象、鲜明的视觉形象和文明的员工形象；确立自身的品牌标志，并全面、恰当地使用。

e）有正式批准的旅游总体规划。开发建设项目符合规划要求。

f）培训机构、制度明确，人员、经费落实。业务培训全面，效果良好。上岗人员培训合格率达 100%。

g）投诉制度健全，人员、设备落实。投诉处理及时、妥善，档案记录完整。

h）为特定人群（老年人、儿童、残疾人等）配备旅游工具、用品，提供特殊服务。

5.2.8 资源和环境的保护

a）空气质量达 GB 3095-1996 一级标准。

b）噪声质量达到 GB 3096-1993 一类标准。

c）地面水环境质量达到 GB 3838 的规定。

d）污水排放达到 GB 8978 的规定。

e）自然景观和文物古迹保护手段科学，措施先进，能有效预防自然和人为破坏，保持自然景观和文物古迹的真实性和完整性。

f）科学管理游客容量。

g）建筑布局合理，建筑物体量、高度、色彩、造型与景观相协调；出入口主体建筑有格调，与景观环境相协调。周边建筑物与景观格调协调，或具有一定的缓冲区域或隔离带。

h）环境氛围良好。绿化覆盖率高，植物与景观配置得当，景观与环境美化措施多样，效果良好。

i）区内各项设施设备符合国家关于环境保护的要求，不造成环境污染和其他公害，不破坏旅游资源和游览气氛。

5.2.9 旅游资源吸引力

a）观赏游憩价值很高。

b）同时具有很高历史价值、文化价值、科学价值，或其中一类价值具全国意义。

c）有很多珍贵物种，或景观非常奇特，或有国家级资源实体。

d）资源实体体量很大，或资源类型多，或资源实体疏密度优良。

e）资源实体完整，保持原来形态与结构。

5.2.10 市场吸引力

a）全国知名。

b）美誉度高。

c）市场辐射力强。

d）形成特色主题，有一定独创性。

5.2.11 年接待海内外旅游者 50 万人次以上，其中海外旅游者 3 万人次以上。

5.2.12 游客抽样调查满意率高。

5.3 AAA 级旅游区（点）

5.3.1 旅游交通

a）可进入性较好。交通设施完备，进出便捷。或具有至少二级以上公路或高等级航道、航线直达；或具有旅游专线等便捷交通工具。

b）有与景观环境相协调的专用停车场或船舶码头。且布局合理，容量能满足需求。场地平整坚实或水域畅通。标志规范、醒目。

c）区内游览（参观）路线或航道布局合理、顺畅，观赏面大。路面有特色，或航道水质良好。

d）区内使用低排放的交通工具，或鼓励使用清洁能源的交通工具。

5.3.2 游览

a）游客中心位置合理，规模适度，设施、功能齐备。游客中心有服务人员，业务熟悉，服务热情。

b）各种引导标识（包括导游全景图、导览图、标识牌、景物介绍牌等）造型有特色，与景观环境相协调。标识牌和景物介绍牌设置合理。

c）公众信息资料（如研究论著、科普读物、综合画册、音像制品、导游图和导游材料等）有特色，品种全，内容丰富、制作良好，适时更新。

d）导游员（讲解员）持证上岗，人数及语种能满足游客需要。普通话达标率100%。导游员（讲解员）均应具高中以上文化程度，其中大专以上不少于20%。

e）导游（讲解）词科学、准确、生动。导游服务质量达到 GB/T 15971-1995 中4.5.3 和第5章要求。

f）公共信息图形符号的设置合理，设计有特色，符合 GB/T 10001.1-2000 的规定。

g）游客公共休息设施布局合理，数量满足需要，设计有特色。

5.3.3 旅游安全

a）认真执行公安、交通、劳动、质量监督、旅游等有关部门安全法规。建立完善的安全保卫制度，工作全面落实。

b）消防、防盗、救护等设备齐全、完好、有效。交通、机电、游览、娱乐等设备完好，运行正常，无安全隐患。游乐园达到 GB/T 16767 规定的安全和服务标准。危险地段标志明显，防护设施齐备、有效，高峰期有专人看守。

c）建立紧急救援机制，设立医务室，至少配备兼职医务人员。设有突发事件处理预案，应急处理能力强，事故处理及时、妥当，档案记录准确、齐全。

5.3.4 卫生

a）环境整洁。无污水污物，无乱建、乱堆、乱放现象。建筑物及各种设施设备无剥落，无污垢。空气清新，无异味。

b）各类场所全部达到 GB 9664 规定的卫生标准。餐饮场所达到 GB 16153 规定的卫生标准；游泳场所达到 GB 9667 规定的卫生标准。

c）公共厕所布局合理，数量满足需要，标识醒目。建筑造型与景观环境协调。全部厕所具备水冲、通风设备并保持完好或使用免水冲生态厕所。厕所整洁，洁具洁净、无污垢、无堵塞。

d）垃圾箱布局合理，标识明显，数量满足需要，造型美观，与环境协调。垃圾清扫及时，日产日清。

e）食品卫生符合国家规定，餐饮服务配备消毒设施，不使用对环境造成污染的一次性餐具。

5.3.5 邮电服务

a）提供邮政及邮政纪念服务。

b）通信设施布局合理。游人集中场所设有公用电话，具备国际、国内直拨功能。

c）公用电话亭与环境基本协调，标志醒目。

d）通信方便，线路畅通，服务亲切，收费合理。

e）能接收手提电话信号。

5.3.6 旅游购物

a）购物场所布局合理，建筑造型、色彩、材质与环境协调。

b）对购物场所进行集中管理，环境整洁，秩序良好，无围追兜售、强买强卖现象。

c）对商品从业人员有统一管理措施和手段。

d）旅游商品种类丰富，具有本地区特色。

5.3.7 经营管理

a）管理体制健全，经营机制有效。

b）旅游质量、旅游安全、旅游统计等各项经营管理制度健全有效，贯彻措施得力，定期监督检查，有完整的书面记录和总结。

c）管理人员配备合理，80%以上中高级管理人员具大专以上文化程度。

d）具有独特的产品形象、良好的质量形象、鲜明的视觉形象和文明的员工形象；确立自身的品牌标志，并全面、恰当地使用。

e）有正式批准的总体规划。开发建设项目符合规划要求。

f）培训机构、制度明确，人员、经费落实。业务培训全面，效果良好。上岗人员培训合格率达 100%。

g）投诉制度健全，人员、设备落实。投诉处理及时、妥善，档案记录完整。

h）能为特定人群（老年人、儿童、残疾人等）提供特殊服务。

5.3.8 资源及环境的保护

a）空气质量达 GB 3095-1996 一级标准。

b）噪声质量达到 GB 3096-1993 一类标准。

c）地面水环境质量达到 GB 3838 的规定。

d）污水排放达到 GB 8978 的规定。

e）自然景观和文物古迹保护手段科学，措施得力，能有效预防自然和人为破坏，保持自然景观和文物古迹的真实性和完整性。

f）科学管理游客容量。

g）建筑布局合理，建筑物体量、高度、色彩、造型与景观相协调；出入口主体建筑有格调，与景观环境相协调。周边建筑物与景观格调协调，或具有一定的缓冲区或隔离带。

h）环境氛围良好。绿化覆盖率较高，植物与景观配置得当，景观与环境美化效果良好。

i）区内各项设施设备符合国家关于环境保护的要求，不造成环境污染和其他公害，不破坏旅游资源和游览气氛。

5.3.9 旅游资源吸引力

a）观赏游憩价值较高。

b）同时具有很高历史价值、文化价值、科学价值，或其中一类价值具省级意义。

c）有较多珍贵物种，或景观奇特，或有省级资源实体。

d）资源实体体量大，或资源类型较多，或资源实体疏密度良好。

e）资源实体完整，基本保持原来形态与结构。

5.3.10 市场吸引力

a）周边省市知名。

b）美誉度较高。

c）市场辐射力较强。

d）有一定特色，并初步形成主题。

5.3.11 年接待海内外旅游者 30 万人次以上。

5.3.12 游客抽样调查满意率较高。

5.4 AA 级旅游区（点）

5.4.1 旅游交通

a）可进入性较好。进出方便，道路通畅。

b）有专用停车船场所。布局较合理，容量能基本满足需求。场地平整坚实或水域畅通。标志规范、醒目。

c）区内游览（参观）路线或航道布局基本合理、顺畅。

d）区内使用低排放的交通工具，或鼓励使用清洁能源的交通工具。区内无对环境造成污染的交通工具。

5.4.2 游览

a）有为游客提供咨询服务的游客中心或相应场所，咨询服务人员业务熟悉，服务热情。

b）各种引导标识（包括导游全景图、导览图、标识牌、景物介绍牌等）清晰美观，与景观环境基本协调。标识牌和景物介绍牌设置合理。

c）公众信息资料（如研究论著、科普读物、综合画册、音像制品、导游图和导游材料等）品种多，内容丰富，制作较好。

d）导游员（讲解员）持证上岗，人数及语种能满足游客需要。普通话达标率100%。导游员（讲解员）均应具高中以上文化程度。

e）导游（讲解）词科学、准确、生动。导游服务质量达到 GB/T 15971-1995 中4.5.3 和第 5 章要求。

f）公共信息图形符号的设置合理，规范醒目，符合 GB/T 10001.1-2000 的规定。

g）游客公共休息设施布局合理，数量基本满足需要，造型与环境基本协调。

5.4.3 旅游安全

a）认真执行公安、交通、劳动、质量监督、旅游等有关部门安全法规。建立完善的安全保卫制度，工作全面落实。

b）消防、防盗、救护等设备齐全、完好、有效。交通、机电、游览、娱乐等设备完好，运行正常，无安全隐患。游乐园达到 GB/T 16767 规定的安全和服务标准。危险地段标志明显，防护设施齐备、有效。

c）建立紧急救援机制。配备游客常用药品。事故处理及时、妥当，档案记录完整。

5.4.4　卫生

a）环境比较整洁。无污水污物，无乱建、乱堆、乱放现象。建筑物及各种设施设备无剥落，无污垢。空气清新，无异味。

b）各类场所全部达到 GB 9664 规定的卫生标准。餐饮场所达到 GB 16153 规定的卫生标准；游泳场所达到 GB 9667 规定的卫生标准。

c）公共厕所布局合理，数量基本满足需要，标识醒目。建筑造型与景观环境协调。70% 以上厕所具备水冲设备并保持完好或使用免水冲生态厕所。厕所整洁，洁具洁净、无污垢、无堵塞。

d）垃圾箱布局合理，标识明显，数量基本满足需要，造型美观，与环境基本协调。垃圾清扫及时，日产日清。

e）食品卫生符合国家规定，餐饮服务配备消毒设施，不使用对环境造成污染的一次性餐具。

5.4.5　邮电服务

a）提供邮政或邮政纪念服务。

b）通信设施布局合理。游人集中场所设有公用电话，具备国内直拨功能。

c）公用电话亭与环境基本协调，标志醒目。

d）通信方便，线路畅通，服务亲切，收费合理。

e）能接收手提电话信号。

5.4.6　旅游购物

a）购物场所布局基本合理，建筑造型、色彩、材质与环境基本协调。

b）对购物场所进行集中管理，环境整洁，秩序良好，无围追兜售、强买强卖现象。

c）对商品从业人员有统一管理措施和手段。

d）旅游商品种类较多，具有本地区特色。

5.4.7　经营管理

a）管理体制健全，经营机制有效。

b）旅游质量、旅游安全、旅游统计等各项经营管理制度健全有效，贯彻措施得力，定期监督检查，有完整的书面记录和总结。

c）管理人员配备合理，70% 以上中高级管理人员具大专以上文化程度。

d）具有独特的产品形象、良好的质量形象、鲜明的视觉形象和文明的员工形象。

e）有正式批准的总体规划。开发建设项目符合规划要求。

f）培训机构、制度明确，人员、经费落实。业务培训全面，效果良好。上岗人员培训合格率达 100%。

g）投诉制度健全，人员、设备落实。投诉处理及时、妥善，档案记录基本完整。

h）能为特定人群（老年人、儿童、残疾人等）提供特殊服务。

5.4.8　资源和环境的保护

a) 空气质量达 GB 3095-1996 一级标准。

b) 噪声质量达到 GB 3096-1993 一类标准。

c) 地面水环境质量达到 GB 3838 的规定。

d) 污水排放达到 GB 8978 的规定。

e) 自然景观和文物古迹保护手段科学，措施得力，能有效预防自然和人为破坏，基本保持自然景观和文物古迹的真实性和完整性。

f) 科学管理游客容量。

g) 建筑布局基本合理，建筑物体量、高度、色彩、造型与景观基本协调；出入口主体建筑有格调，与景观环境相协调。周边建筑物与景观格调基本协调，或具有一定的缓冲区或隔离带。

h) 环境氛围良好。绿化覆盖率较高，植物与景观配置得当，景观与环境美化效果较好。

i) 区内各项设施设备符合国家关于环境保护的要求，不造成环境污染和其他公害，不破坏旅游资源和游览气氛。

5.4.9 旅游资源吸引力

a) 观赏游憩价值一般。

b) 同时具有较高历史价值、文化价值、科学价值，或其中一类价值具地区意义。

c) 有少量珍贵物种，或景观突出，或有地区级资源实体。

d) 资源实体体量较大，或资源类型较多，或资源实体疏密度较好。

e) 资源实体基本完整。

5.4.10 市场吸引力

a) 全省知名。

b) 有一定美誉度。

c) 有一定市场辐射力。

d) 有一定特色。

5.4.11 年接待海内外旅游者 10 万人次以上。

5.4.12 游客抽样调查满意率较高。

5.5 A 级旅游区（点）

5.5.1 旅游交通

a) 通往旅游区（点）的交通基本通畅，有较好的可进入性。

b) 具有停车（船）场所。容量能基本满足需求。场地较平整坚实或水域较畅通。有相应标志。

c) 区内游览（参观）路线或航道布局基本合理、顺畅。

d) 区内使用低排放的交通工具，或鼓励使用清洁能源的交通工具。

5.5.2 游览

a) 有为游客提供咨询服务的场所，服务人员业务熟悉，服务热情。

b) 各种公众信息资料（包括导游全景图、导览图、标识牌、景物介绍牌等）与景观环境基本协调。标识牌和景物介绍牌设置基本合理。

c）宣传教育材料（如研究论著、科普读物、综合画册、音像制品、导游图和导游材料等）品种多，内容丰富，制作较好。

d）导游员（讲解员）持证上岗，人数及语种能基本满足游客需要。普通话达标率100%。导游员（讲解员）均应具高中以上文化程度。

e）导游（讲解）词科学、准确、生动。导游服务质量达到 GB/T 15971-1995 中4.5.3 和第 5 章要求。

f）公共信息图形符号的设置基本合理，基本符合 GB/T 10001.1-2000 的规定。

g）游客公共休息设施布局基本合理，数量基本满足需要。

5.5.3 旅游安全

a）认真执行公安、交通、劳动、质量监督、旅游等有关部门安全法规。安全保卫制度健全，工作落实。

b）消防、防盗、救护等设备齐全、完好、有效。交通、机电、游览、娱乐等设备完好，运行正常，无安全隐患。游乐园达到 GB/T 16767 规定的安全和服务标准。危险地段标志明显，防护设施齐备、有效。

c）事故处理及时、妥当，档案记录完整。配备游客常用药品。

5.5.4 卫生

a）环境比较整洁。无污水污物，无乱建、乱堆、乱放现象。建筑物及各种设施设备无剥落，无污垢。空气清新，无异味。

b）各类场所全部达到 GB 9664 规定的卫生标准。餐饮场所达到 GB 16153 规定的卫生标准；游泳场所达到 GB 9667 规定的卫生标准。

c）公共厕所布局较合理，数量基本满足需要。建筑造型与景观环境比较协调。50%以上厕所具备水冲设备并保持完好或使用免水冲生态厕所。厕所较整洁，洁具洁净、无污垢、无堵塞。

d）垃圾箱布局较合理，标识明显，数量基本满足需要，造型与环境比较协调。垃圾清扫及时，日产日清。

e）食品卫生符合国家规定，餐饮服务配备消毒设施，不使用对环境造成污染的一次性餐具。

5.5.5 邮电服务

a）提供邮政或邮政纪念服务。

b）通信设施布局较合理。游人集中场所设有公用电话，具备国内直拨功能。

c）通信方便，线路畅通，收费合理。

d）能接收手提电话信号。

5.5.6 旅游购物

a）购物场所布局基本合理，建筑造型、色彩、材质与环境较协调。

b）对购物场所进行集中管理，环境整洁，秩序良好，无围追兜售、强买强卖现象。

c）对商品从业人员有统一管理措施和手段。

d）旅游商品有本地区特色。

5.5.7 经营管理

a）管理体制健全，经营机制有效。

b）旅游质量、旅游安全、旅游统计等各项经营管理制度健全有效，贯彻措施得力，定期监督检查，有比较完整的书面记录和总结。

c）管理人员配备合理，60%以上中高级管理人员具大专以上文化程度。

d）具有一定的产品形象、质量形象和文明的员工形象。

e）有正式批准的总体规划。开发建设项目符合规划要求。

f）培训机构、制度明确，人员、经费落实。业务培训全面，效果良好。上岗人员培训合格率达100%。

g）投诉制度健全，人员、设备落实。投诉处理及时，档案记录基本完整。

h）能为特定人群（老年人、儿童、残疾人等）提供特殊服务。

5.5.8 资源和环境的保护

a）空气质量达到 GB 3095-1996 一级标准。

b）噪声质量达到 GB 3096-1993 一类标准。

c）地面水环境质量达到 GB 3838 的规定。

d）污水排放达到 GB 8978 的规定。

e）自然景观和文物古迹保护手段科学，措施得力，能有效预防自然和人为破坏，基本保持自然景观和文物古迹的真实性和完整性。

f）科学管理游客容量。

g）建筑布局较合理，建筑物造型与景观基本协调；出入口主体建筑与景观环境基本协调。周边建筑物与景观格调较协调，或具有一定的缓冲区或隔离带。

h）环境氛围较好。绿化覆盖率较高，景观与环境美化效果较好。

i）区内各项设施设备符合国家关于环境保护的要求，不造成环境污染和其他公害，不破坏旅游资源和游览气氛。

5.5.9 旅游资源吸引力

a）观赏游憩价值较小。

b）同时具有一定历史价值、文化价值、科学价值，或其中一类价值具地区意义。

c）有个别珍贵物种，或景观比较突出，或有地区级资源实体。

d）资源实体体量中等，或有一定资源类型，或资源实体疏密度一般。

e）资源实体较完整。

5.5.10 市场吸引力

a）本地区知名。

b）有一定美誉度。

c）有一定市场辐射力。

d）有一定特色。

5.5.11 年接待海内外游客3万人次以上。

5.5.12 游客抽样调查基本满意。

6   旅游区（点）质量等级的划分依据与方法

6.1 根据旅游区（点）质量等级划分条件确定旅游区（点）质量等级，按照"服务质量与环境质量评分细则""景观质量评分细则"的评价得分，并结合"游客意见评分细则"的得分综合进行。

6.2 经评定合格的各质量等级旅游景区，由全国旅游景区质量等级评定机构向社会统一公告。

第八节　《旅游规划通则》

1　范围

本标准规定了旅游规划（包括旅游发展规划和旅游区规划）的编制的原则、程序和内容以及评审的方式，提出了旅游规划编制人员和评审人员的组成与素质要求。

本标准适用于编制各级旅游发展规划及各类旅游区规划。

2　规范性引用文件

下列标准的条款通过本标准的引用而成为本标准的条款。凡是注日期的引用文件，其随后所有的修改单（不包括勘误的内容）或修订版均不适用于本标准，然而，鼓励根据本标准达成协议的各方研究是否可使用这些文件的最新版本。凡是不注日期的引用文件，其最新版本适用于本标准。

GB 3095-1996	环境空气质量标准
GB 3096-1993	城市区域环境噪声标准
GB 3838	地面水环境质量标准
GB 5749	生活饮用水卫生标准
GB 9663	旅游业卫生标准
GB 9664	文化娱乐场所卫生标准
GB 9665	公共浴室卫生标准
GB 9666	理发店、美容店卫生标准
GB 9667	游泳场所卫生标准
GB 9668	体育馆卫生标准
GB 9669	图书馆、博物馆、美术馆、展览馆卫生标准
GB 9670	商场（店）、书店卫生标准
GB 9671	医院候诊室卫生标准
GB 9672	公共交通等候室卫生标准
GB 9673	公共交通工具卫生标准
GB12941-1991	景观娱乐用水水质标准
GB 16153	饭馆（餐厅）卫生标准
GB/T 18972-2003	旅游资源分类、调查与评价

3 术语和定义

下列术语和定义适用于本标准。

3.1 旅游发展规划（tourism development plan）

旅游发展规划是根据旅游业的历史、现状和市场要素的变化所制定的目标体系，以及为实现目标体系在特定的发展条件下对旅游发展的要素所做的安排。

3.2 旅游区（tourism area）

旅游区是以旅游及其相关活动为主要功能或主要功能之一的空间或地域。

3.3 旅游区规划（tourism area plan）

旅游区规划是指为了保护、开发、利用和经营管理旅游区，使其发挥多种功能和作用而进行的各项旅游要素的统筹部署和具体安排。

3.4 旅游客源市场（tourist source market）

旅游者是旅游活动的主体，旅游客源市场是指旅游区内某一特定旅游产品的现实购买者与潜在购买者。

3.5 旅游资源（tourism resources）

自然界和人类社会凡能对旅游者产生吸引力，可以为旅游业开发利用，并可产生经济效益、社会效益和环境效益的各种事物和因素，均称为旅游资源。

3.6 旅游产品（tourism product）

旅游资源经过规划、开发建设形成旅游产品。旅游产品是旅游活动的客体与对象，可分为自然、人文和综合三大类。

3.7 旅游容量（ tourism carrying capacity）

旅游容量是指在可持续发展前提下，旅游区在某一时间段内，其自然环境、人工环境和社会经济环境所能承受的旅游及其相关活动在规模和强度上极限值的最小值。

4 旅游规划编制的要求

4.1 旅游规划编制要以国家和地区社会经济发展战略为依据，以旅游业发展方针、政策及法规为基础，与城市总体规划、土地利用规划相适应，与其他相关规划相协调；根据国民经济形势，对上述规划提出改进的要求。

4.2 旅游规划编制要坚持以旅游市场为导向，以旅游资源为基础，以旅游产品为主体，经济、社会和环境效益可持续发展的指导方针。

4.3 旅游规划编制要突出地方特色，注重区域协同，强调空间一体化发展，避免近距离不合理重复建设，加强对旅游资源的保护，减少对旅游资源的浪费。

4.4 旅游规划编制鼓励采用先进方法和技术。编制过程中应当进行多方案的比较，并征求各有关行政管理部门的意见，尤其是当地居民的意见。

4.5 旅游规划编制工作所采用的勘察、测量方法与图件、资料，要符合相关国家标准和技术规范。

4.6 旅游规划技术指标，应当适应旅游业发展的长远需要，具有适度超前性。

4.7 旅游规划编制人员应有比较广泛的专业构成，如旅游、经济、资源、环境、城市规划、建筑等方面。

5　旅游规划的编制程序

5.1 任务确定阶段

5.1.1 委托方确定编制单位

委托方应根据国家旅游行政主管部门对旅游规划设计单位资质认定的有关规定确定旅游规划编制单位。通常有公开招标、邀请招标、直接委托等形式。

公开招标：委托方以招标公告的方式邀请不特定的旅游规划设计单位投标。

邀请招标：委托方以投标邀请书的方式邀请特定的旅游规划设计单位投标。

直接委托：委托方直接委托某一特定规划设计单位进行旅游规划的编制工作。

5.1.2 制订项目计划书并签订旅游规划编制合同

委托方应制订项目计划书并与规划编制单位签订旅游规划编制合同。

5.2 前期准备阶段

5.2.1 政策法规研究

对国家和本地区旅游及相关政策、法规进行系统研究，全面评估规划所需要的社会、经济、文化、环境及政府行为等方面的影响。

5.2.2 旅游资源调查

对规划区内旅游资源的类别、品位进行全面调查，编制规划区内旅游资源分类明细表，绘制旅游资源分析图，具备条件时可根据需要建立旅游资源数据库，确定其旅游容量，调查方法可参照《旅游资源分类、调查与评价》（GB/T 18972-2003）。

5.2.3 旅游客源市场分析

在对规划区的旅游者数量和结构、地理和季节性分布、旅游方式、旅游目的、旅游偏好、停留时间、消费水平进行全面调查分析的基础上，研究并提出规划区旅游客源市场未来的总量、结构和水平。

5.2.4 对规划区旅游业发展进行竞争性分析，确立规划区在交通可进入性、基础设施、景点现状、服务设施、广告宣传等各方面的区域比较优势，综合分析和评价各种制约因素及机遇。

5.3 规划编制阶段

5.3.1 规划区主题确定。

在前期准备工作的基础上，确立规划区旅游主题，包括主要功能、主打产品和主题形象。

5.3.2 确立规划分期及各分期目标。

5.3.3 提出旅游产品及设施的开发思路和空间布局。

5.3.4 确立重点旅游开发项目，确定投资规模，进行经济、社会和环境评价。

5.3.5 形成规划区的旅游发展战略，提出规划实施的措施、方案和步骤，包括政策支持、经营管理体制、宣传促销、融资方式、教育培训等。

5.3.6 撰写规划文本、说明和附件的草案。

5.4 征求意见阶段

规划草案形成后，原则上应广泛征求各方意见，并在此基础上，对规划草案进行修改、充实和完善。

6 旅游发展规划

6.1 旅游发展规划按规划的范围和政府管理层次分为全国旅游业发展规划、区域旅游业发展规划和地方旅游业发展规划。地方旅游业发展规划又可分为省级旅游业发展规划、地市级旅游业发展规划和县级旅游业发展规划等。

地方各级旅游业发展规划均依据上一级旅游业发展规划、并结合本地区的实际情况进行编制。

6.2 旅游发展规划包括近期发展规划（3-5 年）、中期发展规划（5-10 年）或远期发展规划（10-20 年）。

6.3 旅游发展规划的主要任务是明确旅游业在国民经济和社会发展中的地位与作用，提出旅游业发展目标，优化旅游业发展的要素结构与空间布局，安排旅游业发展优先项目，促进旅游业持续、健康、稳定发展。

6.4 旅游发展规划的主要内容

6.4.1 全面分析规划区旅游业发展历史与现状、优势与制约因素，及与相关规划的衔接。

6.4.2 分析规划区的客源市场需求总量、地域结构、消费结构及其他结构，预测规划期内客源市场需求总量、地域结构、消费结构及其他结构。

6.4.3 提出规划区的旅游主题形象和发展战略。

6.4.4 提出旅游业发展目标及其依据。

6.4.5 明确旅游产品开发的方向、特色与主要内容。

6.4.6 提出旅游发展重点项目，对其空间及时序作出安排。

6.4.7 提出要素结构、空间布局及供给要素的原则和办法。

6.4.8 按照可持续发展原则，注重保护开发利用的关系，提出合理的措施。

6.4.9 提出规划实施的保障措施。

6.4.10 对规划实施的总体投资分析，主要包括旅游设施建设、配套基础设施建设、旅游市场开发、人力资源开发等方面的投入与产出方面的分析。

6.5 旅游发展规划成果包括规划文本、规划图表及附件。规划图表包括区位分析图、旅游资源分析图、旅游客源市场分析图、旅游业发展目标图表、旅游产业发展规划图等。附件包括规划说明和基础资料等。

7 旅游区规划

7.1 旅游区规划按规划层次分总体规划、控制性详细规划、修建性详细规划等。

7.2 旅游区总体规划。

7.2.1 旅游区在开发、建设之前，原则上应当编制总体规划。小型旅游区可直接编制控制性详细规划。

7.2.2 旅游区总体规划的期限一般为 10 至 20 年，同时可根据需要对旅游区的远景发展作出轮廓性的规划安排。对于旅游区近期的发展布局和主要建设项目，亦应作出近期规划，期限一般为 3 至 5 年。

7.2.3 旅游区总体规划的任务，是分析旅游区客源市场，确定旅游区的主题形象，划定旅游区的用地范围及空间布局，安排旅游区基础设施建设内容，提出开发措施。

7.2.4 旅游区总体规划内容。

7.2.4.1 对旅游区的客源市场的需求总量、地域结构、消费结构等进行全面分析与预测。

7.2.4.2 界定旅游区范围，进行现状调查和分析，对旅游资源进行科学评价。

7.2.4.3 确定旅游区的性质和主题形象。

7.2.4.4 确定规划旅游区的功能分区和土地利用，提出规划期内的旅游容量。

7.2.4.5 规划旅游区的对外交通系统的布局和主要交通设施的规模、位置；规划旅游区内部的其他道路系统的走向、断面和交叉形式。

7.2.4.6 规划旅游区的景观系统和绿地系统的总体布局。

7.2.4.7 规划旅游区其他基础设施、服务设施和附属设施的总体布局。

7.2.4.8 规划旅游区的防灾系统和安全系统的总体布局。

7.2.4.9 研究并确定旅游区资源的保护范围和保护措施。

7.2.4.10 规划旅游区的环境卫生系统布局，提出防止和治理污染的措施。

7.2.4.11 提出旅游区近期建设规划，进行重点项目策划。

7.2.4.12 提出总体规划的实施步骤、措施和方法，以及规划、建设、运营中的管理意见。

7.2.4.13 对旅游区开发建设进行总体投资分析。

7.2.5 旅游区总体规划的成果要求。

7.2.5.1 规划文本。

7.2.5.2 图件，包括旅游区区位图、综合现状图、旅游市场分析图、旅游资源评价图、总体规划图、道路交通规划图、功能分区图等其他专业规划图、近期建设规划图等。

7.2.5.3 附件，包括规划说明和其他基础资料等。

7.2.5.4 图纸比例，可根据功能需要与可能确定。

7.3 旅游区控制性详细规划

7.3.1 在旅游区总体规划的指导下，为了近期建设的需要，可编制旅游区控制性详细规划。

7.3.2 旅游区控制性详细规划的任务是，以总体规划为依据，详细规定区内建设用地的各项控制指标和其他规划管理要求，为区内一切开发建设活动提供指导。

7.3.3 旅游区控制性详细规划的主要内容：

7.3.3.1 详细划定所规划范围内各类不同性质用地的界线。规定各类用地内适建、不适建或者有条件地允许建设的建筑类型。

7.3.3.2 规划分地块，规定建筑高度、建筑密度、容积率、绿地率等控制指标，并根据各类用地的性质增加其他必要的控制指标。

7.3.3.3 规定交通出入口方位、停车泊位、建筑后退红线、建筑间距等要求。

7.3.3.4 提出对各地块的建筑体量、尺度、色彩、风格等要求。

7.3.3.5 确定各级道路的红线位置、控制点坐标和标高。

7.3.4 旅游区控制性详细规划的成果要求：

7.3.4.1 规划文本。

7.3.4.2 图件，包括旅游区综合现状图，各地块的控制性详细规划图，各项工程管线规划图等。

7.3.4.3 附件，包括规划说明及基础资料。

7.3.4.4 图纸比例一般为 1/1 000~1/2 000。

7.4 旅游区修建性详细规划

7.4.1 对于旅游区当前要建设的地段，应编制修建性详细规划。

7.4.2 旅游区修建性详细规划的任务是，在总体规划或控制性详细规划的基础上，进一步深化和细化，用以指导各项建筑和工程设施的设计和施工。

7.4.3 旅游区修建性详细规划的主要内容：

7.4.3.1 综合现状与建设条件分析。

7.4.3.2 用地布局。

7.4.3.3 景观系统规划设计。

7.4.3.4 道路交通系统规划设计。

7.4.3.5 绿地系统规划设计。

7.4.3.6 旅游服务设施及附属设施系统规划设计。

7.4.3.7 工程管线系统规划设计。

7.4.3.8 竖向规划设计。

7.4.3.9 环境保护和环境卫生系统规划设计。

7.4.4 旅游区修建性详细规划的成果要求：

7.4.4.1 规划设计说明书。

7.4.4.2 图件，包括综合现状图、修建性详细规划总图、道路及绿地系统规划设计图、工程管网综合规划设计图、竖向规划设计图、鸟瞰或透视等效果图等。图纸比例一般为 1/500~1/2 000。

7.5 旅游区可根据实际需要，编制项目开发规划、旅游线路规划和旅游地建设规划、旅游营销规划、旅游区保护规划等功能性专项规划。

8 旅游规划的评审、报批与修编

8.1 旅游规划的评审

8.1.1 评审方式

8.1.1.1 旅游规划文本、图件及附件的草案完成后，由规划委托方提出申请，上一级旅游行政主管部门组织评审。

8.1.1.2 旅游规划的评审采用会议审查方式。规划成果应在会议召开五日前送达评审人员审阅。

8.1.1.3 旅游规划的评审，需经全体评审人员讨论、表决，并有四分之三以上评审人员同意，方为通过。评审意见应形成文字性结论，并经评审小组全体成员签字，评定意见方为有效。

8.1.2 规划评审人员的组成

8.1.2.1 旅游发展规划的评审人员由规划委托方与上一级旅游行政主管部门商定；

旅游区规划的评审人员由规划委托方的当地旅游行政主管部门确定。旅游规划评审组由 7 人以上组成。其中行政管理部门代表不超过 1/3，本地专家不少于 1/3。规划评审小组设组长 1 人，根据需要可设副组长 1 至 2 人。组长、副组长人选由委托方与规划评审小组协商产生。

8.1.2.2 旅游规划评审人员应由经济分析专家、市场开发专家、旅游资源专家、环境保护专家、城市规划专家、工程建筑专家、旅游规划管理官员、相关部门管理官员等组成。

8.1.3 规划评审重点

旅游规划评审应围绕规划的目标、定位、内容、结构和深度等方面进行重点审议，包括：①旅游产业定位和形象定位的科学性、准确性和客观性；②规划目标体系的科学性、前瞻性和可行性；③旅游产业开发、项目策划的可行性和创新性；④旅游产业要素结构与空间布局的科学性、可行性；⑤旅游设施、交通线路空间布局的科学合理性；⑥旅游开发项目投资的经济合理性；⑦规划项目对环境影响评价的客观可靠性；⑧各项技术指标的合理性；⑨规划文本、附件和图件的规范性；⑩规划实施的操作性和充分性。

8.2 规划的报批

旅游规划文本、图件及附件，经规划评审会议讨论通过并根据评审意见修改后，由委托方按有关规定程序报批实施。

8.3 规划的修编

在规划执行过程中，要根据市场环境等各个方面的变化对规划进行进一步的修订和完善。

第九节《旅游厕所质量等级的划分与评定》

1　范围

本标准规定了旅游厕所质量等级划分的依据及评定的基本要求。

本标准适用于旅游景区、旅游线路沿线、交通集散点、乡村旅游点、旅游餐馆、旅游娱乐场所、旅游街区等旅游活动场所的主要为旅游者服务的公共厕所。

2　规范性引用文件

下列文件对于本文件的应用是必不可少的。凡是注日期的引用文件，仅注日期的版本适用于本文件。凡是不注日期的引用文件，其最新版本（包括所有的修改单）适用于本文件。

GB 3095　　　　　　环境空气质量标准
GB 6952　　　　　　卫生陶瓷
GB 7959　　　　　　粪便无害化卫生要求
GB/T 10001.1　　　公共信息图形符号 第1部分：通用符号
GB/T 18092　　　　免水冲卫生厕所

GB 18918　　　　　城镇污水处理厂污染物排放标准

GB/T 19095　　　　生活垃圾分类标志

GB 25501-2010　　水嘴用水效率限定值及用水效率等级

GB 25502-2010　　坐便器用水效率限定值及用水效率等级

GB/T 26396　　　　洗涤用品安全技术规范

GB 28379-2012　　便器冲洗阀用水效率限定值及用水效率等级

GB 50016　　　　　建筑设计防火规范

GB 50034　　　　　建筑照明设计标准

GB 50242　　　　　建筑给排水及采暖工程施工质量验收规范

GB 50763　　　　　无障碍设计规范

CJ 343　　　　　　污水排入城镇下水道水质标准

CJJ/T 102　　　　　城市生活垃圾分类及其评价标准

3　术语和定义

下列术语和定义适用于本文件。

3.1 旅游厕所（tourism toilet）

旅游景区、旅游线路沿线、交通集散点、乡村旅游点、旅游餐馆、旅游娱乐场所、旅游街区等旅游活动场所的主要为旅游者服务的公共厕所。

3.2 无障碍厕位（water closet compartment for wheelchair users）

公共厕所内设置的带坐便器及安全抓杆且方便行动障碍者进出和使用的带隔间的厕位。

3.3 无障碍小便位（accessible urinal）

方便行动障碍者使用的带安全抓杆的小便位。

3.4 家庭卫生间（family toilet）

为行动障碍者或协助行动不能自理的亲人（尤其是异性）使用的厕所。如女儿协助老父亲，儿子协助老母亲，母亲协助小男孩，父亲协助小女孩，配偶间互助等。

3.5 男女通用厕间（no-gender toilet）

无性别限定的如厕单间，男女均可使用，通过如厕锁门实现安全及隐私保护。

3.6 厕所服务区域（toilet service coverage）

在对游客开放的区域内，按照规划属于某厕所服务的范围即为该厕所的厕所服务区域。如无明确规划，则在对游客开放的区域内所有沿路线到达该厕所比到达其他厕所更快捷的区域都属于该厕所的厕所服务区域。

3.7 厕所服务区域最不利点（the least convenient point in the toilet service coverage）

厕所的服务区域内，沿线路到达该厕所所需时间最长的点即服务区域最不利点。

3.8 厕所服务区域最大距离（the farthest distance in the toilet service coverage）

厕所的服务区域内，沿线路到达该厕所的最大距离为厕所服务区域最大距离。

4　总则

4.1 要求

旅游厕所的建设应符合公共厕所的现行国家相关标准规定，应注意对文物古迹、自然环境和景观景点的保护。

4.2 目标

提高旅游厕所建设、管理水平，提高旅游厕所文明程度，包括：

——旅游厕所应数量充足、分布合理，厕位的数量应满足需要，男女厕位比例应符合规定。

——旅游厕所应管理有效、干净无味、运行良好。

——不具备水冲厕所建设条件的，可采用符合环保要求、维护方便、运行可靠的新技术来建设旅游厕所。

5　质量等级划分及标志

5.1 质量等级划分

旅游厕所质量等级划分为 3 个等级，由低到高依次为 A 级、AA 级、AAA 级。

5.2 质量等级划分的依据

质量等级的划分以第 6 章为依据，包括通用要求和分级要求。通用要求提出了旅游厕所质量评级的一般要求。A 级、AA 级、AAA 级是在符合通用要求的同时还要分别符合 A 级、AA 级、AAA 级的要求。

5.3 等级标志

A 级、AA 级和 AAA 级旅游厕所质量等级用"A、AA、AAA"表示。

6　质量等级划分

6.1 通用要求

6.1.1 设计及建设

6.1.1.1 数量与分布

厕所数量与分布应符合以下规定：

a）应明确每个厕所服务区域。相邻的厕所服务区域可重叠，厕所的数量与分布应符合 4.2 的规定，应没有明显的服务盲区。

b）以老人、孩子为服务对象的旅游目的地，厕所服务区域最大距离宜不超过 500 米，从厕所服务区域最不利点沿路线到达该区域厕所的时间宜不超过 5 分钟。

6.1.1.2 整体设计

厕所整体设计应符合以下规定：

a）建筑面积、厕位数量及布局根据人流量设定，如厕排队等待宜不超过 5 分钟；在旅游区出入口、停车场等人流易聚集的地方，建筑面积、厕位数量及布局应考虑瞬时人流量承受负荷，厕所出入口宜设多个；旅游高峰季节时间较短的地区可临时采用活动厕所补充厕位数量。

b）外观与周边环境相协调。

c）厕所应注意隐私保护，并根据当地气候特点设计，热带地区可采用开放式入口，寒冷地区应考虑冬季保温需求。厕所设大门时，门扇与门框之间应防夹手。

d）建筑主体材料及装饰材料应选用对人体无害的，防火性能应符合 GB 50016 的规定。

6.1.1.3 厕位（间）

厕位（间）应符合以下规定：

a）男女分区的厕所男女厕位比例（含男用小便位）不大于2/3。

b）在采用男女通用厕间时，男女厕位比例（含男用小便位）的计算方式为从（M+X）：N 到 M：（N+X）之间（M——男厕位数量，N——女厕位数量，X——男女通用厕位数量），此比例范围应涵盖2/3。在瞬时人流负荷较大的区域（如停车场、旅游区入口等）厕所宜设男女通用厕间。

c）坐蹲位设置比例宜不小于1/5，男厕大小便位比例宜不小于1/2，全是男女通用厕间的厕所每座厕所宜不少于一个座位。

d）大小便位中至少各设一个儿童便位，至少各设一个无障碍便位；便位数量有限时，无障碍小便位和儿童小便位可设在一起。

e）在以儿童旅游为主体的场所应按照儿童数量比例增设儿童便位的数量。

f）大便位隔断板（墙）上沿距地面高度应在1 800毫米以上，下沿距地面高度应在150毫米以内。小便位隔断板（墙）上沿距地面高度应在1 300毫米以上，下沿距地面高度应在600毫米以内。

g）每个厕位内应设手纸盒、衣帽钩、废弃手纸收集容器，宜设搁物板（台）。每个厕位内应设不少于一个扶手，且位置合理，安装牢固。

h）厕位（间）的门锁应牢固，应可内外开启。厕位宜设有无人功能提示装置。

6.1.1.4 便器

便器应符合以下规定：

a）在具备上下水的条件下宜选择陶瓷便器，应符合 GB 6952 的规定。

b）在不具备上下水条件下可采用免水源卫生便器，应符合 GB/T 18092 的规定。

c）可根据客源结构，为大便器配备肛门清洁装置。

6.1.1.5 配套设施

厕所配套设施应符合以下规定：

a）厕所应设洗手盆和水龙头等洁手设备，宜配洗手液容器和干手设备。洁手设备若放在厕位间内，则每个厕位都应配置。洁手设备可男女分区，也可男女通用。无上水条件的厕所洁手设备可采用雨水收集、干式净手器等新技术。

b）厕所应设面镜。

c）厕所根据地区气候宜提供降温和取暖设施。

d）洗手区域应配置废弃物收集容器。

e）应设置灭火设备。

f）应配备必要的保洁工具。

6.1.1.6 室内设计

厕所室内设计应符合以下规定：

a）厕所的通风设计应满足换气次数应在5次/小时以上，应优先采用自然通风，寒冷地区宜设附墙垂直通道，当自然通风不能满足要求时可增设机械通风。

b）厕所窗地面积比宜不小于1/8。

c）男女厕所可分开设置，也可设男女通用厕间。

d）室内地面铺装前应做防水，装饰面应采用防滑、防渗、防腐、易清洁建材。内墙面应采用防水、防火、易清洁材料。室内顶棚应选用防潮、防火、易清洁材料。

e）室内照度应符合 GB 50034 的规定，应选用节能、防潮灯具。

f）为方便保洁，水冲式厕所厕位内地面宜与厕所内地面标高一致，采用新技术的厕所厕位内地面宜不超过室内地面标高 180 毫米。

g）管理间宜根据管理、服务需求设计，使用面积宜不小于 4.0 平方米。工具间根据需求设计，使用面积宜不小于 1.0 平方米。

6.1.1.7 家庭卫生间

如设置家庭卫生间，应符合下列规定：

a）家庭卫生间应符合 GB 50763 的规定，可不再另设无障碍大便位。

b）内部设施应包括成人坐便位、儿童坐便位、儿童小便位、成人洗手盆、儿童洗手盆、有婴儿台功能的多功能台、儿童安全座椅、安全抓杆、挂衣钩和呼叫器。

c）使用面积宜不小于 6.5 平方米。

6.1.1.8 男女通用厕间

男女通用厕间的功能配置除应符合 6.1.1.3 的要求，还应符合以下要求：

a）男女通用厕间里应设一个大便器，为保持大便器的卫生，宜同时设一个小便器。

b）应满足本标准里对厕所照明、采光和通风的要求。

c）男女通用厕间应注意隐私保护，厕间隔断板（墙）不互通。

d）男女通用厕间净使用尺寸应不低于长 1.2 米，宽 0.9 米；厕间内同时设大小便器时，净尺寸应不低于长 1.4 米，宽 1.2 米。

e）洁手设施可放在厕所的男女共用空间，也可放在男女通用厕间内部，放在厕间内部时厕位尺寸宜适当加大。

6.1.1.9 给排水

厕所给排水应符合以下规定：

a）旅游厕所的给排水及采暖管路的布置与安装应符合 GB 50242 的规定。

b）给水管路进户前应设水表检查井，井内应设排空阀门，进户管道内径应不小于 50 毫米，北方地区应采取防冻措施。

c）排水管路出户后应设排水检查井，管路材质宜为 PVC，直径应不小于 160 毫米。

d）厕所地面应合理设置防腐水封地漏，确保地面无积水。

6.1.1.10 标识及导向系统

厕所的标识及导向系统应符合以下规定：

a）标识牌应采用标准图案，应符合 GB/T 10001.1 的规定，中英文对照（可根据客源分布情况增设其他文字），材质防腐、防眩光，安装位置醒目，易识别。

b）厕所指向牌应指向所属厕所服务区域的厕所或沿不同方向距离最近的厕所，标明指向牌与厕所的路程长度。厕所夜间开放的，厕所标牌应昼夜可识别。厕所应有文明用厕宣传牌，文字规范，宣传内容通俗易懂。

c）男女厕所标志牌安装在男女厕所入口处，规格不小于 300 平方厘米；男女通用厕间的标志牌安装在厕门上部，规格不小于 100 平方厘米；无障碍厕间的标志牌安装在厕门外，规格不小于 300 平方厘米；家庭卫生间的标志牌安装在厕门外，规格不小于 400 平方厘米；厕所蹲坐位标志牌宜安装在厕位门的中上部，规格不小于 60 平方厘米。以上标志牌长宽比例宜在 2∶3~3∶2 之间。

d）旅游区重要节点处宜标明厕所的分布位置，有条件的旅游区可建立智能导向系统。

e）旅游厕所质量等级标志牌宜安装在厕所入口处的合理位置。

6.1.2 环境保护

6.1.2.1 选址规划及建设

厕所的选址规划及建设应符合以下规定：

a）厕所的选址和建设过程中不应破坏文物古迹、自然环境、景观景点。

b）任何污水和处理过的中水均不应排入以天然水为主题景观的水域。

c）厕所的污水管道应经化粪池接入污水管网，不应接入雨水管、河道或水沟内。

d）水冲厕所应建化粪池，化粪池的出口应接入污水管网，化粪池出口的水质应符合 CJ343 的规定。

e）不具备水冲厕所建设条件的，宜采用符合环保要求、维护方便、运行可靠的新技术来建设旅游厕所。不应采用耗材难以降解的厕所技术。不宜采用高耗能的厕所技术。

f）采用新技术的厕所，需要建设排放物处置设施（如：贮粪池）的，不应造成渗漏。

g）不能经污水管道排放的污物应输送到法规允许的处理场所（如：粪便消纳站、粪便处理厂），如果没有应修建。

6.1.2.2 设备设施

厕所的设备设施选用应符合以下规定：

a）宜选择节水型便器。

b）洗手盆宜配节水龙头。

c）照明及其他用电设备宜选择智能节电开关。

6.1.2.3 运行要求

厕所的运行要求应符合以下规定：

a）厕所各项管理制度中应体现对环境保护的重视。

b）厕所使用的除垢剂、洗涤剂等会流入排污管的耗材应符合 GB/T 26396 中 C 类产品的要求。用于金属洁具的除垢剂、洗涤剂不应对相应的金属有腐蚀作用。

c）粪便污物需要运送（包括：人力、畜力、机械化运输）的应保证运送的过程不遗撒、不非法倾倒、不散发明显臭味，散发的气体应符合 GB 3095 的规定。

6.1.3 管理与服务

6.1.3.1 管理制度与文件

厕所管理制度与文件应符合以下规定：

a）应包括厕所管理方面的岗位职责和绩效制度。包括：专人负责保洁、检查和维修，厕所日常管理职能部门的设置、人员分工、技能培训和绩效考评等。

b）应包括厕所设计图纸、竣工档案和相关的验收文件。

c）应包括厕所的保洁质量规范、安全管理的规范和厕所责任区的规定。

d）应包括厕所的清运作业操作规范。

e）应包括厕所的粪便抽运及排放记录、清运作业质量检查表和污物排放的巡查记录。

f）厕所应有明确的编号，标明开放时间、保洁人员姓名、监督电话等内容。

g）开放时间与所在场所经营开放时间应一致或更长，夜间照明时间与厕所开放时间一致。

6.1.3.2 保洁人员

保洁人员应符合以下规定：

a）应能读写常用汉字，听懂日常普通话，适应旅游区环境，服从管理听从指挥，经相关操作培训能胜任工作。

b）保洁人员的工作职责包括对厕所的日常保洁，对设施设备损坏的报修，应急安全的处置。

c）应按规定着装，佩戴胸卡上岗。

d）应严格遵守作息时间。

e）捡拾遗失物品应及时交还失主或上交上级管理人员。

f）不应随意停用厕位，或将管理间、工具间改作他用。

g）管理间不应留宿他人。

h）不应私接乱拉电源。

i）厕所责任区内遇到火灾、自然灾害、治安案件或人员受伤、发病等突发事件，应在第一时间通知管理人员，并选择拨打119、110或120电话，同时采取相应的紧急措施。

6.1.3.3 管理服务质量

厕所管理服务质量应符合以下规定：

a）不同等级厕所的异味强度应符合相应的分级要求。

b）洗手盆、水龙头、便器及其触发装置应保持洁净，无污垢，并保持较高的正常运转率；水冲厕所的水压应保持正常，采用新技术的便器内应保持足够的功能性耗材。

c）管路、管件应无堵塞、无滴漏。

d）厕所涉及的各种耗材（如：卫生纸、坐垫纸、洗手液、垃圾袋等）应及时补充，不应短缺。

e）厕所内如有安全隐患，应及时排除，排除安全隐患期间，应设置明显的提示信息及隔离带防止游客靠近。厕所的厕间、便位、洗手盆等基本功能单元及设施因故障、耗材短缺等各种原因导致停用的，应设置明显的提示信息，并注明主要原因。

f）厕所夜间开放时间应有照明，遇雨雪等恶劣天气应适时开启照明设备，及时扫雪（水），摆放防滑标识，铺设防滑垫。

g）根据季节特点开窗通风。门帘根据冬季、夏季规定时间进行更换。

h）灭火器应摆放在明显、易取的位置并掌握使用要领，不应随意动用。

i）厕所外的责任区域应保持整洁。

j）应对各种井盖进行监管，凡发现安全隐患或丢失的应立即作出安全防护性处理，并在明显位置放置警示标识，第一时间向管理人员汇报。

k）不应用水冲洗墙壁上的电源、开关及各种电气装置。

l）应严格按照除垢剂、杀虫剂使用说明书中所规定的标准、剂量使用，保管好药品，接受各部门人员的检查监督，防止造成环境影响和污染。

6.1.3.4 其他服务

根据需要可为游客提供其他服务。

6.2 A级

6.2.1 设计及建设

6.2.1.1 数量与分布

厕所服务区域最大距离应不超过 1 000 米，从厕所服务区域最不利点沿路线到达该区域

厕所的时间应不超过 10 分。

6.2.1.2 整体设计

厕所整体设计应符合以下规定：

a）外观与周边环境相协调，不能影响周围环境及建筑。

b）厕所宜设置无障碍厕位、无障碍洗手盆、无障碍小便位，坡道、扶手、轮椅回转直

径等功能应符合 GB 50763 的规定。

6.2.1.3 厕位（间）

厕位（间）应符合以下规定：

a）大便位净使用尺寸应不低于长 1.2 米，宽 0.9 米。

b）小便位间距应不小于 0.7 米。

c）厕位（间）宜设搁物板（台）。

d）坐便位宜配置坐垫纸盒。

6.2.1.4 便器

大小便器宜采用非手动触发方式。

6.2.1.5 配套设施

洗手盆宜配节水龙头。

6.2.1.6 室内设计

厕所室内设计应符合以下规定：

a）固定式厕所室内净高度不低于 2.8 米（设天窗时可适当降低），活动厕所厕位内净高度不低于 1.9 米。

b）厕所内单排厕位外开门走道宽度应不小于 1.0 米；双排厕位外开门走道宽度应不小于 1.5 米。

6.2.1.7 家庭卫生间

除男女厕所外，宜增设家庭卫生间。

6.2.2 环境保护

6.2.2.1 选址规划及建设

采用堆肥技术处理的厕所，粪便应实现对环境为无害化，处理后的粪便里虫卵、细菌等指标应符合 GB 7959 的规定。

6.2.2.2 设备设施

厕所的设备设施选用应符合以下规定：

a）坐便器用水量应符合 GB 25502-2010 中 3 级的规定，蹲便器和小便器用水量应符合 GB 28379-2012 中 3 级的规定。

b）水龙头用水量应符合 GB 25501-2010 中 3 级的规定。

6.2.2.3 运行要求

宜定期对厕所工作人员进行环境保护知识的培训，养成节水节电的良好习惯。

6.2.3 管理与服务

6.2.3.1 管理制度与文件

厕所管理制度与文件应符合以下规定：

a）应包括厕所的保洁人员要求规范和突发事件应急预案。

b）应包括厕所的设备维修管理规定。

c）应包括厕所的保洁运行记录。

6.2.3.2 保洁人员

保洁人员应符合以下规定：

a）应经培训合格后上岗。

b）当如厕人数短时间内聚集时，保洁人员应具备维持秩序的能力。

6.2.3.3 管理服务质量

厕所管理服务质量应符合以下规定：

a）厕所异味浓度，应不超过恶臭强度 3 级水平。在空气不易流通的封闭空间（如洞穴）建设厕所应考虑对排出气体进行处置，厕所内排出的异味浓度，应不超过恶臭强度 3 级水平。

b）应按照规定的时间开启设备设施，确保厕所正常使用。

c）厕所每天第一遍保洁后，应每半天进行一次巡回保洁，检查设施。下班前应确保管辖厕所干净整洁。

d）厕所的设施应保持洁净，隔断板（墙）、搁物板（台）、无障碍设施、烘手器、灯具、开关、呼叫器、扶手、手纸盒、坐垫纸盒、挂衣钩、面镜及台面应牢固完好、干净无污渍。

e）扶手应定期消毒。暴露的管路、管件外表面应无污垢、无水渍。厕所及其设施不应有乱刻、乱写、乱画、熏烫、污迹残标等，如出现有刻画、熏烫的地方，应及时处理、覆盖、修复。

f）厕所内外各种标识、提示牌、引导牌和宣传牌、广告等应保持干净、整洁、醒目有效，不应损毁。

g）厕位（间）内的废弃纸收集容器应及时被清理，保持不破损。

h）厕所内地面应保持洁净，不应有废弃物、尿渍、污垢、杂物、死角等，不应有冰雪。

i）厕所内外墙、天花板、墙角、门窗（含天窗）、窗台、屋檐应保持整洁无破损，不应有蜘蛛网和落尘。

j）厕所外责任区内应保持干净整洁，不应有积水、积雪、结冰、污垢等。

k）厕所遇雨、雪天气，宜保证排水口通畅，屋顶不积水，防止厕所漏雨。

l）厕所照明应保持安全有效，厕所照明灯具损坏、丢失应在检查当日 60 分内报修，修复时间不大于 24 小时。

m）厕所出现供水、洁具漏水、堵塞，电气设备故障等小修项目时，应在 36 分内修复。

n）厕所洗手台、面镜、天花板、地面、墙壁、隔断板（墙）、大小便器、门窗等设施损坏的，修复时间应不大于 48 小时，便器及其触发装置应保持正常运转率不小于 80%。

o）厕所内外各种标识、提示牌、引导牌和宣传牌、广告等损毁、丢失的。修复时间不应大于 48 小时。

p）厕所散水、顶瓦、天花板和地下管线破损的，修复时间应不大于 10 天。

6.2.3.4 其他服务

可提供物品寄存、手机充电等服务。

6.3 AA 级

6.3.1 设计及建设

6.3.1.1 数量与分布

厕所服务区域最大距离应不超过 800 米，从厕所服务区域最不利点沿路线到达该区域厕

所的时间应不超过 8 分。

6.3.1.2 整体设计

厕所建筑外观应符合以下规定：

a）外观与周边环境相协调，宜体现地域文化或旅游区特色。

b）厕所应设置无障碍厕位、无障碍洗手盆、无障碍小便位，坡道、扶手、轮椅回转直

径等功能应符合 GB 50763 的规定。

6.3.1.3 厕位（间）

厕位（间）应符合以下规定：

a）蹲坐厕位净使用尺寸应不低于长 1.3 米，宽 1.0 米。

b）小便位间距应不小于 0.75 米。

c）厕位隔断板（墙）宜选用坚固、防潮、防腐、防烫、易洁、边缘安全无毛刺的品质工艺

优良的材料，材质颜色宜与厕内环境协调。

d）厕位（间）应设搁物板（台）。

e）坐便位应配置坐垫纸盒。

6.3.1.4 便器

便器的选用应符合以下规定：

a）应选择节水型大便器，采用非手动触发方式。

b）应选择节水型小便器，采用非手动触发方式。

6.3.1.5 配套设施

厕所配套设施应符合以下规定：

a）洗手盆宜配节水龙头。洗手区宜至少配备一个儿童洗手盆或洁手设备，男女分区的洗手区宜至少各配备一个儿童洗手盆或洁手设备。

b）洗手液容器与洗手盆的比例不小于 1∶2。

c）干手设备与洗手盆比例不小于 1∶4。

d）厕所的手纸盒、纸巾盒、废弃物收集箱宜选用入墙式。

6.3.1.6 室内设计

厕所室内设计应符合以下规定：

a）固定式厕所室内净高度不低于 3.2 米（设天窗时可适当降低），活动厕所厕位内净高度不低于 2.0 米。

b）厕所内单排厕位外开门走道宽度应不小于 1.2 米；双排厕位外开门走道宽度应不小于 1.7 米。

c）室内所有水、电、暖通等管线应暗装。

d）宜设应急灯。

6.3.1.7 家庭卫生间

除男女厕所外，宜增设家庭卫生间。

6.3.2 环境保护

6.3.2.1 选址规划及建设

厕所的选址规划及建设应符合以下规定：

a）建筑主体材料及装饰材料选用低碳、环保材料，宜根据地区特点就地取材或采用可再生材料。

b）旅游区污水管道不能接入市政污水管网的，宜自建污水处理系统，且出水口水质应符合 GB 18918 的规定。

c）厕所的排放物宜资源化处置、利用。采用堆肥技术处理的粪便应实现对环境为无害化，处理后的粪便里虫卵、细菌等指标应符合 GB 7959 的规定。

6.3.2.2 设备设施

厕所的设备设施选用应符合以下规定：

a）坐便器用水量应符合 GB 25502-2010 中 2 级的规定，蹲便器和小便器用水量应符合 GB 28379-2012 中 2 级的规定。

b）水龙头用水量应符合 GB 25501-2010 中 2 级的规定。

c）厕所的用电设备宜选用节电能效级别优良的产品。

d）厕所的废弃物收集设施应具备分类收集功能，并具备醒目标识，符合 GB/T 19095 的规定。

6.3.2.3 运行要求

厕所的运行要求应符合以下规定：

a）宜定期对厕所工作人员进行环境知识的培训，养成节水节电的良好习惯。

b）宜在厕所的公共区域以及公益广告位置对游客进行环保理念和文明如厕的宣传。

c）宜对厕所内产生的垃圾按照分类恰当处置。

6.3.3 管理与服务

6.3.3.1 管理制度与文件

厕所管理制度与文件应符合以下规定：

a）应包括厕所的保洁人员要求规范、保洁程序规范和突发事件应急预案。

b）应包括厕所的管道疏通作业操作规范、设备维修管理规定。

c）应包括厕所的保洁运行记录和保洁作业质量检查表。

d）宜设游客意见反馈簿或相应的信息通道，并具备快速反应的机制。

6.3.3.2 保洁人员

保洁人员应符合以下规定：

a）应经培训合格后上岗。

b）应能和掌握普通话的游客正常交流。

c）应能提供主要景点位置及交通信息。

d）应做好重大活动及各种临时性、季节性、阶段性保障工作和应急响应工作，当如厕人数短时间内聚集时，保洁人员应具备维持秩序的能力。

6.3.3.3 管理服务质量

厕所管理服务质量应符合以下规定：

a）厕所异味浓度，应不超过恶臭强度 2 级水平。在空气不易流通的封闭空间（如洞穴）建设厕所应考虑对排出气体进行处置，厕所内排出的异味浓度，应不超过恶臭强度 2 级水平。

b）应按照规定的时间开启设备设施，确保厕所正常使用。

c）保洁作业前应设立提示牌，保洁完毕后应规范填写保洁运行记录。

d）厕所每天第一遍保洁后，应每 2 小时进行一次巡回保洁，检查设施。厕所重点保洁高峰时间点，保洁人员应增加巡回保洁次数，确保厕所保洁质量。下班前应确保管辖厕所干净整洁。

e）厕所的设施应保持洁净，隔断板（墙）、搁物板（台）、无障碍设施、烘手器、灯具、开关、呼叫器、扶手、手纸盒、坐垫纸盒、挂衣钩、面镜及台面应牢固完好、干净无污渍。

f）扶手应定期消毒。暴露的管路、管件外表面应无污垢、无水渍。厕所及其设施不应有乱刻、乱写、乱画、熏烫、污迹残标等，如出现有刻画、熏烫的地方，应及时处理、覆盖、修复，修复后要与原材质色泽相似、整体协调。

g）厕所内外各种标识、提示牌、引导牌和宣传牌、广告等应保持干净、整洁、醒目有效，不应损毁。标识、标牌、引导牌内容应齐全，不应缺项。

h）厕位（间）内的废弃纸收集容器应及时被清理，保持不破损，保持内部的垃圾不超过容量的四分之三。

i）厕所内地面应保持洁净，不应有废弃物、尿渍、污垢、杂物、死角等，不应有冰雪。保洁工具应放置在工具间，码放整齐，做到工具不外露，工具间内不应存放与保洁无关的物品。

j）厕所天花板、墙角、门窗（含天窗）、窗台、屋檐应保持洁净，不应有蜘蛛网和落尘。

k）厕所内外墙体应保持整洁无破损，无乱贴乱写乱画。

l）厕所外责任区内应保持干净整洁，不应有废弃物、鼠洞、蚊蝇滋生地，不应有积水、积雪、结冰、污垢等。不应有私搭乱建、摆放杂物。应每两周进行一次大扫除。

m）厕所屋顶不应堆放物品，应定期进行清扫。特别是遇雨、雪天气，宜保证排水口通畅，屋顶不积水，防止厕所漏雨。每年入冬前应对厕所房顶进行一次杂物彻底清除。

n）宜关照使用厕所的特殊人群。

o）日常作业中应养成节约用水、电的习惯。

p）厕所照明应保持安全有效，厕所照明灯具损坏、丢失应在检查当日60分内报修，当天修复。应急照明设施应定期检查，保持工作正常。

q）厕所出现供水、洁具漏水、堵塞，电气设备故障等小修项目时，应在24小时内修复。

r）厕所洗手台、面镜、天花板、地面、墙壁、隔断板（墙）、大小便器、门窗等设施损坏的，修复时间应不大于36小时，便器及其触发装置应保持正常运转率不小于90%。

s）厕所内外各种标识、提示牌、引导牌和宣传牌、广告等损毁、丢失的。修复时间不应大于36小时。

t）厕所散水、顶瓦、天花板和地下管线破损的，修复时间应不大于5天。

u）厕所内外暴露的各种管线应每年油饰一次，以减缓腐蚀。

6.3.3.4 其他服务

可提供物品寄存、手机充电等服务。在手机数据信号不畅的地段，可提供免费WI－FI网络服务。

6.4 AAA级

6.4.1 设计及建设

6.4.1.1 数量与分布

厕所服务区域最大距离应不超过500米，从厕所服务区域最不利点沿路线到达该区域厕所的时间应不超过5分钟。

6.4.1.2 整体设计

厕所建筑外观应符合以下规定：

a）外观与周边环境相协调，应体现地域文化或旅游区特色，设计具有创新性。

b）厕所应设置无障碍厕位、无障碍洗手盆、无障碍小便位，坡道、扶手、轮椅回转直径等功能应符合 GB 50763 的规定，厕所配备的无障碍扶手应为抗菌产品。

6.4.1.3 厕位（间）厕位（间）应符合以下规定：

a）蹲坐厕位净使用尺寸应不低于长 1.5 米，宽 1.1 米。

b）小便位间距应不小于 0.8 米。

c）每个厕位内设两个手纸盒。

d）厕位隔断板（墙）应选用坚固、防潮、防腐、防烫、易洁、边缘安全无毛刺的品质工艺优良的材料，材质颜色应与厕内环境协调。

e）扶手应选用抗菌扶手，每一厕位应不少于一个，安装牢固、位置合理。

f）挂衣钩，每个厕位不少于两个。

g）厕位（间）应设搁物板（台）。

h）坐便位应配置坐垫纸盒。

6.4.1.4 便器

便器的选用应符合以下规定：

a）应选择节水型大便器，采用自动触发方式。

b）应选择节水型小便器，采用自动触发方式。

6.4.1.5 配套设施

厕所配套设施应符合以下规定：

a）洗手盆应配节水龙头。洗手区应至少配备一个儿童洗手盆或洁手设备，男女分区的洗手区应至少各配备一个儿童洗手盆或洁手设备。

b）洗手液容器与洗手盆的比例不小于 1/2。

c）干手设备与洗手盆比例不小于 1/4。

d）厕所的手纸盒、纸巾盒、废弃物收集箱宜选用入墙式。

e）面镜应配备镜前照明设备。

f）应布置绿植、倡导文明如厕的宣传品和体现旅游区特点或与室内装饰相协调的装饰品。

g）宜配置地面干燥设备。

h）宜设置播放背景音乐的设备。

6.4.1.6 室内设计

厕所室内设计应符合以下规定：

a）固定式厕所室内净高度不低于 3.5 米（设天窗时可适当降低），活动厕所厕位内净高度不低于 2.2 米。

b）厕所内单排厕位外开门走道宽度应不小于 1.5 米；双排厕位外开门走道宽度应不小于 2.0 米。

c）室内所有水、电、暖通等管线应暗装。

d）应设应急灯。

e）内部装饰应体现与旅游区相适应的文化氛围。

6.4.1.7 家庭卫生间

除男女厕所外，应增设家庭卫生间。

6.4.2 环境保护

6.4.2.1 选址规划及建设

厕所的选址规划及建设应符合以下规定：

a）建筑主体材料及装饰材料选用低碳、环保材料，应根据地区特点就地取材或采用可再生材料。

b）旅游区污水管道不能接入市政污水管网的，应自建污水处理系统，且出水口水质应符合 GB 18918 的规定。

c）水冲厕所宜用中水或收集处理的雨水、洗手水冲洗大小便。

d）厕所的排放物宜资源化处置、利用。采用堆肥技术处理的粪便应实现对环境为无害化，处理后的粪便里虫卵、细菌等指标应符合 GB 7959 的规定。

6.4.2.2 设备设施

厕所的设备设施选用应符合以下规定：

a）坐便器用水量应符合 GB 25502-2010 中 1 级的规定，蹲便器和小便器用水量应符合 GB 28379-2012 中 1 级的规定。

b）水龙头用水量应符合 GB 25501-2010 中 1 级的规定。

c）厕所的用电设备应选用节电能效级别优良的产品。

d）厕所的废弃物收集设施应具备分类收集功能，分类应符合 CJJ/T 102，并具备醒目标识，符合 GB/T 19095 的规定。

6.4.2.3 运行要求

厕所的运行要求应符合以下规定：

a）应定期对厕所工作人员进行环境知识的培训，养成节水节电的良好习惯。

b）应在厕所的公共区域以及公益广告位置对游客进行环保理念和文明如厕的宣传。

c）应对厕所内产生的垃圾按照分类恰当处置。

6.4.3 管理与服务

6.4.3.1 管理制度与文件

厕所管理制度与文件应符合以下规定：

a）应包括厕所的保洁人员要求规范、保洁程序规范、突发事件应急预案、保洁人员的培训制度和保洁人员绩效考评办法。

b）应包括厕所的管道疏通作业操作规范、设备维修管理规定。

c）应包括厕所的保洁运行记录、保洁作业质量检查表、公厕维修保养记录和维修保养作

业质量检查表。

d）应设游客意见反馈簿或相应的信息通道，并具备快速反应的机制。

6.4.3.2 保洁人员

保洁人员应符合以下规定：

a）应经培训合格后上岗。

b）应能熟练掌握普通话。

c）应能提供主要景点位置及交通信息。

d）应做好重大活动及各种临时性、季节性、阶段性保障工作和应急响应工作，当如厕人数短时间内聚集时，保洁人员应具备维持秩序的能力。

6.4.3.3 管理服务质量

厕所管理服务质量应符合以下规定：

a）厕所内异味浓度，应在恶臭强度 0 级~1 级水平之间。在空气不易流通的封闭空间（如洞穴）建设厕所应考虑对排出气体进行处置。

b）应按照规定的时间开启设备设施，确保厕所正常使用。

c）保洁作业前应设立提示牌，保洁完毕后应规范填写保洁运行记录。

d）厕所每天第一遍保洁后，至少应每小时进行一次巡回保洁，设施检查。厕所重点保洁高峰时间点，保洁人员应增加巡回保洁次数，确保厕所保洁质量。下班前应确保管辖厕所干净整洁。

e）厕所的设施应按合理顺序进行清洁，并保持洁净。隔断板（墙）、搁物板（台）、无障碍设施、烘手器、灯具、开关、呼叫器、扶手、手纸盒、坐垫纸盒、挂衣钩、面镜及台面应牢固完好、干净无污渍。

f）厕所如有背景音乐设备，应在提供服务的时段内，选取使游客身心舒适的音乐，使用适当的音量播放。

g）扶手应定期消毒。暴露的管路、管件外表面应无污垢、无水渍。厕所及其设施不应有乱刻、乱写、乱画、熏烫、污迹残标等，如出现有刻画、熏烫的地方，应及时处理、覆盖、修复，修复后要与原材质色泽一致，整体协调。

h）厕所内外各种标识、提示牌、引导牌和宣传牌、广告等应保持干净、整洁、醒目有效，不应损毁。标识、标牌、引导牌内容应齐全，不应缺项。

i）厕位（间）内的废弃纸收集容器应及时被清理，保持不破损，保持内部的垃圾不超

过容量的三分之二。

j）厕所内地面应保持洁净干燥，不应有废弃物、水迹、尿渍、污垢、杂物、死角等，不应有冰雪。内部地漏、墩布池应保持洁净。保洁工具应放置在工具间，码放整齐，做到工具不外露，工具间内不应存放与保洁无关的物品。

k）厕所天花板、墙角、门窗（含天窗）、门帘、窗帘、窗台、屋檐应保持洁净，不应有蜘蛛网和落尘。

l）厕所内外墙体应保持整洁无破损，无乱贴乱写乱画，无落尘。

m）厕所外责任区内应保持干净整洁，不应有废弃物、鼠洞、蚊蝇滋生地，不应有积水、积雪、结冰、污垢等。不应有私搭乱建、摆放杂物。应每周进行一次大扫除。

n）厕所屋顶不应堆放物品，应定期进行清扫。特别是遇雨、雪天气，应保证排水口通畅，屋顶不积水，防止厕所漏雨。每年入冬前应对厕所房顶进行一次杂物彻底

清除。

o）应关照使用厕所的特殊人群。

p）日常作业中应养成节约用水、电的习惯。

q）厕所照明应保持安全有效，厕所照明灯具损坏、丢失应在检查当日 30 分内报修，当天修复。应急照明设施应定期检查，保持工作正常。

r）厕所出现供水、洁具漏水、堵塞，电气设备故障等小修项目时，应在 12 小时内修复。

s）厕所洗手台、面镜、天花板、地面、墙壁、隔断板（墙）、大小便器、门窗等设施损坏的，修复时间应不大于 24 小时，便器及其触发装置应保持正常运转率不小于 95%。

t）厕所内外各种标识、提示牌、引导牌和宣传牌、广告等损毁、丢失的。修复时间不应大于 24 小时。

u）厕所散水、顶瓦、天花板和地下管线破损的，修复时间应不大于 3 天。

v）厕所内外暴露的各种管线应每半年油饰一次，以减缓腐蚀。

6.4.3.4 其他服务

可提供物品寄存、手机充电、电子信息等服务。在手机数据信号不畅的地段，宜提供免费 WI-FI 网络服务。必要时可提供轮椅、婴儿车、雨具、拐杖的租借。

第十节 《旅游资源分类、调查与评价》

1 范围

本标准规定了旅游资源分类、旅游资源调查、旅游资源评价和提交文（图）件。

本标准适用于旅游资源开发，其他行业部门也可参考。

2 规范性引用文件

下列文件对于本文件的应用是必不可少的。凡是注日期的引用文件，仅注日期的版本适用于本文件。凡是不注日期的引用文件，其最新版本适用于本标准。

GB/T 2260 中华人民共和国行政区代码

3 术语和定义

下列术语和定义适用于本标准。

3.1 旅游资源（tourism resources）

自然界和人类社会凡能对旅游者产生吸引力，可以为旅游业开发利用，并可产生经济效益、社会效益和环境效益的各种事物和因素。

3.2 旅游资源基本类型（fundamental type of tourism resources）

按照旅游资源分类标准所划分出的基本单位。

3.3 旅游资源单体（object of tourism resources）

可作为独立观赏或利用的旅游资源基本类型的单独个体，包括"独立型旅游资源单体"和由同一类型的独立单体结合在一起的"集合型旅游资源单体"。

3.4 旅游资源调查（investigation of tourism resources）

按照旅游资源分类标准，对旅游资源单体进行的研究和记录。

3.5 旅游资源共有因子评价（community factor evaluation of tourist resources）

按照旅游资源基本类型所共同拥有的因子对旅游资源单体进行的价值和程度评价。

4 旅游资源分类

4.1 分类原则

依据旅游资源的性状，即现存状况、形态、特性、特征划分。

4.2 分类对象

稳定的、客观存在的实体旅游资源。

不稳定的、客观存在的事物和现象。

4.3 分类结构

分为"主类""亚类""基本类型"3个层次。

每个层次的旅游资源类型有相应的汉语拼音代号，见表1。

表1 旅游资源分类表

主类	亚类	基本类型	简要说明
A 地文景观	AA 自然景观综合体	AAA 山丘型景观	山地丘陵内可供观光游览的整体景观或个别景观
		AAB 台地型景观	山地边缘或山间台状可供观光游览的整体景观或个别景观
		AAC 沟谷型景观	沟谷内可供观光游览的整体景观或个别景观
		AAD 滩地型景观	缓平滩地内可供观光游览的整体景观或个别景观
	AB 地质与构造形态	ABA 断层景观	地层断裂在地表形成的景观
		ABB 褶曲景观	地层在各种内力作用下形成的扭曲变形
		ABC 地层剖面	地层中具有科学意义的典型剖面
		ABD 生物化石点	保持在地层中的地质时期生物遗体、遗骸及活动遗迹的发掘地点
	AC 地表形态	ACA 台丘状地景	台地和丘陵形状的地貌景观
		ACB 峰柱状地景	在山地、丘陵或平地上突起的峰状石体
		ACC 垄岗状地景	构造形迹的控制下长期受溶蚀作用形成的岩溶地貌
		ACD 沟壑与洞穴	由内营力塑造或外营力侵蚀形成的沟谷、劣地，以及位于基岩内和岩石表面的天然洞穴
		ACE 奇特与象形山石	形状奇异、拟人状物的山体或石体
		ACF 岩土圈灾变遗迹	岩石圈自然灾害变动所留下的表面痕迹
	AD 自然标记与自然现象	ADA 奇异自然现象	发生在地表一般还没有合理解释的自然界奇特现象
		ADB 自然标志地	标志特殊地理、自然区域的地点
		ADC 垂直自然地带	山地自然景观及其自然要素（主要是地貌、气候、植被、土壤）随海拔呈递变规律的现象

表1(续)

主类	亚类	基本类型	简要说明
B 水域景观	BA 河系	BAA 游憩河段	可供观光游览的河流段落
		BAB 瀑布	河水在流经断层、凹陷等地区时垂直从高空跌落的跌水
		BAC 古河道段落	已经消失的历史河道现存段落
	BB 湖沼	BBA 游憩湖区	湖泊水体的观光游览区与段落
		BBB 潭池	四周有岸的小片水域
		BBC 湿地	天然或人工形成的沼泽地等带有静止或流动水体的成片浅水区
	BC 地下水	BCA 泉	地下水的天然露头
		BCB 埋藏水体	埋藏于地下的温度适宜、具有矿物元素的地下热水、热气
	BD 冰雪地	BDA 积雪地	长时间不融化的降雪堆积面
		BDB 现代冰川	现代冰川存留区域
	BE 海面	BEA 游憩海域	可供观光游憩的海上区域
		BEB 涌潮与击浪现象	海水大涨时潮水涌进景象，以及海浪推进时的击岸现象
		BEC 小型岛礁	出现在江海中的小型明礁或暗礁
C 生物景观	CA 植被景观	CAA 林地	生长在一起的大片树林组成的植物群体
		CAB 独树与丛树	单株或生长在一起的小片树林组成的植物群体
		CAC 草地	以多年生草本植物或小半灌木组成的植物群落构成的地区
		CAD 花卉地	一种或多种花卉组成的群体
	CB 野生动物栖息地	CBA 水生动物栖息地	一种或多种水生动物常年或季节性栖息的地方
		CBB 陆地动物栖息地	一种或多种陆地野生哺乳动物、两栖动物、爬行动物等常年或季节性栖息的地方
		CBC 鸟类栖息地	一种或多种鸟类常年或季节性栖息的地方
		CBD 蝶类栖息地	一种或多种蝶类常年或季节性栖息的地方
D 天象与气候景观	DA 天象景观	DAA 太空景象观赏地	观察各种日、月、星辰、极光等太空现象的地方
		DAB 地表光现象	发生在地面上的天然或人工光现象
	DB 天气与气候现象	DBA 云雾多发区	云雾及雾凇、雨凇出现频率较高的地方
		DBB 极端与特殊气候显示地	易出现极端与特殊气候的地区或地点，如风区、雨区、热区、寒区、旱区等典型地点
		DBC 物候景象	各种植物的发芽、展叶、开花、结实、叶变色、落叶等季变现象

表1(续)

主类	亚类	基本类型	简要说明
E 建筑与设施	EA 人文景观综合体	EAA 社会与商贸活动场所	进行社会交往活动、商业贸易活动的场所
		EAB 军事遗址与古战场	古时用于战事的场所、建筑物和设施遗存
		EAC 教学科研实验场所	各类学校和教育单位、开展科学研究的机构和从事工程技术试验场所的观光、研究、实习的地方
		EAD 建设工程与生产地	经济开发工程和实体单位,如工厂、矿区、农田、牧场、林场、茶园、养殖场、加工企业以及各类生产部门的生产区域或生产线
		EAE 文化活动场所	进行文化活动、展览、科学技术普及的场所
		EAF 康体游乐休闲度假地	具有康乐、健身、休闲、疗养、度假条件的地方
		EAG 宗教与祭祀活动场所	进行宗教、祭祀、礼仪活动场所的地方
		EAH 交通运输场站	用于运输通行的地面场站等
		EAI 纪念地与纪念活动场所	为纪念故人或开展各种宗教祭祀、礼仪活动的馆室或场地
	EB 实用建筑与核心设施	EBA 特色街区	反映某一时代建筑风貌,或经营专门特色商品和商业服务的街道
		EBB 特色屋舍	具有观赏游览功能的房屋
		EBC 独立厅、室、馆	具有观赏游览功能的景观建筑
		EBD 独立场、所	具有观赏游览功能的文化、体育场馆等空间场所
		EBE 桥梁	跨越河流、山谷、障碍物或其他交通线而修建的架空通道
		EBF 渠道、运河段落	正在运行的人工开凿的水道段落
		EBG 堤坝段落	防水、挡水的构筑物段落
		EBH 港口、渡口与码头	位于江、河、湖、海沿岸进行航运、过渡、商贸、渔业活动的地方
		EBI 洞窟	由水的溶蚀、侵蚀和风蚀作用形成的可进入的地下空洞
		EBJ 陵墓	帝王、诸侯陵寝及领袖先烈的坟墓
		EBK 景观农田	具有一定观赏游览功能的农田
		EBL 景观牧场	具有一定观赏游览功能的牧场
		EBM 景观林场	具有一定观赏游览功能的林场
		EBN 景观养殖场	具有一定观赏游览功能的养殖场
		EBO 特色店铺	具有一定观光游览功能的店铺
		EBP 特色市场	具有一定观光游览功能的市场

表1（续）

主类	亚类	基本类型	简要说明
E 建筑与设施	EC 景观与小品建筑	ECA 形象标志物	能反映某处旅游形象的标志物
		ECB 观景点	用于景观观赏的场所
		ECC 亭、台、楼、阁	供游客休息、乘凉或观景用的建筑
		ECD 书画作	具有一定知名度的书画作品
		ECE 雕塑	用于美化或纪念而雕刻塑造、具有一定寓意、象征或象形的观赏物和纪念物
		ECF 碑碣、碑林、经幡	雕刻记录文字、经文的群体刻石或多角石柱
		ECG 牌坊牌楼、影壁	为表彰功勋、科第、德政以及忠孝节义所立的建筑物，以及中国传统建筑中用于遮挡视线的墙壁
		ECH 门廊、廊道	门头廊形装饰物，不同于两侧基质的狭长地带
		ECI 塔形建筑	具有纪念、镇物、标明风水和某些实用目的的直立建筑物
		ECJ 景观步道、甬路	用于观光游览行走而砌成的小路
		ECK 花草坪	天然或人造的种满花草的地面
		ECL 水井	用于生活、灌溉用的取水设施
		ECM 喷泉	人造的由地下喷射水至地面的喷水设备
		ECN 堆石	由石头堆砌或填筑形成的景观
F 历史遗迹	FA 物质类文化遗存	FAA 建筑遗迹	具有地方风格和历史色彩的历史建筑遗存
		FAB 可移动文物	历史上各时代重要实物、艺术品、文献、手稿、图书资料、代表性实物等，分为珍贵文物和一般文物
	FB 非物质类文化遗存	FBA 民间文学艺术	民间对社会生活进行形象的概括而创作的文学艺术作品
		FBB 地方习俗	社会文化中长期形成的风尚、礼节、习惯及禁忌等
		FBC 传统服饰装饰	具有地方和民族特色的衣饰
		FBD 传统演艺	民间各种传统表演方式
		FBE 传统医药	当地传统留存的医药制品和治疗方式
		FBF 传统体育赛事	当地定期举行的体育比赛活动
G 旅游购物	GA 农业产品	GAA 种植业产品与制品	具有跨地区声望的当地生产的种植业产品及制品
		GAB 林业产品与制品	具有跨地区声望的当地生产的林业产品及制品
		GAC 畜牧业产品与制品	具有跨地区声望的当地生产的畜牧业产品及制品
		GAD 水产品与制品	具有跨地区声望的当地生产的水产品及制品
		GAE 养殖业产品与制品	具有跨地区声望的养殖业产品及制品
	GB 工业产品	GBA 日用工业品	具有跨地区声望的当地生产的日用工业品
		GBB 旅游装备产品	具有跨地区声望的当地生产的户外旅游装备和物品

表1（续）

主类	亚类	基本类型	简要说明
G 旅游购物	GC 手工艺品	GCA 文房用品	文房书斋的主要文物
		GCB 织品、染织	纺织及用染色印发织物
		GCC 家具	生活、工作或社会实践中供人们坐、卧或支撑与贮存物品的器具
		GCD 陶瓷	由瓷石、高岭土、石英石、莫来石等烧制而成，外表施有玻璃质釉或彩绘的物器
		GCE 金石雕刻、雕塑制品	用金属、石料或木头等材料雕刻的工艺品
		GCF 金石器	用金属、石料制成的具有观赏价值的器物
		GCG 纸艺与灯艺	以纸材质和灯饰材料为主要材料制成的平面或立体的艺术品
		GCH 画作	具有一定观赏价值的手工画成作品
H 人文活动	HA 人事活动记录	HAA 地方人物	当地历史和现代名人
		HAB 地方事件	当地发生过的历史和现代事件
	HB 岁时节令	HBA 宗教活动与庙会	宗教信徒举办的礼仪活动，以及节日或规定日子里在寺庙附件或既定地点举行的聚会
		HBB 农时节日	当地与农业生产息息相关的传统节日
		HBC 现代节庆	当地定期或不定期的文化、商贸、体育活动等
数量统计			
8 主类	23 亚类	110 基本类型	

［注］如果发现本分类没有包括的基本类型时，使用者可自行增加。增加的基本类型可归入相应亚类，置于最后，最多可增加2个。编号方式为：增加第1个基本类型时，该亚类2位汉语拼音字母+Z、增加第2个基本类型时，该亚类2位汉语拼音字母+Y。

5 旅游资源调查

5.1 基本要求

5.1.1 按照本标准规定的内容和方法进行调查。

5.1.2 保证成果质量，强调整个运作过程的科学性、客观性、准确性，并尽量做到内容简洁和量化。

5.1.3 充分利用与旅游资源有关的各种资料和研究成果，完成统计、填表和编写调查文件等项工作。调查方式以收集、分析、转化、利用这些资料和研究成果为主，并逐个对旅游资源单体进行现场调查核实，包括访问、实地观察、测试、记录、绘图、摄影，必要时进行采样和室内分析。

5.1.4 旅游资源调查分为"旅游资源详查"和"旅游资源概查"两个档次，其调查方式和精度要求不同。

5.2 旅游资源详查

5.2.1 适用范围和要求

5.2.1.1 适用于了解和掌握整个区域旅游资源全面情况的旅游资源调查。

5.2.1.2 完成全部旅游资源调查程序，包括调查准备、实地调查。

5.2.1.3 要求对全部旅游资源单体进行调查，提交全部"旅游资源单体调查表"。

5.2.2 调查准备

5.2.2.1 调查组

5.2.2.1.1 调查组成员应具备与该调查区旅游环境、旅游资源、旅游开发有关的专业知识，一般应吸收旅游、环境保护、地学、生物学、建筑园林、历史文化、旅游管理等方面的专业人员参与。

5.2.2.1.2 根据本标准的要求，进行技术培训。

5.2.2.1.3 准备实地调查所需的设备如定位仪器、简易测量仪器、影像设备等。

5.2.2.1.4 准备多份"旅游资源单体调查表"。

5.2.2.2 资料收集范围

5.2.2.2.1 与旅游资源单体及其赋存环境有关的各类文字描述资料，包括地方志书、乡土教材、旅游区与旅游点介绍、规划与专题报告等。

5.2.2.2.2 与旅游资源调查区有关的各类图形资料，重点是反映旅游环境与旅游资源的专题地图。

5.2.2.2.3 与旅游资源调查区和旅游资源单体有关的各种照片、影像资料。

5.2.3 实地调查

5.2.3.1 程序与方法

5.2.3.1.1 确定调查区内的调查小区和调查线路

为便于运作和此后旅游资源评价、旅游资源统计、区域旅游资源开发的需要，将整个调查区分为"调查小区"。调查小区一般按行政区划分（如省一级的调查区，可将地区一级的行政区划分为调查小区；地区一级的调查区，可将县级一级的行政区划分为调查小区；县级一级的调查区，可将乡镇一级的行政区划分为调查小区），也可按现有或规划中的旅游区域划分。

调查线路按实际要求设置，一般要求贯穿调查区内所有调查小区和主要旅游资源单体所在的地点。

5.2.3.1.2 选定调查对象

选定下述单体进行重点调查：具有旅游开发前景，有明显经济、社会、文化价值的旅游资源单体；集合型旅游资源单体中具有代表性的部分；代表调查区形象的旅游资源单体。

对下列旅游资源单体暂时不进行调查：明显品位较低，不具有开发利用价值的；与国家现行法律、法规相违背的；开发后有损于社会形象的或可能造成环境问题的；影响国计民生的；某些位于特定区域内的。

5.2.3.1.3 填写《旅游资源单体调查表》

对每一调查单体分别填写一份"旅游资源单体调查表"（见本标准附录 B）。调查表各项内容填写要求如下：

① 单体序号：由调查组确定的旅游资源单体顺序号码。

② 单体名称：旅游资源单体的常用名称。

③ "代号"项：代号用汉语拼音字母和阿拉伯数字表示，即"表示单体所处位置

的汉语拼音字母-表示单体所属类型的汉语拼音字母-表示单体在调查区内次序的阿拉伯数字"。

如果单体所处的调查区是县级和县级以上行政区，则单体代号按"国家标准行政代码（省代号2位-地区代号3位-县代号3位，参见GB/T 2260-1999中华人民共和国行政区代码）-旅游资源基本类型代号3位-旅游资源单体序号2位"的方式设置，共5组13位数，每组之间用短线"-"连接。

如果单体所处的调查区是县级以下的行政区，则旅游资源单体代号按"国家标准行政代码（省代号2位-地区代号3位-县代号3位，参见GB/T 2260-1999中华人民共和国行政区代码）-乡镇代号（由调查组自定2位）-旅游资源基本类型代号3位-旅游资源单体序号2位"的方式设置，共6组15位数，每组之间用短线"-"连接。

如果遇到同一单体可归入不同基本类型的情况，在确定其为某一类型的同时，可在"其他代号"后按另外的类型填写。操作时只需改动其中"旅游资源基本类型代号"，其他代号项目不变。

填表时，一般可省略本行政区及本行政区以上的行政代码。

④"行政位置"项：填写单体所在地的行政归属，从高到低填写政区单位名称。

⑤"地理位置"项：填写旅游资源单体主体部分的经纬度（精度到秒）。

⑥"性质与特征"项：填写旅游资源单体本身个性，包括单体性质、形态、结构、组成成分的外在表现和内在因素，以及单体生成过程、演化历史、人事影响等主要环境因素，提示如下：

1）外观形态与结构类：旅游资源单体的整体状况、形态和突出（醒目）点；代表形象部分的细节变化；整体色彩和色彩变化、奇异华美现象，装饰艺术特色等；组成单体整体各部分的搭配关系和安排情况，构成单体主体部分的构造细节、构景要素等。

2）内在性质类：旅游资源单体的特质，如功能特性、历史文化内涵与格调、科学价值、艺术价值、经济背景、实际用途等。

3）组成成分类：构成旅游资源单体的组成物质、建筑材料、原料等。

4）成因机制与演化过程类：表现旅游资源单体发生、演化过程、演变的时序数值；生成和运行方式，如形成机制、形成年龄和初建时代、废弃时代、发现或制造时间、盛衰变化、历史演变、现代运动过程、生长情况、存在方式、展示演示及活动内容、开放时间等。

5）规模与体量类：表现旅游资源单体的空间数值如占地面积、建筑面积、体积、容积等；个性数值如长度、宽度、高度、深度、直径、周长、进深、面宽、海拔、高差、产值、数量、生长期等；比率关系数值如矿化度、曲度、比降、覆盖度、圆度等。

6）环境背景类：旅游资源单体周围的境况，包括所处具体位置及外部环境如目前与其共存并成为单体不可分离的自然要素和人文要素，如气候、水文、生物、文物、民族等；影响单体存在与发展的外在条件，如特殊功能、雪线高度、重要战事、主要矿物质等；单体的旅游价值和社会地位、级别、知名度等。

7）关联事物类：与旅游资源单体形成、演化、存在有密切关系的典型的历史人物与事件等。

⑦"旅游区域及进出条件"项：包括旅游资源单体所在地区的具体部位、进出交通、与周边旅游集散地和主要旅游区（点）之间的关系等。

⑧"保护与开发现状"项：旅游资源单体保存现状、保护措施、开发情况等。

⑨"共有因子评价问答"项：旅游资源单体的观赏游憩价值、历史文化科学艺术价值、珍稀或奇特程度、规模丰度与概率、完整性、知名度和影响力、适游期和使用范围、污染状况与环境安全。

5.3 旅游资源概查

5.3.1 适用范围和要求

5.3.1.1 适用于了解和掌握特定区域或专门类型的旅游资源调查。

5.3.1.2 要求对涉及的旅游资源单体进行调查。

5.3.2 调查技术要点

5.3.2.1 参照"旅游资源详查"中的各项技术要求。

5.3.2.2 简化工作程序，如不需要成立调查组，调查人员由其参与的项目组织协调委派；资料收集限定在与专门目的所需要的范围；可以不填写或择要填写"旅游资源单体调查表"等。

6　旅游资源评价

6.1 总体要求

6.1.1 按照本标准的旅游资源分类体系对旅游资源单体进行评价。

6.1.2 本标准采用打分评价方法。

6.1.3 评价主要由调查组完成。

6.2 评价体系

本标准依据"旅游资源共有因子综合评价系统"赋分。

本系统设"评价项目"和"评价因子"两个档次。

评价项目为"资源要素价值""资源影响力""附加值"。

其中：

"资源要素价值"项目中含"观赏游憩使用价值""历史文化科学艺术价值""珍稀奇特程度""规模、丰度与几率""完整性"等5项评价因子。

"资源影响力"项目中含"知名度和影响力""适游期或使用范围"等2项评价因子。

"附加值"含"环境保护与环境安全"1项评价因子。

6.3 计分方法

6.3.1 基本分值

6.3.1.1 评价项目和评价因子用量值表示。资源要素价值和资源影响力总分值为100分，其中：

"资源要素价值"为85分，分配如下："观赏游憩使用价值"30分、"历史科学文化艺术价值"25分、"珍稀或奇特程度"15分、"规模、丰度与概率"10分、"完整性"5分。

"资源影响力"为15分，其中："知名度和影响力"10分、"适游期或使用范围"

5 分。

6.3.1.2 "附加值"中"环境保护与环境安全",分正分和负分。

6.3.1.3 每一评价因子分为 4 个档次,其因子分值相应分为 4 档。

旅游资源评价赋分标准见表 2。

表 2　旅游资源评价赋分标准

评价项目	评价因子	评价依据	赋值
资源要素价值（85分）	观赏游憩使用价值（30分）	全部或其中一项具有极高的观赏价值、游憩价值、使用价值。	30~22
		全部或其中一项具有很高的观赏价值、游憩价值、使用价值。	21~13
		全部或其中一项具有较高的观赏价值、游憩价值、使用价值。	12~6
		全部或其中一项有一般观赏价值、游憩价值、使用价值。	5~1
	历史文化科学艺术价值（25分）	同时或其中一项具有世界意义的历史价值、文化价值、科学价值、艺术价值。	25~20
		同时或其中一项具有全国意义的历史价值、文化价值、科学价值、艺术价值。	19~13
		同时或其中一项具有省级意义的历史价值、文化价值、科学价值、艺术价值。	12~6
		历史价值、或文化价值、或科学价值，或艺术价值具有地区意义。	5~1
	珍稀奇特程度（15分）	有大量珍稀物种，或景观异常奇特，或此类现象在其他地区罕见。	15~13
		有较多珍稀物种，或景观奇特，或此类现象在其他地区很少见。	12~9
		有少量珍稀物种，或景观突出，或此类现象在其他地区少见。	8~4
		有个别珍稀物种，或景观比较突出，或此类现象在其他地区较多见。	3~1
	规模、丰度与概率（10分）	独立型旅游资源单体规模、体量巨大；集合型旅游资源单体结构完美、疏密度优良级；自然景象和人文活动周期性发生或频率极高。	10~8
		独立型旅游资源单体规模、体量较大；集合型旅游资源单体结构很和谐、疏密度良好；自然景象和人文活动周期性发生或频率很高。	7~5
		独立型旅游资源单体规模、体量中等；集合型旅游资源单体结构和谐、疏密度较好；自然景象和人文活动周期性发生或频率较高。	4~3
		独立型旅游资源单体规模、体量较小；集合型旅游资源单体结构较和谐、疏密度一般；自然景象和人文活动周期性发生或频率较小。	2~1
	完整性（5分）	形态与结构保持完整。	5~4
		形态与结构有少量变化，但不明显。	3
		形态与结构有明显变化。	2
		形态与结构有重大变化。	1

评价项目	评价因子	评价依据	赋值
资源影响力（15分）	知名度和影响力（10分）	在世界范围内知名，或构成世界承认的名牌。	10-8
		在全国范围内知名，或构成全国性的名牌。	7-5
		在本省范围内知名，或构成省内的名牌。	4-3
		在本地区范围内知名，或构成本地区名牌。	2-1
	适游期或使用范围（5分）	适宜游览的日期每年超过300天，或适宜于所有游客使用和参与。	5-4
		适宜游览的日期每年超过250天，或适宜于80%左右游客使用和参与。	3
		适宜游览的日期超过150天，或适宜于60%左右游客使用和参与。	2
		适宜游览的日期每年超过100天，或适宜于40%左右游客使用和参与。	1
附加值	环境保护与环境安全	已受到严重污染，或存在严重安全隐患。	-5
		已受到中度污染，或存在明显安全隐患。	-4
		已受到轻度污染，或存在一定安全隐患。	-3
		已有工程保护措施，环境安全得到保证。	3

6.3.2 计分与等级划分

6.3.2.1 计分

根据对旅游资源单体的评价，得出该单体旅游资源共有综合因子评价赋分值。

6.3.2.2 旅游资源评价等级指标

依据旅游资源单体评价总分，将其分为五级，从高级到低级为：

五级旅游资源，得分值域≥90分。

四级旅游资源，得分值域≥75-89分。

三级旅游资源，得分值域≥60-74分。

二级旅游资源，得分值域≥45-59分。

一级旅游资源，得分值域≥30-44分。

此外还有：

未获等级旅游资源，得分≤29分。

其中：

五级旅游资源称为"特品级旅游资源"；

五级、四级、三级旅游资源被通称为"优良级旅游资源"；

二级、一级旅游资源被通称为"普通级旅游资源"。

7 提交文（图）件

7.1 文（图）件内容和编写要求

7.1.1 全部文（图）件包括《旅游资源调查区实际资料表》《旅游资源图》《旅游资源调查报告》

7.1.2 旅游资源详查和旅游资源概查的文（图）件类型和精度不同，旅游资源详查需要完成全部文（图）件，包括填写《旅游资源调查区实际资料表》，编绘《旅游资源地图》，编写《旅游资源调查报告》。旅游资源概查要求编绘《旅游资源地图》，其他文件可根据需要选择编写。

7.2 文（图）件产生方式

7.2.1《旅游资源调查区实际资料表》的填写

7.2.1.1 调查区旅游资源调查、评价结束后，由调查组填写。

7.2.1.2 按照本标准附录 C 规定的栏目填写，栏目内容包括：调查区基本资料、各层次旅游资源数量统计、各主类、亚类旅游资源基本类型数量统计、各级旅游资源单体数量统计、优良级旅游资源单体名录、调查组主要成员、主要技术存档材料。

7.2.1.3 本表同样适用于调查小区实际资料的填写。

7.2.2《旅游资源图》的编绘

7.2.2.1 类型

"旅游资源图"，表现五级、四级、三级、二级、一级旅游资源单体。

"优良级旅游资源图"，表现五级、四级、三级旅游资源单体。

7.2.2.2 编绘程序与方法

7.2.2.2.1 准备工作底图

① 等高线地形图：比例尺视调查区的面积大小而定，较大面积的调查区为 1：50 000 - 1：200 000，较小面积的调查区为 1：5 000 - 1：25 000，特殊情况下为更大比例尺。

② 调查区政区地图

7.2.2.2.2 在工作底图的实际位置上标注旅游资源单体（部分集合型单体可将范围绘出）。

各级旅游资源使用下列图例（表 3）。

表 3　旅游资源图图例

旅游资源等级	图例	使用说明
五级旅游资源	■	1. 图例大小根据图面大小而定，形状不变。 2. 自然旅游资源（旅游资源分类表中主类 A、B、C、D）使用蓝色图例；人文旅游资源（旅游资源分类表中主类 E、F、G、H）使用红色图例。
四级旅游资源	●	
三级旅游资源	◆	
二级旅游资源	□	
一级旅游资源	○	

7.2.2.2.3 单体符号一侧加注旅游资源单体代号或单体序号。

7.2.3《旅游资源调查报告》的编写

各调查区编写的旅游资源调查报告，基本篇目如下：

前言

第一章　调查区旅游环境

第二章　旅游资源开发历史和现状

第三章　旅游资源基本类型

第四章　旅游资源评价

第五章　旅游资源保护与开发建议

主要参考文献

附图:《旅游资源图》或《优良级旅游资源图》

第十一节　《绿色饭店国家标准》

1　范围

本标准规定了绿色饭店相关术语及定义、基本要求、绿色设计、安全管理、节能管理、环境保护、健康管理和评定原则。

本标准适用于从事经营服务的饭店。餐饮企业可参照有关条款执行。

2　规范性引用文件

下列文件中的条款通过本标准的引用而成为本标准的条款。凡是注日期的引用文件,其随后所有的修改单(不包括勘误的内容)或修订版均不适用于本标准,然而,鼓励根据本标准达成协议的各方研究是否可使用这些文件的最新版本。凡是不注日期的引用文件,其最新版本适用于本标准。

GB 5749　生活饮用水卫生标准

GB 8978　污水综合排放标准

GB 9663　旅店业卫生标准

GB 12348　工业企业厂界噪声标准

GB 13271　锅炉大气污染物排放标准

GB 15316　节能检测技术通则

GB/T 18883　室内空气质量标准

GB/T 19001　质量管理体系要求(IDT ISO9001:2000)

GB/T 22000-2006 食品安全管理体系 食品链中各类组织的要求(ISO22000:2005,IDT)

GB/T 24001　环境管理体系　要求及适用指南(ISO14001:2004,IDT)

GB/T 28001　职业健康安全管理体系 规范(OHSAS18001:1999)

中华人民共和国固体废物污染环境防治法 中华人民共和国主席令第58号(2004年12月29日)

公共场所集中空调通风系统卫生管理办法 卫监督发〔2006〕53号

公共场所集中空调通风系统 卫生规范 卫监督发〔2006〕58号

3 术语和定义

下列术语和定义适用于本标准。

3.1 饭店（hotel）

向消费者提供住宿、饮食以及相关综合服务的企业。包括酒店、宾馆、旅店、旅馆、度假村、招待所、培训中心等。

3.2 绿色饭店（green hotel）

在规划、建设和经营过程中，坚持以节约资源、保护环境、安全健康为理念，以科学的设计和有效的管理、技术措施为手段，以资源效率最大化、环境影响最小化为目标，为消费者提供安全、健康服务的饭店。

3.3 绿色设计（green design）

将节约资源、保护环境的因素纳入饭店设计环节之中，帮助确定设计的决策方向，减少资源消耗和对环境的影响。

3.4 环境方针（environment policy）

由最高管理者就组织的环境绩效所证实表述的总体意图和方向。

3.5 绿色消费（green consumption）

消费者在消费过程中，主动选择有益于资源节约、环境保护的产品和服务，减少或消除对环境的污染，降低资源和能源的消耗。

3.6 绿色行动（green action）

企业按照指定的计划，为向广大社会公众传播绿色饭店相关知识，以及调整自身经营方式，加强能源节约、环境保护而采取的一系列活动。

3.7 清洁生产（clean production）

采取改进设计、使用清洁的能源和原料、采用先进的工艺技术和设备、改善管理、综合利用等措施，从源头削减污染，提高资源利用效率，减少或避免生产、服务和产品使用过程中污染物的产生和排放，以减轻或者消除对人类健康和环境的危害。

3.8 危险废物（hazardous waste）

列入国家危险废物名录的废物。

注：参考《中华人民共和国固体废物污染环境防治法》

4 等级划分及标识

4.1 根据饭店在节约资源、保护环境和提供安全、健康的产品和服务等方面取得不同程度的效果，绿色饭店分为五个等级。

4.2 用银杏叶标识，从一叶到五叶，五叶级为最高级。

5 基本要求

5.1 遵守建设和运营中涉及的节能、环保、卫生、防疫、安全、规划等法律、法规和标准的要求。

5.2 制定环境方针，明确绿色行动目标和可量化指标，并有完善的经营管理制度保障执行。

5.3 有相应组织机构，有绿色行动的考核及奖励制度，有高层管理者具体负责创建活动。

5.4 每年有为员工提供绿色饭店相关知识的教育和培训，包括节能节水、环境保护技术及管理、消防教育、职业安全教育和食品安全教育。

5.5 提供绿色行动的预算资金及人力资源的支持。

5.6 有倡导节约资源、保护环境和绿色消费的宣传行动以营造绿色消费环境的氛围，对消费者的节约、环保消费行为能够提供多项鼓励措施。

5.7 近三年内无安全事故和环境污染超标事故。

6　绿色设计

6.1 环境设计

6.1.1 选址远离高辐射、高污染地区。

6.1.2 设计中充分体现当地自然、人文和谐和对生物多样性的保护。

6.1.3 不造成当地生态环境的破坏。

6.2 建筑设计

6.2.1 设计中体现节能省地，无建筑空间的浪费。

6.2.2 有隔热、降噪、保温材料的设计与运用。

6.2.3 有自然采光的设计与运用。

6.2.4 采用环保、安全、健康的建筑材料和装修。

6.3 流程设计

6.3.1 有积极利用地热能、太阳能、风能、水能等可再生能源和替代能源的设计。

6.3.2 有能源、资源循环利用设计。

6.3.3 有在服务、产品形成过程中清洁生产的设计。

7　安全管理

7.1 有安全生产例会制度和生产安全事故隐患排查制度并执行。

7.2 设备设施安全可靠，危险设备、设施及区域设置栅栏隔离或警示标识提示。

7.3 有公共安全、消防安全、食品安全等突发事件应急预案，并不断完善，定期组织演练。

7.4 有能够覆盖所有营业区域的中英文应急广播，客房和公共区域显著位置有各类应急图示、须知，并至少用规范的中、英文两种文字表示。

8　节能管理

8.1 水、电、气、煤、油等主要能耗部门建立并实施责任制。

8.2 主要用能设备和功能区域安装计量仪表，鼓励饭店按标准 GB 15316 要求进行节能测试和能源审计。

8.3 每月对水、电、气、煤、油的消耗量进行监测和对比分析，定期向员工报告。

8.4 定期对空调、供热、照明等用能设备进行巡检和及时维护，减少能源损耗。

8.5 采取先进节能设备、技术和管理方法，采用节能标志产品，提高能源使用效率。

8.6 采用夏津的节水器具、技术和管理方法，减少水资源的消耗。

8.7 采取可再生能源和替代能源，减少煤、气、油的使用。

8.8 公共区域夏季温度设置不低于 26℃，冬季温度不高于 20℃。

9 降耗管理

9.1 减少一次性用品的使用。

9.2 根据顾客意愿减少客房棉织品换洗次数。

9.3 简化客房用品的包装。

9.4 节约用纸,提倡无纸化办公。

9.5 有鼓励废旧物品再利用的措施。

10 环境保护

10.1 遵守国家或地方污染物排放标准,减少污染物排放浓度和排放总量,按照当地环境目标减排直至达到零排放。

10.2 采用先进环保技术和设备。

10.3 选择使用环境标志产品。

10.4 采取措施减少固体废弃物的排放量,固体废弃物实施分类收集,储运不对周围环境产生危害;危险性废弃物及特定的回收物料交有资质机构处理、处置。

10.5 采用有机肥料和天然杀虫方法,减少化学药剂的使用。

10.6 采用本地植物绿化环境。

11 健康管理

11.1 绿色客房

11.1.1 设有无烟客房或无烟楼层。

11.1.2 装修环保。

11.1.3 相对湿度符合 GB/T 18883 规定,温度可根据客人需要调整。

11.1.4 有良好的新风系统,封闭状态下无异味。

11.1.5 门、窗、墙壁隔音良好。

11.1.6 提供洁净饮用水,符合 GB/T 5749 规定。

11.1.7 客房卫生间内的设备、设施每日进行消毒,卫生符合 GB 9663 规定。

11.1.8 放置有益人体健康的绿色植物。

11.2 绿色餐饮

11.2.1 食品加工经营场所按原料的进入、储存、处理、半成品加工、成品供应单向流程布局,功能操作间齐备。

11.2.2 有食品质量控制与保障体系,原料购进、检查、验收制度及记录齐全。

11.2.3 有专职食品安全与卫生管理人员。

11.2.4 采用有机、绿色、无公害食品原料,提供营养平衡食谱。

11.2.5 食品采购、加工、储存、处置及设备、餐器具清洁和消毒程序完善并严格执行。

11.2.6 餐厅设有无烟区和无烟包间。

11.2.7 餐厅内通风良好,无异味。

11.2.8 倡导分餐制,菜单中明示提供大、中、小例服务。

11.2.9 有引导绿色消费、节约消费提示及服务措施。

11.2.10 不以野生保护动植物为食品原料。

11.2.11 餐厨垃圾低温密封保存，并倡导进行无害化处理。

12　绿色宣传

12.1 开展宣传绿色饭店、促进绿色消费的多种形式的社会活动。

12.2 有鼓励客人开展绿色消费的具体计划并实施。

12.3 创建绿色饭店活动有媒体的相关报道。

12.4 创建绿色饭店活动得到客人的支持和赞同，客人对饭店环境的满意程度达到80%以上（根据征求意见表统计）。

12.5 饭店通过采购、投资等方式促进节能、环保技术的推广和应用，推进绿色消费。

13　绿色饭店的评定

13.1 绿色饭店评定规程

13.1.1 申请与受理

饭店自愿向绿色饭店评定机构递交申请材料，评定机构于规定日期内核实申请材料，并做出受理与否的答复，向受理企业寄发绿色饭店评定标准及相关资料。

13.1.2 自查和改进

饭店根据标准自查并实施改进，在达到相应等级要求后，向评定机构申请评审。

13.1.3 评审

绿色饭店评定机构对申请的饭店进行现场评审。

13.1.4 授牌

对于评审通过的饭店，全国绿色饭店评定机构给予正式批复，并授予相应牌匾和证书。

13.2 评定人员资质

绿色饭店评定人员要求具备系统的饭店管理知识，较强的分析、组织能力，并通过培训取得评审员资格。

13.3 牌匾和证书

13.3.1 绿色饭店牌匾和证书由全国绿色饭店评定机构统一制作核发。

13.3.2 标牌应向消费者明示。

13.4 有效期与复核

13.4.1 绿色饭店评定等级的有效期为四年。

13.4.2 对已经评定的绿色饭店企业，每两年进行一次等级复核。

13.4.3 对降低或复核达不到评定标准的饭店，根据其程度分别给予通报、降级和取消绿色饭店称号处理。

第五章 旅游行业标准

第一节 《旅游汽车服务质量》

1 范围

本标准规定了旅游汽车服务的基本质量要求，包括车况技术要求、设施、设备要求及服务的提供和服务质量的监督检查。

本标准适用于全国提供旅游汽车服务的企业。

2 引用标准

下列标准所包含的条文，通过在本标准中引用而构成为本标准的条文。本标准出版时，所示版本均为有效。所有标准都会被修订，使用本标准的各方应探讨使用下列标准最新版本的可能性。

GB 1495—79 机动车辆允许噪声

GB 3798—83 汽车大修竣工出厂技术条件

GB 3799—83 汽车发动机大修竣工出厂技术条件

GB 3842—83 汽油车怠速污染物排放标准

GB 3843—83 柴油车自由加速烟度排放标准

GB 3845—83 汽油车怠速污染物测量方法

GB 3846—83 柴油车自由加速烟度测量方法

GB 5336—85 大客车车身修理技术条件

GB 7258—87 机动车运行安全技术条件

3 定义

本标准采用下列定义：

3.1 旅游汽车（tourist coach）

为旅游团队（者）提供交通服务，一般需要预订的客运汽车。

3.2 服务质量（service quality）

为满足旅游者（乘客）的需要，在为其提供的交通服务中能满足规定的或隐含需要的特征和特性的总和。

4 旅游汽车车况

4.1 对整车的要求

4.1.1 旅游车辆必须经过当地车辆监理部门年度检验合格。

4.1.2 车辆各总成、零、部件安装正确，齐全，完好，作用有效，具体应符合 GB

3798—83 的规定。

4.1.3 车辆外观整洁，车身形状正确，车体周正，左右部位对称。

4.1.4 车辆各总成运转温度正常，无漏水、漏油、漏电、漏气现象，但润滑油、冷却水密封接合处允许有不致形成滴状的浸渍。

4.1.5 各总成及各部润滑油、脂加注正确，符合规定。冷却液及各储液罐加注正确，符合出厂规定。

4.1.6 离合器、刹车踏板高度及自由行程符合出厂规定。

4.1.7 车辆尾气排放不超过 GB 3842—83 和 GB 3843—83 的规定。

4.1.8 车辆噪声不超过 GB 1495—79 的规定。

4.1.9 车轮后侧应安装挡泥板和罩尾垂帘。

4.2 对发动机的要求

4.2.1 发动机在正常环境温度下（柴油机不低于 5 摄氏度，汽油机不低于-5 摄氏度），5 秒钟内用起动机能启动。

4.2.2 发动机在正常工作温度下，怠速运转稳定，怠速转速符合 GB 3799—83 的规定。

4.2.3 发动机动力性能良好，在各种转速下运转稳定，在各种正常工作状况下，不得有过热现象。改变转速时过度圆滑。突然加速或减速时，没有突爆声，化油器不回火，消声器没有放炮声。排气管不冒黑烟。

4.2.4 在正常工作温度及规定转速下，机油压力符合出厂规定。

4.2.5 发动机在正常温度下，额定转速以内，除允许有正时齿轮、机油泵齿轮、喷油泵传动齿轮及气门脚有轻微均匀响声外，不得有其他异常响声。

4.2.6 发动机燃润料消耗不超过规定定额指标。

4.2.7 柴油机停机装置必须灵活有效。

4.3 对传动系的要求

4.3.1 离合器操作轻便，接合平稳，分离彻底，没有异响、抖动和打滑现象。

4.3.2 变速器换挡轻便，互锁、自锁装置有效，没有乱挡、自行跳挡现象，运行中无异响，换挡时变速杆不得与其他部件相干涉。

4.3.3 传动轴在运转时不发生震抖和异响，中间轴承、方向节不得有裂纹和松动现象。

4.3.4 主传动器、差速器工作正常无异响。

4.3.5 具体应符合 GB 7258—87 的规定。

4.4 对行路机构及转向系统的要求

4.4.1 方向盘不得设置于右侧。

4.4.2 方向盘转动灵活，操纵轻便，无阻滞现象。车轮转到极限位置时不得与其他部件有接触。

4.4.3 车辆行驶状态中，转向轮转向后应有自动回正能力，以保持车辆稳定的直线行驶。

4.4.4 车辆在平坦、硬实、干燥和清洁的道路上行驶，方向盘不得有摆振、路感不灵、方向跑偏或其他异常现象。

4.4.5 转向节及臂、转向横、直拉杆及球销无裂纹及损伤，各球销不松旷，锁紧装置齐全有效，横直拉杆不得拼焊。

4.4.6 减震器工作正常，减震作用良好，减震弹簧无缺损。

4.4.7 轮胎搭配合理，气压符合规定，轮胎胎冠上应有明显的花纹，不允许装平板轮胎，胎面局部磨损不得暴露轮胎帘布层及破损、割伤。

4.4.8 具体应符合 GB 7258—87 的规定。

4.5 对制动系的要求

4.5.1 行车制动系应灵敏有效。

4.5.2 行车制动系最大制动效能应在踏板全行程的五分之四以内达到。

4.5.3 采用气压制动的车辆，当气压升至 590kPa 时，在不使用制动的情况下，停止空气压缩机 3 分钟，其气压的降低应不超过 9.8kPa，在气压为 590kPa 的情况下，将制动踏板踏到底，待气压稳定后观察 3 分钟，单车气压降低值不得超过 19.6kPa。

4.5.4 采用液压制动系统的车辆，当制动踏板压力最大时，保持 1 分钟，踏板不得有缓慢向底板移动现象。

4.5.5 采用气压制动系统的车辆，发动机在中等转速下 4 分钟内气压表的指示气压应从零升至起步气压（未标起步气压者按 392kPa 气压计）。贮气筒的容量应保证在不继续充气的情况下，车辆在连续五次全制动后，气压不低于起步气压（未标起步气压者按 392kPa 气压计）。

4.5.6 四轮制动有效不跑偏，制动距离符合有关规定。

4.5.7 驻车制动操纵杆必须有一定储备行程，应在操纵杆全行程的四分之三以内产生最大制动效能，棘式制动器应在第三次拉动拉杆全行程的三分之二以内产生最大制动效能。

4.5.8 车辆在平坦道路上，用标准档的上一档（大轿车用标准档）起步，拉紧驻车制动器操纵杆时，发动机应有熄火现象。

4.5.9 具体应符合 GB 7258—87 的规定。

4.6 对车身及电气设备的要求

4.6.1 车身内外整洁，车身外表平整无锈蚀、腐烂，漆皮光亮，颜色一致，无褪色，无脱层，无龟裂。

4.6.2 车身内部及外部不允许有任何可能会使人致伤的尖锐凸起物。车身内外电镀装饰件光亮、无脱层锈斑，车身内部非金属件应具有阻燃能力。

4.6.3 车辆车窗玻璃齐全无破损，使用不眩目安全玻璃，前挡风玻璃应采用夹层玻璃或部分区域钢化玻璃，其他车窗可采用钢化玻璃。

4.6.4 门窗不松旷，启动轻便，关闭严密，锁止可靠，无自行开启、下落现象。行车时门窗无振响，车厢内无漏土、漏雨现象。门把、摇把、扣碗齐全完好。座椅沙发完整牢固可靠，客车车身与地板密合，座椅扶手安装牢固可靠，排列整齐。

4.6.5 挡风玻璃在冬季应有防冻、除霜设备。

4.6.6 气动开启的车门，应能在气压低于工作压力时，通过另外的机构开启车门。

4.6.7 挡风玻璃刮水器工作正常可靠。

4.6.8 仪表、灯光、信号、标志齐全，工作正常，符合地方车检的规定。后视镜成像清晰，调节灵活，支架无断裂锈蚀、安装牢固。

4.6.9 具体应符合 GB 5336—85 的规定。

4.7 有关旅游汽车车况的技术要求见附录 A（标准的附录）。

5　旅游汽车设备及服务设施

5.1 轿车前排座椅必须装置座椅安全带，并符合有关规定。

5.2 车长大于 8m 或乘员座位数多于 40 人的客车，如车身右侧仅有一个供乘客上下的车门，应设有安全门或安全出口。安全门（安全出口）上应有明显的红色标志。

5.3 大客车车内应设有行李架。

5.4 车内装有放音机、收音机，音响设备工作性能良好。

5.5 车内装有冷暖风设备且工作性能良好。

5.6 车内烟灰盒齐全、整洁。

5.7 车内备有符合规定的灭火器。

5.8 窗帘、座椅座套齐全、整洁美观。

6　旅游汽车车容

6.1 企业标志、公里单价标志、运营标志完好无损、不褪色。

6.2 司机服务监督卡片固定在车内明显位置上。

6.3 车身漆皮、玻璃、装饰件整洁光亮、轮胎无泥污。

6.4 车内无浮土、无杂物、无异味；脚垫齐全整洁；及时清洁烟缸；头垫、靠垫平整清洁、不缺不破。

6.5 引擎无油垢，后备厢清洁整齐，无杂物。

7　旅游汽车司机

7.1 仪容仪表

7.1.1 仪容整洁：保持个人卫生，发型整齐，着装清洁，美观大方。

7.1.2 仪表大方：接待乘客时要稳重大方，姿态端正，面带微笑，谈吐得当，热情周到。

7.1.3 精神饱满：旅游汽车司机执行任务时必须做到精力充沛。

7.1.4 举止文雅：接待乘客要始终做到彬彬有礼，落落大方。执行任务前和执行任务中，不食生葱、生蒜等异味食品。

7.2 职业道德

7.2.1 旅游汽车司机要有高度责任心和事业心，尽职尽责、敬业勤业，热情周到地为乘客提供安全正点、清洁舒适的服务。

7.2.2 要尊重旅游者的宗教信仰和风俗习惯。

7.2.3 要具有良好素质和道德风尚，在服务过程中做到不卑不亢、自尊自重、遵守外事纪律，不向乘客借东西，不托乘客代买物品，不向乘客索要小费，不在外事场合大声喧哗。

7.2.4 行驶中坚持安全礼让；严禁酒后开车。

7.3 外语水平

旅游汽车司机应能运用一门外语为旅游者提供一般性的服务。能听懂乘客用外语表达的旅游景点、机场、车站、饭店等常去的公共场所。并能使用外语表达迎接、问候、告别等。

7.4 对旅游汽车司机驾龄和年龄的要求

大客车司机必须具备 5 年以上的驾驶经历；小轿车司机必须具备 3 年以上的驾驶经历；大客车司机年龄上限为 55 岁。

8 旅游汽车安全行车

8.1 旅游汽车企业要设置行车安全管理机构，加强管理，建立健全行车安全规章制度，教育司机树立安全第一的思想，自觉遵守交通法规，做到知法、懂法、遵法。

具体应符合《中华人民共和国道路交通管理条例》的要求。

8.2 坚持出车前、行驶中和收车后的一日三检制度，保证车辆技术状况的完好。

8.3 坚持安全操作，安全行驶，合理掌握车速，确保行车安全与乘客的人身安全。

8.4 一旦发生行车事故，应按交通法规和安全管理规定，及时抢救伤者，配合有关部门妥善处理好事故。

8.5 有关旅游汽车安全驾驶操作的具体要求，见附录 B（标准的附录）。

9 旅游汽车服务要求

9.1 旅游汽车企业各服务环节要协调配合，确保服务质量。

9.2 旅游汽车调度要准确无误地调派好车辆。

9.3 旅游汽车司机要根据调派命令，记清用车单位、时间、地点、电话和联系人姓名，提前到达用车地点，打开空调，调整好车内温度，等候乘客，使客人上车有舒适感。

9.4 旅游汽车到达指定地点就近停靠，以方便乘客上下车。

9.5 旅游汽车司机在迎接乘客时，要面带微笑，姿势端正，站在车门一侧，打开车门，引客上车，用规范化的语言作自我介绍，热情迎送乘客，主动提拿行李，搀扶老弱病残者。行车到复杂路面时应提醒乘客扶好。

9.6 旅游汽车司机等候乘客要耐心，不得远离车辆，不用喇叭催客。

9.7 旅游汽车司机在执行团队包车任务中，要与陪同、导游密切协作，互通情况，做好服务工作。

9.8 在完成任务告别时，主动征求旅游者与陪同、导游的意见，仔细查看有无遗失物。如发现遗失物，及时归还失主。

10 旅游汽车服务质量的检查与评定

10.1 旅游汽车企业要设置服务质量监督检查机构，设专人负责，定期对企业的质量管理及司机、调度的服务情况进行监督、检查与评定，以保证旅游汽车的服务质量。

10.2 旅游汽车企业应依据本标准制定出本企业的服务规范、安全制度、操作规程等企业标准。

10.3 及时搜集乘客的反馈意见，在旅游汽车上设置"乘客意见卡"，根据乘客正反面的反映，不断改进服务工作。

"乘客意见卡"的格式见附录 C（标准的附录）。

10.4 建立健全服务质量的检查与评定制度，定期对服务质量检查评比，奖优罚劣。在检查中发现不合格项目时，应加以记录、分析和纠正。纠正措施一般分两个阶段进行：首先立即采取积极措施，满足旅游者的需要；其次是对不合格项目的根本原因进行分析，采取必要的纠正措施，防止问题再次发生。

10.5 各级旅游行政管理部门，依据本标准对旅游汽车服务质量进行监督检查。

10.6 各级旅游质量监督管理机构，依据本标准受理旅游者对旅游汽车服务质量的投诉。

附录 A

旅游汽车车况技术要求

A1 对整车的技术要求

A1.1 按本标准 4.1。

A1.2 汽油车废气排放应符合 GB 3842—83 的规定。测量方法按 GB 3845—83 测量。柴油车废气排放应符合 GB 3843—83 的规定，测量方法按 GB 3846—83 测量（如地方环保部门有特殊规定，应符合地方环保部门的规定要求）。

A1.3 车辆噪声不超过 GB 1495—79 规定的允许噪声级。

A2 对发动机的要求

A2.1 按本标准 4.2。

A2.2 在正常工作温度下，气缸压缩压力应符合原厂规定，各缸压力差：汽油机不超过各缸平均值的 8%；柴油机不超过 10%。

A2.3 发动机最大功率不低于原额定功率的 75%。

A3 对传动系的要求

A3.1 按本标准 4.3。

A3.2 离合器踏板力不超过 300N。

A4 对行路机构及转向系的要求

A4.1 按本标准 4.4。

A4.2 方向盘最大自由转动量从中间位置向左右各不得超过 15 度。

A4.3 车辆在平坦、硬实、干燥和清洁的水泥或沥青路面上以 10km/h 的速度从直线行驶过渡到直径为 24m 的圆周行驶，施加于方向盘外缘的最大圆周力不得大于 245N。

A4.4 车辆最小转弯直径、最大转向角、前轮定位值符合原厂规定。

A4.5 用侧滑仪检验前轮的侧滑量不超过 5m/km。

A5 对制动系的要求

A5.1 按本标准 4.5。

A5.2 行车制动系在产生最大制动作用时，踏板力不得超过 700N。

A5.3 用制动距离检验车辆的制动性能应符合 GB 7258—87 中 4.13 的规定。用制动减速度检验车辆的制动性能应符合 GB 7258—87 中 4.14 的规定。用制动力检验车辆的制动性能应符合 GB 7258—87 中 5.15 的规定。车辆制动性能符合以上三种方法之一者即为合格。

A5.4 汽车空载时，以正反两个方向在 20% 的坡道上使用驻车制动 5 分钟以上应保持固定不动。

A6 对车身及电气设备的要求

A6.1 按本标准 4.6。

A6.2 挡风玻璃刮水器能在 −40~+50 摄氏度温度范围内正常工作。多座驾驶室要有两处以上扫刮区域，每块扫刮面积不少于 1 800 平方厘米。

A6.3 前灯光、喇叭音响符合相应技术条件和 GB 7258—87 中 5.3 和 5.5.1 的要求。

附录 B

旅游汽车安全驾驶操作规程

B1 坚持一日三检，确保车况完好

B1.1 出车前的检查：汽车发动机机油、燃油、冷却水、电解液加足适量；手脚制动器、转向机灵敏有效，各部管路完好，轮胎气压符合规定；车灯，喇叭、雨刷机及仪表工作正常；电瓶搭线清洁牢固；四轮制动鼓轮胎螺丝紧固，轴碗不松动。

B1.2 行驶中的检查：行车中要随时注意发动机及底盘各部件的声响，如有异响，及时修复。长途行驶时，应中途检查各部位有无漏油、漏气、漏水情况及轮胎气压是否正常，并随时观察仪表工作是否正常。

B1.3 收车后的检查：任务执行完毕后，装有电源总闸的车辆，应关闭总电闸，拉紧手制动器。气压制动车辆应放掉水分离器及储气罐内的污水，并拧紧堵塞。清洁烟缸内的脏物，检查车内是否有未熄灭的烟蒂，防止起火。注意补充燃油、机油。关好车门，锁好门窗及后备厢。

B2 坚持安全操作，确保行车安全

B2.1 车辆发动：拉紧手制动器，将变速杆放在空挡位置上。用起动机启动发动机时，每次不超过 5 秒钟，连续三次使用起动机而发动机仍不发动时，应查明原因再启动。发动机发动后，禁止猛轰油门，各种仪表指示灯必须正常，读数符合规定。

B2.2 平稳起步：起步时必须先观察车辆周围情况，应用标准挡起步，松开手制动器，打开方向灯，通过后视镜察看后方有无来车，轻抬离合器，适量加油。坡路起步时，如发生熄火，必须立即停车，必要时在轮胎后部打掩。

B2.3 驾姿端正：司机执行任务时必须精力充沛；不准将胳膊挎在车门上或斜坐驾驶；行驶中做到：起步平稳，转弯不晃，刹车不点头；不准吸烟、吃东西或做有碍安全行车的动作。

B2.4 车辆行驶：要根据车速顺序换挡，不得跳换，不得低速拉车和勉强行驶。行驶中要经常注意仪表和车辆的工作情况，发现异常立即停车检查，及时排除。严格遵守会车、让车、超车、跟车的规定，不超速行驶，禁止高速滑行、间歇滑行或熄火滑行。冰雪天气或雨雾天气时，必须在落实了各种安全措施后方得出车；驾驶中要根据特殊天气的特点，坚持"一慢二看三通过"。

B2.5 车辆停放时，必须挂好挡，拉紧手制动器。在坡道上临时停车时，司机不准离车，防止溜车滑坡事故的发生。

附录 C

乘客意见卡

C1 旅游汽车上必须放置"乘客意见卡"在接待旅游团时，司机应主动将卡发放到乘客手中。

C2 车队要及时收回"乘客意见卡"，对乘客提出的意见及时做出反应，并将各类意见汇总报告公司业务和质量管理部门。

C3 旅游汽车公司业务和质量管理部门要定期对"乘客意见卡"做出统计和汇总，并对各类意见进行分析，报告公司领导，提出改进服务质量的办法。

C4"乘客意见卡"的格式如下：

乘客意见卡

PASSENGERS' OPINION CARD

Your stay in our city is drawing to a close. We sincerely hope that your experience has been rewarding. In order to make your future visits more enjoyable, please assist us filling out this questionaire.

请在下表中您认为相对应的格中划"√"

PLEASE MARK "√" AT THE BLANK WHICH YOU WANT.

项目 ITEM	评价　EVALUATION			
	优 EXCELLENT	良 VERY GOOD	中 AVERAGE	差 POOR
车容车貌 COACH APPEARANCE				
司机仪表 DRIVER'S APPEARANCE				
司机正点 DRIVER'S PUNCTUALITY				
司机友好 DRIVER'S FRIENDLINESS				
安全驾驶 DRIVER'S SAFETY				
服务周到 TRANSPORTATION SERVICES				
其他意见 OTHERS				

姓名（NAME）：

团号（GROUP NUMBER）：

国籍或地区（NATIONALITY（REGION））：

第二节 《星级饭店客房用品质量与配备要求》

1 范围

本标准提出了星级饭店客房客用品的品种、数量、规格、包装、标志和技术指标。

本标准适用于我国各档次、类别的星级饭店。尚未评定星级的旅游涉外饭店可参照本标准执行。

2 引用标准

见附录 A。

3 定义

标准采用下列定义。

3.1 星级饭店（star-rated hotel）

经旅游行政管理是部门依照 BA/T 14308 进行评定，获得星级的旅游涉外饭店。

3.2 客房客用品（guestroom supplies and amenities）

客房中配备的，与宾客生活、安全密切相关的各种日用品和提示用品。其中日用品的基本特片是一次性、一客一用或一天一换。

4 一、二星级饭店的配备要求

4.1 毛巾

4.1.1 浴巾

每房 2 条。

4.1.2 面巾

每房 2 条。

4.1.3 地巾

每房 1 条。

4.2 软垫

每床 1 只。

4.3 床上用品

4.3.1 床单

每床 2 条。

4.3.2 枕芯

每床 2 个。

4.3.3 枕套

每床 2 只。

4.3.4 毛毯

每床 1 条。

4.3.5 床罩

每床 1 条。

4.3.6 备用薄棉被（或备用毛毯）

每床宜备 1 条。

注：视地区而定。

4.3.7 衬垫

每床可备 1 条。

4.4 卫生用品

4.4.1 香皂

每房不少于 2 块，每块净重不低于 18 克。

4.4.2 浴液、洗发液

每房 2 套，每件净重不低于 20 克。

4.4.3 牙刷

每房 2 把。

4.4.4 牙膏

每房 2 支，每支净重不低于 6 克。

4.4.5 漱口杯

每房 2 只。

4.4.6 浴帽

每房 2 只。

4.4.7 卫生纸

每房 1 卷。

4.4.8 卫生袋

每房 1 只。

4.4.9 拖鞋

每房 2 双。

4.4.10 污物桶

每房 1 只，放于卫生间内。

4.4.11 梳子

每房宜备 2 把。

4.4.12 浴帘

每房 1 条。

4.4.13 洗衣袋

二星级每房 2 只。

4.5 文具用品

4.5.1 文具夹（架）

每房 1 只

4.5.2 信封

每房普通信封、航空信封各不少于 2 个。

4.5.3 信纸、便笺

每房各不少于 3 张。

4.5.4 圆珠笔

每房 1 支。

4.6 服务提示用品

4.6.1 服务指南、电话使用说明、住宿须知

每房各 1 份。

4.6.2 电视节目表、价目表、宾客意见表、防火指南

每房各 1 份。

4.6.3 提示牌、挂牌

应分别有"请勿打扰""请打扫房间""请勿在床上吸烟"的说明或标识。

4.6.4 洗衣单

二星级每房备 2 份。

4.7 饮品、饮具

4.7.1 茶叶

每房可备袋装茶 4 小袋，也可用容器盛装。

4.7.2 茶杯（热水杯）

每房 2 只。

4.7.3 暖水瓶

每房不少于 1 个。

4.7.4 凉水瓶

每房不少于 1 个。

4.8 其他

4.8.1 衣架

每房不少于 8 个。

4.8.2 烟灰缸

每房不少于 2 只。

4.8.3 火柴

每房 2 盒。

4.8.4 擦鞋用具

以擦鞋纸为主，每房 2 份。

4.8.5 纸篓

每房 1 只，放于卧室内。

4.8.6 针线包

每房 1 套。

5 三星级饭店的配备要求

5.1 毛巾

5.1.1 浴巾

每房 2 条。

5.1.2 面巾

每房 2 条。

5.1.3 地巾

每房 1 条。

5.1.4 方巾

每房 2 条。

5.2 软垫

每床 1 只。

5.3 床上用品

5.3.1 床单

每床不少于 2 条。

5.3.2 枕芯

每床不少于 2 个。

5.3.3 枕套

每床 2 条。

5.3.4 毛毯

每床 1 条。

5.3.5 床罩

每床 1 条。

5.3.6 备用薄棉被（或备用毛毯）

每床宜备 1 条。

注：视地区而定。

5.3.7 衬垫

每床 1 条。

5.4 卫生用品

5.4.1 香皂

每房不少于 2 块，每块净重不低于 25 克，其中至少 1 块不低于 35 克。

5.4.2 浴液、洗发液、护发素

每房 2 套，每件净重不低于 25 克。

5.4.3 牙刷

每房 2 把。

5.4.4 牙膏

每房 2 支，每支净重不低于 8 克。

5.4.5 漱口杯

每房 2 只。

5.4.6 浴帽

每房 2 只。

5.4.7 卫生纸

每房 1 卷。

5.4.8 卫生袋

每房 1 只。

5.4.9 拖鞋

每房 2 双。

5.4.10 污物桶

每房 2 只，放于卫生间内。

5.4.11 梳子

每房 2 把。

5.4.12 浴帘

每房 1 条。

5.4.13 防滑垫（若已采取其他防滑措施可不备）

每房 1 块。

5.4.14 洗衣袋

每房 2 只。

5.4.15 面巾纸

每房可备 1 盒。

5.5 文具用品

5.5.1 文具夹（架）

每房 1 只。

5.5.2 信封、明信片

每房普通信封、航空信封和国际信封各不少于 2 只。明信片 2 张。

5.5.3 信纸、便选择、传真纸

每房信纸、便笺各不少于 3 张，传真纸宜备 2 张。

5.5.4 圆珠笔

每房不少于 1 支。

5.5.5 铅笔

每房宜备 1 支，与便笺夹配套。

5.5.6 便笺夹

每房 1 只。

5.6 服务提示用品

5.6.1 服务指南、电话使用说明、住宿须知、送餐菜单每房各 1 份。

5.6.2 电视节目表、价目表、宾客意见表、防火指南每房各 1 份。

5.6.3 提示牌、挂牌

应分别有"请勿打扰""请打扫房间""请勿在床上吸烟""送餐服务"的说明或标识。

5.6.4 洗衣单、酒水单

每房备洗衣单 2 份，酒水单 1 份。

5.7 饮品、饮具

5.7.1 茶叶

每房备 2 种茶叶，每种不少于 2 小袋。也可用容器盛放。

5.7.2 茶杯（热水杯）

每房 2 只。

5.7.3 暖水瓶

每房不少于 1 只。

5.7.4 凉水瓶、凉水杯

每房备 1 套。

注：视地区而定。

5.7.5 小酒吧

烈性酒不少于 3 种，软饮料不少于 5 种。

5.7.6 酒杯

每房不少于 2 只，配调酒棒。

5.8 其他

5.8.1 衣架

每房西服架 4 只、裤架 4 只、裙架 4 只。

5.8.2 烟灰缸

每房不少于 2 只。

5.8.3 火柴

每房不少于 2 盒。

5.8.4 擦鞋用具

以亮鞋器为主，每房 2 件。

5.8.5 纸篓

每房 1 只，放于卧室内。

5.8.6 针线包

每房 1 套。

5.8.7 杯垫

小酒吧必备，其他场合，酌情使用。

5.8.8 礼品袋

每房备 2 只。

5.8.9 标贴

每房可备 2 只。

5.8.10 晚安卡

每房 1 卡。

6　四、五星级饭店的配备要求

6.1 毛巾

6.1.1 浴巾

每房 2 条。

6.1.2 面巾

每房 2 条。

6.1.3 地巾

每房 1 条。

6.1.4 方巾

每房不少于 2 条。

6.1.5 浴衣

每床 1 件。

6.2 软垫

每床 2 只。

6.3 床上用品

6.3.1 床单

每床不少于 2 条。

6.3.2 枕芯

每床不少于 2 只。

6.3.3 枕套

每床不少于 2 只。

6.3.4 毛毯

每床 1 条。

6.3.5 床罩

每床 1 条。

6.3.6 备用薄棉被（或备用毛毯）

每床备 1 条。

注：视地区而定。

6.3.7 衬垫

每床 1 条。

6.4 卫生用品

6.4.1 香皂

每房不少于 2 块，备皂蝶，每块净重不低于 30 克，其中至少块净重不低于 45 克。

6.4.2 浴液、洗发液、护发素、润肤露

每房 2 套，每件净重不低于 35 克。

6.4.3 牙刷

每房 2 把。

6.4.4 牙膏

每房 2 支，每支净重不低于 10 克。

6.4.5 漱口杯

每房 2 只。

6.4.6 浴帽

每房 2 只。

6.4.7 卫生纸

每房 2 卷。

6.4.8 卫生袋

每房 1 只。

6.4.9 拖鞋

每房 2 双。

6.4.10 污物桶

每房 1 只，放于卫生间内。

6.4.11 梳子

每房 2 把。

6.4.12 浴帘

每房 1 条。

6.4.13 防滑垫（若采取其他防滑措施可不放）

每房 1 块。

6.4.14 洗衣袋

每房 2 只。

6.4.15 面巾纸

每房 1 盒。

6.4.16 剃须刀

每房可备 2 把。可配备须膏。

6.4.17 指甲锉

每房可备 1 把。

6.4.18 棉花球、棉签

每房宜备 1 套。

6.4.19 浴盐（泡沫剂、苏打盐）

五星级可配备。

6.5 文具用品

6.5.1 文具夹（架）

每房 1 只。

6.5.2 信封、明信片

每房普通信封、航空信封和国际信封各不少于 2 只，明信片 2 张。

6.5.3 信纸、便笺、传真纸

每房信纸、便笺各不少于 4 张，传真纸不少于 2 张。

6.5.4 圆珠笔

每房不少于1支。

6.5.5 铅笔

每房宜备1支，与便笺夹配套。

6.5.6 便笺夹

每房1只。

6.6 服务提示用品

6.6.1 服务指南、电话使用说明、住宿须知、送餐菜单

每房各1份。

6.6.2 电视节目表、价目表、宾客意见表、防火指南

每房各1份。

6.6.3 提示牌、挂牌

每房备"请勿打扰""请打扫房间""请勿在床上吸烟""送餐服务"各1份，正反面内空宜一致。

6.6.4 洗衣单、酒水单

每房备洗衣单2份，酒水单1份。

6.7 饮品、饮具

6.7.1 茶叶

每房备两种茶叶，每种不少于2小袋，也可用容器盛放。

6.7.2 茶杯（热水杯）

每房2只。

6.7.3 暖水瓶

每房不少于1只。

6.7.4 凉水瓶、凉水杯

每房1套。

注：视地区和客源需要而定。

6.7.5 小酒吧

烈性酒不少于5种，软饮料不少于8种。

6.7.6 酒杯

不同类型的酒杯每房不少于4只，配调酒棒、吸管和餐巾纸。

6.7.7 咖啡

五星级宜备咖啡2小盒及相应的调配物，也可用容器盛放。

6.7.8 冰桶

每房1只，配冰夹。

6.7.9 电热水壶

五星级宾馆备。

6.8 其他

6.8.1 衣架

优质木制品为主，每房西服架、裤架、裙架不少于4只。五星级另可配备少量缎

面衣架或落地衣架。

6.8.2 烟灰缸

每房不少于 2 盒。

6.8.3 火柴

每房不少于 2 盒。

6.8.4 擦鞋用具

以亮鞋器为主，每房 2 件，宜配鞋拔和擦筐。

6.8.5 纸篓

每房 1 只，放于卧室内。

6.8.6 针线包

每房 1 套。

6.8.7 杯垫

每杯配备 1 只。

6.8.8 礼品袋

每房配备 2 只。

6.8.9 标贴（或标牌）

每房不少于 2 只。

6.8.10 晚安卡

每床 1 卡。

7　基本质量要求

7.1 毛巾

全棉，白色为主，素色以不褪色为准，无色花，无色差，手感柔软，吸水性能好，无污渍，无明显破损性疵点。符合 FZ/T 62006 的规定。普通毛巾纱支：地经纱 21s/2，纬纱 21s；优质毛巾纱支：地经纱 32s/2，纬纱 32s。

注：21s = 29tex，32s = 18tex。

7.1.1 浴巾

a）一、二星级规格：不小于 1 200 毫米×600 毫米，理量不低于 400 克。

b）三星级规格：不小于 1 300 毫米×700 毫米，重量不低于 500 克。

c）四、五星级规格：不小于 1 400 毫米×800 毫米，重量不低于 600 克。

7.1.2 面巾

a）一、二星级规格：不小于 550 毫米×300 毫米，重量不低于 110 克。

b）三星级规格：不小于 600 毫米×300 毫米，重量不低于 120 克。

c）四、五星级规格：不小于 700 毫米×350 毫米，重量不低于 140 克 。

7.1.3 地巾

a）一、二星级规格：不小于 650 毫米×350 毫米，重量不低于 280 克。

b）三星级规格：不小于 700 毫米×400 毫米，重量不低于 320 克。

c）四、五星级规格：不小于 750 毫米×450 毫米，重量不低于 350 克。

7.1.4 方巾

a）三星级规格：不小于 300 毫米×300 毫米，重量不低于 45 克。

b）四、五星级规格：不小于 320 毫米×320 毫米，重量不低于 55 克。

7.1.5 浴衣

棉制品或丝绸制品。柔软舒适，保暖。

7.2 软垫

平整，弹性适宜，无污损。

7.2.1 一、二星级

规格：不小于 1 900 毫米×900 毫米。

7.2.2 三星级

规格：不小于 2 000 毫米×1 000 毫米。

7.2.3 四、五星级

规格：不小于 2 000 毫米×1 100 毫米。

7.3 床上用品

7.3.1 床单

全棉，白色为主，布面光洁，透气性能良好，无疵点，无污渍。符合 FZ/T 62007 的规定。

a）一、二星级：纱支 20 支以上，经纬密度不能低于 60，长和宽度宜大一起软垫 600 毫米。

b）三星级：纱支 20 支，经纬密度不低于 60，长度和宽度宜大于软垫 700。

c）四、五星级：纱支不低于 32 支，经纬密度不低于 80，长和宽度宜大于软垫 700 毫米。

7.3.2 枕芯

松软舒适，有弹性，无异味。

a）一、二星级：规格不小于 560 毫米×350 毫米。

b）三星级：规格不小于 700 毫米×400 毫米。

c）四、五星级：规格不小于 750 毫米×450 毫米。

7.3.3 枕套

全棉，白色为主，布面光洁，无明显疵点，无污损，规格与枕芯相配。

a）一、二星级：纱支不低于 20 支，经纬密度不低于 60 支。

b）三星级：纱支 20 支以上，经纬密度 60 支以上。

c）四、五星级纱支不低于 32 支，经纬密度不低于 80 支。

7.3.4 毛毯

素色为主，手感柔软，保暖性能良好，经过阻燃、防蛀处理，无污损。规格尺寸与床单相配。应符合 FZ 61001 的规定。

a）一、二星级：毛混纺或纯毛制品。

b）三星级：纯毛制品为主。

c）四、五星级：精纺纯毛制品。

7.3.5 床罩

外观整洁，线型均匀，边缝整齐，无断线，不起毛球，无污损，不褪色，经过阻燃处理，夹层可使用定型棉或中空棉。

　　a）一、二星级：装饰布面为主。

　　b）三星级：优质装饰布面料为主。

　　c）四、五星级：高档面料，以优质装饰布或丝绸面料为主。

7.3.6 备用薄棉被（或备用毛毯）

优质被芯，柔软舒适，保暖性能好，无污损。

7.3.7 衬垫

吸水性能好，能有效防止污染物质的渗透，能与软垫固定吻合，可使用定型棉或中空棉。

　　a）一、二星级：规格不小于 1 900 毫米×900 毫米。

　　b）三星级：规格不小于 2 000 毫米×1 000 毫米。

　　c）四、五星级：规格不小于 2 000 毫米×1 100 毫米。

7.4 卫生用品

7.4.1 香皂

香味纯正，组织均匀，色泽一致，图案字迹清晰，无粉末颗粒，无软化腐败现象，保质期内。应符合 GB 8113 的规定。

　　a）一、二星级：简易包装。

　　b）三星级：精致包装，印有中英文店名店标，或用精致皂盒盛放。

　　c）四、五星级：豪华包装，印有中英文店名及店标，或用豪华皂盒盛放。

7.4.2 浴液、洗发液、护发素、润肤露

黏度适中，无异味，包装完好，不泄漏，印有中英文店名及店标，保质期内。应符合 GB 11432、ZBY 42003、GB 11431 的规定。

　　a）一、二星级：简易包装或简易容器盛放。

　　b）三星级：精致包装或精致容器盛放。

　　c）四、五星级：豪华包装或豪华容器盛放。

7.4.3 牙刷

刷毛以尼龙丝为主不得使用对人体有害的材料。刷毛洁净、齐整，毛束空满适宜；刷头、刷柄光滑，手感舒适，标志清晰，密封包装，印有中英文店名及店标。其他技术指标应符合 QB 1659 的规定。

　　a）一、二星级：简易包装。

　　b）三星级：优质牙刷，精致包装。

　　c）四、五星级：优质牙刷，豪华包装。

注：三星级（含三星级）以上的饭店不宜使用装配式牙刷。

7.4.4 牙膏

香味纯正，膏体湿润、均匀、细腻，色泽一致，使用的香精，色素必须符合 GB 8372 及其他有关规定。图案、文字清晰，无挤压变形，无渗漏污损。保质期内。

7.4.5 漱口杯

玻璃制品或陶瓷制品，形体美观端正，杯口圆润，内壁平整。每日清洗消毒。

7.4.6 浴帽

以塑料薄膜制品为主，洁净，无破损，帽檐松紧适宜，耐热性好，不渗水。

a）一、二星级：简易包装。

b）三星级：纸盒包装为主，宜印有中英文店名及店标。

c）四、五星级：精致盒装，印有中英文店名及店标。

7.4.7 卫生纸

白色，纸质柔软，纤维均匀，吸水性能良好，无杂质，无破损，采用 ZBY 39001 中的 A 级和 A 级以上的卫生纸。

7.4.8 卫生袋

不透明塑料制品或防水纸制品，洁净，不易破损，标志清晰。

7.4.9 拖鞋

穿着舒适，行走方便，具有较好的防滑性能，至少印有店标。

a）一、二星级：一次性简易拖鞋，有一定的牢度。

b）三星级：以纺织品为主，视原材料质地，一日一换或一客一换。

c）四、五星级：高级优质拖鞋，一客一用。

7.4.10 污物桶

用于置放垃圾杂物，污物不泄漏，材料应有阻燃性能。

7.4.11 梳子

梳身完整、平滑，厚薄均匀，齿头光滑，不宜过尖。梳柄印有中英文店名及店标。

a）一、二星级：简易包装。

b）三星级：精致密封包装。

c）四、五星级：豪华包装。五星级可分粗、细梳齿。五星级宜使用木质梳子。

7.4.12 浴帘

以塑料薄膜与伞面绸为主，无污损，无霉斑。

7.4.13 防滑垫

橡胶制品为主，摩擦力大，防滑性能良好。

7.4.14 洗衣袋

塑料制品或棉制品为主，洁净，无破损，印有中英文店名及店标。

7.4.15 面巾纸

白色为主，纸质轻柔，取用方便，采用 ZBY 32032 中的 A 等品。

7.4.16 剃须刀

刃口锋快平整，剃刮舒适、安全，密封包装，印有中英文店名及店标。

7.4.17 指甲锉

砂面均匀，颗料细腻，无脱砂现象，有套或套封。

7.4.18 棉花球、棉签

棉花经过消毒处理，棉头包裹紧密，密封包装。

7.4.19 浴盐（泡沫剂、苏打盐）

香味淡雅，含矿物质，发泡丰富。

7.5 文具用品

7.5.1 文具夹（架）

完好无损，物品显示醒目，取放方便，印有中英文店名及店标。

a）一、二星级：普通材料。

b）三星级：优质材料。

c）四、五星级：高级材料。

7.5.2 信封、明信片

信封应符合 GB/T 1416 的规定。印有店标及中英文店名、地址邮政编码、电话号码、传真号码。明信片宜有旅游宣传促销意义。

7.5.3 信纸、便笺

纸质均匀，切边整齐，不易渗墨迹，印有店标及中英文店名、地址、邮政编码、电话号码、传真号码。

a）一、二星级：纸质不低于 50 克纸。

b）三星级：纸质不低于 60 克纸。

c）四、五星级：纸质不低于 70 克纸。

7.5.4 圆珠笔

书写流畅，不漏油，笔杆印有店名及店标。

7.5.5 铅笔

石墨铅笔，笔芯以 HB 为宜，卷削后供宾客使用。

7.5.6 便笺夹

完好无损，平整，使用方便，可印有中英文店名及店标。

7.6 服务提示用品

7.6.1 服务指南、电话使用说、住宿须知，送餐菜单

印刷美观，指示明了，内容准确，中英文对照。五星级宾馆备城市地图。

7.6.2 电视节目表、价目表、宾客意见表，防火指南

栏目编排清楚完整，中英文对照。

7.6.3 提示牌、挂牌

印刷精美，字迹醒目，说明清晰，悬挂方便，中英文对照。

7.6.4 洗衣单、酒水单

无碳复写，栏目清晰，内容准确，明码标价，中英文对照。

7.7 饮品、饮具

7.7.1 茶叶

干燥、洁净

7.7.2 茶杯（热水杯）

以玻璃制品和陶瓷制品为主，形体美观，杯口圆润，内壁平滑。

7.7.3 暖水瓶

公称容量不少于 1.6L，应符合 GB 11461 中的优等品的质量规定。

注：标题名称与 GB/T 14308 一致。

7.7.4 凉水瓶、凉水杯

凉水瓶须有盖，无水垢，内存饮用水。凉水杯按 7.7.2。

7.7.5 小酒吧

酒吧饮料封口完好，软饮料须在保质期内。

7.7.6 酒杯

玻璃制品为主，杯口圆滑，内壁平滑，应与不同的酒类相配。

7.7.7 咖啡

以速溶咖啡为主，干燥洁净，包装完好。

7.7.8 冰桶

洁净，取用方便，保温性能良好。

7.7.9 电热水壶

绝缘性能良好，公称容量不宜大于 1.7 升，须配备使用说明。应符合 JB 4189 的规定。

注：标题名称与 GB/T 14308 一致。

7.8 其他

7.8.1 衣架

塑料制品或木制品为主，无毛刺，光滑。

7.8.2 烟灰缸

安全型。非吸烟楼层不放置。

7.8.3 火柴

采用 GB/T 393 中的 NG-A 型木梗火柴，以优质纸盒或木盒为主，印有中英文店名及店标。火柴梗支、药头平均长度和火柴盒尺寸由饭店自行决定。非吸烟楼层不配备。

7.8.4 擦鞋用具

含亮鞋器、擦鞋皮、擦鞋布、擦鞋纸等，使用后起到鞋面光亮洁净的效果。

7.8.5 纸篓

存放非液体性杂物。

7.8.6 针线包

配有线、纽扣、缝衣钱，搭配合理，封口包装。

7.8.7 杯垫

精致，美观，应起到隔热作用，可印有店标。

7.8.8 礼品袋

塑料制品或优质纸制品为主，无破损，印有中英文店名及店标。

7.8.9 标贴（或标牌）

标贴为不干胶制品，标牌为纸制品或塑料制品。精致美观，富有艺术性，可印有店标。

7.8.10 晚安卡

印刷精致，字迹醒目，中英文对照。

附录 A

引用标准

下列标准所包含的条文，通过在本标准中引用而构成为标准的条文。在标准出版时，所示版本均匀有效。所有标准都会被修订，使用本标准的各方应探讨、使用下列标准最新版本的可能性。

GB/T 393-1994　日用安全火柴

GB/T 1416-1993　信封

GB 8113-1987　香皂

GB8372-1987　牙膏

GB11416-1989　日用保温容器

GB11431-1989　润肤乳液

GB114232-1989　洗发液

GB/T14908-1993　旅游涉外饭店星级的划分及评定

FZ/T62006-1993　毛巾

FZ/T62007-1994　床单

JB4189-1986　电水壶

QB1659-1992　牙刷

ZBY32032-1990　纸巾纸

ZBY39001-1988　皱纹卫生纸

ZBY42003-1989　护发素

第三节　《旅行社出境旅游服务质量标准》

1　范围

本标准提出了组团社组织出境旅游活动所应具备的产品和服务质量的要求。

本标准适用于组团社的出境旅游业务。

2　规范性引用文件

下列文件中的条款通过本标准的引用而成为本标准的条款。凡是注明日期的引用文件，其随后的所有修改单（不包括勘误的内容）或修订版均不适用于本标准，然而，鼓励根据本标准达成协议的各方研究是否可使用这些文件的最新版本。凡不注明日期的引用文件，其最新版本适用于本标准。

GB/T 19001--2000 质量管理体系 要求

GB/T 15971--1995 导游服务质量

LB/T 002--1995 旅游汽车服务质量

LB/T 004--1997 旅行社国内旅游服务质量要求

3　术语和定义

本标准采用下列定义。

3.1 组团社

经国务院旅游行政管理部门批准，依法取得出境旅游经营资格的旅行社。

3.2 出境旅游

旅游者参加组团社组织的前往旅游目的地国家、地区的旅行和游览活动。

3.3 出境旅游领队

依照规定取得领队资格，受组团社委派，从事领队业务的工作人员。

领队业务指全权代表组团社带领旅游团出境旅游，督促境外接待旅行社和导游人员等方面执行旅游计划，并为旅游者提供出入境等相关服务的活动。

3.4 门市（营业部）

组团社为提供旅游咨询和销售旅游产品而专门设立的营业场所。

3.5 出境旅游产品

组团社为出境旅游者提供的旅游线路及其相应服务。

3.6 旅游证件

指护照或来往港澳地区通行证。

3.7 出境旅游服务合同

指组团社与旅游者（团）双方共同签署并遵守的、约定双方权利和义务的格式化合同。

4　出境旅游产品设计要求

出境旅游产品设计应：

a）具有安全保障；

b）符合国家法律法规、部门规章、国家或行业标准的要求；

c）正常情况下能确保全面履约，发生意外情况时有应急对策；

d）满足不同消费档次、不同品位的市场需求，可供旅游者选择；

e）对旅游者有吸引力。

5　服务提供要求

5.1 总要求

组团社应在受控条件下提供出境旅游服务，以确保服务过程准确无误。为此，组团社应：

a）下工序接受上工序工作移交时进行检验复核，以确认无误；

b）确保其工作人员符合规定的资格要求和具备实现出境旅游服务所必需的能力，以证实自身的服务过程的质量保障能力和履约能力；

c）确立有效的服务监督方法并组织实施；

d）为有关工序提供作业指导书；

e）提供适当的培训或其他措施，以使员工符合规定的资格要求和具备必需的能力。

5.2 营销服务

5.2.1 门市服务环境

门市服务环境应符合《旅行社国内旅游服务质量要求》（LB/T 004）中 5.6.1 的

要求。

5.2.2 营业销售人员

营业销售人员应：

a）遵守旅游职业道德的岗位规范；

b）佩戴服务标识，服饰整洁；

c）熟悉所推销的旅游产品和业务操作程序；

d）向旅游者提供有效的旅游产品资料，并为其选择旅游产品提供咨询；

e）对旅游者提出的参团要求进行评价与审查，以确保所接纳的旅游者要求均在组团社服务提供能力范围之内；

f）向旅游者、客户说明所报价格的限制条件，如报价的有效时段或人数限制等；

g）计价收费手续完备，账款清楚。

5.2.3 销售成交

营业销售人员在销售成交后，应：

a）告知旅游者填写出境旅游有关申请表格的须知和出境旅游兑换外汇有关须知；

b）认真审验旅游者提交的资料物品，对不适用或不符合要求的及时向旅游者退换；

c）妥善保管旅游者在报名时提交的各种资料物品，交接时手续清楚；

d）与旅游者签订出境旅游服务合同；

e）收取旅游费用后开具发票；

f）提醒旅游者有关注意事项，并向旅游者推荐旅游意外保险；

g）将经评审的旅游者要求和所作的承诺及时准确地传递到有关工序。

5.3 团队计调运作

5.3.1 证照

组团社应按照合同约定协助旅游者办理出境旅游证件。旅游者已取得旅游证件的，组团社应认真查验其有效期并妥善保管，以确保证件在受控状态下交接和使用。

5.3.2 境外接团社的选择与管理

组团社应在目的地国家、地区旅游部门指定或推荐的范围内，选择境外接团旅行社并进行评审，信誉和业绩优良者优先选用，以确保组团社所销售的旅游产品质量的稳定性。

组团社应按要求与境外接团社签订书面接团协议。

组团社应定期审验其履约能力并建立境外接团社信誉档案。

5.3.3 旅游签证

组团社应按照旅游目的地国驻华使领馆的要求和与旅游者的约定为旅游者办理旅游签证。对旅游者提交的自办签证，接收时应认真查验。

5.3.4 团队计划的落实

组团社应根据其承诺、约定、旅游线路以及经评审的旅游者要求，与有关交通运输、移民机关、接团社等有关部门、单位落实团队计划的各项安排，确保准确无误。

组团社在落实团队计划过程中发现任何不适用的旅游者物品资料，应及时通知旅游者更换、更正。

组团社应有境外接待社落实计划的确认信息，并保留其书面记录。

5.3.5 行前说明会

出团前，组团社应召开出团行前说明会。在会上，组团社应：

a）向旅游者说明出境旅游的有关注意事项以及外汇兑换事项与手续等；

b）向旅游者发放"出境旅游行程表"、团队标识和"旅游服务质量评价表"；

c）相关的法律法规知识以及旅游目的地国家的风俗习惯；

d）向旅游者翔实说明各种由于不可抗力、不可控制因素导致组团社不能（完全）履行约定的情况，以取得旅游者的谅解。

"出境旅游行程表"应列明如下内容：

a）旅游线路、时间、景点；

b）交通工具的安排；

c）食宿标准、档次；

d）购物、娱乐安排以及自费项目；

e）组团社和接团社的联系人和联络方式；

f）遇到紧急情况的应急联络方式。

5.4 领队及接待服务

5.4.1 总要求

出境旅游团队应配备领队。

国内段的接送汽车应符合《旅游汽车服务质量》（LB/T 002）的要求。

5.4.2 领队素质要求

领队的基本素质应符合《导游服务质量》（GB/T 15971）第 5 章的要求。

领队应具备一定的英语或目的地国家/地区语言的能力。

领队上岗前应具备一定的导游工作经验。

领队应切实履行领队职责、严格遵守外事纪律，并具有一定的应急处理能力。

5.4.3 领队服务要求

5.4.3.1 通则

领队服务应符合《导游服务质量》（GB/T 15971）第 3 章和第 4 章的要求。

领队应按合同的约定完成旅游行程计划。

5.4.3.2 出团前的准备

领队接收计调人员移交的出境旅游团队资料时应认真核对查验。

注：出境旅游团队资料通常包括团队名单表、出入境登记卡、海关申报单、旅游证件、旅游签证、签注、交通票据、接待计划书、联络通讯录等。

5.4.3.3 出入境服务

领队应告知并向旅游者发放通关时应向口岸的边检、移民机关出示、提交的旅游证件和通关资料（如：出入境登记卡、海关申报单等），引导团队依次通关。

向口岸的边检、移民机关提交必要的团队资料（如：团队名单、团体签证、出入境登记卡等），并办理必要的手续。

领队应积极为旅游团队办妥乘机和行李托运的有关手续，并依时引导团队登机。

飞行途中，领队应协助机组人员向旅游者提供必要的帮助和服务。

5.4.3.4 旅行游览服务

领队应按组团社与旅游者所签的旅游合同约定的内容和标准为旅游者提供接待服务，并督促接待社及其导游员按约定履行旅游合同。

在旅游途中，领队应积极协助当地导游，为旅游者提供必要的帮助和服务。

5.4.4 特殊情况的处理

组团社应建立健全应急处理程序和制度。

旅游者在旅游过程出现的特殊情况，如事故伤亡、行程受阻、财物丢失或被抢被盗、疾病救护等，领队应积极做出有效的处理，以维护旅游者的合法权益。

必要时，向我驻当地使领馆报告，请求帮助。

6　服务质量的监督和改进

6.1 总要求

组团社应建立出境旅游服务质量管理体系。

组团社应建立健全出境旅游服务质量检查机构和监督机制，依据本标准对出境旅游服务进行监督检查。

旅游行政管理部门依据本标准检查组团社出境旅游服务质量，受理旅游者对出境旅游服务质量的投诉。

6.2 服务质量的监督

组团社应通过"旅游服务质量评价表"及其他方式认真听取旅游者的合理建议和意见；对收集到的旅游者反馈信息进行统计分析，了解旅游者对组团社出境旅游服务的满意度。

6.3 服务质量的改进

组团社应根据旅游者的满意度对存在的质量问题进行分析，确定出现质量问题的原因。

组团社应针对出现质量问题的原因采取有效措施，防止类似问题再次发生，达到出境旅游服务质量的持续改进。

6.4 投诉处理

组团社对旅游者的投诉应认真受理、登记记录，依法作出处理。

组团社应设专职人员负责处理旅游者投诉。对于重大旅游投诉，组团社主要管理人员应亲自出面处理，并向所在地旅游行政部门报告。

组团社应建立健全投诉档案管理制度。

第四节　《旅行社国内旅游服务质量要求》

1　范围

本标准提出了旅行社组织国内旅游活动所应具备的产品和质量要求。

本标准适用于经营国内旅游业务的国际、国内旅行社。

2 引用标准

下列标准所包含的条文，通过在本标准中引用而构成为本标准的条文。在标准出版时，所示版本均为有效，所有标准都会被修订，使用本标准的各方应探讨、使用下列标准最新版本的可能性。

GB/T15971-1995 导游服务质量

GB/16153-1996 饭店（餐厅）卫生标准

GB/T19004.2-1994 质量管理和质量体系要素第二部分：服务指南

LB/T 002-1995 旅游汽车服务质量

3 定义

本标准采用下列定义。

3.1 国内旅游

中国公民在境内的旅行和游览活动。

3.2 门市

旅行社为方便宣传、招徕和接待国内旅游者而专门设立的营业场所。

4 旅游产品的要求

4.1 市场需求原则

旅行社提供旅游产品应符合旅游者的愿望，满足不同消费层次的需求，为旅游者喜闻乐见。

4.2 安全第一原则

旅行社向旅游者提供的旅游产品应有安全保障。

4.3 安排合理原则

旅行社开发的旅游产品应交通行程合理，组织连接性强，有一定的系列化程度。

4.4 确保履约原则

旅行社对所提供的产品一般应确保完全履约，意外情况发生时，应有合理对策。

5 旅游产品的提供

5.1 旅行社对旅游产品的宣传应特色显著，具体详尽，实事求是。

5.2 旅行社销售旅游产品时应质价相符，明码标价。

5.3 旅行社出售旅游产品时应具备规范的销售手续，并按附录 A 实施组团合同制度。

5.4 旅行社销售旅游产品时应为旅游者投旅游意外保险。对其外报价目应包含保险费，组团旅行社与接团旅行社及旅行社与旅游者之间应签订保险方面的协议。

5.5 旅行社在旅游产品销售后应准确、及时地制定和发送接待旅游计划。有特殊情况时，要更改接待计划的，应及时通知旅游者和负责接待的旅行社。

5.6 门市服务应符合下列要求：

5.6.1 门市服务环境

a）整洁、明亮；

b）配置必要的设施、设备和办公用具；

c）准确、鲜明地介绍旅游产品的内容。

5.6.2 门市服务人员

a）遵守旅游职业道德和岗位规范；

b）佩戴胸卡，服饰整洁，精神饱满，端庄大方；

c）用普通话和民族语言，态度热情、礼貌、认真、耐心；

d）主动、具体、详实地介绍相应的旅行日程；

e）满足旅游者的需求，帮助选择、组织和安排旅游产品；

f）计价收费手续完备，账款清楚。

5.6.3 旅游产品销售成交后，门市服务人员应向旅游者：

a）开具正式发票；

b）按附录 A 签订组团合同；

c）发放旅行日程、参团须知、赔偿细则等；

d）交代出发的时间和地点；

e）无全陪的团体和散客须被告知旅游目的地的具体接洽办法和应急措施；

f）提醒其他注意事项。

6 旅游接待服务

6.1 履约服务

旅行社应按组团合同或与散客约定的内容和标准为旅游者提供服务。

6.2 内部运作

旅行社应严格管理，做到外联、计划、调度和接待内部运作有机衔接，确保准确无误。

6.3 相关服务

旅行社应加强横向联合，应与各相关服务单位签订合同，保障交通、住宿、餐饮和游览等相关服务内容和标准符合接待计划。

6.3.1 餐饮

6.3.1.1 旅行社应向旅游者公开就餐标准，不得降低或克扣餐馆标准。

6.3.1.2 所选餐馆应明码标价，确保膳食质量。

6.3.1.3 所选餐馆应环境整洁，符合 GB 16153 的要求。提供的食品、饮料应符合国家有关法律法规的要求。

6.3.2 住宿。

6.3.2.1 旅行社选定的旅馆应符合所承诺的标准。

6.3.2.2 旅馆设施设备装饰完好，方便旅游者使用。

6.3.2.3 旅馆应具有完善的安全保卫措施，切实保障旅游者的人身财产安全。

6.3.3 交通

旅游过程提供的汽车服务应符合 LB/T 002 的规定和合同承诺的车辆标准。

6.3.4 游览点应按承诺安排游览点，未经旅游者同意，不得擅自增减游览项目。

6.3.5 特殊情况处理

6.3.5.1 旅行社对游客在旅游过程出现的特殊情况，如事故死亡、行程受阻、财物丢失、被抢被盗、疾病救护等，应积极协助处理。

6.3.5.2 旅行社应建立健全应急处理系统制度。

6.3.5.3 旅行社在处理特殊情况时，应维护旅游者的合法权益，不推卸责任，不草率应付，积极排除险情，妥善解决问题。

6.4 导游服务

6.4.1 旅行社应为每辆旅游车的旅游者配备至少 1 名导游人员。

6.4.2 导游人员的基本素质及服务应符合 GB/T 15971 的规定。

6.4.3 导游人员应具有一定的安全知识和防范技能，以保障旅游者的人身安全。

7 旅游服务质量的保证和监督

7.1 旅行社应按 GB/T 19004.2 建立服务质量保证体系。

7.2 旅游服务质量的监督

7.2.1 旅行社应向旅游者发放并回收"征求意见表"。

7.2.2 旅行社应开展有目的、有计划、有选择地回访旅游者的工作。

7.2.3 旅行社应根据旅游者的合理建议和意见，采取有效措施改进服务工作，不断提高旅游服务质量。

7.3 投诉处理

7.3.1 旅行社对旅游者的投诉应耐心受理、查明情况，实事求是处理。

7.3.2 旅行社应设专职负责处理旅游者的投诉。对于重大旅游投诉，旅行社主要管理人员应亲自负责处理。

第五节 《研学旅行服务规范》

1 范围

本标准规定了研学旅行服务的术语和定义、总则、服务提供方基本要求、人员配置、研学旅行产品、研学旅行服务项目、安全管理、服务改进和投诉处理。

本标准适用于中华人民共和国境内组织开展研学旅行活动的旅行社和教育机构。

2 规范性引用文件

下列文件对于本文件的应用是必不可少的。凡是注日期的引用文件，仅所注日期的版本适用于本文件。凡是不注日期的引用文件，其最新版本（包括所有的修改单）适用于本文件。

GB/T 10001 标志用公共信息图形符号

GB/T 15971 导游服务规范

GB/T 16890 水路客运服务质量要求

GB/T 31380 旅行社等级的划分与评定

GB/T 31710 休闲露营地建设与服务规范

LB/T 004 旅行社国内旅游服务规范

LB/T 008 旅行社服务通则

3 术语和定义

下列术语和定义适用于本标准。

3.1 研学旅行（study travel）

研学旅行是以中小学生为主体对象，以集体旅行生活为载体，以提升学生素质为教学目的，依托旅游吸引物等社会资源，进行体验式教育和研究性学习的一种教育旅游活动。

3.2 研学导师（study tutor）

在研学旅行过程中，具体制定或实施研学旅行教育方案，指导学生开展各类体验活动的专业人员。

3.3 研学营地（study camp）

研学旅行过程中学生学习与生活的场所。

3.4 主办方（organizer）

有明确研学旅行主题和教育目的的研学旅行活动组织方。

3.5 承办方（undertaker）

与研学旅行活动主办方签订合同，提供教育旅游服务的旅行社。

3.6 供应方（supplier）

与研学旅行活动承办方签订合同，提供旅游地接、交通、住宿、餐饮等服务的机构。

4 总则

4.1 研学旅行活动的主办方、承办方和供应方应遵循安全第一的原则，全程进行安全防控工作，确保活动安全进行。

4.2 研学旅行活动应寓教于游，着力培养学生的综合素质能力。

4.3 研学旅行活动应面向以中小学生为主体的全体学生，保障每个学生都能享有均等的参与机会。

5 服务提供方基本要求

5.1 主办方

5.1.1 应具备法人资质。

5.1.2 应对研学旅行服务项目提出明确要求。

5.1.3 应有明确的安全防控措施、教育培训计划。

5.1.4 应与承办方签订委托合同，按照合同约定履行义务。

5.2 承办方

5.2.1 应为依法注册的旅行社。

5.2.2 符合 LB/T 004 和 LB/T 008 的要求，宜具有 AA 及以上等级，并符合 GB/T 31380 的要求。

5.2.3 连续三年内无重大质量投诉、不良诚信记录、经济纠纷及重大安全责任事故。

5.2.4 应设立研学旅行的部门或专职人员，宜有承接 100 人以上中小学生旅游团队的经验。

5.2.5 应与供应方签订旅游服务合同，按照合同约定履行义务。

5.3 供应方

5.3.1 应具备法人资质。

5.3.2 应具备相应经营资质和服务能力。

5.3.3 应与承办方签订旅游服务合同，按照合同约定履行义务。

6　人员配置

6.1 主办方人员配置

6.1.1 应至少派出一人作为主办方代表，负责督导研学旅行活动按计划开展。

6.1.2 每 20 位学生宜配置一名带队老师，带队老师全程带领学生参与研学旅行各项活动。

6.2 承办方人员配置

6.2.1 应为研学旅行活动配置一名项目组长，项目组长全程随团活动，负责统筹协调研学旅行各项工作。

6.2.2 应至少为每个研学旅行团队配置一名安全员，安全员在研学旅行过程中随团开展安全教育和防控工作。

6.2.3 应至少为每个研学旅行团队配置一名研学导师，研学导师负责制定研学旅行教育工作计划，在带队老师、导游员等工作人员的配合下提供研学旅行教育服务。

6.2.4 应至少为每个研学旅行团队配置一名导游人员，导游人员负责提供导游服务，并配合相关工作人员提供研学旅行教育服务和生活保障服务。

7　研学旅行产品

7.1 产品分类

研学旅行产品按照资源类型分为知识科普型、自然观赏型、体验考察型、励志拓展型、文化康乐型。

a）知识科普型：主要包括各种类型的博物馆、科技馆、主题展览、动物园、植物园、历史文化遗产、工业项目、科研场所等资源；

b）自然观赏型：主要包括山川、江、湖、海、草原、沙漠等资源；

c）体验考察型：主要包括农庄、实践基地、夏令营营地或团队拓展基地等资源；

d）励志拓展型：主要包括红色教育基地、大学校园、国防教育基地、军营等资源；

e）文化康乐型：主要包括各类主题公园、演艺影视城等资源。

7.2 产品设计

承办方应根据主办方需求，针对不同学段特点和教育目标，设计研学旅行产品。

a）承办方应根据主办方需求，针对不同学段特点和教育目标，设计研学旅行产品；

b）小学一至三年级参与研学旅行时，宜设计以知识科普型和文化健康类型资源为主的产品，并以乡土乡情研学为主；

c）小学四至六年级参与研学旅行时，宜设计以知识科普型、自然观赏型和励志拓展型资源为主的产品，并以县情市情研学为主；

d）初中年级参与研学旅行时，宜设计以知识科普型、体验考察型和励志拓展型资源为主的产品，并以县情市情省情研学为主；

e）高中年级参与研学旅行时，宜设计以体验考察型和励志拓展型资源为主的产品，并以省情国情研学为主。

7.3 产品说明书

旅行社应制作并提供研学旅行产品说明书，产品说明书除应符合《中华人民共和国旅游法》和 LB/T 008 中有关规定外，还应包括以下内容：

a）研学旅行安全防控措施；

b）研学旅行教育服务项目及评价方法；

c）未成年人监护办法。

8　研学旅行服务项目

8.1 教育服务

8.1.1 教育服务计划

承办方和主办方应围绕学校相关教育目标，共同制定研学旅行教育服务计划，明确教育活动目标和内容，针对不同学龄段学生提出相应学时要求，其中每天体验教育课程项目或活动时间应不少于45分钟。

8.1.2 教育服务项目

教育服务项目可分为：

a）健身项目：以培养学生生存能力和适应能力为主要目的的服务项目，如徒步、挑战、露营、拓展、生存与自救训练等；

b）健手项目：以培养学生自理能力和动手能力为主要目的的服务项目，如综合实践、生活体验训练、内务整理、手工制作等项目；

c）健脑项目：以培养学生观察能力和学习能力为主要目的的服务项目，如各类参观、游览、讲座、诵读、阅读等；

d）健心项目：以培养学生的情感能力和践行能力为主要目的的服务项目，如思想品德养成教育活动以及团队游戏、情感互动、才艺展示等。

8.1.3 教育服务流程

教育服务流程宜包括：

a）在出行前，指导学生做好准备工作，如阅读相关书籍、查阅相关资料、制定学习计划等；

b）在旅行过程中，组织学生参与教育活动项目，指导学生撰写研学日记或调查报告；

c）在旅行结束后，组织学生分享心得体会，如组织征文展示、分享交流会等。

8.1.4 教育服务设施及教材

教育服务设施及教材要求如下：

a）应设计不同学龄段学生使用的研学旅行教材，如研学旅行知识读本；

b）应根据研学旅行教育服务计划，配备相应的辅助设施，如电脑、多媒体、各类体验教育设施或教具等。

8.1.5 研学旅行教育服务应有研学导师主导实施，由导游员和带队老师等共同配合完成。

8.1.6 应建立教育服务评价机制，对教育服务效果进行评价，持续改进教育服务。

8.2 交通服务

8.2.1 应按照以下要求选择交通方式：

a）单次路程在 400 千米以上的，不宜选择汽车，应优先选择铁路、航空等交通方式；

b）选择水运交通方式的，水运交通工具应符合 GB/T 16890 的要求，不宜选择木船、划艇、快艇；

c）选择汽车客运交通方式的，行驶道路不宜低于省级公路等级，驾驶人连续驾车不得超过 2 小时，停车休息时间不得少于 20 分钟。

8.2.2 应提前告知学生及家长相关交通信息，以便其掌握乘坐交通工具的类型、时间、地点以及需准备的有关证件。

8.2.3 宜提前与相应交通部门取得工作联系，组织绿色通道或开辟专门的候乘区域。

8.2.4 应加强交通服务环节的安全防范，向学生宣讲交通安全知识和紧急疏散要求，组织学生安全有序乘坐交通工具。

8.2.5 应在承运全程随机开展安全巡查工作，并在学生上、下交通工具时清点人数，防范出现滞留或走失。

8.2.6 遭遇恶劣天气时，应认真研判安全风险，及时调整研学旅行行程和交通方式。

8.3 住宿服务

8.3.1 应以安全、卫生和舒适为基本要求，提前对住宿营地进行实地考察，主要要求如下：

a）应便于集中管理；

b）应方便承运汽车安全进出、停靠；

c）应有健全的公共信息导向标识，并符合 GB/T 10001 的要求；

d）应有安全逃生通道。

8.3.2 应提前将住宿营地相关信息告知学生和家长，以便做好相关准备工作。

8.3.3 应详细告知学生入住注意事项，宣讲住宿安全知识，带领学生熟悉逃生通道。

8.3.4 应在学生入住后及时进行首次查房，帮助学生熟悉房间设施，解决相关问题。

8.3.5 宜安排男、女学生分区（片）住宿，女生片区管理员应为女性。

8.3.6 应制定住宿安全管理制度，开展巡查、夜查工作。

8.3.7 选择在露营地住宿时还应达到以下要求：

a）露营地应符合 GB/T 31710 的要求；

b）应在实地考察的基础上，对露营地进行安全评估，并充分评价露营接待条件、周边环境和可能发生的自然灾害对学生造成的影响；

c）应制定露营安全防控专项措施，加强值班、巡查和夜查工作。

8.4 餐饮服务

8.4.1 应以食品卫生安全为前提，选择餐饮服务提供方。

8.4.2 应提前制定就餐座次表，组织学生有序进餐。

8.4.3 应督促餐饮服务提供方按照有关规定，做好食品留样工作。

8.4.4 应在学生用餐时做好巡查工作，确保餐饮服务质量。

8.5 导游讲解服务

8.5.1 导游讲解服务应符合 GB/T 15971 的要求。

8.5.2 应将安全知识、文明礼仪作为导游讲解服务的重要内容，随时提醒引导学生安全旅游、文明旅游。

8.5.3 应结合教育服务要求，提供有针对性、互动性、趣味性、启发性和引导性的讲解服务。

8.6 医疗及救助服务

8.6.1 应提前调研和掌握研学营地周边的医疗及救助资源状况。

8.6.2 学生生病或受伤，应及时送往医院或急救中心治疗，妥善保管就诊医疗记录。返程后，应将就诊医疗记录复印并转交家长或带队老师。

8.6.3 宜聘请具有职业资格的医护人员随团提供医疗及救助服务。

9 安全管理

9.1 安全管理制度

主办方、承办方及供应方应针对研学旅行活动，分别制定安全管理制度，构建完善有效的安全防控机制。研学旅行安全管理制度体系包括但不限于以下内容：

a）研学旅行安全管理工作方案；

b）研学旅行应急预案及操作手册；

c）研学旅行产品安全评估制度；

d）研学旅行安全教育培训制度。

9.2 安全管理人员

承办方和主办方应根据各项安全管理制度的要求，明确安全管理责任人员及其工作职责，在研学旅行活动过程中安排安全管理人员随团开展安全管理工作。

9.3 安全教育

9.3.1 工作人员安全教育

应制定安全教育和安全培训专项工作计划，定期对参与研学旅行活动的工作人员进行培训。培训内容包括：安全管理工作制度、工作职责与要求、应急处置规范与流程等。

9.3.2 学生安全教育

学生安全教育要求如下：

a）应对参加研学旅行活动的学生进行多种形式的安全教育；

b）应提供安全防控教育知识读本；

c）应召开行前说明会，对学生进行行前安全教育；

d）应在研学旅行过程中对学生进行安全知识教育，根据行程安排及具体情况及时进行安全提示与警示，强化学生安全防范意识。

9.4 应急预案

主办方、承办方及供应方应制定和完善包括：地震、火灾、食品卫生、治安事件、设施设备突发故障等在内的各项突发事件应急预案，并定期组织演练。

10　服务改进

承办方应对各方面反馈的质量信息及时进行汇总分析，明确产品中的主要缺陷，找准发生质量问题的具体原因，通过健全制度、加强培训、调整供应方、优化产品设计、完善服务要素和运行环节等措施，持续改进研学旅行服务质量。

11　投诉处理

11.1 承办方应建立投诉处理制度，并确定专职人员处理相关事宜。

11.2 承办方应公布投诉电话、投诉处理程序和时限等信息。

11.3 承办方应及时建立投诉信息档案和回访制度。

第六章　国内著名旅游目的地和旅游资源

第一节　中国的世界遗产

　　世界遗产是指被联合国教科文组织和世界遗产委员会确认的人类罕见的、目前无法替代的财富，是全人类公认的具有突出意义和普遍价值的文物古迹及自然景观。狭义的世界遗产包括"世界文化遗产""世界自然遗产""世界文化与自然遗产"和"文化景观"四类。广义概念，根据形态和性质，世界遗产分为文化遗产、自然遗产、文化和自然双重遗产、记忆遗产、人类口述和非物质遗产（简称非物质文化遗产）、文化景观遗产。联合国教育、科学及文化组织大会于 1972 年 10 月 17 日至 11 月 21 日在巴黎举行了第十七届会议，会上通过了《保护世界文化和自然遗产公约》。

　　《世界遗产名录》是于 1976 年世界遗产委员会成立时建立的。世界遗产委员会隶属于联合国教科文组织。联合国教科文组织于 1972 年 11 月 16 日在第十七次大会上正式通过了《保护世界文化和自然遗产公约》（以下简称《公约》）。其目的是为了保护世界文化和自然遗产。中国于 1985 年 12 月 12 日加入《公约》，1999 年 10 月 29 日当选为世界遗产委员会成员。截至 2019 年 7 月 5 日，中国世界遗产总数增至 55 处，自然遗产增至 14 处，自然遗产总数位列世界第一。

表 6-1　中国的世界遗产名录

名称	地点	评定准则	登陆年份	编号
泰山	中国山东泰安	自文 自（iii）文（i）（ii）（iii）（iv）（v）（vi）	1987 年	437
长城	中国河北、北京、甘肃	文（i）（ii）（iii）（iv）（vi）	1987 年	438
北京及沈阳的明清皇家宫殿	中国北京东城区、辽宁沈阳	文（i）（ii）（iii）（iv）	1987 年（北京故宫）2004 年（沈阳故宫）	439
莫高窟	中国甘肃敦煌	文（i）（ii）（iii）（iv）（v）（vi）	1987 年	440
秦始皇陵	中国陕西西安	文（i）（iii）（iv）（vi）	1987 年	441
周口店北京人遗址	中国北京房山区	文（iii）（vi）	1987 年	449

表6-1(续)

名称	地点	评定准则	登陆年份	编号
黄山	中国安徽黄山市	自文 自（iii）（iv）文（ii）	1990年	547
九寨沟风景名胜区	中国四川九寨沟县	自（vii）	1992年	637
黄龙风景名胜区	中国四川松潘	自（vii）	1992年	638
武陵源风景名胜区	中国湖南张家界	自（vii）	1992年	640
承德避暑山庄和外八庙	中国河北承德	文（ii）（iv）	1994年	703
曲阜孔庙、孔林、孔府	中国山东曲阜	文（i）（iv）（vi）	1994年	704
武当山古建筑群	中国湖北丹江口	文（i）（ii）（vi）	1994年	705
拉萨布达拉宫历史建筑群	中国西藏拉萨	文（i）（iv）（vi）	1994年（布达拉宫） 2000年（大昭寺） 2001年（罗布林卡）	707
庐山国家级风景名胜区	中国江西九江	文（ii）（iii）（iv）（vi）	1996年	778
峨眉山风景名胜区，含乐山大佛风景区	中国四川乐山峨眉山市	自文 自（iv）文（iv）（vi）	1996年	779
丽江古城	中国云南丽江	文（ii）（iv）（v）	1997年	811
平遥古城	中国山西平遥	文（ii）（iii）（iv）	1997年	812
苏州古典园林	中国江苏苏州	文（i）（ii）（iii）（iv）（v）	1997年（拙政园、留园、网师园、环秀山庄） 2000年（沧浪亭、狮子林、艺圃、耦园、退思园）	813
北京皇家园林-颐和园	中国北京海淀区	文（i）（ii）（iii）	1998年	880
北京皇家祭坛-天坛	中国北京东城区	文（i）（ii）（iii）	1998年	881
大足石刻	中国重庆大足	文（i）（ii）（iii）	1999年	912
武夷山	中国福建武夷山市、江西铅山	自文 自（iii）（iv）文（iii）（vi）	1999年（武夷山） 2017年（北武夷山）	911
青城山与都江堰	中国四川都江堰市	文（ii）（iv）（vi）	2000年	1001

表6-1（续）

名称	地点	评定准则	登陆年份	编号
皖南古村落—西递、宏村	中国安徽黟县	文（iii）（iv）（v）	2000 年	1002
龙门石窟	中国河南洛阳	文（i）（ii）（iii）	2000 年	1003
明清皇家陵寝	中国湖北钟祥、河北遵化、河北易县、江苏南京、北京昌平区、辽宁沈阳、辽宁新宾	文（i）（ii）（iii）（iv）（vi）	2000 年（明显陵、清东陵、清西陵） 2003 年（明孝陵、明十三陵） 2004 年（盛京三陵）	1004
云冈石窟	中国山西大同	文（i）（ii）（iii）（iv）	2001 年	1039
云南三江并流保护区	中国云南丽江、迪庆藏族自治州、怒江傈僳族自治州	自（i）（ii）（iii）（iv）	2003 年	1083
高句丽王城、王陵及贵族墓葬	中国吉林集安、辽宁桓仁	文（i）（ii）（iii）（iv）（v）	2004 年	1135
澳门历史城区	中国澳门	文（ii）（iii）（iv）（vi）	2005 年	1110
四川大熊猫栖息地	中国四川成都、阿坝、雅安、甘孜	自（x）	2006 年	1213
殷墟	中国河南安阳	文（ii）（iii）（iv）（vi）	2006 年	1114
中国南方喀斯特	中国云南石林、贵州荔波、重庆武隆、广西阳朔、贵州施秉、重庆南川区、广西环江	自（vii）（viii）（ix）（x）	2007 年（云南石林、贵州荔波、重庆武隆） 2014 年（广西桂林、贵州施秉、重庆金佛山、广西环江）	1248
开平碉楼与村落	中国广东开平	文（ii）（iii）（iv）	2007 年	1112
福建土楼	中国福建龙岩、漳州	文（ii）（iii）（iv）	2008 年	1113
三清山国家级风景名胜区	中国江西上饶	自（vii）	2008 年	1292
五台山	中国山西五台	文（ii）（iii）（iv）（vi）	2009 年	1279
登封"天地之中"历史建筑群	中国河南登封	文（iii）（vi）	2010 年	1305

表6-1(续)

名称	地点	评定准则	登陆年份	编号
中国丹霞	中国福建泰宁、湖南新宁、广东仁化、江西贵溪、浙江江山、贵州赤水习水	自（vii）（viii）	2010年	1335
杭州西湖文化景观	中国浙江杭州	文（ii）（iii）（vi）	2011年	1334
元上都遗址	中国内蒙古正蓝旗	文（ii）（iii）（iv）（vi）	2012年	1389
澄江化石地	中国云南澄江	自（viii）	2012年	1388
新疆天山	中国新疆阿克苏、伊犁、巴音郭楞、昌吉	自（vii）（ix）	2013年	1414
红河哈尼梯田文化景观	中国云南红河	文（iii）（v）	2013年	1111
大运河	中国北京、天津、河北、河南、山东、安徽、江苏、浙江	文（i）（iii）（iv）	2014年	1443
丝绸之路：长安-天山廊道的路网	中国河南、陕西、甘肃、新疆，吉尔吉斯斯坦，哈萨克斯坦	文（ii）（iii）（v）（vi）	2014年	1442
土司遗址	中国湖南永顺、湖北咸丰、贵州遵义	文（ii）（iii）	2015年	1474
左江花山岩画文化景观	中国广西崇左	文（iii）（vi）	2016年	1508
湖北神农架	中国湖北神农架林区	自（ix）（x）	2016年	1509
青海可可西里	中国青海、西藏青藏高原	自（vii）（x）	2017年	1540
鼓浪屿：国际历史社区	中国福建厦门	文（ii）（iv）	2017年	1541
梵净山	中国贵州铜仁	自（x）	2018年	1559
中国黄（渤）海候鸟栖息地（第一期）	中国江苏盐城	自（x）	2019年	1606
良渚古城遗址	中国浙江杭州	文（iii）（iv）	2019年	1592

（截至2019年7月）

第二节　中国的世界地质公园和国家地质公园

一、中国的世界地质公园

　　世界地质公园，是以其地质科学意义、珍奇秀丽和独特的地质景观为主，融合自然景观与人文景观的自然公园。由联合国教科文组织选出，此计划在 2000 年之后开始推行，目标是选出超过 500 个值得保存的地质景观加强保护。世界地质公园作为一种资源利用方式，在地质遗迹与生态环境保护，地方经济发展与解决群众就业，科学研究与知识普及，提升原有景区品位与基础设施改造，国际交流和提高全民素质等方面显现出综合效益，为生态文明建设和地方文化传承做出了贡献，是展示国家形象的名片，促进国际合作的引擎。截至 2020 年 7 月，联合国教科文组织世界地质公园总数为 161 个，分布在全球 38 个国家和地区，中国拥有 41 个世界地区公园，占全球 161 处的四分之一，稳居世界首位。

表 6-2　中国的世界地质公园名单

安徽黄山	江西庐山	河南云台山
云南石林	广东丹霞山	湖南张家界
黑龙江五大连池	河南嵩山	浙江雁荡山
福建泰宁	内蒙古克什克腾	四川兴文
山东泰山	河南王屋山—黛眉山	雷琼
房山	黑龙江镜泊湖	河南伏牛山
江西龙虎山	四川自贡	昆仑山
内蒙古阿拉善	甘肃敦煌	北京延庆
安徽天柱山	湖北神农架	陕西终南山
福建宁德	香港	云南大理苍山
贵州织金洞	江西三清山	新疆可可托海
内蒙古阿尔山	广西乐业-凤山	湖北黄冈大别山
山东沂蒙山	四川光雾山-诺水河	湖南湘西
甘肃张掖	安徽九华山	

（截至 2020 年 7 月）

二、中国国家地质公园

　　中华人民共和国国家地质公园，由中国行政管理部门组织专家审定，由中华人民共和国国务院国土资源部正式批准授牌的地质公园。中国国家地质公园是以具有国家级特殊地质科学意义，较高的美学观赏价值的地质遗迹为主体，并融合其他自然景观与人文景观而构成的一种独特的自然区域。国家地质公园的建立是以保护地质遗迹资源、促进社会经济的可持续发展为宗旨，遵循"在保护中开发，在开发中保护"的原则。中国国家地质公园的计划其实是联合国教科文组织（UNESCO）等机构推动的"全球地质景点计划"的试点计划。该计划首先于1972年在法国巴黎召开的联合国教科文组织第17届大会被提出，1989年正式启动。我国国土资源部在2000年8月正式建立国家地质公园的申报和评审机制。2019年9月8日，国家林业和草原局组织验收并正式命名了7处国家地质公园和1处国家矿山公园。至此，我国正式命名的国家地质公园增至214处，正式命名的国家矿山公园增至34处。新命名的7处国家地质公园包括辽宁锦州古生物化石和花岗岩国家地质公园、江苏连云港花果山国家地质公园、安徽灵璧磬云山国家地质公园、福建平和灵通山国家地质公园、福建三明郊野国家地质公园、江西石城国家地质公园、湖南通道万佛山国家地质公园。新命名的1处国家矿山公园为河北任丘华北油田国家矿山公园。

第一批国家地质公园名单（11处）（2001年04月）

这11处国家地质公园是：云南石林国家地质公园、湖南张家界砂岩峰林国家地质公园、河南嵩山国家地质公园、江西庐山国家地质公园、云南澄江动物群国家地质公园、黑龙江五大连池火山国家地质公园、四川自贡恐龙国家地质公园、福建漳州滨海火山国家地质公园、陕西翠华山山崩国家地质公园、四川龙门山国家地质公园、江西龙虎山国家地质公园。

第二批国家地质公园名单（33处）（2002年02月）

这33处国家地质公园是：安徽黄山国家地质公园、甘肃敦煌雅丹国家地质公园、内蒙古赤峰市克什克腾国家地质公园、云南腾冲火山国家地质公园、广东丹霞山国家地质公园、四川海螺沟国家地质公园、山东山旺国家地质公园、天津蓟县国家地质公园、四川大渡河峡谷国家地质公园、福建大金湖国家地质公园、河南焦作云台山国家地质公园、甘肃刘家峡恐龙国家地质公园、黑龙江嘉荫恐龙国家地质公园、北京石花洞国家地质公园、浙江常山国家地质公园、河北涞源白石山国家地质公园、安徽齐云山国家地质公园、河北秦皇岛柳江国家地质公园、黄河壶口瀑布国家地质公园、四川安县生物礁-岩溶国家地质公园、广东湛江湖光岩国家地质公园、河北阜平天生桥国家地质公园、山东枣庄熊耳山国家地质公园、安徽浮山国家地质公园、北京延庆硅化木国家地质公园、河南内乡宝天曼国家地质公园、浙江临海国家地质公园、陕西洛川黄土国家地质公园、西藏易贡国家地质公园、安徽淮南八公山国家地质公园、湖南郴州飞天山国家地质公园、湖南莨山国家地质公园、广西资源国家地质公园。

第三批国家地质公园名单（41处）（2004年02月）

这41处国家地质公园分别是：河南王屋山国家地质公园、四川九寨沟国家地质公园、浙江雁荡山国家地质公园、四川黄龙国家地质公园、辽宁朝阳鸟化石国家地质公园、广西百色乐业大石围天坑群国家地质公园、河南西峡伏牛山国家地质公园、贵州关岭化石群国家地质公园、广西北海涠洲岛火山国家地质公园、河南嵖岈山国家地质公园、浙江新昌硅化木国家地质公园、云南禄丰恐龙国家地质公园、新疆布尔津喀纳斯湖国家地质公园、福建晋江深沪湾国家地质公园、云南玉龙黎明—老君山国家地质公园、安徽祁门牯牛降国家地质公园、甘肃景泰黄河石林国家地质公园、北京十渡国家地质公园、贵州兴义国家地质公园、四川兴文石海国家地质公园、重庆武隆岩溶国家地质公园、内蒙古阿尔山国家地质公园、福建福鼎太姥山国家地质公园、青海尖扎坎布拉国家地质公园、河北赞皇嶂石岩国家地质公园、河北涞水野三坡国家地质公园、甘肃平凉崆峒山国家地质公园、新疆奇台硅化木—恐龙国家地质公园、长江三峡国家地质公园（湖北、重庆）、海南海口石山火山群国家地质公园、江苏苏州太湖西山国家地质公园、宁夏西吉火石寨国家地质公园、吉林靖宇火山矿泉群国家地质公园、福建宁化天鹅洞群国家地质公园、山东东营黄河三角洲国家地质公园、贵州织金洞国家地质公园、广东佛山西樵山国家地质公园、贵州绥阳双河洞国家地质公园、黑龙江伊春花岗岩石林国家地质公园、重庆黔江小南海国家地质公园、广东阳春凌宵岩国家地质公园。

第四批国家地质公园名单（53家）（2005年08月）

这53处国家地质公园分别是：河北临城国家地质公园、河北武安国家地质公园、内蒙古阿拉善沙漠国家地质公园、山西壶关太行山大峡谷国家地质公园、山西宁武万年冰洞国家地质公园、五台山国家地质公园、黑龙江镜泊湖国家地质公园、黑龙江兴凯湖国家地质公园、辽宁本溪国家地质公园、大连冰峪国家地质公园、中国大连国家地质公园、延川黄河蛇曲国家地质公园、青海互助嘉定国家地质公园、青海久治年宝玉则国家地质公园、青海昆仑山国家地质公园、富蕴可可托海国家地质公园、大理苍山国家地质公园、四川华蓥山国家地质公园、四川江油国家地质公园、四川射洪硅化木国家地质公园、四川四姑娘山国家地质公园、重庆云阳龙缸国家地质公园、贵州六盘水乌蒙山国家地质公园、贵州平塘国家地质公园、西藏札达土林国家地质公园、安徽大别山（六安）地质公园、安徽天柱山国家地质公园、山东长山列岛国家地质公园、山东沂蒙山国家地质公园、泰山国家地质公园、江苏省南京市六合国家地质公园、上海崇明长江三角洲国家地质公园、德化石牛山国家地质公园、福建屏南白水洋国家地质公园、福建永安桃源洞国家地质公园、江西三清山国家地质公园、江西武功山国家地质公园、河南关山国家地质公园、河南黄河国家地质公园、河南洛宁神灵寨国家地质公园、河南洛阳黛眉山国家地质公园、河南信阳金刚台国家地质公园、湖南凤凰国家地质公园、湖南古丈红石林国家地质公园、湖南酒埠红国家地质公园、湖北木兰山国家地质公园、湖北神农架国家地质公园、湖北郧县恐龙蛋化石群国家地质公园、广东恩平地热国家地质公园、广东封开国家地质公园、深圳大鹏半岛国家地质公园、广西凤山国家地质公园、广西鹿寨香桥喀斯特生态国家地质公园。

第五批国家地质公园名单（44处）（2009年8月）

这44处国家地质公园分别是：吉林长白山火山国家地质公园、云南丽江玉龙雪山国家地质公园、新疆天山天池国家地质公园、湖北武当山国家地质公园、山东诸城恐龙国家地质公园、安徽池州九华山国家地质公园、云南九乡峡谷洞穴国家地质公园、内蒙古二连浩特国家地质公园、新疆库车大峡谷国家地质公园、福建连城冠豸山国家地质公园、贵州黔东南苗岭国家地质公园、宁夏灵武国家地质公园、四川大巴山国家地质公园、贵州思南乌江喀斯特国家地质公园、湖南乌龙山国家地质公园、甘肃和政古生物化石国家地质公园、广西大化七百弄国家地质公园 四川光雾山、诺水河国家地质公园、江苏南京江宁汤山方山国家地质公园、内蒙古宁城国家地质公园、重庆万盛国家地质公园、西藏羊八井国家地质公园、陕西商南金丝峡国家地质公园、广西桂平国家地质公园、山东青州国家地质公园、河北兴隆国家地质公园、北京密云云蒙山国家地质公园、福建白云山国家地质公园、广东阳山国家地质公园、湖南湄江国家地质公园、河北迁安-迁西国家地质公园、湖北大别山（黄冈）国家地质公园、甘肃天水麦积山国家地质公园、河南小秦岭国家地质公园、青海贵德国家地质公园、北京平谷黄松峪国家地质公园、河南红旗渠·林虑山国家地质公园、山西陵川王莽岭国家地质公园、重庆綦江木化石-恐龙国家地质公园、黑龙江伊春小兴安岭国家地质公园、陕西岚皋南宫山国家地质公园、吉林乾安泥林国家地质公园、山西大同火山群国家地质公园、安徽凤阳韭山国家地质公园。

第六批国家地质公园名单（36处）（2011年11月）

这36处国家地质公园分别是：云南罗平生物群国家地质公园、河南尧山国家地质公园、河南汝阳恐龙国家地质公园、山东莱阳白垩纪国家地质公园、新疆吐鲁番火焰山国家地质公园、甘肃张掖丹霞国家地质公园、新疆温宿盐丘国家地质公园、山东沂源鲁山地质公园、云南泸西阿庐国家地质公园、广西宜州水上石林国家地质公园、甘肃炳灵丹霞地貌国家地质公园、湖北五峰国家地质公园、山西平顺天脊山国家地质公园、贵州赤水丹霞国家地质公园、青海省青海湖国家地质公园、河北承德丹霞地貌国家地质公园、河北邢台峡谷群国家地质公园、陕西柞水溶洞国家地质公园、吉林抚松国家地质公园、福建平和灵通山国家地质公园、山西永和黄河蛇曲国家地质公园、

内蒙古巴彦淖尔国家地质公园、湖南平江石牛寨国家地质公园、重庆酉阳地质公园、内蒙古鄂尔多斯国家地质公园、四川青川地震遗迹国家地质公园、福建政和佛子山国家地质公园、安徽广德太极洞国家地质公园、湖北咸宁九宫山-温泉国家地质公园、黑龙江凤凰山国家地质公园、陕西耀州照金丹霞国家地质公园、广西浦北五皇山国家地质公园、四川绵竹清平—汉旺国家地质公园、安徽丫山国家地质公园、青海玛沁阿尼玛卿山国家地质公园、湖南浏阳大围山国家地质公园。

第三节　国家 AAAAA 级景区

国家 AAAAA 级旅游景区，即 5A 级景区，为中华人民共和国旅游景区质量等级划分的景区级别，共分为五级，从高到低依次为 AAAAA、AAAA、AAA、AA、A 级。5A级为中国旅游景区最高等级，代表着中国世界级精品的旅游风景区等级。2007年5月22日，国家旅游局（National Tourism Administration）在其官方网站发布通知公告，经全国旅游景区质量等级评定委员会委派地评定小组现场验收，全国旅游景区质量等级评定委员会审核批准，决定批准北京市故宫博物院（Beijing City Museum of the Imperial Palace）等66家景区为国家5A级旅游景区。截至2020年1月7日，国家旅游局（现

已并入文化和旅游部）共确定了 280 个国家 5A 级旅游风景区。

表6-3　国家 AAAAA 级旅游景区一览表

河南	14	郑州市登封市嵩山少林寺景区	2007 年
		洛阳市洛龙区龙门石窟景区	2007 年
		焦作市云台山-神农山-青天河风景区	2007 年
		安阳市殷都区殷墟景区	2011 年
		洛阳市嵩县白云山景区	2011 年
		开封市龙亭区清明上河园景区	2011 年
		平顶山市鲁山县尧山-中原大佛景区	2011 年
		洛阳市栾川县老君山-鸡冠洞旅游区	2012 年
		洛阳市新安县龙潭大峡谷景区	2013 年
		南阳市中国西峡恐龙遗迹园-伏牛山-老界岭旅游区	2014 年
		驻马店市遂平县嵖岈山旅游景区	2015 年
		安阳市林州市红旗渠-太行大峡谷旅游区	2016 年
		商丘市永城市芒砀山汉文化旅游景区	2017 年
		新乡市辉县市八里沟景区	2019 年
湖北	12	武汉市武昌区黄鹤楼公园	2007 年
		宜昌市三峡大坝-屈原故里文化旅游区	2007 年
		宜昌市夷陵区三峡人家风景区	2011 年
		十堰市丹江口市武当山风景区	2011 年
		恩施土家族苗族自治州巴东县神龙溪纤夫文化旅游区	2011 年
		神农架林区神农架生态旅游区	2012 年
		宜昌市长阳土家族自治县清江画廊景区	2013 年
		武汉市洪山区中国武汉-东湖生态旅游风景区	2013 年
		武汉市黄陂区木兰文化生态旅游区	2014 年
		恩施土家族苗族自治州恩施市恩施大峡谷景区	2015 年
		咸宁市赤壁市三国赤壁古战场景区	2018 年
		襄阳市襄城区古隆中景区	2019 年

表6-3(续)

湖南	9	张家界市武陵源-天门山旅游区	2007 年
		衡阳市南岳区衡山旅游区	2007 年
		湘潭市韶山市韶山旅游区	2011 年
		岳阳市岳阳楼-君山岛景区	2011 年
		长沙市岳麓区岳麓山-橘子洲旅游区	2012 年
		长沙市宁乡市花明楼景区	2013 年
		郴州市资兴市东江湖旅游区	2015 年
		邵阳市新宁县崀山景区	2016 年
		株洲市炎陵县炎帝陵景区	2019 年
广东	14	广州市番禺区长隆旅游度假区	2007 年
		深圳市南山区华侨城旅游度假区	2007 年
		广州市白云区白云山景区	2011 年
		梅州市梅县区雁南飞茶田景区	2011 年
		深圳市龙华区观澜湖休闲旅游区	2011 年
		清远市连州市地下河旅游景区	2011 年
		韶关市仁化县丹霞山景区	2012 年
		佛山市南海区西樵山景区	2013 年
		惠州市博罗县罗浮山景区	2013 年
		佛山市顺德区长鹿旅游休博园	2014 年
		阳江市江城区海陵岛大角湾海上丝路旅游区	2015 年
		中山市孙中山故里旅游区	2016 年
		惠州市惠城区惠州西湖旅游景区	2018 年
		肇庆市星湖旅游景区	2019 年
广西	7	桂林市漓江风景区	2007 年
		桂林市兴安县乐满地度假世界	2007 年
		桂林市秀峰区独秀峰·靖江王城景区	2012 年
		南宁市青秀区青秀山旅游区	2014 年
		桂林市两江四湖象山景区	2017 年
		崇左市大新县德天跨国瀑布景区	2018 年
		百色市右江区百色起义纪念园景区	2019 年

表6-3（续）

海南	6	三亚市崖州区南山文化旅游区	2007 年
		三亚市崖州区南山大小洞天旅游区	2007 年
		保亭县呀诺达雨林文化旅游区	2012 年
		陵水县分界洲岛旅游区	2013 年
		保亭县海南槟榔谷黎苗文化旅游区	2015 年
		三亚市海棠区蜈支洲岛旅游区	2016 年
重庆	9	大足区大足石刻景区	2007 年
		巫山区小三峡-小小三峡旅游区	2007 年
		武隆区喀斯特旅游区	2011 年
		酉阳土家族苗族自治县桃花源旅游景区	2012 年
		綦江区万盛黑山谷-龙鳞石海风景区	2012 年
		南川区金佛山景区	2013 年
		江津区四面山景区	2015 年
		云阳县龙缸景区	2017 年
		彭水苗族土家族自治县阿依河景区	2019 年
四川	13	成都市都江堰市青城山-都江堰旅游景区	2007 年
		乐山市峨眉山市峨眉山景区	2007 年
		阿坝藏族羌族自治州九寨沟县九寨沟景区	2007 年
		乐山市市中区乐山大佛景区	2011 年
		阿坝藏族羌族自治州松潘县黄龙风景名胜区	2012 年
		绵阳市北川羌族自治县羌城旅游区	2013 年
		阿坝藏族羌族自治州汶川县汶川特别旅游区	2013 年
		南充市阆中市阆中古城旅游景区	2013 年
		广安市广安区邓小平故里旅游区	2013 年
		广元市剑阁县剑门蜀道剑门关旅游景区	2015 年
		南充市仪陇县朱德故里景区	2016 年
		甘孜藏族自治州泸定县海螺沟景区	2017 年
		雅安市雨城区碧峰峡旅游景区	2019 年

表6-3（续）

贵州	7	安顺市镇宁布依族苗族自治县黄果树瀑布景区	2007 年
		安顺市西秀区龙宫景区	2007 年
		毕节市黔西县百里杜鹃景区	2013 年
		黔南布依族苗族自治州荔波县樟江景区	2015 年
		贵阳市花溪区青岩古镇景区	2017 年
		铜仁市梵净山（江口·印江）旅游区	2018 年
		黔东南苗族侗族自治州镇远县镇远古城旅游景区	2019 年
云南	8	昆明市石林彝族自治县石林风景区	2007 年
		丽江市玉龙纳西族自治县玉龙雪山景区	2007 年
		丽江市古城区丽江古城景区	2011 年
		大理白族自治州大理市崇圣寺三塔文化旅游区	2011 年
		西双版纳傣族自治州勐腊县中科院西双版纳热带植物园	2011 年
		迪庆藏族自治州香格里拉市普达措国家公园	2012 年
		昆明市盘龙区昆明世博园景区	2016 年
		保山市腾冲市火山热海旅游区	2016 年
西藏	4	拉萨市城关区布达拉宫景区	2013 年
		拉萨市城关区大昭寺景区	2013 年
		林芝市工布江达县巴松措景区	2017 年
		日喀则市桑珠孜区扎什伦布寺景区	2017 年
陕西	10	西安市临潼区秦始皇兵马俑博物馆	2007 年
		西安市临潼区华清池景区	2007 年
		延安市黄陵县黄帝陵景区	2007 年
		西安市雁塔区大雁塔-大唐芙蓉园景区	2011 年
		渭南市华阴市华山风景区	2011 年
		宝鸡市扶风县法门寺佛文化景区	2014 年
		商洛市商南县金丝峡景区	2015 年
		宝鸡市眉县太白山旅游景区	2016 年
		西安市城墙·碑林历史文化景区	2018 年
		延安市宝塔区延安革命纪念地景区	2019 年

表6-3(续)

甘肃	5	嘉峪关市嘉峪关文物景区	2007 年
		平凉市崆峒区崆峒山风景名胜区	2007 年
		天水市麦积区麦积山景区	2011 年
		酒泉市敦煌市鸣沙山月牙泉景区	2015 年
		张掖市临泽县七彩丹霞景区	2019 年
青海	3	青海湖风景区	2011 年
		西宁市湟中区塔尔寺景区	2012 年
		海东市互助土族自治县互助土族故土园旅游区	2017 年
宁夏	4	石嘴山市平罗县沙湖旅游景区	2007 年
		中卫市沙坡头区沙坡头旅游景区	2007 年
		银川市西夏区宁夏镇北堡西部影视城	2011 年
		银川市灵武市水洞沟旅游区	2015 年
新疆	13	昌吉回族自治州阜康市天山天池风景名胜区	2007 年
		吐鲁番市高昌区葡萄沟风景区	2007 年
		伊犁哈萨克自治州阿勒泰地区布尔津县喀纳斯景区	2007 年
		伊犁哈萨克自治州新源县那拉提旅游风景区	2011 年
		伊犁哈萨克自治州阿勒泰地区富蕴县可可托海景区	2012 年
		喀什地区泽普县金胡杨景区	2013 年
		乌鲁木齐市乌鲁木齐县天山大峡谷	2013 年
		巴音郭楞蒙古自治州博湖县博斯腾湖景区	2014 年
		喀什地区喀什市喀什噶尔老城景区	2015 年
		伊犁哈萨克自治州特克斯县喀拉峻景区	2016 年
		巴音郭楞蒙古自治州和静县巴音布鲁克景区	2016 年
		伊犁哈萨克自治州阿勒泰地区哈巴河县白沙湖景区	2017 年
		喀什地区塔什库尔干塔吉克自治县帕米尔旅游区	2019 年

（截至 2020 年 1 月）

第四节　国家历史文化名城

　　国家历史文化名城由中华人民共和国国务院确定并公布，是 1982 年根据北京大学侯仁之教授、建设部郑孝燮和故宫博物院单士元三位先生提议而建立的一种文物保护机制。被列入名单的均为保存文物特别丰富、具有重大历史价值或者纪念意义、且正在延续使用的城市。

这些城市，有的曾被各朝帝王选作都城；有的曾是当时的政治、经济重镇；有的曾是重大历史事件的发生地；有的因拥有珍贵的文物遗迹而享有盛名；有的则因出产精美的工艺品而著称于世。它们的留存，为今天的人们回顾中国历史打开了一个窗口。截至 2018 年 5 月，中国国家历史文化名城已达 135 座。

中国的历史文化名城按照各个城市的特点主要分为七类即：

古都型：以都城时代的历史遗存物、古都的风貌为特点，如北京、西安；

传统风貌型：保留一个或几个历史时期积淀的有完整建筑群的城市，如平遥、韩城；

风景名胜型：由建筑与山水环境的叠加而显示出鲜明个性特征的城市，如桂林、苏州；

地方及民族特色型：由地域特色或独自的个性特征、民族风情、地方文化构成城市风貌主体的城市，如丽江、拉萨；

近现代史迹型：反映历史上某一事件或某个阶段的建筑物或建筑群为其显著特色的城市，如上海、遵义；

特殊职能型：城市中的某种职能在历史上占有极突出的地位，如"盐城"自贡、"瓷都"景德镇；

一般史迹型：以分散在全城各处的文物古迹为历史传统体现主要方式的城市，如长沙、济南。

表6-4　第一批历史文化名城（国务院 1982 年 2 月 8 日批准）

1. 北京	7. 杭州	13. 开封	19. 遵义
2. 承德	8. 绍兴	14. 江陵	20. 昆明
3. 大同	9. 泉州	15. 长沙	21. 大理
4. 南京	10. 景德镇	16. 广州	22. 拉萨
5. 苏州	11. 曲阜	17. 桂林	23. 西安
6. 扬州	12. 洛阳	18. 成都	24. 延安

表6-5　第二批历史文化名城（国务院 1986 年 12 月 8 日批准）

1. 上海	11. 常熟	21. 安阳	31. 日喀则
2. 天津市	12. 徐州	22. 南阳	32. 韩城
3. 沈阳	13. 淮安	23. 商丘	33. 榆林
4. 武汉	14. 宁波	24. 襄樊	34. 武威
5. 南昌	15. 歙县	25. 潮州	35. 张掖
6. 重庆	16. 寿县	26. 阆中	36. 敦煌
7. 保定	17. 亳州	27. 宜宾	37. 银川

表6-5(续)

8. 平遥	18. 福州	28. 自贡	38. 喀什
9. 呼和浩特	19. 漳州	29. 镇远	
10. 镇江	20. 济南	30. 丽江	

表 6-6　第三批历史文化名城（国务院 1994 年 1 月 4 日批准）

1. 正定	11. 长汀	21. 岳阳	31. 建水
2. 邯郸	12. 赣州	22. 肇庆	32. 巍山
3. 新绛	13. 青岛	23. 佛山	33. 江孜
4. 代县	14. 聊城	24. 梅州	34. 咸阳
5. 祁县	15. 邹城	25. 海康	35. 汉中
6. 哈尔滨	16. 临淄	26. 柳州	36. 天水
7. 吉林	17. 郑州	27. 琼山	37. 同仁
8. 集安	18. 浚县	28. 乐山	
9. 衢州	19. 随州	29. 都江堰	
10. 临海	20. 钟祥	30. 泸州	

表 6-7　2001 年至 2018 年增补的中国历史文化名城

1. 山海关区	11. 无锡市	21. 伊宁市	31. 温州市
2. 凤凰县	12. 南通市	22. 泰州市	32. 高邮市
3. 濮阳市	13. 北海市	23. 会泽县	33. 永州市
4. 安庆市	14. 宜兴市	24. 烟台市	34. 长春市
5. 泰安市	15. 嘉兴市	25. 青州市	35. 龙泉市
6. 海口市	16. 太原市	26. 湖州市	36. 蔚县
7. 金华市	17. 中山市	27. 齐齐哈尔市	
8. 绩溪县	18. 蓬莱市	28. 常州市	
9. 吐鲁番市	19. 会理县	29. 瑞金市	
10. 特克斯县	20. 库车县	30. 惠州市	

第五节　中国国家级自然保护区

自然保护区又称"自然禁伐禁猎区"（sanctuary），自然保护地（nature protected area）等。自然保护区往往是一些珍贵、稀有的动、植物种的集中分布区，候鸟繁殖、越冬或迁徙的停歇地，以及某些饲养动物和栽培植物野生近缘种的集中产地，具有典型性或特殊性的生态系统；也常是风光绮丽的天然风景区，具有特殊保护价值的地质剖面、化石产地或冰川遗迹、岩溶、瀑布、温泉、火山口以及陨石的所在地等。

按照保护的主要对象来划分，自然保护区可以分为生态系统类型保护区、生物物种保护区和自然遗迹保护区 3 类；按照保护区的性质来划分，自然保护区可以分为科研保护区、国家公园（即风景名胜区）、管理区和资源管理保护区 4 类。不管保护区的类型如何，其总体要求是以保护为主，在不影响保护的前提下，把科学研究、教育、生产和旅游等活动有机地结合起来，使它的生态、社会和经济效益都得到充分展示。

中国是世界自然资源和生物多样性最丰富的国家之一，截至 2018 年 5 月 31 日，我国境内现有 474 个国家级自然保护区。吉林省长白山自然保护区、广东省鼎湖山自然保护区、四川省卧龙自然保护区、贵州省梵净山自然保护区、福建省武夷山自然保护区和内蒙古自治区锡林郭勒自然保护区已被联合国教科文组织的"人与生物圈计划"列为国际生物圈保护区。

表 6-8　中国国家级自然保护区名单

北京	
北京松山自然保护区	
天津	
天津古海岸与湿地自然保护区	天津八仙山自然保护区
天津蓟县中上元古界自然保护区	
河北	
河北黄金海岸自然保护区	河北雾灵山自然保护区
河北小五台山自然保护区	河北红松洼草原自然保护区
河北泥河湾自然保护区	河北衡水湖自然保护区
河北大海陀自然保护区	柳江盆地地质遗迹国家级自然保护区
山西	
山西阳城莽河自然保护区	山西历山自然保护区
山西芦芽山自然保护区	五鹿山国家级自然保护区
山西庞泉沟自然保护区	
内蒙古	
内蒙古鄂尔多斯遗鸥自然保护区	内蒙古图牧吉自然保护区
内蒙古赛罕乌拉自然保护区	内蒙古大青沟自然保护区
内蒙古达里诺尔鸟类自然保护区	内蒙古锡林郭勒草原自然保护区
内蒙古白音熬包自然保护区	内蒙古西鄂尔多斯自然保护区
内蒙古黑里河自然保护区	内蒙古乌拉特梭梭林-蒙古野驴自然保护区
内蒙古大黑山自然保护区	内蒙古内蒙古贺兰山自然保护区

表6-8（续）

内蒙古汗玛自然保护区	内蒙古额济纳胡杨林自然保护区
内蒙古辉河自然保护区	阿鲁科尔沁国家级自然保护区
内蒙古红花尔基自然保护区	哈腾套海国家级自然保护区
内蒙古达赉湖自然保护区	额尔古纳国家级自然保护区
内蒙古科尔沁自然保护区	
辽宁	
辽宁大连斑海豹自然保护区	辽宁鸭绿江口滨海湿地自然保护区
辽宁城山头自然保护区	辽宁医巫闾山自然保护区
辽宁蛇岛-老铁山自然保护区	辽宁双台河口自然保护区
辽宁仙人洞自然保护区	辽宁北票鸟化石群自然保护区
辽宁老秃顶子自然保护区	努鲁儿虎山国家级自然保护区
辽宁白石砬子自然保护区	
吉林	
吉林伊通火山群自然保护区	吉林天佛指山松茸自然保护区
吉林龙湾自然保护区	吉林长白山自然保护区
吉林鸭绿江上游自然保护区	大布苏国家级自然保护区
吉林莫莫格自然保护区	珲春东北虎国家级自然保护区
吉林向海自然保护区	
黑龙江	
黑龙江扎龙自然保护区	黑龙江八岔岛自然保护区
黑龙江兴凯湖自然保护区	黑龙江挠力河自然保护区
黑龙江七星河自然保护区	黑龙江牡丹峰自然保护区
黑龙江东北黑蜂自然保护区	黑龙江五大连池火山自然保护区
黑龙江丰林自然保护区	黑龙江呼中自然保护区
黑龙江凉水自然保护区	黑龙江南瓮河自然保护区
黑龙江三江自然保护区	凤凰山国家级自然保护区
黑龙江洪河自然保护区	
上海	
九段沙国家级自然保护区	崇明东滩鸟类国家级自然保护区
江苏	
江苏盐城自然保护区	泗洪洪泽湖湿地国家级自然保护区
江苏大丰麋鹿自然保护区	

表6-8(续)

浙江	
浙江清凉峰自然保护区	浙江古田山自然保护区
浙江天目山自然保护区	浙江凤阳山-百山祖自然保护区
浙江南麂列岛自然保护区	浙江九龙山自然保护区
浙江乌岩岭自然保护区	长兴地质遗迹国家级自然保护区
浙江大盘山自然保护区	
安徽	
安徽鹞落坪自然保护区	安徽宣城扬子鳄自然保护区
安徽牯牛降自然保护区	安徽升金湖自然保护区
安徽金寨天马自然保护区	铜陵淡水豚国家级自然保护区(2006)
福建	
福建厦门珍稀海洋物种自然保护区	福建深沪海底古森林自然保护区
福建龙栖山自然保护区	福建漳江口红树林自然保护区
福建天宝岩自然保护区	福建虎伯寮自然保护区
福建武夷山自然保护区	闽江源国家级自然保护区(2006)
福建梁野山自然保护区	戴云山国家级自然保护区(2005)
福建梅花山自然保护区	
江西	
江西鄱阳湖候鸟自然保护区	江西九连山自然保护区
江西桃红岭梅花鹿自然保护区	江西武夷山自然保护区
江西井冈山自然保护区	
山东	
山东马山自然保护区	山东山旺古生物化石自然保护区
山东黄河三角洲自然保护区	滨州贝壳堤岛与湿地国家级自然保护区(2006)
山东长岛自然保护区	
河南	
河南黄河湿地自然保护区	河南南阳恐龙蛋化石群自然保护区
河南豫北黄河故道自然保护区	河南伏牛山自然保护区
河南太行山猕猴自然保护区	河南内乡宝天曼自然保护区
河南鸡公山自然保护区	连康山国家级自然保护区(2005)
河南董寨鸟类自然保护区	小秦岭国家级自然保护区(2006)
湖北	

表6-8(续)

湖北青龙山自然保护区	湖北长江天鹅洲白鳍豚自然保护区
湖北神农架自然保护区	湖北长江新螺段白鳍豚自然保护区
湖北后河自然保护区	湖北星斗山自然保护区
湖北天鹅洲麋鹿自然保护区	
湖南	
湖南桃源洞自然保护区	湖南都庞岭自然保护区
湖南东洞庭湖自然保护区	湖南小溪自然保护区
湖南石门壶瓶山自然保护区	黄桑国家级自然保护区（2005）
湖南张家界大鲵自然保护区	乌云界国家级自然保护区（2006）
湖南八大公山自然保护区	鹰嘴界国家级自然保护区（2006）
湖南莽山自然保护区	
广东	
广东南岭自然保护区	广东湛江红树林自然保护区
广东车八岭自然保护区	广东鼎湖山自然保护区
广东丹霞山自然保护区	广东象头山自然保护区
广东内伶仃-福田自然保护区	广东惠东港口海龟自然保护区
广东珠江口中华白海豚自然保护区	
广西	
广西大明山自然保护区	广西防城上岳金花茶自然保护区
广西花坪自然保护区	广西十万大山自然保护区
广西猫儿山自然保护区	广西弄岗自然保护区
广西山口红树林自然保护区	广西大瑶山自然保护区
广西合浦儒艮自然保护区	广西木论自然保护区
广西北仑河口海洋自然保护区	千家洞国家级自然保护区（2006）
海南	
海南三亚珊瑚礁自然保护区	海南大田坡鹿自然保护区
海南东寨港自然保护区	海南尖峰岭自然保护区
海南铜鼓岭自然保护区	海南五指山自然保护区
海南大洲岛自然保护区	海南霸王岭自然保护区
重庆	
重庆缙云山自然保护区	重庆大巴山自然保护区
重庆金佛山自然保护区	

表6-8（续）

四川	
四川龙溪-虹口自然保护区	四川九寨沟自然保护区
四川白水河自然保护区	四川四姑娘山自然保护区
四川攀枝花苏铁自然保护区	四川若尔盖湿地自然保护区
四川画稿溪自然保护区	四川贡嘎山自然保护区
四川王朗自然保护区	四川察青松多自然保护区
四川唐家河自然保护区	四川亚丁自然保护区
四川马边大风顶自然保护区	四川美姑大风顶自然保护区
四川长宁竹海自然保护区	四川长江合江-雷波段珍稀鱼类自然保护区
四川蜂桶寨自然保护区	米仓山国家级自然保护区（2006）
四川卧龙自然保护区	雪宝顶国家级自然保护区（2006）
贵州	
贵州习水中亚热带森林自然保护区	贵州草海自然保护区
贵州赤水桫椤自然保护区	贵州雷公山自然保护区
贵州梵净山自然保护区	贵州茂兰自然保护区
贵州麻阳河黑叶猴自然保护区	
云南	
云南哀牢山自然保护区	云南纳板河自然保护区
云南大山包黑颈鹤自然保护区	云南苍山洱海自然保护区
云南大围山自然保护区	云南高黎贡山自然保护区
云南金平分水岭自然保护区	云南白马雪山自然保护区
云南绿春黄连山自然保护区	云南南滚河自然保护区
云南文山老君山自然保护区	药山国家级自然保护区（2005）
云南无量山自然保护区	会泽黑颈鹤国家级自然保护区（2006）
云南西双版纳自然保护区	永德大雪山国家级自然保护区（2006）
陕西	
陕西周至金丝猴自然保护区	陕西牛背梁自然保护区
陕西太白山自然保护区	汉中朱鹮国家级自然保护区（2005）
陕西长青自然保护区	子午岭国家级自然保护区（2006）
陕西佛坪自然保护区	
甘肃	
甘肃兴隆山自然保护区	甘肃尕海-则岔自然保护区

表6-8（续）

甘肃祁连山自然保护区	太统崆峒山国家级自然保护区（2005）
甘肃敦煌西湖自然保护区	连城国家级自然保护区（2005）
甘肃安西极旱荒漠自然保护区	小陇山国家级自然保护区（2006）
甘肃连古城自然保护区	盐池湾国家级自然保护区（2006）
甘肃白水江自然保护区	安南坝野骆驼国家级自然保护区（2006）
甘肃莲花山自然保护区	
宁夏	
宁夏贺兰山自然保护区	宁夏白芨滩自然保护区
宁夏沙坡头自然保护区	宁夏六盘山自然保护区
宁夏罗山自然保护区	哈巴湖国家级自然保护区（2006）
青海	
青海孟达自然保护区	青海隆宝自然保护区
青海青海湖自然保护区	青海三江源自然保护区
青海可可西里自然保护区	
新疆	
新疆阿尔金山自然保护区	新疆西天山自然保护区
新疆罗布泊野骆驼自然保护区	新疆甘家湖梭梭林自然保护区
新疆巴音布鲁克自然保护区	新疆哈纳斯自然保护区
新疆托木尔峰自然保护区	塔里木胡杨国家级自然保护区（2006）
西藏	
西藏雅鲁藏布江中游黑颈鹤自然保护区	西藏雅鲁藏布大峡谷自然保护区
西藏芒康滇金丝猴自然保护区	西藏察隅慈巴沟自然保护区
西藏珠穆朗玛峰自然保护区	拉鲁湿地国家级自然保护区（2005）
西藏色林错自然保护区	类乌齐马鹿国家级自然保护区（2005）
西藏羌塘自然保护区	

第六节　中国国家级森林公园

　　国家森林公园（National Forest Park），这一提法主要用于中国大陆地区，是各类别森林公园中的最高级。中国的森林公园分为国家级森林公园、省级森林公园和市、县级森林公园三级，其中国家级森林公园是指森林景观特别优美，人文景物比较集中，观赏、科学、文化价值高，地理位置特殊，具有一定的区域代表性，旅游服务设施齐全，有较高的知名度，可供人们游览、休息或进行科学、文化、教育活动的场所，由国家林业局作出准予设立的行政许可决定。

中国境内最早的国家森林公园是 1982 年建立的张家界国家森林公园。森林公园主体上未纳入自然保护区，行政管理机构为国家林业局。

为树立国家级森林公园形象，促进国家级森林公园规范化、标准化建设，国家林业局于 2006 年 2 月 28 日发出通知，决定自即日起启用"中国国家森林公园专用标志"。同时印发了《中国国家森林公园专用标志使用暂行办法》。

截至 2019 年 2 月，我国共建立国家森林公园 897 处。国家森林公园名单如下：

表 6-9　国家森林公园名单（2019）

北京（15 处）	
北京西山国家森林公园	北京八达岭国家森林公园
北京上方山国家森林公园	北京北宫国家森林公园
北京十三陵国家森林公园	北京霞云岭国家森林公园
北京云蒙山国家森林公园	北京黄松峪国家森林公园
北京小龙门国家森林公园	北京崎峰山国家森林公园
北京鹫峰国家森林公园	北京天门山国家森林公园
北京大兴古桑国家森林公园	北京喇叭沟门国家森林公园
北京大杨山国家森林公园	
天津（1 处）	
天津九龙山国家森林公园	
河北（28 处）	
河北海滨国家森林公园	河北六里坪国家森林公园
河北塞罕坝国家森林公园	河北白石山国家森林公园
河北磬槌峰国家森林公园	河北易州国家森林公园
河北翔云岛国家森林公园	河北古北岳国家森林公园
河北清东陵国家森林公园	河北武安国家森林公园
河北辽河源国家森林公园	河北前南峪国家森林公园
河北山海关国家森林公园	河北驼梁山国家森林公园
河北五岳寨国家森林公园	河北木兰围场国家森林公园
河北白草洼国家森林公园	河北蝎子沟国家森林公园
河北天生桥国家森林公园	河北仙台山国家森林公园
河北黄羊山国家森林公园	河北丰宁国家森林公园
河北茅荆坝国家森林公园	河北黑龙山国家森林公园
河北响堂山国家森林公园	河北大青山国家森林公园

表6-9（续）

河北野三坡国家森林公园	河北坝上沽源国家森林公园
山西（24处）	
山西五台山国家森林公园	山西五老峰国家森林公园
山西天龙山国家森林公园	山西乌金山国家森林公园
山西关帝山国家森林公园	山西中条山国家森林公园
山西管涔山国家森林公园	山西太行峡谷国家森林公园
山西恒山国家森林公园	山西黄崖洞国家森林公园
山西云岗国家森林公园	山西棋子山国家森林公园
山西龙泉国家森林公园	山西太行洪谷国家森林公园
山西禹王洞国家森林公园	山西安泽国家森林公园
山西赵杲观国家森林公园	山西仙堂山国家森林公园
山西方山国家森林公园	山西二郎山国家森林公园
山西交城山国家森林公园	山西西口古道国家森林公园
山西太岳山国家森林公园	山西老顶山国家森林公园
内蒙古（35处）	
内蒙古红山国家森林公园	内蒙古滦河源国家森林公园
内蒙古哈达门国家森林公园	内蒙古河套国家森林公园
内蒙古察尔森国家森林公园	内蒙古宝格达乌拉国家森林公园
内蒙古海拉尔国家森林公园	内蒙古龙胜国家森林公园
内蒙古乌拉山国家森林公园	内蒙古敕勒川国家森林公园
内蒙古乌素图国家森林公园	内蒙古成吉思汗国家森林公园
内蒙古马鞍山国家森林公园	内蒙古图博勒国家森林公园
内蒙古二龙什台国家森林公园	内蒙古神山国家森林公园
内蒙古兴隆国家森林公园	内蒙古莫尔道嘎国家森林公园
内蒙古黄岗梁国家森林公园	内蒙古阿尔山国家森林公园
内蒙古贺兰山国家森林公园	内蒙古达尔滨湖国家森林公园
内蒙古旺业甸国家森林公园	内蒙古伊克萨玛国家森林公园
内蒙古好森沟国家森林公园	内蒙古乌尔旗汉国家森林公园
内蒙古额济纳胡杨国家森林公园	内蒙古兴安国家森林公园
内蒙古桦木沟国家森林公园	内蒙古绰源国家森林公园
内蒙古五当召国家森林公园	内蒙古阿里河国家森林公园
内蒙古红花尔基樟子松国家森林公园	内蒙古绰尔大峡谷国家森林公园

表6-9（续）

内蒙古喇嘛山国家森林公园	
辽宁（32处）	
辽宁旅顺口国家森林公园	辽宁猴石国家森林公园
辽宁海棠山国家森林公园	辽宁本溪环城国家森林公园
辽宁大孤山国家森林公园	辽宁冰砬山国家森林公园
辽宁首山国家森林公园	辽宁金龙寺国家森林公园
辽宁凤凰山国家森林公园	辽宁千山仙人台国家森林公园
辽宁桓仁国家森林公园	辽宁清原红河谷国家森林公园
辽宁本溪国家森林公园	大连天门山国家森林公园
辽宁陨石山国家森林公园	辽宁三块石国家森林公园
辽宁盖县国家森林公园	辽宁章古台沙地国家森林公园
辽宁元帅林国家森林公园	大连银石滩国家森林公园
辽宁仙人洞国家森林公园	大连西郊国家森林公园
大连大赫山国家森林公园	辽宁医巫闾山国家森林公园
辽宁长山群岛国家海岛森林公园	辽宁和睦国家森林公园
辽宁普兰店国家森林公园	辽宁绥中长城国家森林公园
辽宁大黑山国家森林公园	辽宁瓦房店国家森林公园
辽宁铁岭麒麟湖国家森林公园	辽宁沈阳国家森林公园
吉林（35处）	
吉林净月潭国家森林公园	吉林满天星国家森林公园
吉林五女峰国家森林公园	吉林吊水壶国家森林公园
吉林龙湾群国家森林公园	吉林通化石湖国家森林公园
吉林白鸡峰国家森林公园	吉林江源国家森林公园
吉林帽儿山国家森林公园	吉林鸡冠山国家森林公园
吉林半拉山国家森林公园	吉林兰家大峡谷国家森林公园
吉林三仙夹国家森林公园	吉林长白山北坡国家森林公园
吉林大安国家森林公园	吉林红叶岭国家森林公园
吉林长白国家森林公园	吉林龙山湖国家森林公园
吉林临江国家森林公园	吉林露水河国家森林公园
吉林拉法山国家森林公园	吉林红石国家森林公园
吉林图们江国家森林公园	吉林泉阳泉国家森林公园
吉林朱雀山国家森林公园	吉林白石山国家森林公园

表6-9（续）

吉林图们江源国家森林公园	吉林松江河国家森林公园
吉林延边仙峰国家森林公园	吉林三岔子国家森林公园
吉林官马莲花山国家森林公园	吉林临江瀑布群国家森林公园
吉林肇大鸡山国家森林公园	吉林湾沟国家森林公园
吉林寒葱顶国家森林公园	
黑龙江（66处）	
黑龙江牡丹峰国家森林公园	黑龙江双子山国家森林公园
黑龙江火山口国家森林公园	黑龙江大青观国家森林公园
黑龙江大亮子河国家森林公园	黑龙江香炉山国家森林公园
黑龙江乌龙国家森林公园	黑龙江华夏东极国家森林公园
黑龙江哈尔滨国家森林公园	黑龙江神洞山国家森林公园
黑龙江街津山国家森林公园	黑龙江七星山国家森林公园
黑龙江齐齐哈尔国家森林公园	黑龙江威虎山国家森林公园
黑龙江北极村国家森林公园	黑龙江五营国家森林公园
黑龙江长寿国家森林公园	黑龙江亚布力国家森林公园
黑龙江大庆国家森林公园	黑龙江桃山国家森林公园
黑龙江一面坡国家森林公园	黑龙江日月峡国家森林公园
黑龙江龙凤国家森林公园	黑龙江八里湾国家森林公园
黑龙江金泉国家森林公园	黑龙江乌马河国家森林公园
黑龙江乌苏里江国家森林公园	黑龙江凤凰山国家森林公园
黑龙江驿马山国家森林公园	黑龙江兴隆国家森林公园
黑龙江三道关国家森林公园	黑龙江雪乡国家森林公园
黑龙江绥芬河国家森林公园	黑龙江青山国家森林公园
黑龙江五顶山国家森林公园	黑龙江大沾河国家森林公园
黑龙江茅兰沟国家森林公园	黑龙江廻龙湾国家森林公园
黑龙江龙江三峡国家森林公园	黑龙江金山国家森林公园
黑龙江鹤岗国家森林公园	黑龙江小兴安岭石林国家森林公园
黑龙江勃利国家森林公园	黑龙江方正龙山国家森林公园
黑龙江丹清河国家森林公园	黑龙江溪水国家森林公园
黑龙江石龙山国家森林公园	黑龙江镜泊湖国家森林公园
黑龙江望龙山国家森林公园	黑龙江六峰山国家森林公园
黑龙江胜山要塞国家森林公园	黑龙江夹皮沟国家森林公园

表6-9（续）

黑龙江五大连池国家森林公园	黑龙江珍宝岛国家森林公园
黑龙江完达山国家森林公园	黑龙江红松林国家森林公园
黑龙江金龙山国家森林公园	黑龙江七星峰国家森林公园
黑龙江呼兰国家森林公园	黑龙江仙翁山国家森林公园
黑龙江伊春兴安国家森林公园	黑龙江小兴安岭红松林国家森林公园
黑龙江长寿山国家森林公园	黑龙江呼中国家森林公园
黑龙江桦川国家森林公园	黑龙江加格达奇国家森林公园
上海（4处）	
上海佘山国家森林公园	上海海湾国家森林公园
上海东平国家森林公园	上海共青国家森林公园
江苏（21处）	
江苏虞山国家森林公园	江苏西山国家森林公园
江苏上方山国家森林公园	江苏铁山寺国家森林公园
江苏徐州环城国家森林公园	南京紫金山国家森林公园
江苏宜兴国家森林公园	江苏大阳山国家森林公园
江苏惠山国家森林公园	南京栖霞山国家森林公园
江苏东吴国家森林公园	江苏游子山国家森林公园
江苏云台山国家森林公园	南京老山国家森林公园
江苏盱眙第一山国家森林公园	江苏天目湖国家森林公园
江苏南山国家森林公园	南京无想山国家森林公园
江苏宝华山国家森林公园	江苏黄海海滨国家森林公园
江苏三台山国家森林公园	
浙江（42处）	
浙江千岛湖国家森林公园	浙江五泄国家森林公园
浙江大奇山国家森林公园	浙江石门洞国家森林公园
浙江兰亭国家森林公园	浙江四明山国家森林公园
浙江午潮山国家森林公园	浙江双峰国家森林公园
浙江富春江国家森林公园	浙江仙霞国家森林公园
浙江竹乡国家森林公园	浙江大溪国家森林公园
浙江天童国家森林公园	浙江松阳卯山国家森林公园
浙江雁荡山国家森林公园	浙江牛头山国家森林公园
浙江溪口国家森林公园	浙江三衢国家森林公园

表6-9（续）

浙江九龙山国家森林公园	浙江径山（山沟沟）国家森林公园
浙江双龙洞国家森林公园	浙江南山湖国家森林公园
浙江华顶国家森林公园	浙江大竹海国家森林公园
浙江青山湖国家森林公园	浙江仙居国家森林公园
浙江玉苍山国家森林公园	浙江桐庐瑶琳国家森林公园
浙江钱江源国家森林公园	浙江诸暨香榧国家森林公园
浙江紫微山国家森林公园	杭州半山国家森林公园
浙江铜铃山国家森林公园	浙江庆元国家森林公园
浙江花岩国家森林公园	杭州西山国家森林公园
浙江龙湾潭国家森林公园	浙江梁希国家森林公园
浙江遂昌国家森林公园	浙江括苍山国家森林公园
浙江丽水白云国家森林公园	浙江绍兴会稽山国家森林公园
安徽（35）	
安徽黄山国家森林公园	安徽石莲洞国家森林公园
安徽琅琊山国家森林公园	安徽齐云山国家森林公园
安徽天柱山国家森林公园	安徽韭山国家森林公园
安徽九华山国家森林公园	安徽横山国家森林公园
安徽皇藏峪国家森林公园	安徽敬亭山国家森林公园
安徽徽州国家森林公园	安徽八公山国家森林公园
安徽大龙山国家森林公园	安徽万佛山国家森林公园
安徽紫蓬山国家森林公园	安徽水西国家森林公园
安徽皇甫山国家森林公园	安徽青龙湾国家森林公园
安徽天堂寨国家森林公园	安徽上窑国家森林公园
安徽鸡笼山国家森林公园	安徽马仁山国家森林公园
安徽冶父山国家森林公园	合肥大蜀山国家森林公园
安徽太湖山国家森林公园	合肥滨湖国家森林公园
安徽神山国家森林公园	安徽塔川国家森林公园
安徽妙道山国家森林公园	安徽老嘉山国家森林公园
安徽天井山国家森林公园	安徽马家溪国家森林公园
安徽舜耕山国家森林公园	安徽相山国家森林公园
安徽浮山国家森林公园	

表6-9（续）

福建（30）	
福建福州国家森林公园	福建武夷山国家森林公园
福建天柱山国家森林公园	福建乌山国家森林公园
福建平潭海岛国家森林公园	福建漳平天台国家森林公园
福建华安国家森林公园	福建王寿山国家森林公园
福建猫儿山国家森林公园	福建九龙谷国家森林公园
福建三元国家森林公园	福建支提山国家森林公园
福建龙岩国家森林公园	福建天星山国家森林公园
福建旗山国家森林公园	福建闽江源国家森林公园
福建灵石山国家森林公园	福建九龙竹海国家森林公园
福建东山国家森林公园	福建长乐国家森林公园
福建德化石牛山国家森林公园	福建匡山国家森林公园
福建三明仙人谷国家森林公园	福建南靖土楼国家森林公园
福建将乐天阶山国家森林公园	福建武夷天池国家森林公园
福建厦门莲花国家森林公园	福建五虎山国家森林公园
福建上杭国家森林公园	福建杨梅洲峡谷国家森林公园
江西（50处）	
江西三爪仑国家森林公园	江西万安国家森林公园
江西庐山山南国家森林公园	江西三湾国家森林公园
江西梅岭国家森林公园	江西安源国家森林公园
江西三百山国家森林公园	江西景德镇国家森林公园
江西马祖山国家森林公园	江西云碧峰国家森林公园
江西鄱阳湖口国家森林公园	江西九连山国家森林公园
江西灵岩洞国家森林公园	江西岩泉国家森林公园
江西明月山国家森林公园	江西瑶里国家森林公园
江西翠微峰国家森林公园	江西峰山国家森林公园
江西天柱峰国家森林公园	江西清凉山国家森林公园
江西泰和国家森林公园	江西九岭山国家森林公园
江西鹅湖山国家森林公园	江西岑山国家森林公园
江西龟峰国家森林公园	江西五府山国家森林公园
江西上清国家森林公园	江西军峰山国家森林公园
江西梅关国家森林公园	江西碧湖潭国家森林公园

表6-9（续）

江西永丰国家森林公园	江西怀玉山国家森林公园
江西阁皂山国家森林公园	江西仰天岗国家森林公园
江西三叠泉国家森林公园	江西圣水堂国家森林公园
江西武功山国家森林公园	江西鄱阳莲花山国家森林公园
江西铜钹山国家森林公园	江西彭泽国家森林公园
江西阳岭国家森林公园	江西金盆山国家森林公园
江西天花井国家森林公园	江西贵溪国家森林公园
江西五指峰国家森林公园	江西会昌山国家森林公园
江西柘林湖国家森林公园	江西罗霄山大峡谷国家森林公园
江西赣州阳明湖国家森林公园	江西洪岩国家森林公园
山东（49处）	
山东崂山国家森林公园	山东伟德山国家森林公园
山东抱犊崮国家森林公园	山东珠山国家森林公园
山东黄河口国家森林公园	山东牛山国家森林公园
山东昆嵛山国家森林公园	山东鲁山国家森林公园
山东罗山国家森林公园	山东岠嵎山国家森林公园
山东长岛国家森林公园	山东五莲山国家森林公园
山东沂山国家森林公园	山东莱芜华山国家森林公园
山东尼山国家森林公园	山东艾山国家森林公园
山东泰山国家森林公园	山东龙口南山国家森林公园
山东徂徕山国家森林公园	山东新泰莲花山国家森林公园
山东日照海滨国家森林公园	山东牙山国家森林公园
山东鹤伴山国家森林公园	山东招虎山国家森林公园
山东孟良崮国家森林公园	山东寿阳山国家森林公园
山东柳埠国家森林公园	山东东阿黄河国家森林公园
山东刘公岛国家森林公园	山东峨庄古村落国家森林公园
山东槎山国家森林公园	山东峄山国家森林公园
山东药乡国家森林公园	山东滕州墨子国家森林公园
山东原山国家森林公园	山东密州国家森林公园
山东灵山湾国家森林公园	山东留山古火山国家森林公园
山东双岛国家森林公园	山东泉林国家森林公园
山东蒙山国家森林公园	山东章丘国家森林公园

表6-9（续）

山东腊山国家森林公园	山东峄城古石榴国家森林公园
山东仰天山国家森林公园	山东棋山幽峡国家森林公园
山东茌平国家森林公园	山东夏津黄河故道国家森林公园
山东蟠龙山国家森林公园	
河南（32处）	
河南嵩山国家森林公园	河南铜山湖国家森林公园
河南寺山国家森林公园	河南黄河故道国家森林公园
河南汝州国家森林公园	河南郁山国家森林公园
河南石漫滩国家森林公园	河南玉皇山国家森林公园
河南薄山国家森林公园	河南金兰山国家森林公园
河南开封国家森林公园	河南嵖岈山国家森林公园
河南亚武山国家森林公园	河南天池山国家森林公园
河南花果山国家森林公园	河南始祖山国家森林公园
河南云台山国家森林公园	河南黄柏山国家森林公园
河南白云山国家森林公园	河南燕子山国家森林公园
河南龙峪湾国家森林公园	河南棠溪源国家森林公园
河南五龙洞国家森林公园	河南大鸿寨国家森林公园
河南南湾国家森林公园	河南天目山国家森林公园
河南甘山国家森林公园	河南大苏山国家森林公园
河南淮河源国家森林公园	河南云梦山国家森林公园
河南神灵寨国家森林公园	河南金顶山国家森林公园
湖北（37处）	
湖北九峰国家森林公园	湖北吴家山国家森林公园
湖北鹿门寺国家森林公园	湖北千佛洞国家森林公园
湖北玉泉寺国家森林公园	湖北双峰山国家森林公园
湖北大老岭国家森林公园	湖北大洪山国家森林公园
湖北大口国家森林公园	湖北虎爪山国家森林公园
湖北神农架国家森林公园	湖北五脑山国家森林公园
湖北龙门河国家森林公园	湖北沧浪山国家森林公园
湖北薤山国家森林公园	湖北安陆古银杏国家森林公园
湖北清江国家森林公园	湖北牛头山国家森林公园
湖北大别山国家森林公园	湖北诗经源国家森林公园

表6-9（续）

湖北柴埠溪国家森林公园	湖北九女峰国家森林公园
湖北潜山国家森林公园	湖北偏头山国家森林公园
湖北八岭山国家森林公园	湖北丹江口国家森林公园
湖北浼水国家森林公园	湖北崇阳国家森林公园
湖北三角山国家森林公园	湖北汉江瀑布群国家森林公园
湖北中华山国家森林公园	湖北西塞国国家森林公园
湖北太子山国家森林公园	湖北岘山国家森林公园
湖北红安天台山国家森林公园	湖北白竹园寺国家森林公园
湖北坪坝营国家森林公园	
<center>湖南（64处）</center>	
湖南张家界国家森林公园	湖南湘江源国家森林公园
湖南神农谷国家森林公园	湖南月岩国家森林公园
湖南莽山国家森林公园	湖南峰峦溪国家森林公园
湖南大围山国家森林公园	湖南柘溪国家森林公园
湖南云山国家森林公园	湖南天堂山国家森林公园
湖南九嶷山国家森林公园	湖南宁乡香山国家森林公园
湖南阳明山国家森林公园	湖南九龙江国家森林公园
湖南南华山国家森林公园	湖南嵩云山国家森林公园
湖南黄山头国家森林公园	湖南天泉山国家森林公园
湖南桃花源国家森林公园	湖南西瑶绿谷国家森林公园
湖南天门山国家森林公园	湖南青羊湖国家森林公园
湖南天际岭国家森林公园	湖南熊峰山国家森林公园
湖南天鹅山国家森林公园	湖南 luo 溪国家森林公园
湖南舜皇山国家森林公园	湖南福音山国家森林公园
湖南东台山国家森林公园	长沙黑麋峰国家森林公园
湖南夹山国家森林公园	湖南坐龙峡国家森林公园
湖南不二门国家森林公园	湖南攸州国家森林公园
湖南河洑国家森林公园	湖南矮寨国家森林公园
湖南岣嵝峰国家森林公园	湖南嘉山国家森林公园
湖南大云山国家森林公园	湖南永兴丹霞国家森林公园
湖南花岩溪国家森林公园	湖南齐云峰国家森林公园
湖南云阳国家森林公园	湖南四明山国家森林公园

表6-9（续）

湖南大熊山国家森林公园	湖南北罗霄国家森林公园
湖南中坡国家森林公园	湖南靖州国家森林公园
湖南幕阜山国家森林公园	湖南嘉禾国家森林公园
湖南金洞国家森林公园	湖南沅陵国家森林公园
湖南百里龙山国家森林公园	湖南溆浦国家森林公园
湖南千家峒国家森林公园	湖南汉寿竹海国家森林公园
湖南两江峡谷国家森林公园	湖南萱洲国家森林公园
湖南雪峰山国家森林公园	湖南岐山国家森林公园
湖南五尖山国家森林公园	湖南太白峰国家森林公园
湖南桃花江国家森林公园	湖南腾云岭国家森林公园
广东（27）	
广东梧桐山国家森林公园	广东大王山国家森林公园
广东小坑国家森林公园	广东梁化国家森林公园
广东南澳海岛国家森林公园	广东神光山国家森林公园
广东南岭国家森林公园	广东观音山国家森林公园
广东新丰江国家森林公园	广东三岭山国家森林公园
广东韶关国家森林公园	广东雁鸣湖国家森林公园
广东流溪河国家森林公园	广东天井山国家森林公园
广东南昆山国家森林公园	广东大北山国家森林公园
广东西樵山国家森林公园	广东镇山国家森林公园
广东石门国家森林公园	广东南台山国家森林公园
广东圭峰山国家森林公园	广东康禾温泉国家森林公园
广东英德国家森林公园	广东阴那山国家森林公园
广东广宁竹海国家森林公园	广东中山国家森林公园
广东北峰山国家森林公园	
广西（23处）	
广西桂林国家森林公园	广西飞龙湖国家森林公园
广西良凤江国家森林公园	广西太平狮山国家森林公园
广西三门江国家森林公园	广西大容山国家森林公园
广西龙潭国家森林公园	广西九龙瀑布群国家森林公园
广西大桂山国家森林公园	广西平天山国家森林公园
广西元宝山国家森林公园	广西红茶沟国家森林公园

表6-9（续）

广西八角寨国家森林公园	广西阳朔国家森林公园
广西十万大山国家森林公园	广西龙滩大峡谷国家森林公园
广西龙胜温泉国家森林公园	广西狮子山国家森林公园
广西姑婆山国家森林公园	广西龙峡山国家森林公园
广西大瑶山国家森林公园	广西凤山根旦国家森林公园
广西黄猄洞天坑国家森林公园	
海南（9处）	
海南尖峰岭国家森林公园	海南七仙岭温泉国家森林公园
海南蓝洋温泉国家森林公园	海南黎母山国家森林公园
海南吊罗山国家森林公园	海南海上国家森林公园
海南海口火山国家森林公园	海南霸王岭国家森林公园
海南兴隆侨乡国家森林公园	
重庆（26处）	
重庆双桂山国家森林公园	重庆雪宝山国家森林公园
重庆小三峡国家森林公园	重庆歌乐山国家森林公园
重庆金佛山国家森林公园	重庆玉龙山国家森林公园
重庆黄水国家森林公园	重庆茶山竹海国家森林公园
重庆仙女山国家森林公园	重庆黑山国家森林公园
重庆茂云山国家森林公园	重庆九重山国家森林公园
重庆武陵山国家森林公园	重庆大圆洞国家森林公园
重庆青龙湖国家森林公园	重庆南山国家森林公园
重庆黔江国家森林公园	重庆观音峡国家森林公园
重庆梁平东山国家森林公园	重庆天池山国家森林公园
重庆桥口坝国家森林公园	重庆酉阳桃花源国家森林公园
重庆铁峰山国家森林公园	重庆巴尔盖国家森林公园
重庆红池坝国家森林公园	重庆毓青山国家森林公园
四川（37处）	
四川都江堰国家森林公园	四川措普国家森林公园
四川剑门关国家森林公园	四川米仓山国家森林公园
四川瓦屋山国家森林公园	四川天曌山国家森林公园
四川高山国家森林公园	四川镇龙山国家森林公园
四川西岭国家森林公园	四川二郎山国家森林公园

表6-9（续）

四川二滩国家森林公园	四川雅克夏国家森林公园
四川海螺沟国家森林公园	四川天马山国家森林公园
四川七曲山国家森林公园	四川空山国家森林公园
四川九寨国家森林公园	四川云湖国家森林公园
四川天台山国家森林公园	四川铁山国家森林公园
四川福宝国家森林公园	四川荷花海国家森林公园
四川黑竹沟国家森林公园	四川凌云山国家森林公园
四川夹金山国家森林公园	四川北川国家森林公园
四川龙苍沟国家森林公园	四川阆中国家森林公园
四川美女峰国家森林公园	四川宣汉国家森林公园
四川白水河国家森林公园	四川苍溪国家森林公园
四川华蓥山国家森林公园	四川沐川国家森林公园
四川五峰山国家森林公园	四川鸡冠山国家森林公园
四川千佛山国家森林公园	
贵州（25处）	
贵州百里杜鹃国家森林公园	贵州濉阳湖国家森林公园
贵州赤水竹海国家森林公园	贵州赫章夜郎国家森林公园
贵州九龙山国家森林公园	贵州青云湖国家森林公园
贵州凤凰山国家森林公园	贵州大板水国家森林公园
贵州长坡岭国家森林公园	贵州毕节国家森林公园
贵州尧人山国家森林公园	贵州仙鹤坪国家森林公园
贵州燕子岩国家森林公园	贵州龙架山国家森林公园
贵州玉舍国家森林公园	贵州九道水国家森林公园
贵州雷公山国家森林公园	贵州台江国家森林公园
贵州习水国家森林公园	贵州甘溪国家森林公园
贵州黎平国家森林公园	贵州油杉河大峡谷国家森林公园
贵州朱家山国家森林公园	贵州黄果树瀑布源国家森林公园
贵州紫林山国家森林公园	
云南（27处）	
云南巍宝山国家森林公园	云南五峰山国家森林公园
云南天星国家森林公园	云南钟灵山国家森林公园
云南清华洞国家森林公园	云南棋盘山国家森林公园

表6-9（续）

云南东山国家森林公园	云南灵宝山国家森林公园
云南来凤山国家森林公园	云南铜锣坝国家森林公园
云南花鱼洞国家森林公园	云南五老山国家森林公园
云南磨盘山国家森林公园	云南紫金山国家森林公园
云南龙泉国家森林公园	云南飞来寺国家森林公园
云南太阳河国家森林公园	云南圭山国家森林公园
云南金殿国家森林公园	云南新生桥国家森林公园
云南章凤国家森林公园	云南西双版纳国家森林公园
云南十八连山国家森林公园	云南宝台山国家森林公园
云南鲁布革国家森林公园	云南双江古茶山国家森林公园
云南珠江源国家森林公园	
西藏（9处）	
西藏巴松湖国家森林公园	西藏热振国家森林公园
西藏色季拉国家森林公园	西藏姐德秀国家森林公园
西藏冈仁波齐国家森林公园	西藏尼木国家森林公园
西藏班公湖国家森林公园	西藏比日神山国家森林公园
西藏然乌湖国家森林公园	
陕西（35处）	
陕西太白山国家森林公园	陕西太平国家森林公园
陕西延安国家森林公园	陕西鬼谷岭国家森林公园
陕西楼观台国家森林公园	陕西蟒头山国家森林公园
陕西终南山国家森林公园	陕西玉华宫国家森林公园
陕西天台山国家森林公园	陕西千家坪国家森林公园
陕西天华山国家森林公园	陕西上坝河国家森林公园
陕西朱雀国家森林公园	陕西黑河国家森林公园
陕西南宫山国家森林公园	陕西洪庆山国家森林公园
陕西王顺山国家森林公园	陕西牛背梁国家森林公园
陕西五龙洞国家森林公园	陕西天竺山国家森林公园
陕西骊山国家森林公园	陕西紫柏山国家森林公园
陕西汉中天台国家森林公园	陕西少华山国家森林公园
陕西黎坪国家森林公园	陕西石门山国家森林公园
陕西金丝大峡谷国家森林公园	陕西黄陵国家森林公园

表6-9(续)

陕西通天河国家森林公园	陕西青峰峡国家森林公园
陕西木王国家森林公园	陕西黄龙山国家森林公园
陕西榆林沙漠国家森林公园	陕西汉阴凤凰山国家森林公园
陕西劳山国家森林公园	
甘肃（22）	
甘肃吐鲁沟国家森林公园	甘肃官鹅沟国家森林公园
甘肃石佛沟国家森林公园	甘肃沙滩国家森林公园
甘肃松鸣岩国家森林公园	甘肃腊子口国家森林公园
甘肃云崖寺国家森林公园	甘肃大峪国家森林公园
甘肃徐家山国家森林公园	甘肃小陇山国家森林公园
甘肃贵清山国家森林公园	甘肃文县天池国家森林公园
甘肃麦积国家森林公园	甘肃莲花山国家森林公园
甘肃鸡峰山国家森林公园	甘肃周祖陵国家森林公园
甘肃渭河源国家森林公园	甘肃寿鹿山国家森林公园
甘肃天祝三峡国家森林公园	甘肃大峡沟国家森林公园
甘肃冶力关国家森林公园	甘肃子午岭国家森林公园
青海（7处）	
青海坎布拉国家森林公园	青海仙米国家森林公园
青海北山国家森林公园	青海哈里哈图国家森林公园
青海大通国家森林公园	青海麦秀国家森林公园
青海群加国家森林公园	
宁夏（4处）	
宁夏六盘山国家森林公园	宁夏花马寺国家森林公园
宁夏苏峪口国家森林公园	宁夏火石寨国家森林公园
新疆（21处）	
新疆天山大峡谷国家森林公园	新疆哈密天山国家森林公园
新疆天池国家森林公园	新疆哈日图热格国家森林公园
新疆那拉提国家森林公园	新疆乌苏佛山国家森林公园
新疆巩乃斯国家森林公园	新疆哈巴河白桦国家森林公园
新疆贾登峪国家森林公园	新疆阿尔泰山温泉国家森林公园
新疆白哈巴国家森林公园	新疆夏塔古道国家森林公园
新疆江布拉克国家森林公园	新疆塔西河国家森林公园

表6-9（续）

新疆唐布拉国家森林公园	新疆巴楚胡杨林国家森林公园
新疆科桑溶洞国家森林公园	新疆乌鲁木齐天山国家森林公园
新疆金湖杨国家森林公园	新疆车师古道国家森林公园
新疆巩留恰西国家森林公园	

第七节　中国优秀旅游城市

改革开放以后，我国旅游业得到了飞速发展，为了促进城市旅游业的发展，以带动整个旅游业的快速发展，1995年3月，国家旅游局发出《关于开展创建和评选中国优秀旅游城市活动的通知》。1996年4月，国家旅游局在北京召开了部分城市旅游工作座谈会，拉开了全国创优工作的序幕。经过1997年的深入调研和积极筹备，1998年，国家旅游局出台了《中国优秀旅游城市检查标准（试行）》和《中国优秀旅游城市验收办法》。同年，经国务院、中央文明办同意，国家旅游局成立创建中国优秀旅游城市指导委员会，为创优工作顺利开展提供了有力的组织保障。2003年，国家旅游局颁布了修订后的《中国优秀旅游城市检查标准》，为创优工作确立了科学依据。我国自1998年开始创建中国优秀旅游城市以来，分8批337多座城市通过了验收，其中不含港澳台地区，具体名单如下：

直辖市（4个）：北京市、天津市、上海市、重庆市

河北省（10个）：石家庄市、秦皇岛市、承德市、涿州市、廊坊市、保定市、邯郸市、武安市、遵化市、唐山市

山西省（5个）：太原市、大同市、永济市、晋城市、长治市

内蒙古自治区（11个）：包头市、锡林浩特市、呼和浩特市、呼伦贝尔市、满洲里市、扎兰屯市、赤峰市、阿尔山市、霍林郭勒市、通辽市、鄂尔多斯市

辽宁省（18个）：沈阳市、大连市、锦州市、丹东市、鞍山市、抚顺市、本溪市、葫芦岛市、辽阳市、兴城市、铁岭市、盘锦市、朝阳市、营口市、阜新市、庄河市、开原市、凤城市

吉林省（7个）：长春市、吉林市、蛟河市、集安市、延吉市、敦化市、桦甸市

黑龙江省（27个）：哈尔滨市、佳木斯市、七台河市、牡丹江市、伊春市、大庆市、阿城区、绥芬河市、齐齐哈尔市、铁力市、虎林市、黑河市、绥化市、海林市、同江市、鸡西市、宁安市、五大连池市、抚远市、五常市、双城区、东宁市、双鸭山市、密山市、鹤岗市、富锦市、海伦市

江苏省（27个）：南京市、常州市、苏州市、无锡市、扬州市、镇江市、徐州市、昆山市、江阴市、宜兴市、常熟市、溧阳市、句容市、南通市、连云港市、淮安市、盐城市、张家港市、太仓市、如皋市、东台市、邳州市、泰州市、宿迁市、大丰区、

金坛区、吴江区

浙江省（27个）：杭州市、宁波市、绍兴市、金华市、临安区、诸暨市、建德市、温州市、东阳市、桐乡市、湖州市、嘉兴市、临海市、温岭市、富阳区、海宁市、衢州市、舟山市、瑞安市、兰溪市、奉化区、台州市、江山市、余姚市、义乌市、乐清市、丽水市

安徽省（11个）：合肥市、黄山市、安庆市、池州市、宣城市、马鞍山市、芜湖市、铜陵市、亳州市、淮南市、淮北市

福建省（8个）：厦门市、武夷山市、福州市、泉州市、永安市、三明市、漳州市、长乐区

江西省（9个）：南昌市、赣州市、九江市、上饶市、井冈山市、鹰潭市、景德镇市、宜春市、吉安市

山东省（35个）：青岛市、威海市、烟台市、泰安市、菏泽市、曲阜市、淄博市、蓬莱市、文登区、胶南区、青州市、潍坊市、聊城市、日照市、乳山市、济南市、济宁市、邹城市、寿光市、海阳市、龙口市、章丘区、莱芜市、德州市、新泰市、诸城市、即墨区、栖霞市、枣庄市、滨州市、东营市、莱州市、招远市、临沂市、东平区

河南省（27个）：郑州市、开封市、濮阳市、济源市、登封市、洛阳市、三门峡市、安阳市、焦作市、鹤壁市、灵宝市、新郑市、许昌市、新乡市、商丘市、南阳市、禹州市、长葛市、舞钢市、平顶山市、信阳市、漯河市、驻马店市、周口市、沁阳市、巩义市、汝州市

湖北省（12个）：武汉市、宜昌市、十堰市、荆州市、襄阳市、荆门市、钟祥市、鄂州市、赤壁市、孝感市、恩施市、利川市

湖南省（12个）：长沙市、岳阳市、韶山市、常德市、张家界市、郴州市、资兴市、浏阳市、株洲市、湘潭市、益阳市、衡阳市

广东省（21个）：深圳市、广州市、珠海市、肇庆市、中山市、佛山市、江门市、汕头市、惠州市、南海区、韶关市、清远市、阳江市、东莞市、潮州市、湛江市、河源市、开平市、梅州市、茂名市、阳春市

广西壮族自治区（13个）：桂林市、南宁市、北海市、防城港市、柳州市、玉林市、梧州市、桂平市、钦州市、百色市、贺州市、凭祥市、宜州区

海南省（5个）：海口市、三亚市、儋州市、琼海市、三沙市

四川省（21个）：成都市、广安市、峨眉山市、都江堰市、乐山市、崇州市、绵阳市、自贡市、宜宾市、泸州市、攀枝花市、雅安市、江油市、阆中市、南充市、西昌市、邛崃市、德阳市、广元市、遂宁市、华蓥市

贵州省（7个）：贵阳市、都匀市、凯里市、遵义市、安顺市、赤水市、兴义市

云南省（7个）：昆明市、景洪市、大理市、瑞丽市、芒市、丽江市、保山市

西藏自治区（1个）：拉萨市

陕西省（6个）：西安市、咸阳市、宝鸡市、延安市、韩城市、汉中市

甘肃省（9个）：酒泉市、敦煌市、天水市、兰州市、张掖市、武威市、平凉市、合作市、嘉峪关市

青海省（2个）：格尔木市、西宁市

宁夏回族自治区（1个）：银川市

新疆维吾尔自治区（12个）：吐鲁番市、库尔勒市、乌鲁木齐市、喀什市、克拉玛依市、哈密市、阿克苏市、伊宁市、阿勒泰市、昌吉市、博乐市、阜康市

新疆生产建设兵团（1个）：石河子市

第八节　国家级风景名胜区

风景名胜区的资源是以自然资源为主的、独特的、不可替代的景观资源，是通过几亿年大自然鬼斧神工所形成的自然遗产，而且是世代不断增值的遗产。国务院1982年批准审定石林风景名胜区为首批国家重点风景名胜区。中国国家风景名胜区徽志为圆形图案，正中部万里长城和山水图案象征祖国悠久历史、名胜古迹和自然风景；两侧由银杏树叶和茶树叶组成的环形图案象征风景名胜区优美的自然生态环境和植物景观。图案下半部汉字为"中国国家风景名胜区"，上半部英文字为"NATIONAL PARK OF CHINA"意译为"中国国家公园"。

根据中华人民共和国国务院于2006年9月19日公布并自2006年12月1日起施行的《风景名胜区条例》，中国大陆境内的风景名胜区是指具有观赏、文化或者科学价值，自然景观、人文景观比较集中，环境优美，可供人们游览或者进行科学、文化活动的区域。风景名胜区划分为国家级风景名胜区和省级风景名胜区，其中自然景观和人文景观能够反映重要自然变化过程和重大历史文化发展过程，基本处于自然状态或者保持历史原貌，具有国家代表性的，可以申请设立国家级风景名胜区，报国务院批准公布。从1982年至今，国务院已分九批次批准共发布了国家重点风景名胜区244处。（第一批：1982年11月8日发布，共44处；第二批：1988年8月1日发布，共40处；第三批：1994年1月10日发布，共35处；第四批：2002年5月17日发布，共32处；第五批：2004年1月13日发布，共26处；第六批：2005年12月31日发布，共10处）；第七批：2009年12月28日发布，共21处；第八批：2012年10月31日发布；第九批：2017年3月21日发布）。国家级风景名胜区按省（自治区、直辖市）分布见表6-10：

表6-10　国家级风景名胜区分布一览表（截至2017年）

省级行政区	国家级风景名胜区（括号内数字为公布批次）
北京（2处）	八达岭—十三陵风景名胜区（1）　　石花洞风景名胜区（4）
天津（1处）	盘山风景名胜区（3）

表6-10(续)

省级 行政区	国家级风景名胜区（括号内数字为公布批次）
河北 （10处）	承德避暑山庄外八庙风景名胜区(1) 秦皇岛北戴河风景名胜区(1) 野三坡风景名胜区(2) 苍岩山风景名胜区(2) 嶂石岩风景名胜区(3) 西柏坡—天桂山风景名胜区(4) 崆山白云洞风景名胜区(4) 太行大峡谷风景名胜区（8） 响堂山风景名胜区（8） 娲皇宫风景名胜区（8）
山西 （6处）	五台山风景名胜区(1) 恒山风景名胜区(1) 黄河壶口瀑布风景名胜区(2) 北武当山风景名胜区(3) 五老峰风景名胜区(3) 碛口风景名胜区（8）
辽宁 （9处）	鞍山千山风景名胜区（1） 鸭绿江风景名胜区（2） 金石滩风景名胜区（2） 兴城海滨风景名胜区（2） 大连海滨—旅顺口风景名胜区（2） 凤凰山风景名胜区（3） 本溪水洞风景名胜区（3） 青山沟风景名胜区（4） 医巫闾山风景名胜区（4）
吉林 （4处）	松花湖风景名胜区（2） "八大部"—净月潭风景名胜区（2） 仙景台风景名胜区（4） 防川风景名胜区（4）
黑龙江 （4处）	镜泊湖风景名胜区（1） 五大连池风景名胜区（1） 太阳岛风景名胜区(7) 大沽河风景名胜区（9）
江苏 （5处）	太湖风景名胜区（1） 南京钟山风景名胜区（1） 云台山风景名胜区（2） 蜀岗瘦西湖风景名胜区（2） 三山风景名胜区（5）
浙江 （22处）	杭州西湖风景名胜区（1） 富春江—新安江风景名胜区（1） 雁荡山风景名胜区（1） 普陀山风景名胜区（1） 天台山风景名胜区（2） 嵊泗列岛风景名胜区（2） 楠溪江风景名胜区（2） 莫干山风景名胜区（3） 雪窦山风景名胜区（3） 双龙风景名胜区（3） 仙都风景名胜区（3） 江郎山风景名胜区（4） 仙居风景名胜区（4） 浣江—五泄风景名胜区（4） 方岩风景名胜区（5） 百丈漈—飞云湖风景名胜区（5） 方山—长屿硐天风景名胜区（6） 天姥山风景名胜区(7) 大红岩风景名胜区（8） 大盘山风景名胜区（9） 桃渚风景名胜区（9） 仙华山风景名胜区（9）
安徽 （12处）	黄山风景名胜区（1） 九华山风景名胜区（1） 天柱山风景名胜区（1） 琅琊山风景名胜区（2） 齐云山风景名胜区（3） 采石风景名胜区（4） 巢湖风景名胜区（4） 花山谜窟风景名胜区（4） 太极洞风景名胜区（5） 花亭湖风景名胜区（6） 龙川风景名胜区（9） 齐山—平天湖风景名胜区（9）
福建 （19处）	武夷山风景名胜区（1） 清源山风景名胜区（2） 鼓浪屿—万石山风景名胜区（2） 太姥山风景名胜区（2） 桃源洞—鳞隐石林风景名胜区（3） 泰宁风景名胜区（3） 鸳鸯溪风景名胜区（3） 海坛风景名胜区（3） 冠豸山风景名胜区（3） 鼓山风景名胜区（4） 玉华洞风景名胜区（4） 十八重溪风景名胜区（5） 青云山风景名胜区（5） 佛子山风景名胜区(7) 宝山风景名胜区(7) 福安白云山风景名胜区(7) 灵通山风景名胜区（8） 湄洲岛风景名胜区（8） 九龙漈风景名胜区（9）
江西 （18处）	庐山风景名胜区（1） 井冈山风景名胜区（1） 三清山风景名胜区（2） 龙虎山风景名胜区（2） 仙女湖风景名胜区（4） 三百山风景名胜区（4） 梅岭—滕王阁风景名胜区（5） 龟峰风景名胜区（5） 高岭—瑶里风景名胜区（6） 武功山风景名胜区（6） 云居山—柘林湖风景名胜区（6） 灵山风景名胜区(7) 神农源风景名胜区（8） 大茅山风景名胜区（8） 瑞金风景名胜区（9） 小武当风景名胜区（9） 杨岐山风景名胜区（9） 汉仙岩风景名胜区（9）
山东 （6处）	泰山风景名胜区（1） 青岛崂山风景名胜区（1） 胶东半岛海滨风景名胜区（2） 博山风景名胜区（4） 青州风景名胜区（4） 千佛山风景名胜区（9）

表6-10（续）

省级行政区	国家级风景名胜区（括号内数字为公布批次）
河南 （10处）	鸡公山风景名胜区（1）　洛阳龙门风景名胜区（1）　嵩山风景名胜区（1）王屋山—云台山风景名胜区（3）　石人山风景名胜区（4）　林虑山风景名胜区（5）　青天河风景名胜区（6）　神农山风景名胜区（6）桐柏山-淮源风景名胜区(7)郑州黄河风景名胜区(7)
湖北 （8处）	武汉东湖风景名胜区（1）　武当山风景名胜区（1）　长江三峡风景名胜区（1）大洪山风景名胜区（2）　隆中风景名胜区（3）　九宫山风景名胜区（3）陆水风景名胜区（4）丹江口水库风景区（9）
湖南 （21处）	衡山风景名胜区（1）　武陵源风景名胜区（2）　岳阳楼洞庭湖风景名胜区（2）韶山风景名胜区（3）　岳麓山风景名胜区（4）　崀山风景名胜区（4）猛洞河风景名胜区（5）　桃花源风景名胜区（5）　紫鹊界梯田—梅山龙宫风景名胜区（6）德夯风景名胜区（6）苏仙岭—万华岩风景名胜区(7)南山风景名胜区(7)万佛山—侗寨风景名胜区(7)虎形山—花瑶风景名胜区(7)东江湖风景名胜区(7)凤凰风景名胜区（8）沩山风景名胜区（8）炎帝陵风景名胜区（8）　白水洞风景名胜区（8）九嶷山—舜帝陵风景名胜区（9）里耶—乌龙山风景名胜区（9）
广东 （8处）	肇庆星湖风景名胜区（1）　西樵山风景名胜区（2）　丹霞山风景名胜区（2）白云山风景名胜区（4）　惠州西湖风景名胜区（4）　罗浮山风景名胜区（5）湖光岩风景名胜区（5）梧桐山风景名胜区(7)
广西 （3处）	桂林漓江风景名胜区（1）　桂平西山风景名胜区（2）　花山风景名胜区（2）
海南 （1处）	三亚热带海滨风景名胜区（3）
四川 （15处）	峨眉山风景名胜区（1）　黄龙寺—九寨沟风景名胜区（1）　青城山—都江堰风景名胜区（1）　剑门蜀道风景名胜区（1）　贡嘎山风景名胜区（2）　蜀南竹海风景名胜区（2）　西岭雪山风景名胜区（3）　四姑娘山风景名胜区（3）　石海洞乡风景名胜区（4）　邛海—螺髻山风景名胜区（4）　白龙湖风景名胜区（5）光雾山—诺水河风景名胜区（5）　天台山风景名胜区（5）　龙门山风景名胜区（5）米仓山大峡谷风景名胜区（9）
重庆 （7处）	长江三峡风景名胜区（1）　缙云山风景名胜区（1）　金佛山风景名胜区（2）四面山风景名胜区（3）　芙蓉江风景名胜区（4）　天坑地缝风景名胜区（5）潭獐峡风景名胜区（8）
贵州 （18处）	黄果树风景名胜区（1）　织金洞风景名胜区（2）　潕阳河风景名胜区（2）红枫湖风景名胜区（2）　龙宫风景名胜区（2）　荔波樟江风景名胜区（3）赤水风景名胜区（3）　马岭河峡谷风景名胜区（3）　都匀斗篷山—剑江风景名胜区（5）九洞天风景名胜区（5）　九龙洞风景名胜区（5）　黎平侗乡风景名胜区（5）紫云格凸河穿洞风景名胜区（6）平塘风景名胜区(7)榕江苗山侗水风景名胜区(7)石阡温泉群风景名胜区(7)　沿河乌江山峡风景名胜区(7)　瓮安县江界河风景名胜区(7)
云南 （12处）	路南石林风景名胜区（1）　大理风景名胜区（1）　西双版纳风景名胜区（1）三江并流风景名胜区（2）　昆明滇池风景名胜区（2）　丽江玉龙雪山风景名胜区（2）　腾冲地热火山风景名胜区（3）　瑞丽江—大盈江风景名胜区（3）九乡风景名胜区（3）　建水风景名胜区（3）　普者黑风景名胜区（5）　阿庐风景名胜区（5）

表6-10(续)

省级行政区	国家级风景名胜区（括号内数字为公布批次）
陕西 （6处）	华山风景名胜区（1） 临潼骊山风景名胜区（1） 黄河壶口瀑布风景名胜区（2） 宝鸡天台山风景名胜区（3） 黄帝陵风景名胜区（4） 合阳洽川风景名胜区（5）
甘肃 （4处）	麦积山风景名胜区（1） 崆峒山风景名胜区（3） 鸣沙山—月牙泉风景名胜区（3） 关山莲花台风景名胜区（9）
青海 （1处）	青海湖风景名胜区（3）
宁夏 （2处）	西夏王陵风景名胜区（2） 须弥山石窟风景名胜区（8）
西藏 （4处）	雅砻河风景名胜区（2） 纳木措-念青唐古拉山风景名胜区(7) 唐古拉山-怒江源风景名胜区(7) 土林-古格风景名胜区（8）
新疆 （6处）	天山天池风景名胜区（1） 库木塔格沙漠风景名胜区（4） 博斯腾湖风景名胜区（4） 赛里木湖风景名胜区（5） 罗布人村寨风景名胜区（8） 托木尔大峡谷风景名胜区（9）
内蒙古 （2处）	扎兰屯风景名胜区（4） 额尔古纳风景名胜区（9）

注：长江三峡风景名胜区地跨重庆、湖北两省市；黄河壶口瀑布风景名胜区地跨山西、陕西两省。

第九节　中国旅游胜地四十佳

1991年，经国家旅游局批准，由中国旅游报社同国家旅游局资源开发司共同主办，评选出了全国40处最佳旅游胜地（见表6-11）。它们分别是：

一、以自然景观为主的旅游胜地

长江三峡风景区、黄山风景区、泰山风景区、秦皇岛北戴河海滨、华山风景区。

二、以人文景观为主的旅游胜地

八达岭长城、乐山大佛、苏州园林、北京故宫、敦煌莫高窟、曲阜三孔、颐和园、明十三陵、中山陵 避暑山庄-外八庙。

三、新开发的以自然景观为主的旅游胜地

九寨沟黄龙寺风景区、桐庐瑶琳仙境、贵州织金洞、巫山小三峡、井冈山风景区、蜀南竹海风景区、大东海-亚龙湾风景区、武陵源风景区、五大连池风景区、黄河壶口瀑布风景区。

四、新开发的以人文景观为主的旅游胜地

秦始皇陵兵马俑博物馆、自贡恐龙博物馆、黄鹤楼、北京大观园、山海关及老龙头长城、成吉思汗陵、珠海旅游城、锦绣中华、夫子庙及其秦淮河风景带、葛洲坝。

表 6-11　中国旅游四十佳

故宫	颐和园	杭州西湖	曲阜三孔	深圳锦绣中华
泰山	大观园	苏州园林	八达岭长城	大东海-亚龙湾
黄山	中山陵	桂林漓江	敦煌莫高窟	九寨沟-黄龙寺
庐山	织金洞	瑶林仙境	北戴河海滨	自贡恐龙博物馆
华山	葛洲坝	壶口瀑布	珠海旅游城	避暑山庄-外八庙
峨眉山	武陵源	乐山大佛	成吉思汗陵	山海关及老龙头长城
井冈山	蜀南竹海	五大连池	黄果树瀑布	夫子庙及秦淮河风光带
黄鹤楼	长江三峡	明十三陵	巫山小三峡	秦始皇陵及兵马俑博物馆

第十节　国家水利风景区

国家水利风景区，是指以水域（水体）或水利工程为依托，按照水利风景资源即水域（水体）及相关联的岸地、岛屿、林草、建筑等能对人产生吸引力的自然景观和人文景观的观赏、文化、科学价值和水资源生态环境保护质量及景区利用、管理条件分级，经水利部水利风景区评审委员会评定，由水利部公布的可以开展观光、娱乐、休闲、度假或科学、文化、教育活动的区域。国家级水利风景区有水库型、湿地型、自然河湖型、城市河湖型、灌区型、水土保持型等类型。截至 2018 年 12 月 28 日，全国共有 878 处国家水利风景区，2 000 多省级水利风景区，见表 6-12。

表 6-12　国家水利风景区一览表

北京
十三陵水库水利风景区（2001 年第一批）
北京市青龙峡旅游度假村（2002 年第二批）
门头沟区妙峰山水利风景区（2009 年第九批）
天津
北运河水利风景区（2003 年第三批）
东丽湖风景区（2003 年第三批）
河北
河北省秦皇岛桃林口景区（2002 年第二批）

表6-12(续)

中山湖风景区（2004 年第四批）
燕塞湖风景区（2004 年第四批）
衡水湖风景区（2004 年第四批）
潘家口水利风景区（2005 年第五批）
平山县沕沕水生态风景区（2005 年第五批）
武安市京娘湖水利风景区（2005 年第五批）
邢台县前南峪生态水利风景区（2006 年第六批）
邢台县凤凰湖水利风景区（2006 年第六批）
承德市庙宫水库水利风景区（2006 年第六批）
邯郸市东武仕水库水利风景区（2006 年第六批）
迁安市滦河生态防洪水利风景区（2007 年第七批）
沽源县闪电河水库水利风景区（2009 年第九批）
丰宁县黄土梁水库水利风景区（2010 年第十批）
魏县梨乡水城水利风景区（2014 年第十四批）
临漳邺城公园水利风景区（2014 年第十四批）
衡水滏阳河水利风景区（2014 年第十四批）
邢台七里河水利风景区（2015 年第十五批）
滦县滦河水利风景区（2015 年第十五批）
邢台紫金山水利风景区（2016 年第十四批）
保定易水湖水利风景区（2016 年第十四批）
邯郸广府古城水利风景区（2017 年第十七批）
张家口清水河水利风景区（2018 年第十八批）
山西
汾河二库风景区（2002 年第二批）
汾源水利风景区（2002 年第二批）
黄河万家寨水利枢纽（2003 年第三批）
山西永济黄河蒲津渡水利风景区（2004 年第四批）
太原汾河水利风景区（2005 年第五批）
阳泉市翠枫山自然风景区（2008 年第八批）
平顺县太行水乡水利风景区（2008 年第八批）
山里泉自然风光水利风景区（2008 年第八批）
柳林县昌盛水保示范园水利风景区（2008 年第八批）

表6-12(续)

藏山水利风景区（2008 年第八批）
朔州桑干河湿地水利风景区（2008 年第八批）
宁武县暖泉沟水利风景区（2012 年第十二批）
汾河水库水利风景区（2012 年第十二批）
沁县北方水城水利风景区（2012 年第十二批）
长子县精卫湖水利风景区（2012 年第十二批）
繁峙县滹源水利风景区（2013 年第十三批）
原平滹沱河水利风景区（2014 年第十四批）
长治漳泽湖水利风景区（2014 年第十四批）
怀仁鹅毛河水利风景区（2015 年第十五批）
运城亳清河水利风景区（2018 年第十八批）
长治后湾水库水利风景区（2018 年第十八批）
内蒙古
红山湖旅游度假区（2004 年第四批）
宁城县打虎石水利风景区（2004 年第四批）
巴图湾水利风景区（2004 年第四批）
包头市石门水利风景区（2004 年第四批）
察尔森水库水利风景区（2005 年第五批）
黄河三盛公水利风景区（2005 年第五批）
赤峰市南山水土保持生态示范园（2006 年第六批）
赤峰市达理诺尔水利风景区（2006 年第六批）
杭锦旗七星湖沙漠水利风景区（2006 年第六批）
喀喇沁旗锦山水上公园水利风景区（2006 年第六批）
呼和浩特市和林县前夭子水库水利风景区（2007 年第七批）
兴安盟科右中旗翰嘎利水库水利风景区（2007 年第七批）
鄂尔多斯沙漠大峡谷水利风景区（2007 年第七批）
赤峰市阿鲁科尔沁旗达哈拉湖水利风景区（2008 年第八批）
赤峰市巴林左旗沙那水库水利风景区（2008 年第八批）
呼和浩特市敕勒川（哈素海）水利风景区（2008 年第八批）
锡林郭勒盟多伦县西山湾水利风景区（2008 年第八批）
巴彦淖尔市二黄河水利风景区（2009 年第九批）
牙克石市凤凰湖水利风景区（2009 年第九批）

表6-12（续）

呼和浩特市白石水利风景区（2010 年第十批）
鄂尔多斯市砒砂岩水利风景区（2011 年第十一批）
额济纳旗东居延海水利风景区（2011 年第十一批）
巴彦淖尔德岭山水库水利风景区（2014 年第十四批）
赤峰德日苏宝冷水库水利风景区（2014 年第十四批）
巴彦淖尔狼山水库水利风景区（2015 年第十五批）
乌海市乌海湖水利风景区（2016 年第十四批）
包头南海湿地水利风景区（2017 年第十七批）
鄂尔多斯马颤沟神龙寺水利风景区（2017 年第十七批）
乌兰浩特洮儿河水利风景区（2018 年第十八批）
巴彦淖尔乌加河水利风景区（2018 年第十八批）
辽宁
大伙房水库风景区（2002 年第二批）
本溪关门山风景区（2002 年第二批）
大连市碧流河水利风景区（2004 年第四批）
朝阳市大凌河水利风景区（2005 年第五批）
汤河水库水利风景区（2005 年第五批）
关山湖水利风景区（2005 年第五批）
沈阳浑河水利风景区（2008 年第八批）
沈阳市蒲河水利风景区（2012 年第十二批）
铁岭凡河水利风景区（2016 年第十四批）
喀左龙源湖水利风景区（2016 年第十四批）
抚顺浑河城区水利风景区（2018 年第十八批）
兴隆台辽河鼎翔水利风景区（2018 年第十八批）
吉林
吉林省新立湖水利风景区（2002 年第二批）
集安市鸭绿江国境旅游区（2002 年第二批）
磐石市黄河水库风景区（2003 年第三批）
长春市石头口门水库水利风景区（2003 年第三批）
通化市桃园湖水利风景区（2004 年第四批）
舒兰市亮甲山水利风景区（2004 年第四批）
长春净月潭水库水利风景区（2005 年第五批）

表6-12（续）

东辽县白泉镇聚龙潭水库水利风景区（2005年第五批）
查干湖水利风景区（2006年第六批）
梅河口市磨盘湖水利风景区（2007年第七批）
延吉布尔哈通河水利风景区（2008年第八批）
长白十五道沟水利风景区（2008年第八批）
松原市龙坑水利风景区（2009年第九批）
吉林市松花江清水绿带水利风景区（2009年第九批）
白城市嫩水韵白水利风景区（2011年第十一批）
四平市二龙湖水利风景区（2011年第十一批）
沙河水库水利风景区（2012年第十二批）
长岭县龙凤湖水利风景区（2012年第十二批）
东辽县鸳鹭湖水利风景区（2013年第十三批）
松原市哈达山水利风景区（2013年第十三批）
和龙市龙门湖水利风景区（2013年第十三批）
和龙图们江流域红旗河水利风景区（2014年第十四批）
松原沿江水利风景区（2015年第十五批）
大安牛心套保水利风景区（2016年第十四批）
白城嫩江湾水利风景区（2016年第十四批）
永吉星星哨水利风景区（2017年第十七批）
通榆向海水利风景区（2017年第十七批）
临江鸭绿江水利风景区（2017年第十七批）
吉林新安水库水利风景区（2018年第十八批）
长春双阳湖水利风景区（2018年第十八批）
黑龙江
红旗泡水库红湖水利风景区（2001年第一批）
五常市龙凤山水利风景区（2003年第三批）
五大连池市山口湖水利风景区（2005年第五批）
甘南县音河湖水利风景区（2006年第六批）
齐齐哈尔市劳动湖水利风景区（2006年第六批）
佳木斯市柳树岛水利风景区（2006年第六批）
鹤岗市鹤立湖水利风景区（2007年第七批）
尼尔基水利风景区（2007年第七批）

表6-12（续）

农垦兴凯湖第二泄洪闸水利风景区（2007年第七批）
哈尔滨太阳岛水利风景区（2008年第八批）
当壁镇兴凯湖水利风景区（2008年第八批）
哈尔滨市白鱼泡水利风景区（2009年第九批）
黑河市法别拉水利风景区（2009年第九批）
密山市青年水库水利风景区（2009年第九批）
孙吴县二门山水库水利风景区（2009年第九批）
伊春市红星湿地水利风景区（2010年第十批）
伊春市上甘岭水利风景区（2010年第十批）
伊春市卧龙湖水利风景区（2010年第十批）
伊春市乌伊岭水利风景区（2010年第十批）
伊春市伊春河水利风景区（2010年第十批）
伊春市新青湿地水利风景区（2010年第十批）
哈尔滨市西泉眼水利风景区（2010年第十批）
哈尔滨市呼兰富强水利风景区（2011年第十一批）
哈尔滨市金河湾水利风景区（2013年第十三批）
大庆市黑鱼湖水利风景区（2013年第十三批）
鹤岗市清源湖水利风景区（2013年第十三批）
伊春市滨水新区水利风景区（2013年第十三批）
兰西县河口水利风景区（2013年第十三批）
伊春回龙湾水利风景区（2015年第十五批）
泰来泰湖水利风景区（2015年第十五批）
哈尔滨长寿湖水利风景区（2017年第十七批）
呼兰河口水利风景区（2017年第十七批）
上海
上海松江生态水利风景区（2003年第三批）
淀山湖风景区（2006年第六批）
碧海金沙水利风景区（2007年第七批）
浦东新区滴水湖水利风景区（2009年第九批）
江苏
溧阳市天目湖旅游度假水利风景区（2001年第一批）
江都水利枢纽水利风景区（2001年第一批）

表6-12(续)

徐州市云龙湖风景区（2002 年第二批）
瓜洲古渡风景区（2002 年第二批）
三河闸水利风景区（2003 年第三批）
泰州引江河风景区（2003 年第三批）
苏州胥口水利风景区（2004 年第四批）
淮安水利枢纽风景区（2004 年第四批）
淮安市古运河水利风景区（2005 年第五批）
盐城市通榆河枢纽水利风景区（2005 年第五批）
姜堰区溱湖水利风景区（2005 年第五批）
南京市金牛湖水利风景区（2006 年第六批）
宜兴市横山水库水利风景区（2006 年第六批）
无锡梅梁湖水利风景区（2007 年第七批）
泰州凤凰河水利风景区（2007 年第七批）
南京外秦淮河水利风景区（2008 年第八批）
宿迁市中运河水利风景区（2008 年第八批）
徐州市故黄河水利风景区（2009 年第九批）
太仓市金仓湖水利风景区（2009 年第九批）
南京市珍珠泉水利风景区（2009 年第九批）
南京市天生桥河水利风景区（2009 年第九批）
邳州市艾山九龙水利风景区（2010 年第十批）
赣榆区小塔山水库水利风景区（2010 年第十批）
淮安市樱花园水利风景区（2011 年第十一批）
如皋市龙游水利风景区（2011 年第十一批）
太湖浦江源水利风景区（2011 年第十一批）
无锡市长广溪湿地水利风景区（2012 年第十二批）
连云港市花果山大圣湖水利风景区（2012 年第十二批）
宝应县宝应湖湿地水利风景区（2012 年第十二批）
盐城市大纵湖水利风景区（2012 年第十二批）
泗阳县泗水河水利风景区（2012 年第十二批）
盱眙县天泉湖水利风景区（2012 年第十二批）
淮安市清晏园水利风景区（2012 年第十二批）
淮安市古淮河水利风景区（2012 年第十二批）

表6-12(续)

苏州市旺山水利风景区（2013年第十三批）
张家港市环城河水利风景区（2013年第十三批）
扬州市凤凰岛水利风景区（2013年第十三批）
徐州市潘安湖水利风景区（2013年第十三批）
连云港市海陵湖水利风景区（2013年第十三批）
徐州市金龙湖水利风景区（2013年第十三批）
金坛愚池湾水利风景区（2014年第十四批）
昆山明镜荡水利风景区（2014年第十四批）
镇江金山湖水利风景区（2014年第十四批）
无锡新区梁鸿水利风景区（2014年第十四批）
宿迁宿城古黄河水利风景区（2014年第十四批）
溧阳南山竹海水利风景区（2014年第十四批）
江阴芙蓉湖水利风景区（2015年第十五批）
徐州丁万河水利风景区（2015年第十五批）
金湖荷花荡水利风景区（2015年第十五批）
阜宁金沙湖水利风景区（2015年第十五批）
宿迁六塘河水利风景区（2015年第十五批）
扬州古运河水利风景区（2016年第十四批）
南京玄武湖水利风景区（2016年第十四批）
句容赤山湖水利风景区（2016年第十四批）
宜兴竹海水利风景区（2016年第十四批）
常州雁荡河水利风景区（2016年第十四批）
骆马湖嶂山水利风景区（2016年第十四批）
泰州凤城河水利风景区（2017年第十七批）
宜兴华东百畅水利风景区（2017年第十七批）
涟水五岛湖水利风景区（2017年第十七批）
常州青龙潭水利风景区（2018年第十八批）
泰州千垛水利风景区（2018年第十八批）
徐州大沙河水利风景区（2018年第十八批）
浙江
海宁市钱江潮韵度假村水利风景区（2001年第一批）
宁波天河生态水利风景区（2001年第一批）

表6-12（续）

奉化区亭下湖水利风景区（2001年第一批）
湖州太湖旅游度假区（2002年第二批）
安吉县天赋旅游区（2002年第二批）
慈溪市杭州湾海滨游乐园（2002年第二批）
江山市峡里湖生态风景区（2003年第三批）
新昌县沃洲湖水利风景区（2003年第三批）
绍兴市环城河风景区（2003年第三批）
江山月亮湖水利风景区（2004年第四批）
余姚市姚江游水利风景区（2005年第五批）
天台山龙穿峡水利风景区（2005年第五批）
浙东古运河绍兴运河园水利风景区（2007年第七批）
安吉县江南天池景区（2007年第七批）
上虞区曹娥江城防水利风景区（2008年第八批）
玉环市玉环水利风景区（2008年第八批）
丽水市南明湖及生态河川水利风景区（2009年第九批）
安吉县老石坎水库水利风景区（2009年第九批）
绍兴市曹娥江大闸水利风景区（2010年第十批）
天台县琼台仙谷水利风景区（2010年第十批）
衢州市乌溪江水利风景区（2010年第十批）
富阳区富春江水利风景区（2010年第十批）
衢州市信安湖水利风景区（2011年第十一批）
遂昌县十八里翠水利风景区（2012年第十二批）
桐庐县富春江水利风景区（2013年第十三批）
松阳县松阴溪水利风景区（2013年第十三批）
景宁畲族自治县畲乡绿廊水利风景区（2015年第十五批）
宁波东钱湖水利风景区（2016年第十四批）
乐清中雁荡山水利风景区（2016年第十四批）
永嘉黄檀溪水利风景区（2016年第十四批）
湖州吴兴太湖溇港水利风景区（2017年第十七批）
云和梯田水利风景区（2017年第十七批）
金华浦阳江水利风景区（2017年第十七批）
金华浙中大峡谷水利风景区（2018年第十八批）

表6-12（续）

衢州马金溪水利风景区（2018 年第十八批）
嘉兴海盐鱼鳞海塘水利风景区（2018 年第十八批）
安徽
龙河口（万佛湖）水利风景区（2001 年第一批）
太平湖水利风景区（2001 年第一批）
佛子岭水库风景区（2003 年第三批）
龙子湖风景区（2003 年第三批）
梅山水库水利风景区（2004 年第四批）
响洪甸水库水利风景区（2004 年第四批）
太湖县花亭湖水利风景区（2004 年第四批）
蚌埠闸水利风景区（2004 年第四批）
青龙湾水利风景区（2004 年第四批）
安徽六安市横排头水利风景（2005 年第五批）
霍邱县水门塘水利风景区（2006 年第六批）
广德县卢湖竹海风景区（2007 年第七批）
泾县桃花潭水利风景区（2008 年第八批）
歙县霸王山摇铃秀水水利风景区（2009 年第九批）
凤台县茨淮新河水利风景区（2009 年第九批）
霍邱县临淮岗工程水利风景区（2009 年第九批）
亳州市白鹭洲水利风景区（2009 年第九批）
阜南县王家坝水利风景区（2010 年第十批）
淮南市焦岗湖水利风景区（2010 年第十批）
郎溪县石佛山天子湖水利风景区（2010 年第十批）
黄山石门水利风景区（2010 年第十批）
芜湖市滨江水利风景区（2011 年第十一批）
六安市淠河水利风景区（2011 年第十一批）
岳西县天峡水利风景区（2012 年第十二批）
来安县白鹭岛水利风景区（2012 年第十二批）
全椒襄河水利风景区（2014 年第十四批）
岳西大别山彩虹瀑布水利风景区（2014 年第十四批）
颍上八里河水利风景区（2014 年第十四批）
肥东岱山湖水利风景区（2014 年第十四批）

表6-12(续)

合肥滨湖水利风景区（2015年第十五批）
六安悠然蓝溪水利风景区（2015年第十五批）
休宁横江水利风景区（2015年第十五批）
池州九华天池水利风景区（2015年第十五批）
望江古雷池水利风景区（2015年第十五批）
黟县宏村·奇墅湖水利风景区（2016年第十四批）
宿州新汴河水利风景区（2016年第十四批）
芜湖陶辛水韵水利风景区（2016年第十四批）
池州杏花村水利风景区（2016年第十四批）
金寨燕子河大峡谷水利风景区（2016年第十四批）
肥西三河水利风景区（2017年第十七批）
南陵大浦水利风景区（2017年第十七批）
祁门牯牛降水利风景区（2017年第十七批）
铜陵天井湖水利风景区（2018年第十八批）
福建
福清东张水库石竹湖水利风景区（2001年第一批）
仙游县九鲤湖风景区（2002年第二批）
福建南平延平湖水利风景区（2005年第五批）
永安市桃源洞水利风景区（2006年第六批）
永泰县天门山水利风景区（2006年第六批）
德化县岱仙湖水利风景区（2008年第八批）
尤溪县闽湖水利风景区（2009年第九批）
龙岩市梅花湖水利风景区（2009年第九批）
华安县九龙江水利风景区（2011年第十一批）
永定区龙湖水利风景区（2011年第十一批）
漳平市九鹏溪水利风景区（2012年第十二批）
泉州市山美水库水利风景区（2013年第十三批）
漳州开发区南太武新港城水利风景区（2013年第十三批）
莆田市木兰陂水利风景区（2013年第十三批）
三明市泰宁水利风景区（2013年第十三批）
顺昌县华阳山水利风景区（2013年第十三批）
武夷山市东湖水利风景区（2013年第十三批）

表6-12（续）

南靖土楼水乡水利风景区（2014年第十四批）
邵武云灵山水利风景区（2014年第十四批）
宁德东湖水利风景区（2014年第十四批）
泉州金鸡拦河闸水利风景区（2014年第十四批）
连城冠豸山水利风景区（2015年第十五批）
永春桃溪水利风景区（2015年第十五批）
邵武天成奇峡水利风景区（2015年第十五批）
厦门天竺山水利风景区（2015年第十五批）
柘荣青岚湖水利风景区（2015年第十五批）
漳平台湾农民创业园水利风景区（2015年第十五批）
莆田九龙谷水利风景区（2016年第十四批）
武平梁野山云礤溪水利风景区（2016年第十四批）
宁德洋中水利风景区（2016年第十四批）
永春晋江源水利风景区（2016年第十四批）
长汀水土保持科教园水利风景区（2017年第十七批）
宁德水韵九都水利风景区（2017年第十七批）
霞浦杨家溪水利风景区（2017年第十七批）
寿宁西浦水利风景区（2018年第十八批）
宁德霍童水利风景区（2018年第十八批）
泉州龙门湖水利风景区（2018年第十八批）
江西
上游湖风景区（2003年第三批）
景德镇市玉田湖水利风景区（2003年第三批）
白鹤湖水利风景区（2004年第四批）
井冈山市井冈冲湖（2004年第四批）
南丰县潭湖水利风景区（2004年第四批）
乐平市翠平湖水利风景区（2004年第四批）
南城县麻源三谷水利风景区（2004年第四批）
泰和县白鹭湖水利风景区（2004年第四批）
宜春市飞剑潭水利风景区（2004年第四批）
上饶市枫泽湖水利风景区（2005年第五批）
赣州三江水利风景区（2005年第五批）

表6-12(续)

铜鼓县九龙湖水利风景区（2006年第六批）
安福县武功湖水利风景区（2006年第六批）
景德镇市月亮湖水利风景区（2007年第七批）
都昌县张岭水库水利风景区（2009年第九批）
萍乡市明月湖水利风景区（2009年第九批）
会昌县汉仙湖水利风景区（2010年第十批）
赣抚平原灌区水利风景区（2010年第十批）
庐山市庐湖水利风景区（2010年第十批）
宜丰县渊明湖水利风景区（2011年第十一批）
新建区梦山水库水利风景区（2011年第十一批）
新建区溪霞水库水利风景区（2011年第十一批）
武宁县武陵岩桃源水利风景区（2012年第十二批）
九江市庐山西海水利风景区（2013年第十三批）
万年县群英水库水利风景区（2013年第十三批）
玉山县三清湖水利风景区（2013年第十三批）
广丰区铜钹山九仙湖水利风景区（2013年第十三批）
弋阳龟峰湖水利风景区（2014年第十四批）
德兴凤凰湖水利风景区（2014年第十四批）
宁都赣江源水利风景区（2014年第十四批）
新干黄泥埠水库水利风景区（2014年第十四批）
吉安螺滩水利风景区（2014年第十四批）
武宁西海湾水利风景区（2015年第十五批）
德安江西水保生态科技园水利风景区（2015年第十五批）
瑞金陈石湖水利风景区（2015年第十五批）
南城醉仙湖水利风景区（2015年第十五批）
吉安青原禅溪水利风景区（2016年第十四批）
弋阳龙门湖水利风景区（2016年第十四批）
石城琴江水利风景区（2017年第十七批）
崇义客家梯田水利风景区（2017年第十七批）
德兴大茅山双溪湖水利风景区（2017年第十七批）
济源沁龙峡水利风景区（2018年第十八批）
许昌鹤鸣湖水利风景区（2018年第十八批）

表6-12（续）

郑州龙湖水利风景区（2018年第十八批）
山东
沂蒙湖水利风景区（2001年第一批）
东营天鹅湖公园（2002年第二批）
济南百里黄河风景区（2003年第三批）
江北水城风景区（2003年第三批）
漳卫南运河水利风景区（2004年第四批）
潍河水利风景区（2005年第五批）
泰安市天平湖水上公园水利风景区（2005年第五批）
昌乐县仙月湖风光（2005年第五批）
东营清风湖水利风景区（2005年第五批）
安丘市汶河水利风景区（2006年第六批）
寿光市弥河水利风景区（2006年第六批）
滨州市中海水利风景区（2006年第六批）
山东淄博黄河水利风景区（2007年第七批）
广饶县孙武湖水利风景区（2007年第七批）
东阿县洛神湖水利风景区（2007年第七批）
胶州三里河公园水利风景区（2007年第七批）
淄博市峨庄水土保持生态风景区（2007年第七批）
枣庄市抱犊崮龟蛇湖水利风景区（2007年第七批）
海阳市东村河水利风景区（2007年第七批）
莱西市莱西湖水利风景区（2007年第七批）
潍坊市峡山湖水利风景区（2008年第八批）
昌邑市潍河水利风景区（2008年第八批）
滕州微山湖湿地红荷水利风景区（2008年第八批）
桓台县马踏湖水利风景区（2008年第八批）
高唐县鱼丘湖水利风景区（2008年第八批）
枣庄市岩马湖水利风景区（2008年第八批）
肥城市康王河公园水利风景区（2008年第八批）
山东省滨州黄河水利风景区（2009年第九批）
潍坊市白浪河水利风景区（2009年第九批）
枣庄市台儿庄运河水利风景区（2009年第九批）

表6-12（续）

淄博市太公湖水利风景区（2009 年第九批）
沾化区秦口河水利风景区（2009 年第九批）
临朐县淌水崖水库水利风景区（2009 年第九批）
高青县千乘湖水利风景区（2009 年第九批）
高密市胶河水利风景区（2009 年第九批）
新泰市青云湖水利风景区（2009 年第九批）
潍坊市涅河水利风景区（2010 年第十批）
文登区抱龙河水利风景区（2010 年第十批）
胶州市少海水利风景区（2010 年第十批）
莱抚市雪野湖水利风景区（2010 年第十批）
泰安市天颐湖水利风景区（2010 年第十批）
东平县东平湖水利风景区（2010 年第十批）
菏泽市赵王河水利风景区（2010 年第十批）
滨州市三河湖水利风景区（2010 年第十批）
莒南县天马岛水利风景区（2010 年第十批）
滨州市小开河灌区水利风景区（2010 年第十批）
沂源县沂河源水利风景区（2010 年第十批）
东阿黄河水利风景区（2010 年第十批）
德州黄河水利风景区（2010 年第十批）
垦利区黄河口水利风景区（2010 年第十批）
山东邹平黄河水利风景区（2011 年第十一批）
山东菏泽黄河水利风景区（2011 年第十一批）
淄博市五阳湖水利风景区（2011 年第十一批）
青州市仁河水库水利风景区（2011 年第十一批）
临朐县沂山东镇湖水利风景区（2011 年第十一批）
莱阳市五龙河水利风景区（2011 年第十一批）
乳山市岠嵎湖水利风景区（2011 年第十一批）
沂南县竹泉水利风景区（2011 年第十一批）
单县浮龙湖水利风景区（2011 年第十一批）
惠民县古城河水利风景区（2011 年第十一批）
无棣县黄河岛水利风景区（2011 年第十一批）
龙口市王屋水库水利风景区（2012 年第十二批）

表6-12（续）

栖霞市长春湖水利风景区（2012年第十二批）
泗水县万紫千红水利风景区（2012年第十二批）
乳山市大乳山水利风景区（2012年第十二批）
邹平县黛溪河水利风景区（2012年第十二批）
利津县黄河生态水利风景区（2012年第十二批）
招远市金都龙王湖水利风景区（2013年第十三批）
沾化区徒骇河思源湖水利风景区（2013年第十三批）
夏津县黄河故道水利风景区（2013年第十三批）
博兴县打渔张引黄灌区水利风景区（2013年第十三批）
章丘区绣源河水利风景区（2013年第十三批）
济南市长清湖水利风景区（2013年第十三批）
微山县微山湖水利风景区（2013年第十三批）
枣庄市城河水利风景区（2013年第十三批）
沂河刘家道口枢纽水利风景区（2013年第十三批）
曲阜沂河水利风景区（2014年第十四批）
济宁蓼河水利风景区（2014年第十四批）
青州弥河水利风景区（2014年第十四批）
单县东沟河绿色生态长廊水利风景区（2014年第十四批）
茌平金牛湖水利风景区（2014年第十四批）
滨州秦皇河水利风景区（2014年第十四批）
寿光洰淀湖水利风景区（2014年第十四批）
烟台芝罘大沽夹河水利风景区（2014年第十四批）
禹城大禹文化水利风景区（2014年第十四批）
巨野洙水河水利风景区（2014年第十四批）
烟台牟平沁水河水利风景区（2014年第十四批）
滨州韩墩引黄灌区水利风景区（2014年第十四批）
临朐弥河水利风景区（2015年第十五批）
邹平樱花山水利风景区（2015年第十五批）
金乡金水湖水利风景区（2015年第十五批）
聊城莲湖水利风景区（2015年第十五批）
泰安徂徕山汶河水利风景区（2015年第十五批）
夏津九龙口湿地水利风景区（2015年第十五批）

表6-12(续)

任城南池水利风景区（2015 年第十五批）
肥城龙山河水利风景区（2015 年第十五批）
成武文亭湖水利风景区（2015 年第十五批）
莒南鸡龙河水利风景区（2016 年第十四批）
金乡羊山湖水利风景区（2016 年第十四批）
禹城徒骇河水利风景区（2016 年第十四批）
莒县沭河水利风景区（2017 年第十七批）
青州阳河水利风景区（2017 年第十七批）
沂水县沂河水利风景区（2017 年第十七批）
德州大清河水利风景区（2018 年第十八批）
临沂沂沭河水利风景区（2018 年第十八批）
河南
石漫滩水库水利风景区（2001 年第一批）
南湾风景名胜水利风景区（2001 年第一批）
驻马店市薄山湖水利风景区（2001 年第一批）
黄河三门峡大坝风景区（2002 年第二批）
河南黄河花园口风景区（2002 年第二批）
云台山水利风景名胜区（2002 年第二批）
昭平湖风景名胜区（2002 年第二批）
焦作市群英湖风景名胜区（2002 年第二批）
黄河小浪底水利枢纽（2003 年第三批）
博爱青天河风景名胜区（2003 年第三批）
灵宝市窄口水库风景区（2003 年第三批）
红旗渠水利风景区（2004 年第四批）
铜山湖水利风景区（2004 年第四批）
香山湖水利风景区（2004 年第四批）
鲇鱼山水库风景区（2004 年第四批）
开封黄河柳园口水利风景区（2004 年第四批）
濮阳黄河水利风景区（2005 年第五批）
西峡县石门湖水利风景区（2005 年第五批）
光山县龙山水库水利风景区（2005 年第五批）
白沙水库水利风景区（2005 年第五批）

表6-12（续）

方城县望花湖水利风景区（2006年第六批）
安阳市彰武南海水库水利风景区（2006年第六批）
范县黄河水利风景区（2006年第六批）
河南台前县将军渡黄河风景区（2007年第七批）
卫辉市沧河水利风景区（2007年第七批）
驻马店市宿鸭湖水利风景区（2007年第七批）
信阳市浉河水利风景区（2007年第七批）
河南孟州黄河开仪水利风景区（2008年第八批）
陆浑湖水利风景区（2008年第八批）
漯河市沙澧河水利风景区（2009年第九批）
南阳市龙王沟水利风景区（2009年第九批）
信阳市北湖水利风景区（2009年第九批）
商丘市黄河故道湿地水利风景区（2010年第十批）
南阳市鸭河口水库水利风景区（2010年第十批）
河南洛宁西子湖水利风景区（2011年第十一批）
郑州市黄河生态水利风景区（2011年第十一批）
柘城县容湖水利风景区（2011年第十一批）
商丘市商丘古城水利风景区（2012年第十二批）
驻马店市板桥水库水利风景区（2012年第十二批）
禹州市颍河水利风景区（2013年第十三批）
武陟嘉应观黄河水利风景区（2014年第十四批）
永城沱河日月湖水利风景区（2014年第十四批）
淮阳龙湖水利风景区（2014年第十四批）
民权黄河故道水利风景区（2014年第十四批）
洛阳孟津黄河水利风景区（2014年第十四批）
睢县北湖生态水利风景区（2015年第十五批）
许昌曹魏故都水利风景区（2016年第十四批）
虞城响河水利风景区（2016年第十四批）
荥阳古柏渡南水北调穿黄水利风景区（2017年第十七批）
林州太行平湖水利风景区（2017年第十七批）
南乐西湖生态水利风景区（2017年第十七批）
长垣黄河水利风景区（2017年第十七批）

表6-12（续）

济源沁龙峡水利风景区（2018 年第十八批）
许昌鹤鸣湖水利风景区（2018 年第十八批）
郑州龙湖水利风景区（2018 年第十八批）
湖北
湖北省漳河风景名胜区（2002 年第二批）
龙麟宫风景区（2003 年第三批）
京山惠亭湖风景区（2004 年第四批）
襄阳市三道河水镜湖水利风景区（2005 年第五批）
钟祥市温峡湖水利风景区（2006 年第六批）
丹江口松涛水利风景区（2006 年第六批）
荆州市㳇水水利风景区（2007 年第七批）
武汉夏家寺水利风景区（2007 年第七批）
武汉江滩水利风景区（2008 年第八批）
孝昌县观音湖水利风景区（2009 年第九批）
罗田县天堂湖水利风景区（2009 年第九批）
英山县毕昇湖水利风景区（2010 年第十批）
通山县富水湖水利风景区（2011 年第十一批）
长阳土家族自治县清江水利风景区（2012 年第十二批）
丹江口大坝水利风景区（2013 年第十三批）
麻城浮桥河水利风景区（2014 年第十四批）
郧西天河水利风景区（2015 年第十五批）
荆州北闸水利风景区（2015 年第十五批）
黄冈白莲河水利风景区（2016 年第十四批）
宜昌百里荒水利风景区（2016 年第十四批）
麻城明山水利风景区（2016 年第十四批）
武汉金银湖水利风景区（2017 年第十七批）
蕲春大同水库水利风景区（2017 年第十七批）
武穴梅川水库水利风景区（2017 年第十七批）
陆水水库水利风景区（2017 年第十七批）
潜江田关岛水利风景区（2018 年第十八批）
宜昌高岚河水利风景区（2018 年第十八批）
十堰太和梅花谷水利风景区（2018 年第十八批）

表6-12（续）

湖南
张家界溇江风景区（2002年第二批）
湖南水府水利风景区（2002年第二批）
九龙潭大峡谷水利风景区（2003年第三批）
衡东洣水水利风景区（2004年第四批）
长沙湘江水利风景区（2004年第四批）
酒埠江水利风景区（2004年第四批）
益阳市鱼形山水利风景区（2005年第五批）
永兴县便江水利风景区（2005年第五批）
长沙千龙湖水利风景区（2005年第五批）
湘西土家族苗族自治州大龙洞水利风景区（2006年第六批）
双牌县阳明山水利风景区（2006年第六批）
怀化五龙溪水利风景区（2007年第七批）
皂市水利风景区（2008年第八批）
衡山县九观湖水利风景区（2008年第八批）
凤凰县长潭岗水利风景区（2008年第八批）
衡阳县织女湖水利风景区（2008年第八批）
长沙市黄材水库水利风景区（2009年第九批）
新化县紫鹊界水利风景区（2009年第九批）
韶山市青年水库水利风景区（2009年第九批）
衡阳县斜陂堰水库水利风景区（2009年第九批）
花垣县花垣边城水利风景区（2010年第十批）
耒阳市蔡伦竹海水利风景区（2011年第十一批）
澧县王家厂水利风景区（2012年第十二批）
辰溪县燕子洞水利风景区（2012年第十二批）
常德市柳叶湖水利风景区（2013年第十三批）
益阳市皇家湖水利风景区（2013年第十三批）
江华瑶族自治县潇湘源水利风景区（2013年第十三批）
湘潭韶山灌区水利风景区（2014年第十四批）
汉寿清水湖水利风景区（2014年第十四批）
资兴东江湖水利风景区（2015年第十五批）
江永千家峒水利风景区（2015年第十五批）

表6-12（续）

永兴青山垅–龙潭水利风景区（2015年第十五批）
蓝山湘江源水利风景区（2015年第十五批）
望城半岛水利风景区（2016年第十四批）
汝城热水河水利风景区（2016年第十四批）
郴州四清湖水利风景区（2016年第十四批）
涟源杨家滩水利风景区（2016年第十四批）
芷江侗族自治县和平湖水利风景区（2017年第十七批）
长沙洋湖湿地水利风景区（2017年第十七批）
祁阳浯溪水利风景区（2017年第十七批）
株洲湘江风光带水利风景区（2018年第十八批）
永州金洞白水河水利风景区（2018年第十八批）
广东
飞来峡水利枢纽水利风景区（2001年第一批）
高州水库玉湖风景区（2004年第四批）
茂名小良水土保持生态景观风景区（2004年第四批）
惠州市白盆湖水利风景区（2005年第五批）
梅州市洞天湖水利风景区（2007年第七批）
五华县益塘水库水利风景区（2009年第九批）
连州市湟川三峡水利风景区（2010年第十批）
增城区增江画廊水利风景区（2011年第十一批）
仁化县丹霞源水利风景区（2013年第十三批）
珠海竹洲水乡水利风景区（2014年第十四批）
广州白云湖水利风景区（2015年第十五批）
湛江鹤地银湖水利风景区（2016年第十四批）
广州花都湖水利风景区（2016年第十四批）
佛山乐从水利风景区（2018年第十八批）
广西
百色市澄碧河水利风景区（2002年第二批）
北海市洪潮江水利风景区（2002年第二批）
南宁大王滩水利风景区（2002年第二批）
南宁天雹水库水利风景区（2004年第四批）
德保县鉴河水利风景区（2011年第十一批）

表6-12(续)

鹿寨县月岛湖水利风景区（2012年第十二批）
南丹县地下大峡谷水利风景区（2013年第十三批）
柳城县融江河谷水利风景区（2013年第十三批）
象州县象江水利风景区（2013年第十三批）
靖西龙潭鹅泉水利风景区（2014年第十四批）
都安澄江水利风景区（2016年第十四批）
桂林灵渠水利风景区（2017年第十七批）
隆林万峰湖水利风景区（2017年第十七批）
海南
松涛水库风景区（2002年第二批）
定安县南丽湖水利风景区（2006年第六批）
琼海合水水库水利风景区（2014年第十四批）
保亭毛真水库水利风景区（2016年第十四批）
海口美舍河水利风景区（2017年第十七批）
重庆
大足区龙水湖风景区（2004年第四批）
江津区清溪沟水利风景区（2009年第九批）
璧山区大沟水库水利风景区（2009年第九批）
合川区双龙湖水利风景区（2009年第九批）
黔江区小南海水利风景区（2009年第九批）
武隆区山虎关水库水利风景区（2009年第九批）
潼南区从刊水库水利风景区（2010年第十批）
石柱县龙河水利风景区（2010年第十批）
南滨路水利风景区（2011年第十一批）
永川区勤俭水库水利风景区（2012年第十二批）
开县汉丰湖水利风景区（2012年第十二批）
璧山璧南河水利风景区（2014年第十四批）
武隆阳水河水利风景区（2015年第十五批）
荣昌荣峰河水利风景区（2016年第十四批）
丰都龙河谷水利风景区（2017年第十七批）
四川
仙海风景区（2002年第二批）

表6-12（续）

鲁班湖水利风景区（2005年第五批）
安县白水湖水利风景区（2005年第五批）
自贡市双溪湖水利风景区（2005年第五批）
自贡市尖山水利风景区（2006年第六批）
凉山州泸沽湖水利风景区（2006年第六批）
平昌县江口水乡水利风景区（2008年第八批）
蓬安县大深南海水利风景区（2011年第十一批）
都江堰水利风景区（2013年第十三批）
汶川县水墨藏寨水利风景区（2013年第十三批）
绵阳市涪江六峡水利风景区（2013年第十三批）
眉山市黑龙滩水利风景区（2013年第十三批）
隆昌市古宇庙水库水利风景区（2013年第十三批）
南充市升钟湖水利风景区（2013年第十三批）
苍溪县白鹭湖水利风景区（2013年第十三批）
西充县青龙湖水利风景区（2013年第十三批）
遂宁市琼江源风景区（2013年第十三批）
乐山大渡河金口大峡谷水利风景区（2014年第十四批）
峨边大小杜鹃池水利风景区（2014年第十四批）
犍为桫椤湖水利风景区（2014年第十四批）
蓬安嘉陵第一桑梓水利风景区（2014年第十四批）
阆中金沙湖水利风景区（2014年第十四批）
青川青竹江水利风景区（2014年第十四批）
武胜太极湖水利风景区（2014年第十四批）
金口河大瓦山五池水利风景区（2014年第十四批）
大竹百岛湖水利风景区（2015年第十五批）
开江宝石桥水库水利风景区（2015年第十五批）
雅安飞仙湖水利风景区（2015年第十五批）
内江黄鹤湖水利风景区（2015年第十五批）
巴中化湖水利风景区（2015年第十五批）
广安白云湖水利风景区（2015年第十五批）
西昌邛海水利风景区（2016年第十四批）
泸州张坝水利风景区（2016年第十四批）

表6-12(续)

壤塘则曲河水利风景区（2016年第十四批）
南部红岩子湖水利风景区（2016年第十四批）
广安华蓥山天池湖水利风景区（2016年第十四批）
雅安陇西河上里古镇水利风景区（2017年第十七批）
南江玉湖水利风景区（2017年第十七批）
遂宁观音湖水利风景区（2017年第十七批）
凉山安宁湖水利风景区（2018年第十八批）
广安天意谷水利风景区（2018年第十八批）
巴中柳津湖水利风景区（2018年第十八批）
贵州
镇远舞阳河水利风景区（2001年第一批）
织金恐龙湖水利风景区（2001年第一批）
岑巩龙鳌河水利风景区（2002年第二批）
三岔河水利风景区（2002年第二批）
舞阳湖水利风景区（2002年第二批）
杜鹃湖风景区（2002年第二批）
贵州省毕节天河水利风景区（2003年第三批）
松柏山水利风景区（2004年第四批）
龙里生态科技示范园（2004年第四批）
贵阳市金茫林海水利风景区（2007年第七批）
六盘水市明湖水利风景区（2011年第十一批）
关岭布依族苗族自治县木城河水利风景区（2011年第十一批）
遵义市大板水水利风景区（2011年第十一批）
贵阳市永乐湖水利风景区（2011年第十一批）
沿河土家族自治县乌江山峡水利风景区（2011年第十一批）
罗甸县高原千岛湖水利风景区（2011年第十一批）
惠水县涟江水利风景区（2012年第十二批）
剑河县仰阿莎湖水利风景区（2012年第十二批）
铜仁市锦江水利风景区（2012年第十二批）
施秉县?阳河水利风景区（2013年第十三批）
织金县织金关水利风景区（2013年第十三批）
龙里莲花水利风景区（2014年第十四批）

表6-12(续)

锦屏三江水利风景区（2015年第十五批）
思南乌江水利风景区（2015年第十五批）
绥阳双门峡水利风景区（2015年第十五批）
大方奢香九驿水利风景区（2015年第十五批）
威宁草海水利风景区（2016年第十四批）
开阳清龙河水利风景区（2016年第十四批）
凯里清水江水利风景区（2017年第十七批）
福泉洒金谷水利风景区（2017年第十七批）
贵定金海雪山水利风景区（2017年第十七批）
铜仁白岩河水利风景区（2018年第十八批）
遵义茅台渡水利风景区（2018年第十八批）
黔南州雍江水利风景区（2018年第十八批）
云南
珠江源风景区（2002年第二批）
泸西县五者温泉风景区（2002年第二批）
普洱市梅子湖水利风景区（2003年第三批）
建水县绵羊冲水利风景区（2005年第五批）
景谷傣族彝族自治县昔木水库水利风景区（2005年第五批）
泸西县阿拉湖水利风景区（2005年第五批）
芒市孔雀湖水利风景区（2005年第五批）
西盟县勐梭龙潭水利风景区（2006年第六批）
保山市北庙湖水利风景区（2006年第六批）
洱源县茈碧湖水利风景区（2007年第七批）
泸西县阿庐湖水利风景区（2009年第九批）
丘北县摆龙湖水利风景区（2009年第九批）
普洱市洗马河水利风景区（2010年第十批）
丽江市玉龙县拉市海水利风景区（2011年第十一批）
文山市君龙湖水利风景区（2012年第十二批）
祥云县青海湖水利风景区（2013年第十三批）
宜良九乡明月湖水利风景区（2015年第十五批）
临沧冰岛水利风景区（2015年第十五批）
双柏查姆湖水利风景区（2017年第十七批）

表6-12（续）

丘北纳龙湖水利风景区（2017 年第十七批）
丽江鲤鱼河水利风景区（2018 年第十八批）
大姚蜻蛉湖水利风景区（2018 年第十八批）
楚雄州青山湖水利风景区（2018 年第十八批）
西藏
林芝市措木及日湖水利风景区（2010 年第十批）
乃东区雅砻河谷水利风景区（2013 年第十三批）
拉萨市拉萨河水利风景区（2016 年第十四批）
陕西
锦阳湖生态园（2002 年第二批）
汉中石门水利风景区（2002 年第二批）
黄河魂生态游览区（2003 年第三批）
安康市瀛湖风景区（2004 年第四批）
南郑区红寺湖风景区（2004 年第四批）
渭南县友谊湖休闲度假山庄水利风景区（2005 年第五批）
霸柳生态综合开发园水利风景区（2005 年第五批）
潼关县金三角黄河水利风景区（2006 年第六批）
商洛市丹江公园水利风景区（2006 年第六批）
城固县南沙湖水利风景区（2007 年第七批）
郑国渠水利风景区（2008 年第八批）
丹凤县龙驹寨水利风景区（2009 年第九批）
凤县嘉陵江源水利风景区（2009 年第九批）
宝鸡市千湖水利风景区（2010 年第十批）
西安市汉城湖水利风景区（2010 年第十批）
宝鸡市渭水之央水利风景区（2011 年第十一批）
商南县金丝大峡谷水利风景区（2011 年第十一批）
太白县黄柏塬水利风景区（2012 年第十二批）
西安市翠华山水利风景区（2012 年第十二批）
西安市灞桥湿地水利风景区（2012 年第十二批）
宜川县黄河壶口水利风景区（2013 年第十三批）
神木市红碱淖水利风景区（2013 年第十三批）
鄠邑区金龙峡水利风景区（2014 年第十四批）

表6-12（续）

太白青峰峡水利风景区（2014年第十四批）
合阳洽川水利风景区（2014年第十四批）
丹凤桃花谷水利风景区（2014年第十四批）
柞水乾佑河源水利风景区（2014年第十四批）
西安世博园水利风景区（2014年第十四批）
岐山岐渭水利风景区（2014年第十四批）
汉阴凤堰古梯田水利风景区（2014年第十四批）
宝鸡太白山水利风景区（2015年第十五批）
沣东沣河水利风景区（2015年第十五批）
渭南卤阳湖水利风景区（2015年第十五批）
眉县霸渭关中文化水利风景区（2016年第十四批）
岚皋千层河水利风景区（2016年第十四批）
米脂高西沟水利风景区（2016年第十四批）
延川乾坤湾水利风景区（2017年第十七批）
西安渭河生态水利风景区（2017年第十七批）
镇坪飞渡峡水利风景区（2017年第十七批）
安康任河水利风景区（2018年第十八批）
西安曲江池·大唐芙蓉园水利风景区（2018年第十八批）
西安护城河水利风景区（2018年第十八批）
甘肃
金塔县鸳鸯池水利风景区（2002年第二批）
凉州天梯山水利风景区（2003年第三批）
平凉市崆峒水库风景区（2003年第三批）
酒泉市赤金峡水利风景区（2004年第四批）
高台县大湖湾风景区（2004年第四批）
庄浪县竹林寺水库风景区（2004年第四批）
泾川县田家沟水土保持生态风景区（2004年第四批）
禹苑旅游园区水利风景区（2005年第五批）
瓜州县瓜州苑水利风景区（2005年第五批）
临泽县双泉湖水利风景区（2006年第六批）
张掖市二坝湖水利风景区（2006年第六批）
张掖市大野口水库水利风景区（2007年第七批）

表6-12（续）

张掖市临泽县平川水库水利风景区（2008年第八批）
陇南市西河县晚家霞湖水利风景区（2008年第八批）
山丹县李桥水库水利风景区（2009年第九批）
阿克塞县金山湖水利风景区（2009年第九批）
迭部县白龙江腊子口水利风景区（2010年第十批）
临潭县冶力关水利风景区（2010年第十批）
甘肃庆阳南小河沟水利风景区（2011年第十一批）
民勤县红崖山水库水利风景区（2011年第十一批）
敦煌市党河风情线水利风景区（2011年第十一批）
玛曲县黄河首曲水利风景区（2012年第十二批）
康县阳坝水利风景区（2013年第十三批）
卓尼县洮河水利风景区（2013年第十三批）
两当云屏河水利风景区（2014年第十四批）
崇信龙泽湖水利风景区（2014年第十四批）
肃南隆畅河风情线水利风景区（2016年第十四批）
庆阳市庆阳湖水利风景区（2016年第十四批）
景电水利风景区（2017年第十七批）
青海
互助土族自治县南门峡水库水利风景区（2005年第五批）
长岭沟水利风景区（2005年第五批）
黄南藏族自治州黄河走廊水利风景区（2007年第七批）
黑泉水库水利风景区（2008年第八批）
孟达天池水利风景区（2008年第八批）
互助县北山水利风景区（2009年第九批）
久治县年保玉则水利风景区（2010年第十批）
民和县三川黄河水利风景区（2010年第十批）
玛多县黄河源水利风景区（2011年第十一批）
囊谦县澜沧江水利风景区（2013年第十三批）
海西州巴音河水利风景区（2013年第十三批）
乌兰县金子海水利风景区（2013年第十三批）
玉树通天河水利风景区（2016年第十四批）

表 6-12（续）

宁夏
青铜峡水利风景区（2004 年第四批）
沙坡头水利风景区（2005 年第五批）
银川市艾依河水利风景区（2006 年第六批）
石嘴山市星海湖水利风景区（2007 年第七批）
灵武市鸭子荡水利风景区（2010 年第十批）
沙湖水利风景区（2011 年第十一批）
中卫市腾格里湿地水利风景区（2011 年第十一批）
彭阳县茹河水利风景区（2012 年第十二批）
隆德县清流河水利风景区（2013 年第十三批）
银川市鸣翠湖水利风景（2013 年第十三批）
彭阳阳洼流域水利风景区（2016 年第十四批）
银川黄河横城水利风景区（2017 年第十七批）
新疆
农八师石河子北湖水利风景区（2001 年第一批）
青格达湖水利风景区（2003 年第三批）
西海湾水利风景区（2003 年第三批）
克孜尔水库风景区（2004 年第四批）
巴州西海明珠风景区（2004 年第四批）
塔里木多浪湖水利风景区（2004 年第四批）
千鸟湖水利风景区（2004 年第四批）
双湖生态旅游景区（2004 年第四批）
喀什河流域龙口水利风景区（2005 年第五批）
乌鲁瓦提水利风景区（2005 年第五批）
巴音山庄水利风景区（2005 年第五批）
石河子桃源水利风景区（2005 年第五批）
塔里木祥龙湖水利风景区（2005 年第五批）
吐鲁番市坎儿井水利风景区（2006 年第六批）
福海县布伦托海西海水利风景区（2006 年第六批）
塔城喀浪古尔水利风景区（2007 年第七批）
石门子水库水利风景区（2008 年第八批）
沙湾县千泉湖水利风景区（2010 年第十批）

表6-12（续）

天山天池水利风景区（2011年第十一批）
巩留县库尔德宁水利风景区（2013年第十三批）
岳普湖县达瓦昆沙漠水利风景区（2013年第十三批）
巩留县野核桃沟水利风景区（2013年第十三批）
喀什吐曼河水利风景区（2018年第十八批）

第十一节　全国工农业旅游示范点

全国工农业旅游示范点是全国农业旅游示范点（共203个）与全国工业旅游示范点（共103个）的统称。其中，全国工业示范点是指具有观赏、研学、展示、休闲、康养、购物等功能，提供相应旅游设施与服务的场所，包括工业企业、工业园区、工业展示区域、工业历史遗迹，以及反映重大事件、体现工业技术成果和科技文明等的载体。根据国家旅游局在2016年11月28日公布的《全国工业旅游发展纲要（2016—2025年）（征求意见稿）》，我国将拟建1 000个国家工业旅游示范点。

一、全国农业旅游示范点（共203个）

北京市（7个）：北京韩村河、北京蟹岛绿色生态度假村、北京南宫旅游区、北京锦绣大地农业股份有限公司、北京朝来农业园、北京留民营生态农场、北京小汤山现代农业科技示范园；

天津市（4个）：津南国家农业科技园、蓟州区下营镇常州村、滨海新区红星海上娱乐服务有限公司、西青区第六埠农业开发中心；

河北省（8个）：平山巨龟苑旅游区、北戴河集发生态农业观光园、邢台内邱长寿百果庄园、邢台前南峪生态观光园、保定昌利农业旅游示范园、顺平县万顷桃源农庄民俗文化园、怀来容辰庄园、衡水邓庄农业科技示范园；

山西省（3个）：昔阳大寨村生态农业园、忻州市前郝村生态农业园、汾阳市贾家庄生态农业园；

内蒙古自治区（7个）：呼和浩特市蒙丰锦绣园、呼和浩特市敕勒川人家旅游度假村、鄂尔多斯市恩格贝生态旅游区、乌兰察布格根塔拉草原旅游中心、呼伦贝尔呼和诺尔旅游区、锡林郭勒蒙古汗城旅游区、临河隆胜乡星月集团农业高科技旅游区；

辽宁省（9个）：沈阳市农业博览园、大连金科生态园、艺场大连石河现代农业园区、大连弘峰企业集团有限公司、本溪市虹鳟鱼良种场、本溪市绿色生态园、北宁闾山农业旅游区、凤城大梨树村生态农业观光旅游区、盘锦鑫安源绿色生态园；

吉林省（3个）：吉林左家特产观光农业生态园、公主岭市国家农业科技园区、安图国营福满林场；

黑龙江省（9个）：哈尔滨北方现代都市农业旅游示范园、黑龙江省农科院园艺分院、齐齐哈尔甘南县兴十四村、齐齐哈尔梅里斯达斡尔哈拉新村、齐齐哈尔铁农园艺园、宁安渤海农业旅游示范园、牡丹江黑宝熊乐园、牡丹江春城园艺科技旅游示范园、同江市街津口赫哲族渔猎文化旅游示范区；

上海市（3个）：东平林场、崇明前卫村、孙桥现代；

江苏省（16个）：南京江心洲镇、溧水傅家边科技园、昆山市生态农业旅游区、苏州未来农林大世界、江苏天一度假村、无锡太湖花卉园、江阴华西村、无锡龙寺农业生态园、宜兴观光农业科技示范园、连云港现代农业示范园、赣榆区宋口村、江都现代花木产业园、扬州凤凰岛生态旅游实业有限公司、常州横山桥镇、如皋花木大世界、徐州稼悦园；

浙江省（6个）：浙江省农业高科技示范园区、浙江（中国）花木城、奉化区滕头村、舟山沈家门渔港、兰溪市兰花村、松阳卯山农业观光园；

安徽省（17个）：黄山市屯溪区黄山植物大观园、歙县上丰花果山村落生态旅游区、黄山市徽州区蜀源生态旅游区、黄山市黄山区芙蓉观光农业开发实验区、休宁县农业高科技示范园、颍上县八里河风景区、阜阳市颍泉区生态园、颍上县迪沟生态旅游风景区、贵池农业科技示范园、安徽天方茶叶集团、东至县龙泉农业生态旅游区、安庆大龙山石塘湖农业旅游示范点、潜山县水吼农业观光园、太湖县花亭湖、淮南市毛集国家社会发展综合实验区、亳州市谯城区谯东镇药用植物园、和平县生态公园；

福建省（2个）：天福茶博物院--石雕园、宁德市三都澳海上渔排；

江西省（5个）：婺源生态农业旅游区、鹰潭龙虎山九曲洲农业观光园、崇义县横水镇阳岭七星湖农业旅游区、共青城农业旅游区、南丰罗里石蜜橘生态园；

山东省（25个）：青岛崂山北宅生态旅游区、青岛石老人观光园、即墨蔬菜科技示范园、潍坊金宝游乐园、寿光高科技蔬菜示范园、寿光林海生态博览园、昌乐尧沟镇农业旅游示范园、龙口南山集团、烟台市农业科技博览园、长岛渔家乐、烟台昆嵛山国家森林公园、枣庄冠世石榴园、枣庄抱犊崮-熊耳山洪门葡萄村、枣庄山亭店子镇长红枣基地、临沂罗庄盛能农牧业旅游观光园、费县石林梨乡旅游区、日照王家皂民俗旅游村、日照桃花岛风情园、日照任家台民俗旅游村、莱芜房干村、章丘白云湖、肥城桃源世界农业生态旅游区、聊城姜堤乐园有限公司、聊城凤凰苑农业科技园、德州禹西生态农业观光园；

河南省（12个）：河南省农业高新科技园、河南金鹭鸵鸟乐园、洛阳市南村、临颍县南街村、临颍县龙堂村、林州市太行大峡谷、鄢陵国家花木博览园区、新乡市凤泉区耿庄村、新乡小冀京华园、新乡七里营刘庄、新乡七里营龙泉村、鹤壁市三兴康乐村；

湖北省（6个）：武汉谦森岛庄园、武汉农业生态园、洪湖蓝田农业生态旅游区、鄂州梁子湖生态旅游区、襄阳市锦绣园、宜昌中华鲟园；

湖南省（3个）：益阳市花乡农家乐、永州市富家桥异蛇村、怀化市中方荆坪古文化村；

广东省（14个）：广州花卉博览园、深圳西部海上田园旅游发展有限公司、深圳光明农场、珠海农业科学研究中心、汕头农业科技园、梅州雁南飞茶田度假村、梅州雁鸣湖旅游度假村、高要广新农业生态园、清远"广州后花园"、河源苏家围乡村旅游区、顺德陈村花卉世界、三水侨鑫高科技农业发展有限公司、高明蔼雯教育农庄、新会现代农业基地；

广西壮族自治区（4个）：广西现代农业科技示范园、阳朔世外桃源、柳州农工商农业观光旅游区、百色凌云茶场；

海南省（2个）：兴隆热带植物园、海南农垦万嘉果农庄；

重庆市（6个）：垫江牡丹生态旅游区、永州黄瓜山百里果乡、北碚金果园生态旅游区、璧山古老城生态农业园区、皇田现代农业观光园、潼南东升茶山农业观光园；

四川省（9个）：郫都区友爱镇农科村、成都市红砂村花乡农居、成都龙泉驿区兴龙镇万亩观光果园、都江堰市青城红阳猕猴桃绿茶基地、华蓥山黄花梨有限公司、夹江天福观光茶园、乐山市五通桥国家花木科技园、绵阳市老龙山生态农业旅游区、泸州市张坝桂圆林；

贵州省（3个）：兴义下五屯万峰林、黔东南州巴拉河流域农业旅游区、修文县谷堡乡；

云南省（6个）：昆明市西山区团结乡、罗平县油菜花海、红河哈尼梯田箐口哈尼族民俗村、云南高原葡萄酒有限公司、蒙自市万亩石榴园、瑞丽市大等喊傣族自然村；

西藏自治区（1个）：拉萨娘热民俗风情园；

陕西省（3个）：西安经济技术开发区草滩生态产业园、杨凌农业高新技术产业示范区、陕西省苗木繁育中心；

甘肃省（3个）：张掖市石岗墩高科技农业旅游点、永登县引大入秦水利灌溉工程农业示范区、临洮新美花卉高科技园区；

青海省（2个）：循化县撒拉族绿色家园、互助县古城村；

宁夏回族自治区（2个）：银川市金凤区昆仑农业高科技开发有限公司、中宁万亩枸杞观光园；

新疆维吾尔自治区（3个）：吐鲁番葡萄沟、吐鲁番坎儿井民俗园、巴州芳香植物生态观光园。

二、全国工业旅游示范点（共108个）（数据截至2018年）

北京市（2个）：首钢总公司、北京燕京啤酒集团公司；

天津市（1个）：天津天士力集团；

河北省（6个）：秦皇岛华夏葡萄酒有限公司、衡水老白干酿酒（集团）有限公司、承德华富玻璃器皿有限公司、唐山海格雷骨质瓷有限公司、河北邢台华龙面业集团有限公司（今麦郎）、邢台德龙钢铁文化园；

山西省（5个）：太原东湖醋园、平朔煤炭工业公司、大同晋华宫煤矿、杏花村汾酒集团有限公司、运城盐湖（中国死海）养生城；

内蒙古自治区（2个）：呼和浩特市蒙牛乳业（集团）工业旅游区、鄂尔多斯市神东煤海；

辽宁省（9个）：沈飞航空博览园、大连珍奥生命园、大连路明发光科技股份有限公司、大连明清家具艺术品有限公司、鞍钢工业之旅、抚顺矿业集团西露天矿、辽宁五女山米兰酒业有限公司、丹东太平湾发电厂、辽宁道光廿五集团满族酿酒有限责任公司；

吉林省（8个）：长春第一汽车集团、吉林丰满发电厂、吉林化纤集团、通化钢铁集团、通化东宝实业集团、通化振国药业、通化葡萄酒有限公司、靖宇矿泉城；

黑龙江省（4个）：黑龙江华安工业（集团）公司、齐齐哈尔中国第一重型机械集团、大庆石油工业旅游中心、大庆华能新华电力有限公司；

上海市（1个）：宝钢集团；

江苏省（4个）：无锡中国海澜集团、常熟隆力奇集团、扬州第二发电有限公司、连云港港区；

浙江省（11个）：安吉天荒坪电站、温州大虎打火机厂、浙江（永嘉）报喜鸟集团、浙江（永嘉）奥康集团、台州椒江飞跃集团、温岭钱江集团、淳安千岛湖农夫山泉生产基地、杭州娃哈哈集团下沙工业园、海盐秦山核电站、桐乡丰同裕蓝印布艺有限公司、浙江（宁波）吉利汽车有限公司；

安徽省（6个）：芜湖市工艺美术厂、马鞍山钢铁厂、歙县老胡开文墨厂、安徽古井集团、东至县玩具工业城、安庆环新集团；

福建省（3个）：福建马尾造船厂、上杭紫金矿业股份有限公司、惠安"中国雕艺城"；

江西省（1个）：景德镇雕塑瓷厂明青园；

山东省（6个）：青岛啤酒厂、青岛海尔工业园、青岛港、青岛华东葡萄酒庄园、烟台张裕集团、东阿阿胶集团；

河南省（10个）：河南金星啤酒集团有限公司、郑州三全食品股份有限公司、郑州宇通客车股份有限公司、河南安彩集团、许继集团有限公司、河南瑞贝卡发制品股份有限公司、河南黄河旋风股份有限公司、中国洛阳一拖集团、中国南车集团洛阳机车厂、新乡新飞集团；

湖北省（1个）：长江三峡工程坝区；

湖南省（2个）：醴陵陶瓷基地、湘西州湘泉酒文化城；

广东省（6个）：广州抽水蓄能电站、阳江十八子集团、佛山佛陶集团石湾美术陶瓷厂、佛山东鹏陶瓷股份有限公司、河源新丰江水电站、佛山华夏陶瓷博览城；

广西壮族自治区（6个）：柳州钢铁厂、柳州卷烟厂；

重庆市（2个）：长安汽车工业园、太极集团涪陵医药工业园区；

四川省（3个）：泸州老窖集团公司、绵阳长虹电器股份有限公司、乐山龚嘴水力发电总厂；

贵州省（1个）：贵州醇酒厂；

云南省（2个）：弥勒市红河卷烟厂、罗平县鲁布革电站；

甘肃省（3个）：酒泉钢铁（集团）有限责任公司、刘家峡水电站、玉门油田；

宁夏回族自治区（1个）：西夏王葡萄酒业集团公司；

新疆维吾尔自治区（2个）：克拉玛依油田、奇台古城酒业。

第七章　旅游管理专业学生职业资格考试与认证

第一节　导游从业人员资格考试

导游是依照《导游人员管理条例》的规定，取得导游证，接受旅行社委派，为旅游者提供向导、讲解及相关旅游服务的人员。导游按工作区域划分可分为海外领队、全程陪同导游人员、地方陪同导游人员、景区景点导游人员；按语种划分可分为中文导游（包括普通话、方言、少数民族语导游）、外文导游（包括英、日、韩、法、德、意等语种导游）；按技术等级划分可分为初级、中级、高级、特级导游。

要成为一名合格的导游，必须要拥有导游资格证。导游资格证是国家对从事导游服务人员从业资格的证明，终生有效。遵守宪法，热爱祖国，坚持四项基本原则，具有高级中学、中等专业学校或以上学历，身体健康，具有适应导游需要的基本知识和语言表达能力的中华人民共和国公民，可参加全国导游人员资格考试。

导游资格证书考试分两部分：笔试和口试。笔试过关者参加口试，导游口试采用室内模拟导游方式，着重测试地陪服务中最核心的参观游览服务的导游讲解和服务能力，包括语言表达（外语增加口译）、模拟途中讲解、模拟景点讲解、仪表礼仪等测试项目，以检验应试人员的基本专业素质，面试过关后发给导游人员资格证。

一、考试性质

全国导游资格考试是依据《中华人民共和国旅游法》，为国家和社会选拔合格导游人才的全国统一的准入类职业资格考试。考试遵循公平、公正的原则，目的是检验考生是否具备从事导游职业的基本素养、基础知识和基本技能。

二、考试科目、语种与要求

全国导游资格考试科目包括：科目一《政策与法律法规》、科目二《导游业务》、科目三《全国导游基础知识》、科目四《地方导游基础知识》、科目五《导游服务能力》。

考试语种分为中文和外语，其中外语类包括英语、日语、俄语、法语、德语、西班牙语、朝鲜语、泰语等。

上述科目内容，分别从了解、熟悉、掌握三个层次对考生进行考查。

三、考试方式

考试形式分闭卷考试与现场考试（面试）两种，科目一、科目二、科目三、科目四为闭卷考试，科目五为现场考试（面试）。闭卷考试实行全国统一的计算机考试。现场考试（面试）以模拟考试方式进行，由省级考试单位根据考试大纲和《全国导游资格考试现场考试工作标准（试行）》组织。

科目一、科目二合并为 1 张试卷进行测试，其中科目一、科目二分值所占比例各为 50%；科目三、科目四合并为 1 张试卷进行测试。考试题型包括判断题、单项选择题、多项选择题。每张试卷考试时间为 90 分钟，含 165 题，共 100 分，其中判断题 40 题（每题 0.5 分，共 20 分），单项选择题 90 题（每题 0.5 分，共 45 分），多项选择题 35 题（每题 1 分，共 35 分）。

科目五考试中文类考生每人不少于 15 分钟，备考旅游景区不少于 12 个；外语类考生每人不少于 25 分钟，备考旅游景区不少于 5 个。考试成绩采用百分制，中文类分值比例为：礼貌礼仪占 5%，语言表达占 20%，景点讲解占 45%，导游服务规范占 10%，应变能力占 10%，综合知识占 10%；外语类分值比例为：礼貌礼仪占 5%，语言表达占 25%，景点讲解占 30%，导游服务规范占 10%，应变能力占 5%，综合知识占 5%，口译占 20%。

第二节　研学旅行指导师考试

研学旅行指导师是指策划、制定或实施研学旅行课程方案，在研学旅行过程中组织和指导中小学生开展各类研究学习和体验活动的专业人员。他们主要负责中小学生在研学旅行过程中的教育及安全。研学旅行指导师主要对中小学生在研学旅途中帮助孩子们获得有益的学习经验，促进其身心全面和谐发展，提升中小学生的自理能力、创新精神和实践能力。研学旅行指导师在研学旅行过程中的角色决不仅是知识的传递者，还是中小学生研学旅行的支持者、合作者、引导者。

2013 年 2 月 2 日国务院办公厅全国印发了《国民旅游休闲纲要（2013—2020年）》，纲要中提出"逐步推行研学旅行"的设想。随着研学旅行逐步的推行，研学旅行指导师这个行业逐渐兴起。2019 年 2 月 26 日，中国旅行社协会研学旅行分会一届二次会员代表大会暨中国首届研学旅行峰会期间，中国旅行社协会与高校毕业生就业协会联合发布《研学旅行指导师（中小学）专业标准》（T/ CATS001—2019）、《研学旅行基地（营地）设施与服务规范》（T/ CATS002—2019），自 2019 年 3 月 1 日起实施。

《研学旅行指导师（中小学）专业标准》对规范考核的规定如下：

1. 研学指导师入职前培训和认定：在研学旅行中担当研学旅行指导师职责的人员，应参加中国旅行社协会（或授权的培训机构）组织的研学旅行指导师的培训，经考核合格取得研学旅行指导师证书。

2. 获取研学旅行指导师证书的前置资格：大专及以上学历（含全日制在校大学生）、普通话标准、初级及以上导游证（或教练证、教师资格证或中高级职称证书）

3. 研学旅行指导师继续教育计划与实施：研学旅行指导师应定期完成一定学时的培训。研学旅行指导师根据相关考核和评审条件进行等级晋升。

第三节　旅游酒店管理师考试

一、职业定义

旅游酒店管理师是指在酒店行业从事酒店战略管理、酒店星评新标准综述、酒店人力资源管理、酒店财务管理与控制、酒店文化建设与酒店发展、现代酒店房务管理与控制、酒店管理成功案例分析、酒店旅游营销、旅游控制等方面的工作，并具备上述职业能力的旅游酒店行业管理人员。

二、参加认证对象

在旅游、酒店行业从事管理、经营工作，或有志从事此职业的相关专业人员。

三、资格等级

助理旅游酒店管理师（三级）；旅游酒店管理师（二级）；高级旅游酒店管理师（一级）。

四、报名条件

遵纪守法，具有良好的职业道德并具备下列条件之一者均可申报。

（一）助理旅游酒店管理师（三级）

1. 已通过同等职业高员级资格认证且获得资格证书并从事相关工作一年以上者；经本职业三级正规培训达规定标准学时数。

2. 本科以上或同等学历应、往届学生；经本职业三级正规培训达规定标准学时数。

3. 大专以上或同等学历并从事相关工作一年以上者；经本职业三级正规培训达规定标准学时数。

4. 中专以上或同等学历并从事相关工作两年以上者；经本职业三级正规培训达规定标准学时数。

（二）旅游酒店管理师（二级）

1. 已通过本职业助理师资格认证或取得中高级技术职称并从事相关工作一年以上者；经本职业二级正规培训达规定标准学时数。

2. 研究生以上或同等学历并从事相关工作两年以上者；经本职业二级正规培训达规定标准学时数。

3. 本科以上或同等学历并从事相关工作三年以上者；经本职业二级正规培训达规

定标准学时数。

4. 大专以上或同等学历并从事相关工作四年以上者；经本职业二级正规培训达规定标准学时数。

（三）高级旅游酒店管理师（一级）

1. 已通过本职业师级资格认证或取得中高级技术职称并从事相关工作三年以上者；经本职业一级正规培训达规定标准学时数

2. 研究生以上或同等学历并从事相关工作四年以上者；经本职业一级正规培训达规定标准学时数。

3. 本科以上或同等学历并从事相关工作五年以上者；经本职业一级正规培训达规定标准学时数。

4. 大专以上或同等学历并从事相关工作六年以上者；经本职业一级正规培训达规定标准学时数。

五、培训与考核

为保证全国职业培训与资格鉴定公正性与权威性，旅游酒店管理师职业培训与资格认证将分为培训与考试两个阶段完成，培训遵循全国职业培训与资格认证培训体系要求，其具体内容为：

1. 培训核心课程主要有：（此课程体系设置是根据该项目职业坚定标准、职业实际需求、工作能力要求及教材教学大纲要求设定，此课程为各级别通用课程，仅供参考；各级别的实际培训课程以当期培训课程为准。）

全国旅游与酒店业概况、旅游酒店基础知识与职业道德、旅游基础知识、酒店基础知识、酒店经理人管理战略、酒店业财务管理、酒店业信息技术、旅游酒店行业实用英语、旅游酒店业实用人力资源管理、职业化训练、旅游管理、酒店运作、资产管理、财务管理、酒店及旅游业营商环境及策略管理、酒店及旅游业服务品质管理、酒店及旅游业培训与发展、中国酒店及旅游商务等。

2. 职业资格考试实行全国统一鉴定、全国统一考试时间（每年统考4次）、统一试卷评卷、统一认证评审标准、统一认证、统一规划、分级管理。考试形式为：

（1）员级（助理）认证考试内容方法为职业能力考试（全国统一笔试闭卷考试）。

（2）师级以上认证考试内容方法为专业知识测试（占认证总分数的50%，全国统一笔试闭卷考试）和方案设计（专题报告）设计（占总分数50%，由专家评审团评审）。

六、证书

考试合格者将统一由国务院国有资产监督管理委员会商业技能鉴定与饮食服务发展中心和全国商务人员职业资格考评委员会联合颁发"中华人民共和国商务人员职业资格证书"。师级认证人员通过考核者，除了获得"中华人民共和国商务人员职业职格证书"外，还将获得与本职业相关的"职位证书"；高师级认证人员通过考核者，除了获得"中华人民共和国商务人员职业职格证书"外，还将获得与本职业相关的"职位证书"铜牌；此两种证书实行统一编号，统一管理，网络即时查询，全国通用。

第四节　旅游咨询师考试

一、职业定义

旅游咨询师是指从事为旅游企业、旅游团队或个人提供旅游咨询及相关服务的专业人员，是专业化、复合型的现代旅游中高级管理人才。其既是高端客人的旅行顾问（为客户提供旅行解决方案，帮助预定旅行线路、游客维权，旅游健康、旅游理财咨询，开发维护高端客户等），又是旅游企业的经营管理顾问（为企业经营管理提供人力资源、市场营销、财务管理、旅游策划规划等方面的解决方案）

二、报考条件

旅游学校教师、在校大学生，旅行社、宾馆饭店、旅游景区、旅游产品生产销售等机构的从业人员及其他已经从事或有志从事旅游咨询的人员。旅游咨询师要求大专以上学历或同等学历，或从事旅游及相关工作5年以上。

三、培训教材和授课内容

统一采用人力资源和社会保障部中国就业培训技术指导中心审定并指定专用的《旅游咨询师培训教材》，共50万字，涵盖旅游基础知识、旅游接待咨询、旅游线路设计、旅游理财规划、旅游维权咨询、旅游安全咨询、旅游健康咨询、旅游企业管理咨询等内容及旅游咨询师必须具备的知识和技能。

四、证书和待遇

学完规定课程参加统一考试合格者，由人力资源和社会保障部中国就业培训技术指导中心颁发CETTIC旅游咨询师证书。并将个人资料录入中国旅游咨询人才网和人力资源和社会保障部中国职业培训与技能鉴定服务网。

第五节　教师资格证考试

一、职业定义

教师资格证是教育行业从业教师的许可证。在我国，需要在社会上参加认证考试等一系列测试后才能申请教师资格证。2015年，教师资格证考试改革正式实施，打破教师终身制且五年一审，改革后将实行国考，考试内容增加、难度加大。在校专科，本科能报考。成考，自考，网络教育学历，需要毕业才能报考，改革后将不再分师范生和非师范生的区别，想要做教师都必须参加国家统一考试，方可申请教师资格证。

2018 年 9 月，教育部宣布教师资格证书由国务院教育行政部门统一印制，社会各类培训机构颁发的培训证书、证明不能作为教师资格证书使用。

二、证书分类

教师资格证（自上而下兼容）分：

（1）幼儿园教师资格证；

（2）小学教师资格证；

（3）初级中学教师资格证；

（4）高级中学教师资格证；

（5）中等专业学校、技工学校、职业高级中学文化课、专业课教师资格证（以下统称中等职业学校教师资格证）；

（6）中等专业学校、技工学校、职业高级中学实习指导教师资格证（以下统称中等职业学校实习指导教师资格证）；

（7）高等学校教师资格证。

（8）成人、大学教育的教师资格证，按照成人教育的层次，依照上款规定确定类别。

三、申报要求

凡报名当年年底未达到国家法定退休年龄，具备《中华人民共和国教师法》规定教师资格条件并愿意从事教师工作的中国公民，均可申请并依法认定幼儿园、小学、初中、高中、中等职业学校（含实习指导）教师资格。具体申报要求有：

1. 普通话水平应当达到国家语言文字工作委员会颁布的《普通话水平测试等级标准》二级乙等及以上标准。

2. 不需要单独考教育学和教育心理学。这两门课程已经统一归入统考的科目二，是幼儿的《保教知识与能力》、小学的《教育教学知识与能力》、中学的《教育知识与能力》，并由省教育厅统一组织考试。

3. 各级各类学校各专业毕业生在教师资格证考试笔试结束并成绩合格后，可报名参加数月后的面试考试。同时笔试成绩为两年有效期，期间都可以进行面试报名。考生参加面试的具体时间安排将在《面试准考证》中标明。（说课分为：面试、试讲）。

4. 具有良好的身体素质和心理素质，无传染性疾病，无精神病史，按《申请认定教师资格人员体检标准及办法》，在教师资格认定机构指定的县级以上医院体检合格。

5. 报名需要学历证、身份证、照片。

具体的报名时间和地点可以通过当地教育局或者教师资格证报考点了解。

四、学历要求

（1）取得幼儿园教师资格，应当具备幼儿师范学校或大学专科毕业及其以上学历；

（2）取得小学教师资格，应当具备中等师范学校或大学专科毕业及其以上学历；

（3）取得初级中学教师、初级职业学校的文化课、专业课教师资格，应当具备高等师范专科学校或大学本科毕业及其以上学历；

（4）取得高级中学教师资格和中等专业学校、中等职业学校、技工学校、职业高中的文化课、专业课教师资格，应当具备高等师范本科院校或者其他大学本科毕业及其以上学历；取得中等专业学校、中等职业学校、技工学校和职业高中学生实习指导教师资格应当具备大学专科及其以上学历，同时还应具备相当于助理工程师以上专业技术资格或中级以上工人技术等级；

（5）取得高等学校教师资格，应当具备研究生（本科教师）或者大学本科毕业（专科教师）及以上学历；

（6）取得成人教育教师资格，应当按照成人教育的层次、类别，分别具备高等、中等学校毕业及其以上学历。

五、教师资格认定

（一）申请时间

教师资格认定机构和依法接受委托的高等学校，每年春季、秋季各有一次受理资格认定时间。非师范毕业生考试课程及时间（包括在职人员和非在职人员）：

1. 考试课程按所报类别分为：高级教师开考高等教育学、高等教育心理学；中学（含中等职校）教师开考教育学和中等教育心理学；小学教师开考教育学和小学教育心理学；幼儿教师开考幼儿教育学和幼儿心理及卫生学。

2. 考试时间：每年开考一次。

3. 以认定该校拟聘人员的高等学校教师资格，该类高校拟聘人员可直接向该校提出认定申请。

（二）申请条件

凡是国务院教育行政部门认可的学历，均可作为教师资格认定有效学历。申请认定教师资格的人员应当具备《中华人民共和国教育法》规定的学历。具体要求是：

1. 申请认定幼儿园教师资格。应当具备幼儿师范专科学校或大学专科毕业及以上学历。

2. 申请认定小学教师资格，应当具备中等师范专科学校或大学专科毕业及以上学历。

3. 申请认定初级中学教师和初级职业学校的文化课、专业课教师资格，应当具备高等师范专科学校或大学本科毕业及其以上学历。

4. 申请认定高级中学教师和中等专业学校、中等职业学校、技工学校、职业高中的文化课、专业课教师资格，应当具备高等师范院校本科或大学本科及其以上学历。

5. 申请认定中等职业学校实习指导教师资格，应当具备中等职业学校以及以上学历，并应具有相当于助理工程师以上专业技术职务或者中级以上人工技术等级。对确有特殊技艺者，经省级教育行政部门批准，其学历要求可放宽到高中毕业。

6. 取得硕士以及以上学位（无研究生毕业学历）者，申请认定高级中学教师资格、中等职业学校教师资格、高等学校教师资格，可视为具备合格学历。

7. 取得高等学校"小教""幼教"专业本科学历申请认定高级中学教师资格、中等职业学校教师资格。

8. 取得高等学校"小教""幼教"专业专科（含"三沟通""五年制"专科）毕业学历申请认定初级中学教师资格，可作为合格学历。

9. 经国家有关认定国外学位（学历）的机构认可的，在国外取得的相应学历，可作为认定相应教师资格的合格学历。

10. 在校生仅限毕业年级生报考，报考时应提供学校出具的在籍学习证明。

（三）申请资料

申请认定教师资格者应当在规定的时间内向教师资格认定机构或者依法接受委托的高等学校提交下列基本材料：

1. 由本人填写的"教师资格认定申请表"（一式两份，全部在网上填写并打印出来）。

2. 身份证原件和复印件，户籍原件、复印件和工作单位证明（或所在乡镇、街道证明）。

3. 学历证书原件和复印件。

4. 教师资格认定机构指定的县级以上（含县级）医院出具的"申请教师资格人员体格检查表"。

5. 普通话水平测试等级证书原件和复印件。

6. 由申请人工作单位或者其户籍所在地乡（镇）政府或街道办事处提供的"申请人思想品德鉴定表"。

7. 非师范教育类专业毕业的申请人员，需提供"教师资格认定教育学心理学合格证"及教育教学能力测评成绩证明。

8. 申请认定中等职业学校实习指导教师资格的人员，还需提供专业技术资格证书或工人技术等级证书原件和复印件。

9. 小二寸免冠半身正面照片一张。

（四）提出申请

1. 申请人向户籍或居住证所在地的教师资格认定机构提出申请，提交上述材料；

2. 申请各类教师资格对应的认定机构分别为：

① 申请幼儿园、小学、初级中学教师资格者，向县级教育行政部门提交材料；

② 申请高级中学、中等职业学校教师资格者，向地（市）教育行政部门提交材料；

③ 申请高等学校教师资格者，向省级教育行政部门提交材料；部分经国家批准实施本科学历教育的高等学校受省级教育行政部门行文委托，可以认定该校拟聘人员的高等学校教师资格，该类高校拟聘人员可直接向该校提出认定申请。

（五）得到通知

教师资格认定机构在受理申请期限终止之日起30个法定工作日之内，做出是否通过认定的意见并通知申请人。可通过网上查询或者电话询问。

（六）初步审查

教师资格认定机构对申请人提交的材料进行审查无误后，将通知申请人面试、试讲的具体时间。

（七）素质、能力考察

除师范教育类的毕业生外，其他申请人需参加由教师资格认定机构组织的专家审查委员举办的面试和试讲，接受教育教学基本素质和能力的考察。

（八）审核付费

报名成功后，请及时到指定审核点进行资格审核、缴费确认。

旅游管理专业毕业生可考中职教师资格证书。

第六节　调酒师考试

一、职业定义

调酒师是在酒吧或餐厅专门从事配制酒水、销售酒水，并让客人领略酒的文化风情的人员，调酒师英语称为 bartender 或 barman。酒吧调酒师的工作任务包括：酒吧清洁、酒吧摆设、调制酒水、酒水补充、应酬客人和日常管理等。

二、职业要求

（一）掌握调酒技巧

正确使用设备和用具，熟练掌握操作程序，不仅可以延长设备的使用时间、用具寿命，也是提高服务效率的保证。此外，在调酒时调酒动作、姿势等也会影响到酒水的质量和口味。调酒以后酒具的冲洗、清洗、消毒方法也是调酒师必须掌握的。

（二）了解酒背后的习俗

一种酒代表了酒产地居民的生活习俗。不同地方的客人有不同的饮食风俗、宗教信仰和习惯等。饮什么酒，在调酒时用什么辅料都要考虑清楚，如果推荐给客人的酒不合适便会影响到客人的兴致，甚至还有可能冒犯顾客的信仰。

（三）具备较好的气质

调酒师对身高和容貌有一定的要求，当然也并非要求靓丽如偶像明星，关键是要有由得体的服饰、健康的仪表、高雅的风度和亲善的表情展示出来的个人气质。此外，天生心态平和，喜欢和人打交道对于顺利从业也有很大的帮助。

（四）英语知识很重要

首先是要认识酒标。酒吧卖的酒很多都是国外生产的酒，商标用英文标示。调酒师必须能够看懂酒标，选酒时才不会出差错，因为所有物理性质都一样的酒如果产地不同，口感会大相径庭。而且调酒师经常会遇到客人爆满的情况，此时如果对英文标示的酒标不熟悉，还要慢慢地找，会让客人等得着急。其次，酒吧里的客人经常会有许多外国人，也要懂一些外语。

三、职称鉴定

（一）调酒师资格认证分为三个层次：初级调酒师（职业等级 5 级）、中级调酒师

（职业等级 4 级）、高级调酒师（职业等级 3 级）、技师调酒师（职业等级 2 级）和高级技师调酒师（职业等级 1 级）。认证机构国内比较权威的有：国家劳动部门职业技能鉴定中心（是国内唯一认可的职业技能鉴定机构）

（二）经考试合者，由中国职业教育资格认证指导中心颁发相应等级的技能证书：全国职业教育资格认证证书（CVEQC 初级）、全国职业教育资格认证证书（CVEQC 中级）、全国职业教育资格认证证书（CVEQC 高级），证书在全国范围内有效。

四、申报条件

（一）助理调酒师

从事相关工作，经培训达到规定学时。

（二）调酒师

1. 从事相关工作 2 年以上，经培训达到规定学时。

2. 取得助理调酒师职业资格证书，从事相关工作 1 年以上，经培训达到规定学时。

3. 具有初中及以上学历，从事相关工作 1 年以上，经培训达到规定学时。

4. 具有高中及以上学历，经培训达到规定学时。

（三）高级调酒师

1. 从事相关工作 3 年以上，经培训达到规定学时。

2. 取得调酒师职业资格证书，从事相关工作 1 年以上，经培训达到规定学时。

3. 具有高中及以上学历，从事相关工作 2 年以上，经培训达到规定学时。

4. 具有大专及以上学历，经培训达到规定学时。

（四）调酒师技师或高级技师

技师和高级技师要求从事该行业 10-15 年以上，或在该行业有突出贡献者方可获得通过。

第七节　营养师考试

一、职业定义

营养师是专门指通过严格营养基础理论学习和专业临床营养技能修炼，能够指导人们在饮食、预防疾病、辅助治疗、预防亚健康、健康管理等领域，并能够设计好方案和跟踪服务的营养专业人才，在营养师法立法中，将以获得技能证书为合格上岗。从广义上来讲，是指从事与营养相关的专业人士，其不仅具有丰富的营养专业知识，更是从事与营养相关的工作有一段经历并积累有一定的经验，在本行业内有较丰富的资历。

二、职位分类

（一）临床营养师：主要从事与疾病有关的营养工作，为病人制定合理的膳食，设计适合不同病人的食谱等，主要在医院工作，又常称为营养医师。此类营养师多为医学院或医科大学的预防医学系毕业。

（二）公众营养师：又称为公共营养师，其工作与公众有关，主要从事营养知识的传播、群体性的营养调查、各种与营养相关的社会活动策划，以及与营养知识宣传教育有关的影视文学等作品策划。其工作内容多为营养知识之类的无形产品。

（三）食品营养师：主要在食品企业工作，主要负责食品的开发之类的与食品相关的营养工作。

（四）运动营养师：是为运动人员提供营养指导的营养师，职业运动员或运动爱好者，他们的运动量相对于普通人来说，运动量较大，其营养需求与常人有较大的不同。所以该类人群的营养有特殊的要求，应该有专业的运动营养师进行，有利其健康。

（五）餐饮营养师，主要从事与餐饮有关的营养工作，如营养配餐方案，营养食谱的开发，营养配餐员的培训，餐饮服务人员的培训等。

（六）药膳营养师，为食品和制药公司、市场协会和餐饮服务供应商服务。药膳营养师们协助企业领导进行研究，对管理和市场提出专业性意见，促使企业生产出更好的药膳养生食品投放市场。还可以根据工作性质分成更细化的营养师，如美容营养师，保健品营养师等。

三、工作内容

（一）进行膳食调查和评价；

（二）人体营养状况测定和评价；

（三）营养咨询和教育；

（四）膳食指导和评估；

（五）食品营养评价；

（六）社区营养管理和营养干预；

（七）培训和管理。

四、申报条件（以公共营养师为例）

（一）四级公共营养师（具备以下条件之一者）

1. 连续从事本职业工作 1 年以上。

2. 具有医学或食品专业中专毕业证书。

3. 经四级公共营养师正规培训达规定标准学时数，并取得结业证书。

（二）三级公共营养师（具备以下条件之一者）

1. 连续从事本职业工作 6 年以上。

2. 取得四级公共营养师职业资格证书后，连续从事本职业工作 4 年以上。

3. 取得四级公共营养师职业资格证书后，连续从事本职业工作 3 年以上，经三级公共营养师正规培训达规定标准学时数，并取得结业证书。

4. 具有医学或食品专业大学专科及以上学历证书。

5. 具有非医学或食品专业大学专科及以上学历证书，连续从事本职业工作 1 年以上。

6. 具有非医学或食品专业大学专科及以上学历证书，经三级公共营养师正规培训达规定标准学时数，并取得结业证书。

（三）二级公共营养师（具备以下条件之一者）

1. 连续从事本职业工作 13 年以上。

2. 取得三级公共营养师职业资格证书后，连续从事本职业工作 5 年以上。

3. 取得三级公共营养师职业资格证书后，连续从事本职业工作 4 年以上，经二级公共营养师正规培训达规定标准学时数，并取得结业证书。

4. 具有医学或食品专业大学本科学历证书，取得三级公共营养师职业资格证书后，连续从事本职业工作 4 年以上。

5. 具有医学或食品专业大学本科学历证书，取得三级公共营养师职业资格证书后，连续从事本职业工作 3 年以上，经二级公共营养师正规培训达规定标准学时数，并取得结业证书。

6. 具有医学或食品专业硕士研究生及以上学历证书，连续从事本职业工作 2 年以上。

（四）一级公共营养师（具备以下条件之一者）

1. 连续从事本职业工作 19 年以上。

2. 取得二级公共营养师职业资格证书后，连续从事本职业工作 4 年以上。

3. 取得二级公共营养师职业资格证书后，连续从事本职业工作 3 年以上，经一级公共营养师正规培训达规定标准学时数，并取得结业证书。

五、鉴定方式及考评办法

（一）鉴定方式分为职业道德、理论知识和专业技能考试三部分，其中职业道德和理论知识考试题型是选择题，采用题卡作答。专业技能考试题型是综合应用，采用纸笔作答。考试采用百分制，60 分及格。其中，公共营养师还须进行综合评审。

（二）具体考评办法

1. 按规定的时间完成规定学习学时；

2. 领取准考证；

3. 在指定的时间、地点参加理论考试和技能考试；

4. 理论考试、技能考试均达 60 分以上者，由人力资源社会保障部门颁发公共营养师资格证书；有一科达不到 60 分者，视为不及格，下次重新申报补考。

六、就业方向

包括幼儿园、学校、社区、美容院、门诊部、私立医院、健身中心、营养超市、食品企业、健康产业、学生营养餐公司等。公共营养师是以市场为导向，应社会需求为目标，经多元化职业技能培训，经考核合格而产生的特殊职业者。随着营养问题的社会化，营养快餐公司、公共营养师职业培训机构、营养咨询机构将会应运而生，家庭营养顾问、企业营养顾问将会是新兴而时尚的一种职业。

第八节　餐饮业职业经理人资格考试

一、职业定义

中国餐饮业职业经理人资格证书考试（简称：CMEP）是由教育部全国高等教育自学考试指导委员会考试中心（简称：教育部考试中心）和中国烹饪协会合作开发和实施，面向社会用于考查应试人员餐饮行业管理知识和能力、进行资格认证的行业考试。中国餐饮业职业经理人资格证书考试主要是为了培养从事餐饮业管理的中、高级职业经理人，因而要求具备的能力比较高，其基本要求是：通过有关课程的学习，掌握和应用餐饮行业管理的基本知识从事餐饮行业的管理活动，提高职业能力，具备良好的职业道德。餐饮业职业经理人资格证书获得者需具备决策、管理、设计、咨询等能力，能够从事餐饮企业或餐饮项目的运作经营和行业策划、咨询工作。报考条件十分宽泛，只要热爱餐饮业工作的人员均可以报名参加。

二、申请资格

取得"餐饮管理与实务""餐饮市场营销""现代厨房生产管理""食品卫生与安全"四门课程考试合格证书，即可获得由中国烹饪协会和全国考办联合颁发的中国餐饮业中级职业经理人资格证书。

申请中国餐饮业高级职业经理人资格证书的条件为：有五年工作经历，取得中国餐饮业中级职业经理人资格证书，并取得"餐饮企业人力资源管理""餐饮企业财务管理""餐饮企业信息管理""餐饮企业战略管理"四门课程考试合格证书，即可获得由中国烹饪协会和全国考办联合颁发的中国餐饮业高级职业经理人资格证书。

三、资格级别

中国餐饮业职业经理人共设置两个级别，即中级职业经理人资格证书考试和高级职业经理人资格证书考试，目前以烹饪行业的在职人员为主。同时，对根据工作需要自愿参加考试者，也没有限制。其基本要求是：通过有关课程的学习，掌握和应用餐饮行业管理的基本知识从事餐饮行业的管理活动，提高职业能力，具备良好的职业道德。餐饮业职业经理人资格证书获得者具备决策、管理、设计、咨询等能力，能够从事餐饮企业或餐饮项目的运作经营和行业策划、咨询工作。申请中国餐饮业高级职业经理人资格证书需具备下列条件：取得中国餐饮业中级职业经理人资格证书；取得餐饮企业人力资源管理、餐饮企业财务管理、餐饮企业信息管理、餐饮企业战略管理4门课程考试合格证书；具有五年以上工作经历。

四、考试情况

全国考委制定了学历考试和资格证书考试的考试大纲，具体规定了考试的基本要求、考试形式、开考范围，是命题的依据，也是考生学习的依据。关于学历考试和资格证书考试的报名方式、教材变动、组织办法、成绩公布、证书发放等最新动态，可以同各省的烹饪协会等有关机构报名咨询。

第九节　旅游策划师

一、职业定义

旅游策划师是指旅游策划师是指具有良好的职业品德，能够运用所掌握的策划基本知识、方法和手段，以及所具备的综合策划执行能力和丰富的实践经验，依据旅游市场的需求现实需求和潜在需求和旅游地的资源优势，为旅游地的旅游项目定向、定位，旅游景区规划与开发提供全程策划服务，策划业绩突出，并经过策划师资格培训认证考试考核合格，取得相应等级策划资格证书的人才。

二、任职资格

1. 具有旅游规划、城市规划、建筑设计、园林景观、区域经济、地理学等相关行业教育经历，本科以上学历；相关旅游规划咨询企业工作 1 年以上。

2. 了解当前旅游市场趋势，具备较强的专业能力，较强的文字驾驭能力；较强的沟通协调能力；性格开朗、成熟稳重、项目经验丰富，作为主要项目成员参与过 6 个以上旅游规划项目（涵盖区域旅游规划、景区旅游规划等多类别）；能在项目制作中独立承担多项重要内容，有一定的理论研究水平和解决问题的能力，能充分实现并表达项目理念和设计内容。

3. 具有一定项目主持和管理经验，能协助项目经理进行项目的计划和分工，负责项目团队内部、团队与项目实施人之间的沟通、协调工作，保证项目在可行、有序的环境中进行控制和指导项目日常工作。

4. 精通各类旅游规划及策划规范要求。

三、申报条件

依据《策划师资格认证标准和认证规程》，旅游策划师资格证的报考条件为：

1. 助理策划师：（具备下列条件之一者可申报）本科以上学历，一般需从事相关职业者；硕士研究生以上学历应届毕业生并有相关实践经验者；

2. 中级策划师：（具备下列条件之一者可申报）本科以上毕业，需从事相关职业 3 -5 年；大学专科毕业，需从事相关职业 6-8 年；研究生毕业，需从事相关职业 2 年；

四、岗位要求

1. 负责旅游规划、策划以及营销方案及旅游区总规、详规的编制工作；

2. 参与项目策划、专题研究、案例研究等工作；

3. 参与与合作方的沟通交流，准确把握对方诉求，并在项目规划中加以体现；

4. 认真参加项目考察、调研等活动，负责项目的规划、图件制作等。